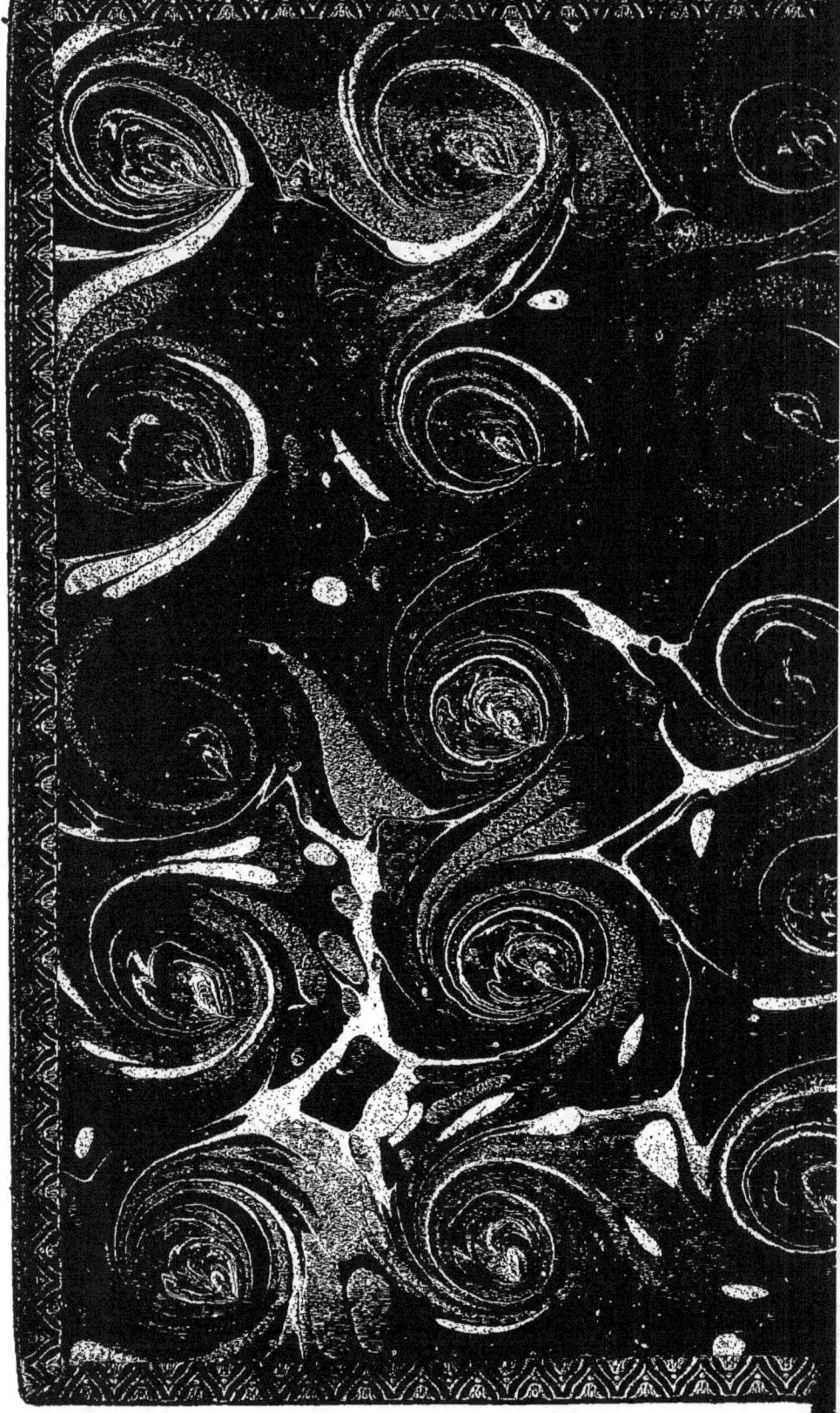

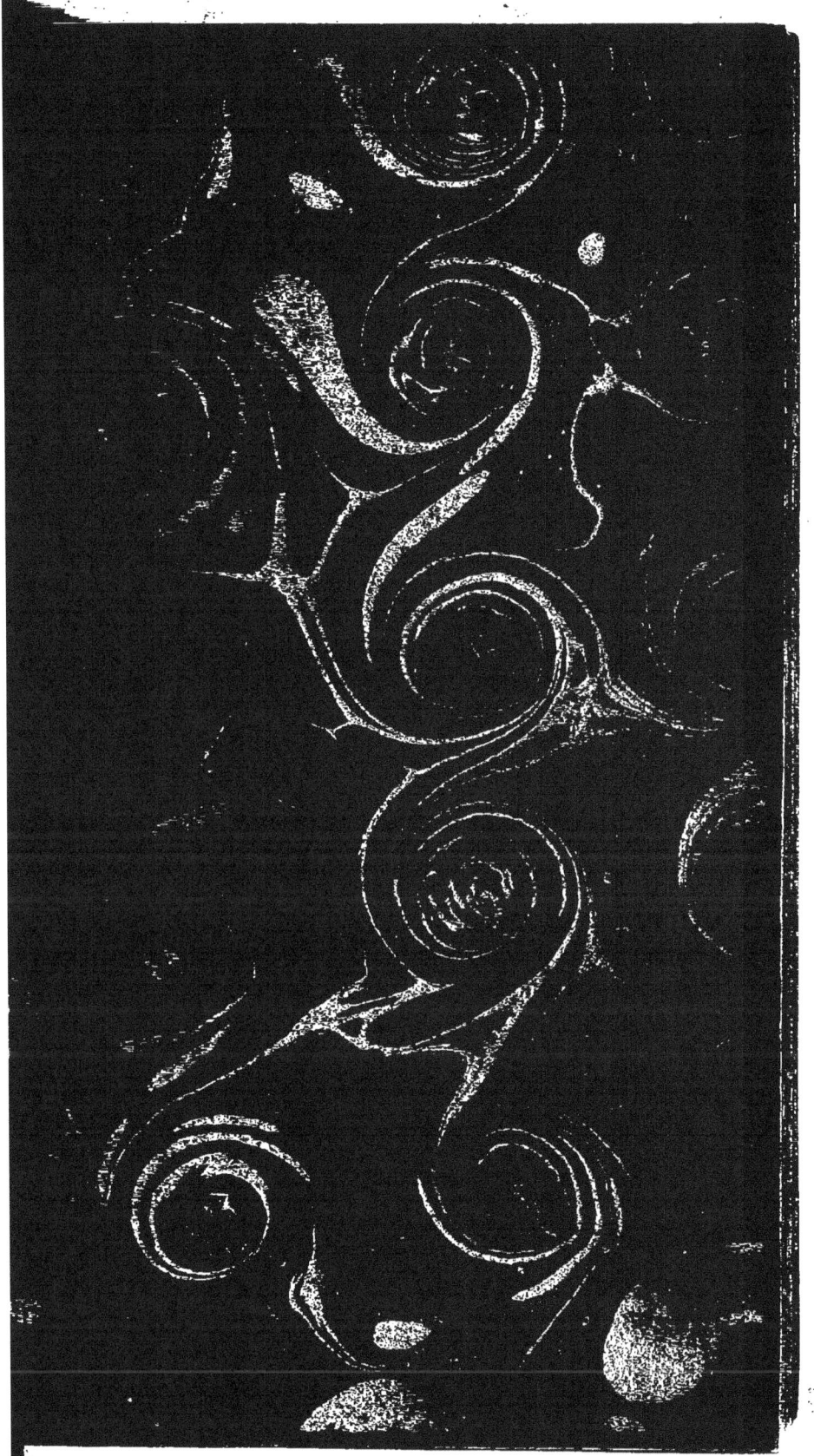

V. 2652
E. 4 a 9

24134

MANUEL
DES
AMATEURS DE L'ART.
Tome IX.

MANUEL

DES

CURIEUX ET DES AMATEURS DE L'ART,

contenant

une notice abrégée des principaux Graveurs, et un Catalogue raisonné de leurs meilleurs ouvrages; depuis le commencement de la Gravure jusques à nos jours:

Les Artistes rangés par ordre chronologique, et divisés par École.

Par M. HUBER et C. G. MARTINI.

TOME NEUVIEME

renfermant l'Ecole Angloise.

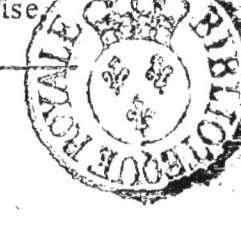

A ZURIC,
CHEZ ORELL, FUSSLI ET COMPAGNIE.
1808.

ÉCOLE ANGLOISE.

De la gravure en Angleterre.

S'il régne de l'obscurité dans l'histoire de la gravure chez les nations qui ont été les premières à cultiver cet art, on ne doit pas être étonné de trouver chez les Anglois son origine également enveloppée de tenèbres.

D'après toutes les recherches cet art ne paroit pas avoir pris naissance en Angleterre. *Joseph Strutt* s'est donné vainement beaucoup de peine pour en découvrir l'origine dans sa propre nation et voulant ravir à tout autre peuple l'honneur de l'invention, il a préféré de la reculer jusqu'à *Tubal-Caen*. Le ridicule d'une telle origine est assez évident; mais il ne s'agit pas ici de prouver à quelle époque on a commencé à graver sur des métaux avec le burin, mais bien plutôt à quelle époque on a fait les épreuves de ces gravures, et c'est le seul point de vue que nous devons offrir ici. *Joseph Strutt* a joint de plus dans son Dictionnaire biographique la copie d'une planche gravée sans doute dans le desscin d'en tirer des épreuves, l'écriture étant à rebours: mais c'est sans nul fondément qu'il en attribue la gravure à un Anglois, qu'il assure avoir vécu dans un tems fort reculé. Cette épreuve a pour titre: *Oro de oibus Sanctis*, (Oratio de omnibus Sanctis) et d'ailleurs pour avoir trouvé cette planche en Angleterre ce n'est pas une raison suffisante pour affirmer qu'elle ait été gravée par un Anglois: on n'y trouve aucun mot anglois, ces oraisons sont en latin et d'une écriture gothique: du reste le dessin des figures ne décèle point un âge aussi ancien mais plutôt le goût gothique de quelque maître assez médiocre qui peut avoir vécu après *Durer* ou *Lucas de Leyde*. De-là rien de plus aride que le champ des beaux-arts en Angleterre les deux siècles précédens, et si de loin en loin il a porté quelques fruits il a toujours été fécondé par des mains étrangères.

Cependant les Anglois auront la gloire d'avoir égalé les autres nations dans tous les genres de gravure et d'avoir même porté quelques genres, tels que ceux de la manière noire et du pointillé et particulièrement dans les épreuves en couleur, à un si haut degré de perfection qu'il n'a pu encore être surpassé.

La gravure depuis sa naissance a suivi le sort de la peinture; l'une n'a jamais prospéré sans l'autre. On sait que les Anglois n'ont gueres eu de bons peintres nationaux durant les deux derniers siècles, et que le nombre n'en étoit pas encore fort grand au commencement de celui-ci. Cependant cette disette d'artistes ne provenait pas du peu d'encouragement de la nation: on connoit le goût pour les arts de quelques-uns de ses monarques et de plusieurs de ses grands seigneurs. De ces effets on a inféré des causes: et on a cru devoir les attribuer à la nature même du sol.

L'abbé *du Bos*, *Montesquieu* et *Winkelmann*, ont attribué le manque d'artistes en Angleterre à l'influence du climat, peu propre, selon eux, au développement du génie des arts. Les artistes de tous genres qui ont paru dans ce royaume depuis un peu plus d'un demi siècle, ont réfuté bien plus victorieusement par leurs ouvrages les assertions de ces scrutateurs des effets et des causes que n'avoient fait les écrivains Anglois qui avoient pris parti dans cette dispute. Il est de fait que de tout tems la classe éclairée de la nation aimoit les arts, et cet amour, joint au sentiment de la liberté, devoit nécessairement amener le tems où il produiroit des fruits. La considération et la récompense, ces puissans mobiles des actions humaines, donnèrent l'impulsion au génie des Anglois, commencée déjà sous *Charles* I. et achevée depuis sous *George* III, comme elles l'avoient donnée à celui des François, sous *François* I. et *Louis* XIV. Aujourd'hui tous les arts d'imitation sont encouragés et cultivés en Angleterre avec une ardeur et une intelligence qui est l'éloge des protecteurs et des protégés.

Jettons un coup d'œil sur les arts en général chez les Anglois et sur la gravure en particulier, en prenant pour guide des premiers tems *Horace Walpole*, si connu dans la République des lettres, sur-tout par ses anecdotes sur les arts et les artistes en Angleterre. Ces anecdotes sont tirés des manuscrits de *George Vertue*, qui avoit compilé sur cette matière quarante volumes. *Walpole*, en ayant fait l'acquisition, travailla cette masse énorme en homme d'esprit, et réduisit le tout en cinq volumes p. in-8°.

Le premier volume de cet ouvrage, traite de la gravure en général chez les Anglois. Il paroit par l'exposé de *Walpole*, qu'il en a été de cet art en Angleterre, comme dans les autres pays où il a été cultivé; que l'art de graver y avoit été introduit avec l'imprimerie, et que les premiers imprimeurs employoient de petites planches de bois dont ils ornoient leurs livres. Le premier ouvrage imprimé avec une date, est la *Legende dorée* de *William Caxton*. Il parut à *Westminster* en 1483. et offre au commencement un grouppe de Saints, avec plusieurs vignettes, distribuées dans le corps de cet ouvrage. *Walpole* nous apprend, que le même *Caxton* avoit encore imprimé la seconde édition du *Jeu des échecs* et le *Morte Arthur*.

Wynkyn de Worde, successeur de *Caxton*, mit à la tête de son édition des *Statuts de l'an six du règne de Henri VI*. une taille de bois, représentant les armes de ce prince, surmontées d'un cimier. *Joseph Ames*, dans ses *Antiquités typographiques*, à l'article *Wynkyn*, donne une copie de cette taille de bois et fait la description de plusieurs autres morceaux du même genre.

Les imprimeurs subséquens continuerent d'orner leurs livres de tailles de bois. L'ouvrage le plus considérable qui ait paru dans ce genre, est celui que le Prélat *Nicholson*, dans sa Bibliothèque historique, appelle la *Chronique de Rastell*. Cet ouvrage, publié par *Jean Rastell* et portant pour titre: *Passe-tems du peuple*, se distingue par des tailles de bois d'un mérite peu commun pour le tems. Il est orné d'une quantité d'estampes en bois, grand in-folio, dont dix-huit représentent les rois d'Angleterre d'un si bon dessin et d'une si savante exécution qu'on les attribue à *Holbein*.

Sans grossir davantage la liste de ces anciens livres, nous ne ferons plus mention que de la *Chronique de Grafton*, imprimée en 1569. Cet ouvrage renferme un grand nombre de têtes gravées en bois, entr'autres celles de *Guillaume le Conquérant*, de *Henri* VIII. de la Reine *Elisabeth* etc.

Tel est le précis des ouvrages avec des gravures en bois de ces tems reculés. En général il ne paroit pas que les Anglois se soient jamais fort occupé de ce genre de gravure ni même qu'ils en fassent aujourd'hui beaucoup de cas.

Cependant les graveurs en clair-obscur, ou en bois avec plusieurs planches, dans le goût de quelques estampes d'*Albert Durer* et *Hugo da Carpi*, ont eu des partisans en Angleterre. Les estampes les plus recherchées dans ce goût, sont celles de *Kirkall* et de *Jackson*. Plus recemment les Anglois se sont occupés de nouveau de la gravure en bois, d'une manière tout-à-fait neuve, et qui a servi de modèle à notre *Gubitz* Allemand. Ils ont produit dans ce genre des vignettes et ornemens de livres qui surpassent tout ce que l'on en connoissoit jusqu'à présent.

On ignore le tems où la gravure au burin fut pratiquée en Angleterre. *Evelin* dit que ce fut vers la fin du quinzième siècle, mais il ne nous dit pas les noms de ces graveurs. Le premier livre qui parut chez les Anglois orné de tailles douces, fut la *Naissance du genre humain*, autrement nommé le *Livre de la Femme*. Ce livre, orné d'un grand nombre de tailles douces et dédié à la reine *Catherine*, fut mis au jour par *Thomas Raynalde* en 1540. Mais dans l'incertitude sur le nom du graveur, nous commencerons la liste chronologique des graveurs anglois par *Thomas Geminie* qui date de 1545. C'est aussi par cet artiste qu'*Horace Walpole* commence son Catalogue des Graveurs en Angleterre qu'il finit en 1762. par la vie et par la liste des ouvrages de *George Vertue*, l'époque la plus stérile de la gravure angloise. L'Angleterre n'a pas eu de graveurs de quelque réputation jusqu'à *John Payne*, qui florissoit sous *Charles* I. et de qui on estime *sur-tout* les portraits, à cause de la beauté du burin.

Le goût des Anglois, pendant le premier siècle de leur gravure, inclinoit pour les portraits, dont les amateurs faisoient collection, gout qui a encore des partisans en Angleterre. La plupart des portraits, gravés dans cette période, sont exécutés avec beaucoup de propreté, mais aussi avec bien de la sécheresse. Outre les portraits, les artistes trouvoient encore de l'occupation à travailler pour les libraires; le goût des vignettes et en général celui des ornemens de livres a régné de tout tems en Angleterre.

Quand on y faisoit graver quelque sujet d'important on avoit recours aux graveurs françois qui jouissoient encore au commencement de ce siècle de toute leur réputation. Déjà plusieurs artistes françois, avoient passé à Londres où ils trouvoient plus d'encouragemens que dans leur pays. Ce fut sous le règne de *George* I. que *Nicolas Dorigny* se rendit de Rome à Londres, appellé par la cour pour graver les Cartons de *Raphael*. En 1711. il étoit arrivé en cette capitale, et en 1719. il se trouva en état de présenter au Roi un exemplaire complet de cette fameuse suite.

Les règnes, dans les états monarchiques ont eu en tous tems la plus grande influence sur les arts; et quoiqu'ils ne trouvassent que de foibles protecteurs, selon la remarque de *Walpole*, sous ceux de *George* I. et de *George* II. il ne laisserent pas de faire des progrès à ces époques. Alors les gens de lettres commencerent à exercer une influence sur les artistes, et déjà les peintres d'histoire étoient moins rares que par le passé.

Ce fut vers ce tems que plusieurs autres graveurs françois passerent à *Londres* et s'y établirent; de ce nombre furent principalement *Van der Bank*, *Baron*, *Ravenet* etc. Ces artistes répandirent de plus en plus le goût de la bonne gravure dans leur nouvelle patrie, en y formant des élèves. Mais plusieurs artistes anglois, non contens d'aprendre l'art de graver à *Londres*, allerent se perfectionner à *Paris*; les plus distingués de ce nombre furent *Strange* et *Ryland*, que je nomme de préférence, les ayant connus tous deux. Depuis cette époque l'Angleterre a eu un grand nombre de graveurs du premier mérite dans tous les genres.

Jusque là les Anglois n'avoient fait qu'un médiocre usage de la gravure à l'eau-forte, soit seule, soit réunie avec les autres genres. Quand *Hollar* se fixa en Angleterre, il y forma quelques élèves. De ce nombre furent *William Carter*, *William Howard*, *Thomas Dudley*, *Robert Pricke*, et quelques autres ; mais aucun de ces élèves n'égala son maître. Celui qui en approchoit le plus pour la finesse de la pointe fut *William Carter*. Le malheur qui poursuivoit partout le pauvre *Hollar*, l'accompagna aussi en Angleterre. Sous le règne de l'insouciant *Charles* II. l'art n'y étoit en nulle considération. A l'article de *Hollar*, dans l'*Ecole allemande*, je me suis étendu davantage sur cet excellent artiste. Depuis cette époque la gravure à l'eau-forte, combinée avec plusieurs autres manières, a fait de nouveaux progrès chez les Anglois.

On sait que l'invention la plus récente de l'art de graver, née en *Allemagne*, est celle qu'on appelle la manière noire, ou la *Manière Angloise* par excellence. Le Prince Palatin *Robert*, à son dernier voyage en Angleterre, communiqua à quelques artistes le secret de la gravure en manière noire, que les Anglois nomment *Mezzo-*

tinto, et qu'ils adoptèrent avec empressement. Après les foibles essais de *George White* et d'*Isaac Becket*, vint *Jean Smith* qui la porta déjà à un assez haut degré de perfection. Cependant les habiles graveurs qui ont paru en Angleterre depuis *Smith*, tels que les *Mac-Ardell*, Thomas *Frye*, Richard *Earlom*, Richard *Houston*, Valentin *Green*, Guillaume *Pether*, Edouard *Fischer*, Jean *Finlaison*, Robert *Dunkerton*, Guillaume *Dickinson*, Jean *Dixon*, Thomas *Burke*, Jean-Raphael *Smith*, les *Watson* (Jacques, Thomas et Caroline) et tant d'autres qui mériteroient d'être nommés, ont ajouté à cette manière de nouvelles beautés, en y employant de nouveaux procédés. Aujourd'hui elle est portée à un point de perfection dont on ne la croyoit pas susceptible. Aussi depuis long-tems les Anglois n'y ont plus de rivaux. Les artistes dans ce genre qui pourroient prétendre à la rivalité, sont ceux de l'Académie de Vienne, et plus récemment les graveurs de l'Institut Chalcographique établi à *Dessau*, sous la protection spéciale d'un Prince ami de tous les arts.

La manière noire a fait naître différens genres de gravures qui dérivent de la même source et qui donnèrent du goût aux Anglois pour les impressions qui imitent les dessins coloriés et même les peintures. Le premier qui pratiqua l'art de graver et d'imprimer des tableaux en Angleterre, fut *Christophe le Blon*, de Francfort sur le Mein, de qui il a déjà été parlé dans l'Ecole allemande. S'étant rendu à *Londres* il publia en 1730. son livre : *Il Colorito*, ou de l'harmonie du coloris. Sa méthode ayant trouvé des approbateurs à *Londres*, il y publia plusieurs ouvrages. Cependant les amateurs ne trouvant pas que l'exécution répondit à l'annonce un peu fastueuse de l'auteur, se dégoûterent de ses productions. Ayant échoué dans son entreprise en *Angleterre*, il passa en *France*, où il eut d'abord le même succès, puis la même disgrace. Enfin cet artiste, doué de grands talens, après avoir promené son industrie et son inquiétude en *Hollande*, en *Angleterre* et en *France*, fit en 1740. le portrait en couleur de *Louis* XV. et celui du Cardinal *de Fleury*, et mourut à Paris à l'hôpital en 1741.

L'Académie royale des beaux-arts établie à *Londres* est devenue un corps politique en vertu d'une patente que Sa Majesté Britannique accorda en 1766. pour l'avancement de la Peinture, de la

Sculpture et de l'Architecture. Cette patente qui attribua des grands privilèges à l'Académie Royale, fut imprimée en 1766. sous le titre: *Royal Charter incorporating the Society of Artists of Great-Britain;* mais ce ne fut qu'en 1769. que ce grand projet se consolida; et cette même année l'Académie alors fermée, publia ses règlemens sous le titre: *Abstract of the Instrument of Institution of the Royal Academy of Arts, in London established December* 10, 1768.

Il est assez de mon sujet de faire connoitre ici les loix sur lesquelles porte l'établissement de cette Académie et en quoi elles diffèrent de celles des autres Académies de ce genre; j'ai cru devoir les indiquer. 1.° L'Académie sera composée de quarante Membres qui tous doivent être artistes de profession, savoir peintres, sculpteurs, ou architectes, âgés au moins de vingt-cinq ans, demeurant dans la Grande-Bretagne, et ils ne doivent être d'aucune autre société d'arts. 2.° Le choix s'en fera dorénavant sur un morceau de réception duement examiné, et à la nomination de trente voix au moins. 3.° On choisira tous les ans un président et un conseil d'administration de huit personnes qui s'assembleront aussi souvent qu'il sera nécessaire, et qui pour chaque comité à tenir recevront deux livres Sterlings et cinq Shelings, à partager entre les membres présens. 4.° Il y aura de plus un garde, un secrétaire et un trésorier perpétuels, dont le premier aura cent livres Sterling, et les deux autres soixante livres Sterling d'apointemens; les préposés inférieurs seront sous leur inspection. 5.° Pour l'école de dessin, on choisira neuf des plus habiles artistes parmi les membres de l'Académie, sous le nom d'examinateurs, qui alterneront tous les mois dans leurs fonctions, et qui pour chaque leçon qu'ils donneront et qui devra durer au moins deux heures recevront une demi-guinée. On en relevra quatre tous les ans. 6.° En outre, il y aura quatre professeurs perpétuels, savoir, un pour l'anatomie, un pour l'architecture, un pour la peinture, et un pour la perspective, qui seront tenus de prononcer six discours par ans, moyennant un salaire de trente livres Sterling. 7.° Il y aura tous les ans une exposition publique de tableaux, de morceaux de sculpture et de dessins, qui durera pendant un mois, et pour laquelle chaque membre de l'Académie sera obligé, jusqu'à l'âge de soixante ans, de fournir au moins un morceau, qui devra être une composition originale, et qu'il faudra que le conseil d'administration juge digne d'être reçu. Du profit qui résultera de cette exposition, on distribuera tous les ans deux cent livres Sterling entre les artistes qui se trouveront dans le besoin, ainsi qu'à leur famille; le reste sera appliqué aux dépenses de l'administration. 8.° Le tems d'étude sera divisé en deux cours de six mois chacun; savoir, un d'hiver et un d'été, dans lesquels cours on dessinera d'après des modèles vivans de deux sexes, et d'après d'autres figures. Pour dessiner d'après le modèle vivant de femme il est ordonné que l'élève soit marié ou qu'il ait au moins l'âge de vingt ans. 9.° Pour les commençans il y aura une Académie particulière de modèles de plâtre qui sera ouverte six heures par jour. 10.° L'élève qui désirera d'être admis dans l'une de ces Académies, devra présenter un dessin ou un modèle qui sera examiné par le conseil d'administration, et sur lequel on le recevra comme élève, si on lui trouve le talent requis. 11.° Il y aura dans l'Académie une bibliothèque et une collection de tout ce qui a rapport aux trois genres, Peinture, Sculpture et

Architecture; elle sera ouverte sous certaines conditions, un jour par semaine aux élèves.

12.° On admettra six graveurs, mais pas davantage, comme associé, sur le même pied que les autres membres, dont ils auront tous les droits si ce n'est qu'ils n'auront pas voix délibérative dans les assemblées et qu'ils ne pourront pas occuper les différentes charges de l'administration. Il leur sera permis d'exposer tous les ans deux gravures, soit de leur propre invention, ou d'après les ouvrages de quelque autre maître, qui n'auront pas été gravés; et ce sont là les seules gravures qu'on admettra à l'exposition annuelle.

Il sera assez intéressant de terminer cette dissertation par quelques observations faites sur le même sujet par un Français (M. *Levesque*). Il dit de l'école angloise: „Une nouvelle école s'est formée de nos jours en Europe, c'est l'école Angloise. Elle réside dans l'Académie de *Londres* instituée en 1766 par lettres patentes de Sa Majesté Britannique, et formée seulement en 1769. Encore voisine de son berceau, elle s'annonce par de grands succès, et mérite d'autant mieux d'être applaudie, et d'exciter même l'émulation de ses aînés, que les parties qui la distinguent sont les plus nobles parties : la sagesse de la composition, la beauté des formes, l'élévation des idées et la vérité des expressions. Cette école ne nous est guères encore connue que par les estampes angloises répandues dans toute l'Europe; mais des artistes qui en ont vu plusieurs tableaux nous ont assuré que, dans quelques-uns de ses maîtres, elle joint la couleur aux parties les plus sublimes de l'art, et que son coloris moins éclatant que celui des maîtres Flamands ou Vénetiens, tient beaucoup de l'école Lombarde. Sir *Reynolds*, Président de l'Académie de Londres que les arts ont perdu en 1792. est connu par ses discours sur les arts dont nous faisons un usage fréquent et toute l'Europe a recherché l'estampe gravée d'après son tableau du Comte *Ugolino*, fameux sujet emprunté du *Dante*. „

„C'est aussi par les estampes que la plupart des amateurs des arts connoissent les talens des principaux peintres anglois, dont nous nommerons premièrement ceux d'histoire, tels que Josué *Reynolds*, Benjamin *West*, John Singleton *Copley*, Nathanael *Dance*, Gavin et William *Hamilton*, François *Hayman*, Prince *Hoare*, John

Hamilton *Mortimer*. Robert Edge *Pine*, Thomas *Stothard*, John *Trumbul*, peintre d'histoire et de batailles, François *Wheatly*, Edward *Penny*, Josué *Wright*. „

„ Secondement les peintres de conversation, ou de genre, comme : Miss J. H. *Benvel*, Emma *Gren*, Marie *Cosway*, Richard *Cosway*, son époux, Inigo ou John *Collet*, William *Miller*, G. Henri *Morland*, Edouard *Penny*, Samuel *Shelley*, Josué *Wright*. „

„ Troisièmement, les peintres de portraits sont : Cathérine *Read*, qui n'a peint que des personnes du sexe et des enfans, E. F. *Calze*, Francis *Cotes*, Nathanael *Hone*, John *Hoppiner*, Tilly *Kettle*, George *Romney*, et nombre d'autres sur-tout *Reynolds* et *West*. „

„ Quatrièmement les peintres de paysages et de marines dont voici les plus remarquables : George et Jean *Smith* de *Chichestre*, George *Barret* ou *Barrat*, peintre de Chasses et de paysages, Jean Thomas *Barralt* ou *Barralett*, peintre de marines et de paysages, William *Bellers*, Robert *Dodd*, peintre de marines et de naufrage, Thomas *Gainsborough*, peintre de paysages et de divers genre, James *Gillray*, Thomas *Hearne*, William *Pars*,

Richard *Paton*, George *Robertson*, Robert *Smirk*, peintre de marine et de paysages, Richard *Wilson*, George *Stubbs*, excellent peintre de chevaux et et de bêtes féroces, etc. »

« Tels sont en général les peintres qui forment l'école Angloise et qui s'y distinguent préférablement. On peut reconnoître dans toutes les écoles la cause du caractère qui les distingue : dans l'école Romaine, l'excellente éducation de ses premiers artistes, et les chef-d'œuvres de l'art antique trouvés dans les ruines de l'ancienne Rome : dans l'école Vénitienne, la magnificence, que repandoit à Venise le commerce de l'orient, la fréquence des fêtes et des mascarades, l'obligation où se sont trouvés fort souvent les artistes, de peindre des personnes qui étoient vêtues des plus brillantes étoffes; dans l'école Hollandoise la vie ordinaire de ses artistes, qui fréquentoient sur-tout les tavernes et les atteliers des artisans grossiers, qui voyoient sur-tout des figures basses et grotesques, et qui étoient souvent témoins des effets que produit une lumière étroite naturelle ou artificielle dans des lieux fermés. La beauté doit entrer dans le caractère de l'école Angloise, parce qu'elle est assez commune en *Angleterre* pour frapper sans cesse la vue des artistes. Si cette beauté n'est pas précisément celle de l'Antique, elle ne lui est peut-être pas inférieure. L'école Angloise se distinguera par la vérité de l'expression, parce que la liberté laisse aux passions tout le jeu de la nature. Elle conservera la simplicité, et ne se gâtera pas par une affectation théâtrale et par les mignardises de fauses grâces, parce que les mœurs angloises conservent elles-mêmes de la simplicité. Regardez le portrait d'une *Françoise*, peinte par un *François*, vous y trouverez le plus souvent pour toute expression un souris commandé, que les yeux et le front ne partagent pas, et qui ne vous indique aucune affection de l'ame. Regardez le portrait d'une *Angloise*, peinte par un *Anglois*, vous y trouverez le plus souvent une expression naïve qui vous fera connoître le caractère de la personne.

Caractère

des principaux Graveurs anglois,

Avec un Catalogue raisonné de leurs meilleurs ouvrages.

Thomas Geminius, ou Geminie, imprimeur de livres et graveur en taille-douce, né à *Leeds* vers 1500. Nous n'avons guères de notices de cet ancien artiste: le peu qu'on sait de lui est tiré de ses ouvrages. Voici le titre d'un livre sorti de son atelier et orné de ses gravures: *Thomæ Gemini Lysiensis compendiosa totius Anatomes delineatio, ære exerata*, Folio 1545. Ce livre est une nouvelle édition de l'Anatomie de *Vesal*, publiée à Padoue en 1542. et ornée de grandes tailles de bois que *Geminie* ne fit que copier en tailles de cuivre. En 1552. *Geminie* donna une traduction du même ouvrage et la dédia à *Edouard* VI. Le traducteur, *Nicolas Udal*, dit dans sa préface : „ Reçois avec reconnoissance, „ lecteur bénévole, ce traité de l'anatomie du „ corps humain, labeur de l'imprimeur *Thomas* „ *Geminus*, lui qui par sa persévérance nous a „ représenté ces figures en portraiture. „ Ces planches, suivant *Joseph Ames*, sont les premières qui aient été imprimées avec une presse à rouleau. *George Vertue* ne paroît pas faire grand cas des ouvrages de gravure de *Geminie*; mais comme il n'est pas tant question de l'excellence du travail que de l'existence du fait, il suffisoit de prouver que dès-lors il s'est trouvé en Angleterre un graveur en cuivre.

Geminie demeuroit à *Londres* dans *Black-friers*, et publia un livre sur les pronostiques du tems, les phénomènes du ciel etc. livre décoré de nombre d'estampes qu'on croit aussi de sa main. On cite encore de lui un petit ouvrage, orné de gravures, concernant l'art des accouchemens.

I. Remi Hogenbergh, dessinateur et graveur au burin, né vers 1510. On ne connoit pas les circonstances de la vie des *Hogenbergh*, quatre frères, *Remi*, *François*, *Abraham* et *Jean*; on ignore même leur patrie, et quoique les Anglois les rangent dans la classe de leurs artistes, on peut les croire allemands, suivant leurs noms et les villes d'Allemagne où ils ont travaillé. Le premier en date, *Remi*, florissoit en Angleterre en 1573. Il s'arrêta à *Lambeth*, château de plaisance de l'Archevêque de Cantorburi, et grava au burin l'Archevêque *Parker*. *Vertue* nous apprend que cette gravure fut la première pièce dans ce genre exécutée en Angleterre, et que sa rareté fait son plus grand mérite.

L'Archevêque *Parker*, en demi-figure, assis à une table, avec un livre ouvert et une sonnette à côté ; petit ovale in-8.

Remi a gravé une seconde fois le portrait de ce prélat.

II. Francis, ou François Hogenbergh, frère de *Remi*, dessinateur et graveur, florissoit vers 1560. Il est probable qu'il travailloit alors en Angleterre pour les libraires et les entrepreneurs. On a de ce graveur

1. Un portrait in-4. de *Marie*, première du nom, Reine d'Angleterre, daté de 1555. En outre on a de lui :
2. Les Cartes géographiques des *Gaules* et de la *Belgique*, pour l'Atlas de *Saxton* ; petit in-fol.
3. Les Vues du grand ouvrage de *George Braun*, intitulé : *Civitates Orbis terrarum*, exécuté à Cologne, conjoin-

tement avec *Simon Novelani* et *George Hofnagle*, en 1572.

4. Les pompeuses Funerailles de *Fréderic* II. Roi de Dánemark, gravées à l'eau-forte, conjointement avec *Simon Novelani*; 21. planches. Gr. in-fol. en r. 1592.

5. L'Histoire de *Cupidon* et de *Psyché* par *Apulée*, gravée d'après les dessins attribués à *Raphael*, par *Augustin de Vénise* et *Marc de Ravenne*. C'est ici une copie en 31. feuilles de cette même histoire, portant cette inscription : *Franciscus Hogenbergus excudebat* 1575. Cette suite, où chaque feuille est accompagnée de quatre vers allemands, est beaucoup mieux gravée que tout ce qu'on connoit de ce *Hogenberg*.

6. Une *Charité*, grande figure assise, couronnée par deux anges, en haut d'autres anges qui font un concert, et en bas des Vertus, figurés par des enfans nus avec des attributs. *Franciscus Hogenbergus sculpsit. Jacobus Christianus excudit.* Gr. in-fol. Cette estampe, gravée d'un burin très-dur, est une preuve du mauvais goût d'alors.

III. ABRAHAM HOGENBERGH, frère des précédans, dessinateur et graveur au burin, florissoit en 1570. et aida *François* son frère à graver les planches de l'ouvrage : *Theatrum Orbis terrarum*, chez *Abraham Ortelius*. Il paroit qu'il n'a gravé qu'avec le seul burin, et que ses ouvrages, à l'exception de quelques portraits, n'ont guères été employés que par les libraires. On a de lui plusieurs frontispices, gravés dans le style de *Theodore de Brye*, mais incorrects et destitués de goût : entr'autres il a fait un *Commentaire sur le livre des Rois*, orné de figures. Cet ouvrage fut publié à Cologne, gr. in-fol. en 1635.

Wolfgang-Guillaume, Comte Palatin du Rhin, Duc de Bavière, à cheval. *Mel. Geldrop jun.* pinx. *Abr. Hogenberg* sc. Gr. in-fol.

IV. JEAN HOGENBERGH, frère, ou plus vraisemblablement cousin des précédens, dessinateur et graveur au burin, florissoit vers le commencement du dernier siècle, à *Cologne*, ville célèbre alors par les artistes qui y séjournoient, comme les *Passes*, les *Sadelers* etc. Le goût de gravure de notre *Hogenbergh*, tient effectivement de celui de *Crispin de Passe* et le maniement de son outil décèle déjà de la fermeté. Il a gravé des portraits d'après ses dessins et des sujets historiques d'après *M. de Vos*.

1. *Joannes Adamus* Archiepiscopus Moguntinensis etc. Princ. Elector. *J. Hogenbergh* sc. *Joh. Bussemecher* excud. in-4.
2. *Lotharius* Archiepiscopus, Trevirensis Elector. *Joh. Hogenbergh* fec. *Joh. Buchsemecker* exc. in-4.
3. *Georgius*, Cardinalis *Radzivil*, Episcopus Cracoviensis, avec 4 vers latins. *Id.* sc. p. in-fol.
4. Jésus attaché à une colonne flagelé par les bourreaux. *M. de Vos* inv. *Joh. Hogenberg* sc. in-fol.

32 D. W. Cunyngham. R. Aggas. H. Cole.

Le Docteur William Cunyngham, médecin, auteur et graveur, né à *Norwich* vers 1520. et pratiquant la médecine dans le lieu de sa naissance. Il publia un livre intitulé: Table cosmographique (*A Cosmographical Glass*) dans lequel il se trouve plusieurs estampes, avec une grande carte géographique de Norwich, gravée de la main du Docteur. Cet ouvrage fut imprimé in-fol. en 1559. et dédié à Lord *Dudley*, ensuite Comte de *Leicester*.

Ralph Aggas, architecte, graveur en cuivre et en bois, né vers 1526. Cet artiste publia un plan des villes d'*Oxford* et de *Cambridge* l'année 1578. et une Carte de *Dunwich* en 1589. C'est lui qui avoit gravé en tailles de bois le grand plan et la vue de la ville de *Londres*, que *George Vertue* grava ensuite en cuivre.

Humphry Cole, orfèvre, dessinateur et graveur au burin, né dans le nord de l'Angleterre vers 1530. *Humphry* étoit frère de *Pierre Cole*, peintre du tems de la Reine *Elisabeth*, et Directeur de la monnoye à la tour de *Londres* en 1572. Il grava vers le même tems une Carte pour la Bible

J. BETTES. GUIL. ROGERS.

de l'Archevêque *Parker*, dont l'édition porte le nom de la Bible de *Matthieu Parker*. Le même ouvrage est décoré d'un frontispice, où se voit la Reine Elisabeth, avec le Comte de *Leicester*, représenté en *Josué* et le Lord *Burleigh* en *David*.

JOHN BETTES, peintre et graveur, natif de *Londres* vers 1530. et mort dans la même ville en 1576. Il étoit frère de *Thomas Bettes*, peintre qui florissoit sous le règne de la Reine *Elisabeth*. *Fox*, dans son Histoire ecclésiastique, nous apprend que *Bettes* avoit gravé plusieurs vignettes et d'autres ornemens pour la Chronique de *Hals*.

WILLIAM ROGERS, dessinateur et graveur au burin, né à *Londres* vers 1540., florissant au commencement de 1600. Il n'opéroit qu'avec le burin dans un style net, mais peiné. On a de lui plusieurs portraits et un grand nombre de frontispices et d'ornemens de livres. A une des planches pour l'ouvrage de *Hugh Broughton: Consent of the Scriptures*, imprimé en 1600. on trouve son chiffre ainsi figuré : WR.

Walpole et *Strutt* citent les pièces suivantes gravées d'après ses dessins :

1. *Elisabeth*, Reine d'Angleterre. in-fol.
2. *Henri* IV. Roi de France. in-fol.
3. Le Comte de *Cumberland*, entouré de figures emblématiques. in-fol.
4. Le Comte d'*Essex*, entouré de même. in-fol.
5. Sir *John Harrington*, titre à la tête de son *Orlando furioso*. in-fol.
6. *Thomas Moffat*, frontispice orné à la tête de son Théâtre des Insectes. in-fol.

CHRISTOPHE SAXTON, graveur de Cartes géographiques, natif de la Province d'*Yorck*, vers 1540. vivant à *Tingley* près de *Leeds*, et attaché à *Thomas Seckeford*, Maître de Requêtes. Encouragé efficacement par ce gentilhomme, *Saxton* entreprit de faire une suite complette de Cartes géographiques des Provinces d'*Angleterre* et de *Galles*. Plusieurs de ces Cartes sont gravées par lui même; pour les autres il a été assisté par *François Hogenbergh*, *Nicolas Reynold*, *Augustin Ryther* et d'autres artistes. Cet ouvrage occupa *Saxton* pendant six ans, et fut publié en 1579. C'étoit-là le premier Atlas qui ait paru en *Angleterre* représentant des Provinces spéciales. Celui de la Province d'*Yorck* sur-tout passe pour un des meilleurs.

Rob. Adams.   J. Norden.   J. Barra.

Robert Adams, architecte et graveur au burin, né à *Londres* en 1540. et mort dans la même ville en 1589. *Adams* étoit Intendant des bâtimens de la Reine *Elisabeth*. Son ouvrage, le plus considérable d'alors en fait de gravure, est la représentation des différentes actions qui ont eu lieu entre la flotte *Angloise* et la fameuse *Armada*, où la flotte, dite invincible, espagnole sur les côtes d'Angleterre.: Ouvrage très-rare, dont les planches furent publiées par *Augustin Ryther*, en 1589.

John Norden, dessinateur et habile graveur dans le genre topographique, né dans le *Wiltshire* vers 1546. et membre des Communes à *Oxford* en 1564. Il établit ensuite sa demeure à *Hendon* dans le Middlesex. Le grand ouvrage de Norden est son *Speculum Britanniæ*, ou description historique et chorographique de *Middlesex* et d'*Hertfordshire*, avec des cartes géographiques. *George Vertue* fait aussi mention d'une Vue de *Londres*, avec la représentation de la demeure du Lord Maire.

Jean Bara, où Barra, peintre, dessinateur et graveur au burin, natif de *Hollande* vers 1570.

J. BARRA.

Il a travaillé longtems dans sa patrie, puis il a passé en *Angleterre*, où il a publié plusieurs estampes, et il y est mort vers 1634. C'est tout ce qu'on sait de cet artiste. Il exécutoit ses planches entièrement avec le burin; du moins celles qu'on voit sont dans ce style. Il semble qu'il ait voulu former son goût sur celui des *Sadelers*; mais il est resté fort au-dessous de ses modèles.

1. Portrait de *Christian* II. Electeur de *Saxe. J. Bara fec. et exc.* 1605. in-4.
2. Portrait du Prince *Maurice de Nassau-Orange*. in-fol.
3. Portrait de *Joachim*, Comte d'*Ortenbourg*. in-fol.
4. Portrait de *Louis*, Duc de *Richmond* et *Lenox* 1624. in-fol.
5. Buste d'un homme, avec des ornemens en ovale, accompagné de deux figures qui représentent la Peinture et la Littérature, pièce gravée en 1622.
6. Paysage où se voit dans les airs *Phaëton* qui demande à *Apollon* la conduite de son char. *J. Bara inv. et sc.* in-fol. en t.
7. Paysage où se voit *Susanne*, entre les deux vieillards. *Joh. Barra fec.* Londoni 1627.
8. Paysage où l'on voit deux hommes qui portent un tronc d'arbre.
9. *Susanne* surprise par les deux vieillards; d'après *Goltzius. Barra sc.* 1598. p. in-fol. C'est la plus ancienne gravure de l'artiste; très-rare.
10. *Bethsabé* au bain; d'après un peintre marqué par les lettres initiales G. W.

Th. Cockson. R. Elstracke.

Thomas Cockson, dessinateur et graveur au burin, de qui on n'a pas d'autre notice sinon qu'il étoit Anglois, et qu'il paroit né vers 1585. Il a gravé un grand nombre de portraits d'après ses dessins dans un style qui décèle plus de pratique que de génie. Il employoit un chiffre composé d'un T et d'un C. ainsi figuré :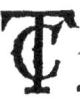

1. Le Roi *Charles* I. siégeant au Parlement. gr. in-fol.
2. Le Roi *Jacques* I. siégeant de même. gr. in-fol.
3. *Louis* XIII. Roi de France. in-fol.
4. *Concini*, Marquis d'*Ancre*. 1617. in-fol.
5. *François White*, Doyen de *Carlisle*. 1624. in-fol.
6. *Henri de Bourbon*, Prince de *Condé*. in-fol.
7. La Princesse *Elisabeth*, fille de *Jacques* I. in-fol.
8. *Charles*, Comte de *Nottingham* à cheval ; la mer avec des vaisseaux. gr. in-fol.
9. Les Réjouissances du Christianisme. gr. in-fol.

Reginald, ou Renold Elstracke, dessinateur et graveur au burin, né à *Londres* vers 1590, et florissant sous le règne de la Reine *Elisabeth*. Graveur très-laborieux, dont les talens étoient bornés à graver pour les libraires et à faire des portraits d'après ses dessins. Ses ouvrages en général sont plus recherchés pour leur rareté que pour leur mérite. Ses portraits sont encore ce qu'il a fait de meilleur. — Ils sont gravés entièrement au burin, avec beaucoup de propreté, mais absolument destitués de goût.

Parmi ces portraits, la plupart de format in-4to. on distingue les suivans.

1. Sir *Philippe Sidney*, gravé après sa mort.
2. La Reine *Elisabeth*, publiée après sa mort.
3. Le *Prince noir*; pièce en ovale.
4. *Richard Whittington*, Lord-Major, avec son chat.
5. *Gervase Babington*, Evêque de *Worcestre*, avec sa devise : *Virtus Dei in infirmitate.*
6. Sir *Julius César*, Chevalier, Garde des archives.
7. Sir *Thomas More*, au-dessus de sa tête l'épigraphe : *Disce mori mundo, vivere disce Deo.*
8. *Marie*, Reine d'*Ecosse. Jacobi Magnæ Britann. Regis Mater*, avec des attributs. C'est le meilleur ouvrage de l'artiste.
9. *Robert*, Comte d'*Essex*, dans son armure.
10. *Thomas Sutton*, Esqr. fondateur de l'hôpital de *Chartre-House*, donné après sa mort en 1611.
11. *Edmund* Lord *Sheffield*, Président du Nord.
12. *Thomas Howard*, Comte *de Suffolk*, Lord Trésorier d'Angleterre.
13. *Jean Harrington*, Baron d'*Exton.*
14. Lord *Daunley* et la Reine *Marie*, en pied sur une planche.
15. *Padesha Shassallem*, Grand Mogol.
16. *William Knollis*, Vicomte *de Wallingford.*
17. *John Olden Barnevelt*, Lord de *Barkley.*
18. *Basiliologia*, d'un volume in-4to. qui renferme les têtes de tous les Rois d'*Angleterre* depuis la conquête jusqu'en 1618, dont *Elstracke* a gravé le titre et le portrait de *Guillaume* I.

Fr. Delaram.

Francis Delaram, dessinateur et graveur au burin, né probablement à *Londres* vers 1590. Cet artiste étoit contemporain d'*Elstracke* et des *de Passes*, peut-être même leur disciple. Son goût de gravure étoit celui qui régnoit de son tems : beaucoup de netteté et peu de goût. D'ailleurs manquant de correction dans le dessin, ses contours sont durs et les plis de ses draperies mal rendus. Ses portraits forment la meilleure partie de ses ouvrages ; mais leur valeur consiste plus dans la rareté que dans leur mérite. Ses ouvrages sont assez nombreux sur-tout les portraits, dont les plus marquans sont les suivans :

1. Sir *Thomas Gresham*, dans une bordure ovale, un globe à la main. *Francis Delaram sc.*
2. *Jacques Mountagu*, Evêque de *Winchestre*. 1617.
3. *Henri Percy*, Comte de *Northumberland*, avec une grande barbe, 1619.
4. *Françoise*, Duchesse de *Richemond* et de *Lenox*, ornée de pierreries. *Constantia coronat.* 1623.
5. *George Withers*, Poëte, avec huit vers anglois et cette épigraphe : *Nec habeo, nec careo, nec curo*, 1622.
6. La Reine *Marie* I. dans une bordure ovale.
7. La Reine *Elisabeth*, après sa mort, avec une longue inscription.
8. *Henri*, Prince de *Galles*, fils de *Jacques* I. avec l'ordre de la jarretière et un bâton.
9. Sir *William Segar*, principal Hérault d'armes.
10. *John Abbot*, Evêque de *Salisbury*, avec six vers latins.

11. *John*, Evêque de *Lincoln*, avec des bedaux et six anges qui jouent des instrumens. Gravure curieuse.
12. *Jacques* I. grand comme nature. gr. in-fol.
13. *Arthurus Séverus O' Toole Nonesuch*, ætat. 80. 1618. Vieillard avec une large barbe, tenant à la main un sceptre surmonté d'une couronne, avec huit vers anglois burlesques; portrait d'un certain avanturier du tems.
14. Frontispice pour la Préparation à la lecture des Psaumes par *Wythers*, orné de figures emblématiques. 1619.
15. Frontispice pour *Neron-César*, ou *la Monarchie dépravée*. 1627. La dernière est une des meilleures pièces de *Delaram*.

HENRI PEACHAM, auteur et graveur au burin, natif d'Angleterre vers 1600, et florissant en 1630. On a peu de notices de lui. „Il étoit certainement", dit *Horace Walpole*, „en état de juger des arts de peindre et de graver, et il avoit contribué pour sa part à leur illustration." *Peacham* étoit auteur d'un livre intitulé : Le *Gentilhomme accompli*, livre qui avoit fait du bruit dans son tems. Comme graveur on ne connoit de lui que ce seul portrait:

Sir *Thomas Cromwell*, Knight, ensuite Comte d'*Essex*; d'après *Holbein*.

WILLIAM DOLLE, dessinateur et graveur au burin, natif d'Angleterre vers 1600, florissoit en 1630. L'emploi de cet artiste étoit la gravure des

J. Payne.

portraits et celle des ornemens de livres. Il gravoit au burin dans un style sec et dépourvu de goût. A l'exemple des graveurs de son tems et des tems suivans, il travailloit d'après son dessin. On sait que l'antiquité et la rareté donnent souvent une valeur à des estampes destituées de toute autre mérite. Et c'est aussi le cas des portraits de ces tems.

1. Sir *Henri Wootton;* jolie petite pièce.
2. *Mark Franke,* Master of *Pembroke-Hall, Cambridge.* in-4.
3. *George Villiers,* Duc de Buckingham. De même.
4. *Robert,* Comte d'*Essex.* De même.
5. *John Cosin,* Evêque de *Durham.* in-4.
6. *Jean Milton.* in-4.

John Payne, dessinateur et graveur au burin, naquit à *Londres* en 1606, et mourut dans la même ville en 1648. *Payne* est assez généralement regardé comme le premier bon graveur anglois au burin. Il puisa les principes de l'art chez *Simon de Passe,* artiste qui a fait d'habiles élèves en Flandres, en France et en Angleterre. *Payne* étoit du nombre des artistes qui, avec des talens, n'ont pas eu l'art de les faire valoir. Il est certain que si son application avoit égalé son génie, il figureroit aujourd'hui parmi les premiers de sa profession. Mais il étoit si insouciant, qu'ayant été recommandé à *Charles* I., il négligea de profiter de cette occasion si avantageuse et pour sa fortune et pour sa réputation. Il mourut dans l'indigence, ayant à peine atteint sa quarantième année.

La plupart des gravures de *Payne* consistent en frontispices et en d'autres ornemens de livres, ainsi qu'en portraits dont le nombre est assez considérable. Mais il a gravé encore un grand nombre d'autres sujets, tels que des paysages, des fleurs, des fruits, des oiseaux, des bestiaux. Cependant on est assez d'accord de regarder ses portraits comme ses meilleures productions. Ils sont exécutés entièrement au burin, dans un style libre et large, si bien menagé qu'il produit un effet très-agréable. *M. Evelyn*, en parlant de cet artiste, ne le recommande pas seulement par rapport à ses portraits, mais sur-tout par rapport à un vaisseau qu'il a gravé. *Vertue* nous apprend que ce vaisseau, nommé le *Royal Souvereigne*, fut construit par *Phineas Pett*, et gravé par *Payne* en deux grandes planches qui, jointes ensemble, portent trois pieds de large et deux pieds trois pouces de haut.

J. PAYNE.

Voici les portraits les plus marquans de *Payne* que nous avons extraits du Catalogue d'*Horace Walpole*:

1. Le Cardinal *Ferdinand d'Autriche*, Gouverneur des Pays-Bas; d'après *van Dyck*. in-4.
2. Le Docteur *Alabaster*; d'après *Corn. Jansen*, ovale in-4.
3. Sir *Benjamin Rudyard*: d'après *le même*; ovale in-4.
4. *Robert Devereux*, Comte d'*Essex*, en chapeau orné de plumes. in-4.
5. *Hugh Broughton*, gravé en 1620, avec six vers latins. in-4.
6. Alderman *Leate*, avec des vers; ovale in-4.
7. *Roger Bolton*, avec quatre vers latins, gravé en 1632. ovale in-4.
8. *Arthur Lake*, Evêque de *Chichestre;* ovale in-fol.
9. Sir *Edouard Cocke*, Chief justice, gravé en 1629. in-fol.
10. *Christian*, Duc de *Brunswick*, avec des trophées, et quatre vers anglois. in-fol.
11. *Algernoun Percy*, Comte de *Northumberland*. in-fol.
12. *Elisabeth*, Comtesse de *Huntingdon*. in-fol.
13. *Henri* VII. Roi d'Angleterre. in-fol.
14. *Henri* VIII. Roi d'Angleterre. in-fol.
15. Le Comte *Ernest de Mansfeld*. in-fol.
16. George *Withers*, Poëte, coiffé d'un chapeau; ovale in-4.
17. *Guillaume Shakespear*, ovale in-4.

Parmi les frontispices on cite ceux qui se trouvent à la tête des ouvrages suivans:

1) Le Guide de la vie dévote. 2) Pour les ouvrages de *John Boys*. 3) Le Châtiment de Dieu contre les meurtriers. 4) La Muse chrétienne, ouvrage françois du Sieur *Adrian de Rocquigny*. 1634.

Th. Cecill.

Thomas Cécill, dessinateur et graveur, natif d'Angleterre vers 1600, florissant vers 1630. Mr. *Evelyn*, en parlant des graveurs anglois de son tems, dit de *Cecill*, qu'il a gravé des portraits d'après nature peu inférieurs pour l'excellence de son burin et de son dessin aux plus grands artistes du continent, sans en excepter même *Nanteuil*. M. *Strutt* relève ce jugement partial, dans lequel il découvre plus de zèle patriotique, que de justesse et de raison. Selon ce dernier, *Cecill* gravoit au burin pur, dans un style sec et sans goût. Ses gravures, en général, sont d'une exécution assez nette; la meilleure partie consiste en portraits, dont plusieurs ne sont pas destitué de mérite. Les figures qu'il a introduites dans ses frontispices, sur-tout celles qui sont sans draperies, prouvent assez qu'il n'entendoit pas le dessin des figures humaines. Ses principales estampes, dont le nombre est très-grand, sont les suivantes:

1. La Reine *Elisabeth* à cheval. in-fol.
2. *Walter Curle*, Evêque de *Winchestre*. in-fol.
3. *Thomas Curle*, Evêque de *Winton*. in-fol.
4. *Edouard Reynold*, Evêque de *Norwich*. in-fol.
5. *Joseph Kiddermister de Langley*, 1628. in-fol.
6. *John Talbot*, Comte *Shrewsbury*. in-fol.

7. Sir *John Burgh*, tué dans l'île de *Rhée*. in-fol. C'est le portrait le plus rare de l'artiste.

8. *Gustave Adolphe*, Roi de *Suède*. C'est le même portrait, dont le graveur a effacé le nom de *Burgh*, et y a substitué celui de *Gustave*.

9. *John Weaver*, sur son Monument funéraire, pièce datée de 1631. gr. in-fol.

10. Le Frontispice pour les ouvrages d'*Ambroise Parry*, publiés à *Londres* en 1634.

11. Frontispice pour un livre intitulé: *Devout Contemplation*, 1629.

12. Frontispice pour l'ouvrage de Lord *Bacon*: *Sylva Sylvarum*.

I. JEAN OLIVER, peintre sur verre et graveur à l'eau-forte, ainsi qu'en manière noire, né à *Londres* en 1616. Il étoit en relation de parenté avec *Pierre Oliver*, et *Horace Walpole* présume qu'il étoit son neveu. En qualité de peintre sur verre, il possédoit certainement des talens. Le vitrage, exécuté à l'église du Christ d'*Oxford*, représentant St. Pierre délivré de prison par un ange, atteste suffisamment sa capacité. L'ouvrage porte pour inscription: *J. Oliver ætat. suæ 84. anno 1700. pinxit deditque*. On remarquera encore que le nom de baptême de cet artiste est *Jean* et non pas *Isaac*, comme quelques-uns l'écrivent. On a de sa main quelques portraits et divers sujets gravés légèrement à la pointe, dont voici quelques-uns :

1. Portrait de *Jacques* II. Roi d'Angleterre. in-fol. manière noire.
2. Portrait de Lord-Chancelier *Jefferies*. in-fol.
3. *Jean Woremberg*, le Nain hollandois. in-fol.
4. Jeune garçon endormi, ayant un crâne auprès de lui, avec l'inscription : *Mortis Imago* ; d'après *Artemisia Gentilesca*. in-fol. en t. Rare.
5. Vue de *Tanger*, pièce marquée *J. Oliver fecit* 1676.
6. Vue des eaux thermales de *Bath*. *J. Oliver fecit*, *aqua forti*, avec la date de 1676.

II. Pierre Oliver, habile peintre en miniature et graveur à la pointe, né à *Londres* en 1600, et mort dans la même ville en 1660. *Pierre* étoit fils d'*Isaac Oliver*, célèbre peintre en miniature sous le règne de la Reine *Elisabeth*. Il apprit le même genre de peinture de son père qu'il surpassa encore par le beau fini, sur-tout dans ses portraits. Il a toujours résidé à *Londres* et a joui d'une grande considération.

Vertue nous apprend que *Pierre Oliver* a gravé à l'eau-forte différens petits sujets historiques, mais sans spécifier aucun.

William Marshal, dessinateur et graveur au burin, né en Angleterre vers 1616, travaillant à *Londres* en 1636. C'étoit un des artistes le plus laborieux de son tems, de qui les travaux se bornoient aux ornemens des livres. Tout ce qu'on peut admirer en lui, c'est sa patience et son assiduité au travail. Il opéroit avec le burin seul dans un style peu ragoûtant. Suivant la monotonie qui paroit dans le dessin de ses portraits, il est à croire qu'il gravoit d'après ses compositions. La différence qu'il y avoit de lui à la plupart des graveurs d'alors, est qu'il ne mettoit pas comme eux sur ses estampes l'*ad vivum*. Autant qu'on peut juger des ouvrages qu'on a de lui, il paroit qu'il a commencé à graver sous le règne de *Jacques* I. On a de lui un grand nombre de frontispices et de décorations de livres; mais les portraits constituent la meilleure partie de ses ouvrages.

1. Docteur *Donne* dans sa jeunesse; ovale in-8.
2. Docteur *John Taylor*; ovale in-4.
3. *William*, Comte de *Sterling*; ovale in-4.
4. *Henri*, Comte de *Monmouth*. in-4.
5. La Reine *Elisabeth*. in-4.
6. Le Roi *Charles* I. in-4.
7. Le Docteur *Josué Shute*. in-fol.
8. Le Docteur *John Sym*. p. in-fol.
9. *Robert Jenkins*. p. in-fol.
10. Sir *Thomas Fairfax*, à cheval. p. in-fol.

11. *Shakespear* avec un laurier à la main, sur un titre pour une édition in-12. de ses poëmes, donnée en 1640.
12. Frontispice pour la *Princesse d'Arcadie*, 1635. in-8.
13. Frontispice pour l'*Harmonie des Evangélistes*, imprimé à *Cambridge*. in-4.
14. Frontispice pour le *Virgile d'Ogilby*, avec la date de 1649.

G. GLOVER, dessinateur et graveur, natif d'Angleterre vers 1618, et fort occupé par les Libraires. Il étoit contemporain de *Marshal*, et gravoit mieux que lui. Ses portraits forment la meilleure portion de ses ouvrages. Il opéroit entièrement avec le burin dans un style libre, qui n'est pas dépourvu de goût. Comme ses ombres n'harmonisent pas toujours bien avec ses lumières, cela donne à ses estampes un air de dureté. Quand il s'écarte du genre des portraits et qu'il adopte des figures d'imagination, il tombe prodigieusement. Tel est le cas de ses frontispices et de ses figures allégoriques.

1. *John Liburne*. petit in-4.
2. *Louis Roberts*, pièce in-4. datée de 1637.
3. Sir *Thomas Urquhart*, Traducteur de *Rabelais*. in-4.
4. Sir *Edouard Dering*; d'après *C. Johnson*. in-4. 1640.
5. *William Barriff*. in-4.
6. *John Fox*, le Martyrologiste. p. in-fol.
7. Les *Vertus cardinales*, en demi-figures, suite de plusieurs feuilles. in-4.

J. Evelyn.

Jean Evelyn, dessinateur, graveur à l'eau-forte et auteur de différens ouvrages, né à *Wotton* en Surrey en 1620, mort en 1705. *Evelyn* partagea son tems entre l'étude et les voyages. Grand amateur de toutes les sciences et de tous les beaux-arts, il mérite, par l'étendue de ses connoissances, d'occuper une place distinguée dans la république des lettres. Il a été le premier en Angleterre qui a écrit sur la gravure. Son ouvrage, qui porte pour titre: *Sculptura*, fut très-bien accueilli quand il parut. Aujourd'hui cet ouvrage n'est plus qu'un livre de bibliothèque. Mais quoique ses notices sur les graveurs soient très-fautives, il nous a conservé la mémoire d'une infinité de circonstances qui sans lui auroient été perdues. D'ailleurs il a traité son sujet plus en savant qu'en artiste.

On attribue à *Evelyn*, avec beaucoup de fondement, les eaux-fortes suivantes:

1. Cinq petites pièces portant pour titre: *Journey from Rome to Naples. Jo. Evelynus delineator. D. D. C. Q. R. Hoare excu.*

2. Portrait de *William Dobson*, avec cette inscription: *Vere Effigies Guilielmi Dobson, Armiger et Pictor Regiæ Majestatis Angliæ, in aqua forti per J. E.* Ovale in-4.

I. Robert Vaughan, dessinateur et graveur au burin, natif d'Angleterre vers 1620, florissant en 1650. C'étoit un de ces artistes du tems dont le talent étoit confiné à la gravure des portraits et des ornemens de livres. Beaucoup de propreté de burin et peu de goût d'exécution. Le principal mérite de ses portraits est celui des personnages qu'ils représentent, et celui de ses frontispices les livres qu'ils décorent. Outre ses portraits, il a gravé plusieurs planches de monumens. On estime assez les portraits suivans :

1. *Charles* II. gravé pendant l'interrègne, avec une inscription satyrique.
2. *Jacques* I. Roi d'Angleterre. in-fol.
3. *Lancelot Andrews*, Evêque de *Winchestre*. in-fol.
4. Sir *John Wynn of Garedur in Carnarvonshire.* gr. in-fol. d'une exécution assez brute.
5. *George Clifford*, Comte *de Cumberland*; en ovale in-fol.
6. *John Fisher*, Evêque de *Rochester*. in-fol.
7. Sir *Francis Drake*; avec quatre vers anglois.
8. *Arthur Hildesham*, Prédicateur d'*Ashby de la Zouch*.
9. Sir *Walter Raleigh*, fameux marin sous les règnes de la Reine Elisabeth et du Roi Jacques I.
10. Le Juge *Littleton*, à genoux devant un pupitre.
11. *Thomas Wilsford*, avec une ligne de *Boëce* et quatre vers anglois.
12. *Edouard Terry*, Recteur de *Greenford* en Middlesex, 1655. Ce portrait est le dernier et un des meilleurs de *Vaughan*.

II. WILLIAM VAUGHAM, dessinateur et graveur au burin, né en Angleterre vers 1626, florissant en 1660. *Guillaume* étoit sans doute en relation de parenté avec *Robert* dont nous venons de parler. Quant au mérite artistique, il n'y a pas grande différence. On a de ce graveur trois pièces pour un pamphlet petit in-fol. portant pour titre : *Sufferings of Sir William Duk of Braid.* Elles sont de la plus grande rareté. Un livre à dessiner portant pour titre: *A Book of such Beasts, as are most useful for drawing, graving, or armes painting and chaseing, designed by Fr. Barlow, and engraved by William Vaughan* 1664.

I. WILLIAM FAITHORN, *le vieux*, dessinateur, graveur au burin et à la pointe, naquit à *Londres* vers 1620, et mourut dans la même ville en 1691. *Faithorn* fut disciple de *Peack*, peintre et libraire et travailla quatre ans chez son maître. Dans les troubles civils, *Peack* avoit embrassé le parti de *Charles* I. et *Faithorn* suivit son maître. Il fut fait prisonnier par le parti des rebelles à *Bassing house*, conduit à *Londres* et enfermé à *Aldersgate.* Pour charmer les ennuis de la prison, il eut recours à son talent et grava le portrait de *Villiers* Duc de *Buckingham*, dans le goût de *Mellan*. Les sollicitations de ses amis en sa faveur ayant prévalu, il fut relaché et eut la permission de passer dans le continent. La cause de son bannissement fut de n'avoir pas voulu prêter le serment à *Olivier Cromwel*. Il se retira en *France*, où l'on prétend qu'il étudia sous *Ph. Champagne*. A *Paris* il trouva de l'encouragement, et l'Abbé *de Marolles*, ce célèbre amateur, s'intéressa pour lui; il fréquenta les artistes, et fit connoissance avec *Nanteuil*, dont les conseils lui furent très-utiles.

Vers 1650. il retourna dans sa patrie et établit à *Londres* un commerce d'estampes, vendant non seulement ses propres ouvrages, mais aussi ceux des autres artistes anglois. Cependant il continua de travailler pour les libraires. A l'exemple de *Nanteuil*, il faisoit des portraits aux divers crayons d'après nature pour les graver ensuite. En outre il peignoit en miniature; et ses ouvrages dans ces deux genres sont estimés.

Faithorn, conjointement avec *Payne*, occupe un des premiers rangs parmi les burinistes anglois du dernier siècle. La majeure partie de ses ouvrages consiste en portraits, quoiqu'il ait gravé aussi un grand nombre de sujets historiques. D'ordinaire il opéroit entièrement avec le burin, mais quelquefois il s'aidoit aussi de la pointe. Son goût de gravure pendant longtems tenoit de celui des maîtres des *Pays-Bas*; mais après son retour de *France* il adopta une manière plus large. Plusieurs de ses portraits sont d'une exécution admirable, d'un style libre, délicat et forts de couleurs. Dans ses sujets historiques, qui ont aussi leur mérite, on y auroit désiré plus de correction de dessin.

Faithorn marquoit le plus souvent ses estampes de son nom, mais il se servoit aussi quelquefois du chiffre suivant :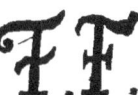

Têtes et Portraits

1. *William Faithorn*, en longs cheveux qui descendent de ses épaules.
2. Sir *William Paston*, Baronet, gentilhomme replet, portant de longs cheveux et sur ses épaules un manteau d'étoffe; le plus beau portrait de *Faithorn*.
3. Lady *Paston*, sur le retour de l'âge; portrait qu'on croit peint par *van Dyck*. in-fol.
4. *Marguerite Smith*, veuve de *Thomas Smith*, et femme de Sir *Edouard Herbert*; d'après *van Dyck*. in-fol.
5. *Montagu Bertie*, second Comte *de Lindsey*; d'après *van Dyck*.

GUIL. FAITHORT, le vieux.

6. *William Sanderson*, *œtat. suœ* 68, 1658. *Soust pinx.* Cette tête qui accompagne son *Graphice*, fait honneur au peintre et au graveur.
7. *Samuel Collins*, Docteur en médecine, *œtat.* 67. *W. Faithorn ad vivum del. et sc.*
8. *Anne Bridge*, Comtesse d'*Exeter*; d'après *van Dyck*.
9. *John La Motte*, Esqr. Citoyen de *Londres*, né en 1577. décédé en 1655.
10. *John* Vicomte *Mordaunt*, casque en tête, bordure ovale, à la manière de la noblesse écossoise.
11. *Thomas*, Comte d'*Elgin*, vieillard à longs cheveux, tenant son manteau de la main droite.
12. *Marie*, fille de Sir *Edouard Alston*, femme de Sir *James Langham*.
13. *Thomas Killigrew*, en capote, assis à une table, avec plusieurs de ses ouvrages, la tête de *Charles* I. et un chien près de la table. *W. Sheppard pinx.*
14. *Thomas Stanley*, bordure octogone; d'après *P. Lely*.
15. *Francis Roux*, Prévost d'*Eton*, en grand chapeau; gravé en 1656.
16. *Thomas Hobbes*, à l'âge de 76. ans. *En quam modice habitat Philosophia.*
17. *Samuel Leigh*, tête de jeune homme, à l'âge de 15. ans. 1661. *Incipe et perfice, Domine.*
18. *Henriette Marie*, avec un voile et les armes royales d'*Ecosse*; pièce gravée à *Paris*, dans le goût de *Mellan*.
19. Belle tête de *Smith*, maître écrivain, dessinée par *Faithorn*, et gravée par *Vanderbank*.
20. *Thomas Mace*, à la tête de son livre sur la musique.
21. *Henri More*, assis sous un arbre dans un paysage.
22. *Robert Boyle*, avec une machine pneumatipue; pièce en ovale.
23. *Elias Ashmole*, buste dans une niche, dont *Faithorn* reçut sept Guinées pour la planche.
24. *William Oughtred*, gravé dans le goût de *Hollar*.

GUIL FAITHORN, le vieux.

25. *Henri Somerset*, Marquis *de Worchester*, dans son armure, avec un gros bâton.
26. La Reine *Cathérine*, ajustée en habit de costume espagnole, à son arrivée en Angleterre.
27. *Barbe*, Comtesse *de Castelmaine*, appuyée sur sa main gauche, dans une bordure en ovale.
28. Le fameux Prince *Robert*, les cheveux épars, un gros nœud de ruban autour du cou, et ceint d'une large ceinture; d'après *G. Dobson*. Estampe rare et remarquable.
29. *Charles* II. dans une bordure ronde autour de laquelle on lit: *Honi soit qui mal y pense.*
30. Sir *Thomas Fairfax*. *Rob. Walker pinx.* gravé dans la manière de *Mellan.*
31. *John Milton*, à l'âge de 62. ans. *Guil. Faithorn ad vivum del. et sculp.*
32. *John Hacket*, Evêque de *Lichtfield* et de *Coventry*.
33. *Armand*, Cardinal *de Richelieu*, à la tête de la traduction angloise de sa vie, par le Docteur *Doddington*.

Divers sujets d'après différens maîtres et de sa propre composition.

1. Sainte Famille; d'après *S. Vouet*, gravée dans le goût de *Couvey*. p. in-fol. en t.
2. La Vierge caressant l'enfant Jésus; d'après *L. de la Hire.* p. in-fol.
3. Buste du Sauveur, tenant le globe du monde; d'après *Raphael.* in-fol.
4. Un Christ mort; d'après *van Dyck.* in-fol.
5. La sainte Cène; sans nom de peintre. in-fol.
6. Jésus-Christ en prière dans le jardin des Olives; de même.
7. Jésus-Christ flagelé; d'après *Diepenbeck.* in-fol. Au bas de l'estampe on lit: *Faithorn sculp. Antwerp.* 1657.

8. Grande estampe emblématique, où se voit *Olivier Cromwel*, en pied, et dans son armure; avec nombre de devises et de sentences. Pièce de la plus grande rareté.

9. Estampe emblématique, où se voit un pelerin.

II. GUILLAUME FAITHORN, *le jeune*, dessinateur et graveur en manière noire, né à *Londres* en 1656, et mort dans la même ville en 1686. Il étoit fils de *Guillaume Faithorn*, dont nous venons de parler et il apprit les principes de l'art dans la maison paternelle. Cependant il ne suivit pas le genre de gravure de son père; il adopta celui de la manière noire, et il y réussit. Il grava des portraits et d'autres sujets dans cette manière. Avec l'approbation du public et les talens personnels, il avoit devant lui la perspective d'un avenir agréable; mais négligeant absolument ses affaires, il tomba dans la détresse, et causa des chagrins infinis à son père. L'infortuné jeune homme ne put se relever et mourut à l'âge de trente ans.

Les pièces suivantes du jeune *Faithorne* sont celles qu'on recherche le plus.

1. *Thomas Flatmann*, qu'on croit son premier ouvrage. in-4.
2. *Marie Stuart*, Princesse d'*Orange*; d'après *Hanneman*. in-4.

3. Sir *William Read*, Occuliste de la Reine *Marie*. in-fol.
4. Portrait d'une Dame en *Flore*. peint jusqu'aux genoux; d'après *M. Dahl*. in-fol.
5. *Fréderic*, Duc de *Schomberg* ; d'après *le même*. in-fol.
6. Sir *Richard Haddock*; d'après *Closterman*. in-fol.
7. La Reine *Anne*, les cheveux épars et en négligé.
8. *John More*, Evêque d'*Ely*. in-fol.
9. *John Cooper*, jeune homme avec un chien. in-fol.
10. Lady *Catherine Hyde*. in-fol.
11. Mistriss *Marianne Herbert*. in-fol.
12. La Princesse d'*Hannovre*. in-fol.
13. Mistriss *Plowden*, avec une guirlande, et une robe de soie rayée; sans son nom. in-fol.
14. Autre jeune Personne, tenant un collier dans la main au lieu d'une guirlande. in-fol.

THOMAS CROSS, dessinateur et graveur au burin, natif d'Angleterre vers 1624, florissant dans son pays en 1648. Artiste laborieux, il possédoit une assez médiocre portion de génie. Il opéroit en grande partie avec le burin dans un style roide et peu agréable. Selon le costume de son tems, il gravoit communément d'après ses dessins. *Walpole* rapporte 16. pièces de ce graveur, presque tous portraits, dont voici les plus marquans.

1. *Jérémie Burrughs*, gravé en 1646.
2. *Thomas Doolittle*, Ministre du St. Evangile.
3. *Robert Dingley*, Maître des Arts.
4. *John Richardson*, Evêque d'*Ardagh*. 1654.

5. *Samuel Clarke*, Pasteur de *St. Benet-Fink*.
6. *Jonas More*, Mathématicien, un rouleau de papier dans la main; gravé d'après *H. Stone* en 1649.
7. Frontispice pour un livre in-8. publié à Londres en 1648, portant pour titre: *A Voyage trough Rome*.

Robert Streater, peintre et graveur à l'eau-forte, naquit à *Londres* en 1624, et mourut dans la même ville en 1680. Fils d'un peintre peu connu, il etudia la peinture sous *du Moulin*, et fut l'artiste le plus vanté de son tems. *Graham*, auteur de l'essai d'une école des peintres anglois, inseré à la suite de la vie des peintres de *de Piles*, dit de *Streater* que c'étoit le plus grand peintre et l'artiste le plus universel qu'eut produit l'Angleterre, et Robert *Whitehal*, dans sa description poëtique des peintures d'un plafond du théâtre d'Oxford, termine ainsi son poëme:

> That future ages must confess they owe
> To *Streater*, more than Michael Angelo.

Les exagérations de ses amis lui valurent le titre de peintre du Roi, lors de la restauration de *Charles* II. Pendant les dernières années de sa vie, il fut tourmenté de la pierre. Le Roi manda un chirurgien de Paris pour lui faire l'opération, mais il mourut avant l'arrivée de ce dernier à l'âge de 56. ans.

A HERTOCKS.

Streater peignoit le paysage, l'architecture et d'autres sujets. Il s'est aussi amusé à graver à l'eau-forte, mais sa pointe n'offre rien de bien piquant. On connoit de lui les morceaux suivans :

1. Divers morceaux d'architecture ; d'après *J. Dinante*.
2. Bataille de *Naseby* ; très-grande pièce en t.

A. HERTOCKS, dessinateur et graveur au burin, natif d'Angleterre vers 1630, florissant à *Londres* en 1660. C'étoit un de ces graveurs du tems, à qui le nom d'artisan convenoit mieux que celui d'artiste. Il opéroit avec le burin seul dans un style net et sec. Ses portraits forment la meilleure partie de ses ouvrages. Quant au dessin de ses figures nues, dont il orne quelquefois ses portraits et ses frontispices, il est au-dessous de la critique. Plusieurs des morceaux suivans sont recherchés pour leur rareté.

1. Sir *Edouard Nicolas*, Secrétaire-d'état ; bordure ovale entouré de lauriers. in-fol.
2. Sir *Thomas Wortley*, prisonnier à la Tour de Londres. 1652. petit in-fol.
3. *Gidéon Harvey* ; ovale. p. in-fol.
4. *Edouard Waterhouse*, Chevalier. p. in-fol.
5. Lord *Rolle*, Chief-justice, célèbre jurisconsulte.
6. La tête de *W. Chamberlayne*, servant de frontispice à sa *Pharonnida*. 1659. p. in-fol.

J. DUNSTALL. J. GAMMON.

JOHN DUNSTALL, dessinateur, graveur à la pointe et au burin, natif d'Angleterre vers 1630, et travaillant à *Londres*, où il faisoit le maître à dessiner en 1660. On a de lui différentes estampes, gravées à l'eau-forte et retouchées au burin, dans la manière de *Hollar*. Mais l'exécution ne répond pas à l'intention.

Les pièces suivantes sont de sa main.

1. Suite de plusieurs pièces représentant des oiseaux, des bestiaux, des fleurs, des fruits, du gibier et des insectes, portant pour titre: Invented, etched, and graved, by *Johon Dunstall*. 1662.
2. Le Roi *Guillaume* et la Reine *Marie*.
3. *Samuel Clarck*, le Martyrologiste.
4. *Jacobus Usserius*.

JAMES GAMMON, dessinateur et graveur, natif d'Angleterre vers 1630, et travaillant à *Londres* en 1660. Il a gravé un assez grand nombre de portraits dans un style sec et destitué de goût. On se contentera de noter ici les portraits suivans à cause des personnages:

1. *Richard Cromwell*, ovale in-4.
2. Sir *Toby Matthews*; de même.
3. *Catherine de Bragance*; de même.
4. *Mascall*, peintre; de même.

W. Carter. D. Loggan.

William Carter, dessinateur et graveur à l'eau-forte, natif d'Angleterre vers 1630, florissant en 1660. *Carter* étoit le meilleur élève de *Hollar*, et imitoit sa pointe avec succès. On croit qu'il assistoit son maître dans l'exécution de ses grands ouvrages, et la chose est d'autant plus probable que son nom paroit rarement sur des estampes. Sur un petit nombre de planches on trouve les lettres initiales de son nom W. C. Il a beaucoup travaillé pour les libraires de son pays, de sorte que la majeure partie de ses ouvrages consiste en vignettes et autres ornemens de livres. La traduction angloise d'*Homere* par *Ogilby* est orné de plusieurs morceaux de *Carter*.

David Loggan, dessinateur et graveur au burin, né à *Danzig* vers 1630, mort à *Londres* en 1693. Il apprit les élémens de son art de *Simon de Passe*; puis il passa en *Hollande*, où il étudia encore quelque tems sous *Hondius*. C'est de-là qu'il se rendit en *Angleterre*, où il trouva d'abord de l'encouragement. Ses dessins des portraits et des différentes contrées et endroits trouverent de l'approbation. Les deux universités d'*Oxford* et de *Cambridge* lui donnerent de l'occupation. Il se fixa même pour quelque tems à *Oxford*, où il épousa une personne d'une bonne famille. Il y publia entr'autres ouvrages: *Habitus Academicorum Oxoniæ a Doctore ad Servientem.* Volume gr. in-fol. Il s'y qualifie: *David Loggan Gedanensis, Universitatis Oxon. Chalcographus*, 1672. Outre les vues des différens endroits d'Angleterre, comme celles d'*Oxford* et de *Cambridge*, il a gravé, pour l'ordinaire d'après son dessin, une prodigieuse quantité de portraits dans lesquels il s'est fait aider quelquefois par *Valk*, *Blooteling* et *Vanderbanck*. Son style de gravure a beaucoup de propreté, mais aussi bien la roideur d'un artiste qui a plus de pratique que de goût.

Portraits de Loggan, la plupart in-fol.

1. *John Sparrow*, 1653.
2. *William Hickes*, 1658.
3. *Charles* II. avec ses armes, mais sans son nom.
4. Le *même* dans son armure.
5. *Jacques*, Duc d'*York*, en pied et en robe de chambre.
6. *George*, Duc d'*Albemarle*, à mi-corps, dans son armure; un de ses meilleurs portraits.
7. *Edouard*, Comte *de Clarendon*; jolie tête.
8. *Thomas Isham*; dessiné par *Loggan*, et gravé par *Valk*.
9. *Robert Stafford*; par les mêmes.
10. *Mother Louse of Louse-hall*. C'est ce morceau qui lui valut en grande partie sa réputation à *Oxford*.
11. *Sprat*, Evêque de *Rochester*.

12. Le Docteur *Willis*, Médecin, sans son nom, âgé de 45 ans.
13. Sir *Henri Pope Blount*, avec ses armes.
14. *William Holder*. *Vertue* dit que *Vanderbanck* en a gravé la face.
15. *Lord-Keeper Guilford*; un de ses meilleurs portraits.
16. *Thomas Fuller*, gravé en 1661.
17. *Pearson*, Evêque de *Chester*; d'après nature.
18. *James*, Duc d'*Ormond*; de même.
19. Sir *Edouard Cocke*; de même.
20. *Crew*, Evêque de *Durham*.
21. *James*, Duc de *Monmouth*, jeune, en robe, et un des beaux portraits du graveur.
22. *Thomas Sanders*. *Fleshiere pinx*.
23. *George Walker* de *Londonderry*.
24. *Léonard Pluckener*, gravé en 1690.
25. *Loyd*, Evêque de *St. Asaph*.
26. Sir *George Wharton*, âgé de 46 ans; sans son nom.
27. Le Prince *George* de *Danemark*.
28. Estampe emblématique sur *Cromwel*, dans son armure; en t.
29. Frontispice pour un livre de prières. *J. B. Gaspars del.* in-fol.

Robert Gaywood, graveur à l'eau-forte, natif d'Angleterre vers 1632, florissant en 1660. Il étoit du nombre des élèves de *Hollar* et cherchoit à imiter sa manière de graver à la pointe. Mais il est resté bien loin de la perfection de son maître. Il n'en a ni le goût ni le jugement. Ses contours sont durs et incorrects, son eau-forte est lourde et peinée. Sa meilleure pièce est une *Vénus* couchée, et un homme qui touche de l'orgue; d'après le *Titien*, petit in-fol. Tableau de la collection de *Charles* I. aujourd'hui en la possession de Lord *Cholmondeley*.

1. Suite d'oiseaux divers, en 8 pièces; d'après *Fr. Barlow*.
2. Suite de différentes sortes de bêtes; d'après *le même*.
3. Suite de Lions et de Léopards; d'après *Rubens*; suite qu'on ajoute quelquefois à la précédente et qui est alors de 17 pièces.

THOMAS DUDLEY, graveur à l'eau-forte, natif d'Angleterre vers 1634, florissant à *Londres* vers 1678. *Dudley* étoit un des meilleurs disciples du célèbre *Hollar* dont il imita la manière de graver. Quoiqu'il n'égalât pas son maître ni dans la clarté de ses points, ni dans la liberté de son exécution, ses eaux fortes ne laissent pas d'avoir leur mérite. Ce qu'il a fait de plus considérable dans ce genre est une suite d'estampes pour la *Vie d'Esope*, qui ornent la dernière édition de ses fables publiée par *F. Barlow*.

1. Suite de 27 gravures pour la *Vie d'Esope*, avec la date de l'année 1678. et le nom de *Dudley*, *quondam Condiscipulus W. Hollar*.
2. Le portrait de l'Evêque *Roussel*, signé *Thomas Anglus fecit*, 1679.

ROBERT THAECKER, dessinateur et graveur au burin, natif d'Angleterre vers 1634, florissant en

1670. Cet artiste, assez obscur, s'est donné lui même le titre de *dessinateur du Roi*. Il n'est guères connu que par une grande estampe en 4 planches, représentant l'église cathédrale de *Salisbury*.

WILLIAM LIGHTFOOT, peintre et graveur au burin, natif d'Angleterre vers 1640. Cet artiste n'est guères connu que par ce peu de mots d'*Evelyn*: „*Lightfoot* a un burin fort curieux et „un talent particulier pour la propreté de ses „tailles. Il a publié avec succès quelques Ma„donna dans lesquelles il s'est montré peu in„férieur aux *Wierix*." *Walpole* suppose que c'est le peintre de ce nom qui florissoit sous le règne de *Charles* II. et qui peignoit le paysage et l'architecture.

MICHEL BURGHERS, dessinateur et graveur au burin, natif des *Pays-Bas* vers 1640. Il vint en Angleterre peu de tems après que *Louis* XIV. se fut emparé d'*Utrecht*, et s'établit à *Oxford*. A juger de la simplicité de ses ouvrages il résulteroit qu'il a été employé non seulement par l'Université, mais aussi par les libraires. Ses estampes sont exécutées tout au burin dans un style sec et peiné. Son dessin des figures nues est très-fautif. Cependant nous lui devons la conservation de plusieurs restes d'antiquités, dont les originaux sont perdus aujourd'hui. Au bas de plusieurs de ses estampes, il a ajouté à son nom : *Academiæ Oxon. Calcographus*. Entr'autres choses qu'il a faites pour l'Université, il grava pendant plusieurs années ses almanachs; le premier qui parut avec son nom fut en 1676.

Mais les ouvrages les plus estimables de cet artiste sont ses antiquités, ses anciens pavés, ses vues d'églises degradées, d'abbayes ruinées et d'autres curiosités, exécutées en grande partie pour l'infatigable antiquaire *Thomas Hearne*. Il a gravé en outre une grande quantité de portraits dont plusieurs sont très-recherchés.

De ce nombre sont :

1. *William Sommer*, Antiquaire et
2. *Franciscus Junius* ; d'après *van Dyck*.
3. Le Médaillon et le revers de *Guillaume*, Comte de Pembroke, qui vivoit en 1572.
4. *John Barefoot*, Docteur à l'Université d'*Oxford*, 1681.
5. La tête de *Jacques* II. dans un almanach de 1686.
6. *Antoine Wood*, dans une niche ; la seule pièce en manière noire de ce graveur.
7. Le Roi *Alfred*, tiré d'un manuscrit de la bibliothèque *Bodlejane*.
8. Sir *Thomas Bodley* ; aux angles les têtes du Comte de

J. SAVAGE.

Pembroke, de l'Archevêque *Laud*, de Sir *Kenelm Digby* et de *John Selden*.
9. *Timothée Halton*, Prévost au Collège de la Reine.
10. Le Docteur *Wallis*, gravé en 1699.
11. Grande face du Christ, gravée avec une seule taille dans le goût de *Mellan*.
12. Plusieurs frontispices pour les classiques, publiés à *Oxford*.

J. SAVAGE, dessinateur et graveur au burin, natif d'Angleterre vers 1640. et résidant à *Londres* en 1680. Il travailloit en grande partie pour les libraires; mais il a aussi exécuté quelques planches pour son compte, comme par exemple *Philippe*, Roi d'*Espagne*, au bas duquel est écrit: *Sold by J. Savage*. Il opéroit principalement avec le burin, mais sans beaucoup de goût, et n'entendoit guère que la partie mécanique de son art. Il a gravé un grand nombre de portraits, et par une bizarrerie singulière beaucoup de portraits de criminels. Les plus recherchés sont les suivans :
1. L'Evêque *Latimer*.
2. *Jean a Lasco*.
3. *Algernon Sidney*.
4. Sire *Edmondbury Godfrey*.
5. *John Godbury*.
6. Une partie des planches pour les *Cris de Londres*; d'après *A. Tempesta*.
7. Plusieurs monnoies pour la Numismatique de *Jean Evelyn*.

Ed. le Davis.

Edouard le Davis, peintre, dessinateur et graveur au burin, natif du pays de *Galles* vers 1640. Dès sa jeunesse il montra beaucoup d'inclination pour les arts de dessin. Il entra chez *Loggan* pour y apprendre la gravure; mais ayant été maltraité par la femme de son maître, il en sortit au bout de quelque tems. Contraint par la nécessité d'endosser la livrée, il suivit son maître en *France*, où il eut occasion de prendre quelques notions de la peinture. A son retour en Angleterre il en tira bon parti.

Le Catalogue de *Walpole* rapporte les morceaux suivans :

1. *Charles* II. assis. Le visage a été ensuite effacé, et l'on y a substitué celui de *Guillaume* III.
2. *Jacques*, Duc d'*York*, grosse tête en ovale, entourée de fleurs.
3. La Duchesse de *Portsmouth*, assise.
4. *Guillaume*, Prince d'*Orange*; d'après *Lely*.
5. *Marie*, Princesse d'*Orange*; d'après *le même*. 1678.
6. *Stéphen Monteage*. 1675.
7. Le Général *George Moncke*.
8. *Charles*, Duc de *Richmond*, dans sa jeunesse; d'après *Wissing*. 1672.
9. Un *Ecce Homo*; d'après le *Carrache*; rare.
10. *Sainte Famille*; d'après un bas-relief de l'*Algarde*; à Paris chez *Chauveau*.
11. Sainte *Cécile*, jouant de la basse de viole, avec des anges ; d'après *van Dyck*.
12. Un homme joyeux, tenant un bonnet de fou. *Edouard le Davis, Londoni sc.*

R. WHITE.

ROBERT WHITE, dessinateur, graveur au burin et en manière noire, naquit à *Londres* en 1645, et mourut dans la même ville en 1704. Il fut disciple de *David Loggan* pour lequel il dessina et grava maintes vues ornées d'architecture. Il apprit de lui même à dessiner des portraits à la mine de plomb sur vélin; et comme il réussit à saisir la ressemblance, il eut longtems la vogue. En effet ses dessins sont plus estimés que ses gravures qui sont pour la plupart d'une exécution séche et peu agréable. Il fut très-laborieux, et dans l'espace de quarante ans il amassa une fortune de quatre à six mille livres Sterlings; mais après des malheurs ou des imprudences cette fortune se trouva dissipée et il mourut dans l'indigence.

Outre ses portraits au burin, il a gravé encore un grand nombre de frontispices et d'ornemens de livres. Il a aussi gravé quelques têtes en manière noire, mais elles sont fort inférieures à ses autres productions. Les portraits sont ce qu'il a fait de meilleur parmi ses nombreux ouvrages:

1. *George*, Comte *de Cumberland*, habillé pour un tournois, figure en pied. gr. in-fol.
2. *James*, Comte *de Perth*; en ovale in-fol.
3. Lady *Susanne Temple*; en ovale in-fol.

4. Lady *Anne Clifford;* ovale in-fol.
5. Docteur *Burnet*, ensuite Evêque de Salisbury; ovale in-fol.
6. *Thomas Morus*, Chancellier d'Angleterre; d'après *Holbein.* in-4.
7. Le Prince *Robert;* d'après *Kneller;* à mi-corps; ovale in-fol.
8. *Jean*, Comte *de Radnor;* d'après *le même.* in-fol.
9. D. *Robertus Cottonus Bruceus*, Eques auratus et Baronettus, Bibliothecæ *Cottonianæ* fundator. C. *Johnson pinx.* 1629. R. *White sc.* 1696. in-fol.
10. *Henricus Spelmannus*, Eques auratus. in-fol.
11. *Simon Patrick*, Evêque d'*Ely*, R. de *White ad vivum del. et sc.* 1680. in-fol.
12. La Reine *Elisabeth*, assise sur un canapé. in-fol.
13. *Henri*, Duc de *Gloucester*, en pied. in-fol.
14. *Henri Parcel;* d'après *Closterman.* in-fol.
15. *John Ashton*, Gentleman; d'après *Riley.* in-fol.
16. Sir *John Fenwick;* d'après *Wissing;* en ovale. in-fol.
17. La Duchesse d'*Arundel;* d'après *Lely*, gravée en manière noire. in-4.

Nous avons dit que *Robert White* fut un artiste très-laborieux : sans compter ses ouvrages pour les libraires, ses portraits, suivant le catalogue d'*Horace Walpole*, passent le nombre de 250.

II. GEORGE WHITE, *le jeune*, dessinateur, graveur au burin et en manière noire, né à *Londres* vers 1670, et mort dans la même ville vers 1734. *George* apprit de *Robert* son père les principes du dessin et la gravure des portraits au burin. On dit qu'il peignoit à l'huile, et de même en miniature. Après la mort de son père il termina les planches que celui-ci avoit laissées imparfaites. Il grava aussi plusieurs têtes dans le même goût, mais d'une meilleure exécution que celles de son père. Cependant sa principale occupation étoit la gravure en manière noire, dans laquelle il eut tellement la vogue qu'une planche de moyenne grandeur lui étoit payée vingt livres Sterlings. Dans l'exécution de ses planches il pratiqua un nouveau procédé, en combinant souvent la manière noire avec l'eau-forte, qu'il employoit à marquer ses contours. On ignore l'année positive de sa mort. Son dernier portrait avec la date de 1731, est celui de l'Evêque *Weston*.

Ses meilleurs portraits en manière noire sont les suivans :

1. *Silvester Petyt*, à mi-corps. in-fol.
2. Sir *Richard Blackmore*; d'après *J. Vanderbank*. in-fol.
3. *Nicolas Sanderson*, Professeur de Mathématique au collège de Cambridge. *J. Vanderbank pinx*. 1719. gr. in-fol.
4. *Jean-Baptiste Monnoyer*, peintre de fleurs; d'après *Kneller*. in-fol.
5. *Jean Dryden*; d'après *le même*; ovale in-fol.
6. *Alexandre Pope*; d'après *le même*. gr. in-fol.
7. Le Docteur *Thomas Bradbury*; d'après *L. Gibson*. in-fol.

8. *George Hooper Bathon*, Évêque; d'après *L. Hill.* in-fol.
9. *Charles-Chrétien Reisenus*, célèbre graveur en pierres fines; d'après *Vanderbank.* in-fol.
10. Le Colonel *Blood* qui déroba la couronne; en ovale. gr. in-4.
11. *William Dobson*, se ipse pinx. in-fol.
12. *Jacques Shepherd*, à mi-corpt; d'après *Sir James Thornhill.* in-fol.

George White a gravé dans la manière de son père:

1. *James Gardiner*, Evêque de *Lincoln.*
2. *Charles* II. Roi d'*Espagne*, commencé par *Robert* peu avant sa mort, et fini par *George* qui y a mis son nom.
3. 4. Le Duc d'*Ormond* et Lord *Clarendon*, commencés par le père, et achevés par le fils. Ces quatre morceaux sont d'une bonne exécution.

FRANCIS, ou FRANÇOIS BARLOW, peintre et graveur à l'eau forte, naquit à *Lincolnshire* vers 1646. et mourut à *Londres* en 1702. Il reçut les instructions de son art de *Shepherd*, peintre de portraits. Mais son principal talent consistoit à dessiner d'un goût spirituel, des oiseaux, des poissons et des animaux de toute espèce. Son dessin est en général facile et sa couleur est adoptée à ses sujets. Les figures qu'il a introduites dans ses compositions, sont d'une bonne exécution et disposées avec un grand jugement. Les beaux sites dont il embellit ses paysages, prouvent la fertilité de son génie et la bonté de son goût. *Hollar* a beaucoup gravé d'après *Barlow*. Parmi ses suites on distingue celle qui représente les différentes sortes de chasses et de pêches usitées en Angleterre et qui portent pour titre: *Several ways of Hunting, Hawking and Fishing, according to the english manner, invented by Francis Barlow, engraved by W. Hollar* 1671. 15 feuilles in-4to. en t.

Barlow a eu cette ressemblance avec *Hollar*, que malgré ses talens il est mort dans l'indigence. Il a gravé à l'eau-forte différentes choses avec le même esprit. Il signoit fréquemment ses pièces des lettres initiales de son nom F. B.

Il a fait les dessins pour les estampes de la traduction des Fables d'*Esope* par *Ogilby*, et il en a gravé plusieurs.

Il a gravé les planches pour *Edward Benlow's Divine Poems*, nommés *Theophila*, publiées en 1652. in-fol.

Il a encore gravé une aventure particulière qui lui arriva en *Ecosse*. C'est un aigle qui, ayant emporté au haut des airs un chat, fut vaincu par son ennemi en se débattant. L'artiste les vit tomber tous deux à terre.

WILLIAM LODGE, dessinateur et graveur à la pointe et au burin, naquit à *Leeds*, ville considérable en *Yorkshire* en 1649, et mourut dans le lieu de sa naissance en 1689. Né avec une fortune honnête, il fit de bonnes études à l'université de *Cambridge*; puis il étudia le droit au collège de Jésus à *Lincolns-Inn*. Mais son goût pour les arts et sa passion pour les voyages prédominèrent chez lui. Il passa à *Venise* avec Lord *Falconberg*, envoyé en ambassade par la cour de Londres auprès de la République. A *Venise* il se lia d'amitié avec *Jacques Barri*, peintre venitien et auteur de l'ouvrage: *Viaggio Pittoresco*, dans lequel il rend compte des fameuses peintures dispersées dans les villes et cabinets d'Italie. *Lodge* fut si charmé de cet ouvrage qu'il en fit une traduction angloise, à laquelle il ajouta plusieurs têtes des grands peintres, gravées à l'eau-forte par lui même, avec une carte d'*Italie*. Il fut imprimé en 1679.

A son retour dans sa patrie il continua de cultiver les arts, et lia une étroite amitié avec *Francis Place*, dont le génie avoit de grands rapports avec le sien. Il fit de fréquentes excursions dans les provinces; à cette occasion il dessinoit les vues les plus piquantes de ces contrées. Il arriva un jour que dessinant ainsi dans le pays de *Galles*, il fut arrêté sur l'accusation d'être un espion des Jésuites, lors de la découverte du complot des Catholiques-Romains. Malgré ses réclamations il fut incarcéré, et resta en prison jusqu'à l'arrivée de plusieurs de ses amis de *Chester* qui confirmerent pleinement son innocence.

Lodge est un des artistes anglois qui fait le plus grand honneur à son pays. Indépendamment de ses portraits, il a gravé d'une pointe facile et spirituelle un grand nombre de vues intéressantes dessinées, soit chez l'étranger, soit dans son pays, qui attestent son génie et son goût.

Horace Walpole, dans son catalogue des graveurs anglois, nous donne une liste des ouvrages de *Lodge*, avec plusieurs anecdotes curieuses de sa vie.

1. *Olivier Cromwell* et son page, dédié au protecteur.
2. *Samuel Malines*; d'après une peinture de *Claret*.
3. Le pont du *Gard* en Languedoc, avec ce chiffre 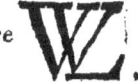.
4. Vue de *Gajete*, avec le Mole et le tombeau de *Blancus*.
5. Vue de *Pouzzol*, avec le Mole de *Caracalla*.
6. Vue de l'Amphithéatre et de l'Aqueduc de *Minturne*.
7. Vue du Promontoire de *Circé*, et du Temple du Soleil.
8. Le Monument. Un des meilleurs morceaux de ces vues.

9. Vue de *Westminster-hall* et de l'Abbaye.
10. Vue de *Lambeth-house*, prise du côté de la Tamise.
11. Vue de la ville d'*York*, prise du côté de la machine hydraulique avec les ruines.
12. Les Vues de *Leeds* et de *Wakefield*.
13. Suite portant pour titre: *Livre de diverses Vues, faites d'après nature, par W. Lodge.* p. in-fol. en t.

FRANCIS PLACE, peintre, dessinateur et graveur à l'eau-forte et en manière noire, né à *Dinsdale* dans la contrée de *Durham* vers 1650, mort à *York* en 1728. Il naquit avec les plus heureuses dispositions pour les beaux-arts. Dès sa plus tendre jeunesse il peignoit, dessinoit et gravoit à la pointe, art qu'il doit avoir appris de *Hollar*. *Francis* étoit fils de Mr. *Rowland Place*, gentilhomme aisé de *Dinsdale*. Son père, le destinant à la jurisprudence, lui fit faire des études relatives à cet objet. Il le plaça à *Londres* comme clerc chez un procureur, où il passa l'année 1665. Pour se conformer aux volontés de son père, il avoit pris une étude de procureur dans cette ville, lorsqu'un jour les officiers de justice vinrent fermer sa maison, sous prétexte qu'elle étoit suspecte de contagion. Ce contre-tems lui fit quitter *Londres*, et, changeant de profession, il se livra à des occupations plus analogues à ses goûts. La tête pleine de projets, il s'étoit retiré à *York*, où il avoit découvert une terre avec laquelle il prétendit faire de la porcelaine. Pour cet effet il établit une fabrique dans sa maison; mais après avoir dépensé inutilement des sommes assez considérables, il se vit obligé de renoncer à son projet. Les beaux-arts le consolerent du mauvais succès de ses spéculations.

Les ouvrages de *Francis Place* sont rares, attendu qu'il peignoit, dessinoit et gravoit dans ses différentes manières, plutôt pour son amusement que pour trafiquer de ses talens. Ses productions prouvent qu'il étoit un artiste très-habile. Il est triste seulement que son application n'ait pas égalé son génie: il a laissé une infinité de dessins non achevés. Inconstant dans ses travaux, il aimoit l'indépendance par dessus tout. Sous le règne de *Charles* II. il refusa une pension de 600. L. Sterlings pour dessiner les vaisseaux du Roi.

Portraits en manière noire.

1. L'Evêque *Crew*; d'après *Kneller*; ovale in-4.
2. *Richard Thompson*; d'après *Zoust*; ovale in-4.
3. *Philippe Woolrich*, Esq. dans son armure; de même.
4. *Thomas Comber*, Doyen de *Durham*; d'après *Greenhill*; de même.

GUIL. SHERWIN.

5. *John Moyzer*, Esq. et *de Beverley;* son ami particulier; ovale in-4.
6. *Henri Gyles*, peintre sur verre, ovale p. in-4.
7. Le Général *Lambert.* petit in-fol.
8. *Sterne*, Archevêque d'*York.* p. in-fol.

Différens sujets.

1. Suite de différens oiseaux sous le titre: *Multæ et diversæ avium species. F. Barlow inv. Fr. Place fec.* 6 pièces in-4. en t.
2. Suite de paysages et d'oiseaux; d'après *J. Griffier;* suite de 7 pièces où l'on admire la liberté de la pointe dans le traitement du feuillé.
3. Vue de *Tinmouth-Castle.*
4. — de *Light-House.*
5. — de la Cathédrale d'*York.*
6. — perspective de *Leeds.*

Ces différentes vues et plusieurs autres se trouvent dans l'ouvrage de *Ralphe Thoresby Ducatus Leodiensis.*

WILLIAM SHERWIN, dessinateur et graveur au burin, ainsi qu'en manière noire, né à *Londres* vers 1650. fils d'un Ecclésiastique anglois; on ignore d'ailleurs de qui il apprit les principes du dessin et de la gravure. Il étoit graveur du Roi, avec patente. On ignore aussi ce qui lui a procuré cet honneur; on sait seulement que ce n'est pas son mérite comme artiste. Ses meilleurs ouvrages, qui consistent en ornemens de livres

GUIL. ELDER.

et en portraits, prouvent qu'il possédoit assez la partie mécanique de son art, mais nul goût dans l'exécution. Il a gravé d'après son dessin le frontispice et la plupart des tailles douces pour l'édition de *God's Revenge against Murder*. in-fol. 1669.

Parmi ses portraits on cite les suivans :
1. *Charles* II. Roi d'Angleterre, figure entière, servant de frontispice. in-fol.
2. *Christophe*, Duc d'*Albemarle*, dans son armure. in-fol.
3. *Guillaume Sermon*, M. D., marqué *W. Sherwin ad vivum del. et sc.* 1671. in-fol.
4. *Guillaume Bridge*. *Id. del. et sc.* 1670.
5. Le Juge *Powel. Id. del. et sc.* 1711.

Il a gravé un petit nombre d'estampes en manière noire, mais d'un très-mauvais goût, à l'exception d'une seule pièce :

Le portrait de Monsieur *Beverland*; estampe très-rare.

WILLIAM ELDER, dessinateur et graveur, né en *Écosse* vers 1650, et établi à *Londres* vers 1680. Ce graveur laborieux, à l'exemple de la plupart de ses confrères du tems, a exécuté un grand nombre de frontispices, de vignettes et de portraits. Il est du nombre de ceux à qui le nom d'artisan convient mieux que celui d'artiste. Le portrait est encore le genre dans lequel il a le mieux réussi.

1. *Ben Johnson*, Poëte. in-4.
2. *Théodore de Mayerne*; ovale in-4.
3. Son propre portrait, en bonnet.
4. Le même, en perruque.

Henri Lutterell, dessinateur et graveur en manière noire, étoit né à *Dublin* vers 1650, et florissoit à *Londres* vers 1680. Il s'étoit destiné d'abord à la jurisprudence, mais se sentant des dispositions pour le dessin, il quitta l'étude des loix pour celle des arts. Il entra dans la carrière par faire des dessins au crayon. Voyant le succès qu'avoit la gravure en manière noire, qui étoit encore un secret en *Angleterre*, il se mit en tête d'en faire la découverte à force de recherches. Il fit quelques essais dans ce genre qui réussirent assez bien, entr'autres une *vieille femme qui souffle une chandelle*. Mais toujours le vrai procédé lui restoit inconnu. Enfin ayant fait connoissance avec *Van Somer*, il apprit de lui tout le mystère. Lié d'amitié avec *Becket*, ils travailloient de concert et s'assistoient mutuellement. Il a gravé un nombre assez considérable de portraits, dont celui qui passe pour le meilleur, porte le nom de *Piper the painter*.

1. *Ben Hamet*; sans nom de peintre. in-f.
2. *Robert Cony*, M. D. petit in-fol.

3. *Le Piper the Painter.* in-fol.
4. *La Duchesse de Cléveland;* d'après *Lely.* in-fol.
5. *Arthur,* Comte d'*Essex;* d'après *le même.* in-4.
6. *Antoine,* Comte de *Shaftesbury.* F. Greenhill pinx. Lutterell fec. in-4.
7. *Guillaume,* Vicomte de *Stafford.* Lutterell fec. gr. in-4.

WILLIAM CLARKE, dessinateur, graveur au burin et en manière noire, natif d'Angleterre vers 1650. Il n'est connu que par une couple de portraits cités par *Walpole.*

1. *George,* Duc d'*Albemarle.* Fr. Barlow pinx. C'est le seul portrait qu'on connoisse, gravé d'après ce peintre.
2. *John Shower;* d'après une peinture de *lui,* en manière noire.

JOHN, ou JEAN CLARKE, dessinateur et graveur au burin, Ecossois, né vers 1650, et établi à *Edembourg* où il a gravé différens portraits et autres sujets.

1. Deux Têtes de *Guillaume* et de *Marie,* Prince et Princesse d'*Orange,* en médaillon, gravé en 1690.
2. Sir *Matthews Hale.*
3. *George,* Baron de *Goertz.*
4. Le Docteur *Humphrey Prideau.*
5. *André Marvel;* pièce in-8.
6. Sept Têtes sur une planche; savoir: *Charles* II. la Reine son épouse, le Prince *Robert,* le Duc d'*York,* le Prince Duc de *Monmouth* et le Général *Moncke.*
7—18. *The Humors of Harlequin,* représentant sa naissance, son éducation etc.; en 12 pièces.

IX. F.

82 J. Faber, le vieux. J. Faber, le jeune.

19—30. Les *Amours de Colombine*, avec *Arlequin*, *Mezetin*, *Pantalon* etc.; en 12 pièces.

31—40. *Scaramouche*, avec sa troupe de Comédiens; 10 pièces.

I Jean Faber, *le vieux*, dessinateur et graveur en manière noire, naquit en *Hollande* vers 1650, et mourut à *Bristol* en 1721. Il passa en *Angleterre* vers 1686. et s'établit à *Londres*, où il fut principalement occupé à dessiner des portraits d'après le naturel sur du velin avec la plume. Nous avons de lui un nombre assez considérable de portraits, tant d'après son dessin que d'après d'autres maîtres; mais ces productions ne sont pas autrement supérieurs, ni pour le goût, ni pour l'exécution.

Voici ses ouvrages les plus considérables et les plus estimés:

1. Portraits des Fondateurs du Collège d'*Oxford*, à mi-corps. in-fol.
2. Bustes des *Philosophes*; d'après *Rubens*. in-fol.
3. Le Docteur *Jean Wallis*, célèbre Mathématicien; d'après *Kneller*. in-fol. Sa meilleure pièce.
4. *Humphrey Lloyd*, de *Denbigh*, Esqr. célèbre Antiquaire. *J. Faber fec.* 1717. in-fol.

II. Jean Faber, *le jeune*, dessinateur et graveur en manière noire, né en *Hollande* vers 1684. et mort à *Londres* en 1756. Emmené en *Angleterre*

J. FABER, le jeune.

à l'âge de trois ans, il reçut les premières instructions de son père, et acheva de se perfectionner à l'académie de *Vanderbank*. A l'exemple de son père il pratiqua la gravure en manière noire, mais il grava d'un meilleur style, et il ne le cède guères à son contemporain *Smith*.

1. *Alexandre le Grand*. *Lysippus sculp. Ant.* in-fol.
2. *Michel Rysbraeck*, sculpteur moderne. *J. Vanderbanck pinx.* gr. in-fol.
3. *Enoch Seeman*, le jeune, peintre, *se ips. pinx.* gr. in-fol.
4. *George Lambert*, Paysagiste. *J. Vanderbanck pinx.* gr. in-fol.
5. *William Hucks*, Esqr. *Id. pinx.* gr. in-fol.
6. *Isaac Newton*. *Id. pinx.* gravé en 1726. gr. in-fol.
7. *La Reine Caroline* d'Angleterre. *Id. pinx.* gr. in-fol.
8. Dom *Joseph Carras*, Espagnol. *Kneller pinx.* gr. in-fol.
9. Le Père *Couplet*, Jésuite, en Mandarin. *Id. pinx.* en pied. gr. in-fol.
10. *Jean Wotton*, peintre et élève de *Jean Wyck*. *Kneller pinx.* 1685. *Faber fec.* 1730. gr. in-fol.
11. *Hugh Howard*, Esqr. *M. Dahl pinx.* 1723. *J. Faber fec.* 1737. gr. in-fol.
12. Mr. *Thomas Weston*. *Id. pinx.* gr. in-fol.
13. Mr. *Walker*, dans le rôle du Capitaine Macheath. *Ellys pinx.*
14. Suite de treize Portraits en grand in-fol. nommés les Beautés à Hampton-Court, peintes par *G. Kneller*, et gravées par *J. Faber*. 1) Godfrey *Kneller*. 2) La Reine *Marie*. 3) La Comtesse *de Ranelagh*. 4) La Duchesse *de Marlborough*. 5) La Comtesse *de Dorset*. 6) La Duchesse *de Manchester*. 7) La Comtesse *d'Essex*.

8) La Duchesse *de Grafton*. 9) Madame *Scroop*. 10) La Comtesse *de Peterborough*. 11) Madame *Midleton*. 12) La Duchesse *de St. Albans*. 13) La Comtesse *de Clarendon*.

Isaac Becket, dessinateur et graveur en manière noire, naquit dans le pays de *Kent* en 1653, et mourut à *Londres* au commencement du dix-septième siècle. Il apprit la gravure ordinaire d'un graveur *françois*. A l'exemple de son contemporain et de son ami *Lutterell*, il fut curieux d'apprendre les procédés de la manière noire et il fut un des premiers qui y réussit en *Angleterre*. Cette manière prit faveur, et *Becket* fut bientôt surpassé par *Smith* son élève qui le fut à son tour par *Ardell*; et *Ardell* a eu depuis des rivaux qui ont porté ce genre au plus haut degré de perfection.

Becket fut un artiste très laborieux; nous avons de lui un grand nombre de portraits, dont plusieurs sont encore recherchés, et quelques sujets historiques qui le sont moins.

Portraits.

1. *Isaac Becket*, gravé par *Jean Smith* son disciple. in-fol.
2. *Godefroi Kneller*, peint par *lui même*. in-fol.
3. *Charles* II. Roi d'Angleterre, d'après *Kneller*. in-fol.
4. *Jacques*, Duc d'*York*; d'après *Kneller*. in-fol.
5. *Henri*, Duc *de Craffton*; d'après *Th. Hawker*. in-fol.

Is. BECKET.

6. La Duchesse *de Craffton*; d'après *Wissing*. in-fol.
7. *Charles de Melford*; d'après *Wissing*. in-fol.
8. *Petrus Lely*, Eques, Pictor Caroli II. *Se ipse pinx*. in-fol.
9. Le Prince *George de Danemarc*; d'après *Riley*. in-fol.
10. *Henri*, Evêque de *Londres*; d'après *Riley*. in fol.
11. *Christophe*, Duc *d'Albemarle*. *Th. Murrai pinx*. in-fol.
12. *George*, Duc, Marquis et Comte *de Buckingham*. *J. Verelst. pinx*. in-fol.
13. *Jean Maitland*, Duc *de Lauderdale*. *Riley pinx*. in-fol.
14. *Henri*, Duc *de Nordfolk*. *Becket fecit et excud*.
15. *Thomas Cartwright*, Evêque de *Chester*, portrait très-rare.
16. Lady *Williams*, figure en pied. gr. in-fol.
17. *Adrien Beverland*, sous la figure d'un homme assis, dessinant d'après l'antique. in-fol.

Divers sujets, d'après différens maîtres.

1. La *Vierge* et *St. Joseph* qui contemplent l'enfant *Iésus* endormi sur un tombeau et accompagné de deux anges; sans nom de peintre. in-fol.
2. Le *Tems* qui rogne les ailes à l'*Amour*; sans nom de peintre. *I. Becket exc*. in-fol.
3. Grand Paysage, où se voit une bergère assise avec un agneau sur ses genoux, à côté d'elle un berger qui joue du chalumeau; sans nom de peintre. *I. Becket exc*. gr. in-fol. en t.
4. *The Dutch School* (le maître d'Ecole hollandois); d'après *Egb. Hemskerk*. *Smith* exc. in-fol.
5. *Barbier de village* qui panse le pied d'un Paysan; d'après *J. Lingelbach*. in-fol.

J. SMITH.

JOHN SMITH, dessinateur et graveur en manière noire, naquit à *Londres* vers 1654. et mourut dans la même ville en 1719. Il apprit les élémens de l'art d'un certain peintre nommé *Tillet*. Le tems de son apprentissage fini, il se mit sous la direction de *Becket*, et apprit sous ce maître la gravure en manière noire qui commençoit à être en vogue. En outre il prit des instructions de *van der Vaart*, peintre et graveur hollandois dans la même manière. *Smith*, ayant publié alors quelques-unes de ces productions de la nouvelle gravure, fixa l'attention de *Gottfried Kneller*, qui engagea l'artiste à venir demeurer dans sa maison, sous la condition qu'il travailleroit principalement d'après ses ouvrages. Sous la direction de cet habile portraitiste, il ne pouvoit manquer d'acquérir une brillante réputation. Peu de tems avant la mort de *Smith*, il s'éleva entre le peintre et le graveur un différent qui occasionna entre eux une rupture absolue.

Smith étoit sans contredit le meilleur graveur qui eut encore paru dans ce genre. On admire dans ses estampes la douceur de l'exécution, et l'intelligence avec laquelle il a sçu conserver l'esprit des peintures qu'il copioit.

J. SMITH.

Portraits divers.

1. *Jean Smith*, tenant le portrait de *Kneller*. 1696. gr. in-fol.
2. *Godfridus Kneller, Germanicus, se ipse pinx.*
3. *Petrus Aléxcewitz*, Magnus Dominus Tzar, et Magnus Dux Moscoviæ. *Kneller pinx.* 1697. in-fol.
4. *Fréderic*, Duc de *Schomberg* à cheval. *Id. pinx.* in-fol.
5. *Jean Churchil*, fils de *Jean*, Duc de *Marlborough* en pied. *Id. pinx.* gr. in-fol.
6. La Duchesse de *Bolton*, en pied, avec une corbeille de fleurs. *Id pinx.* gr. in-fol.
7. La Duchesse *d'Ormond*, ou la fille de Cromwel, en pied. *Id. pinx.* gr. in-fol.
8. La Duchesse de *Rutland*, en pied. *Id. p.* gr. in-fol.
9. *Jacques*, Comte de *Salisburi*, debout, enfant habillé à la Romaine. *Id. p.* in-fol.
10. Le jeune Lord *Easton*, debout, avec un perroquet. *Id. p.* petit in-fol.
11. Mistriss *Sarah Chicheley*, debout. *Id. p.* p. in-fol.
12. *Richard Steele. Id. p.* in-fol.
13. *Joseph Addisson. Id. p.* in-fol.
14. *Aléxandre Pope. Id. p.* in-fol.
15. *Guillaume Congreve. Id. p.* in-fol.
16. *Jean Locke. Id. sc.* in-fol.
17. L'*Amour* éploré auprès du tombeau de la Reine *Marie* d'Angleterre, les yeux fixés à terre sur un papier avec cette inscription : *Pestora is us more. In obitum Mariæ Reginæ Angliæ. Id. pinx.* in-fol.
18. La Comtesse de *Salisbury* (connue sous le nom de la *Veuve*). *Id. sc.* in-fol.
19. Mistriss *Cross* (connue sous le nom de la *petite Veuve*). *Th. Hill pinx.* petit in-fol. Portrait distingué, ainsi que le précédent.
20. *Archangelus Corelli*, fameux Musicien ; d'après *H. Howard.* in-fol.

21. *William Penkethman*, sworn Comédian to ye Queen of Great Britain. *R. Schutz pinx.* gr. in-fol.
22. *Gilbert*, Lord Bishop of *Sarum*. *Riley pinx.* ovale, gr. in-fol.
23. *Thomas Herbert*, Comte de *Pembroke* et *Montgomery*. *W. Wissing pinx.* gr. in-fol.
24. *Charles* II. Roi d'Angleterre. *W. Wissing pinx. J. van der Vaart fec. Smith exc.* ovale in-fol.
25. *Thomas*, Lord-Evêque de *Rochester*, et *Thomas Sprut* Archidiacre de *Rochester*, figures assises; d'après *M. Dahll.* gr. in-fol. en t.

Divers sujets, d'après différens maîtres.

1. *Godfridus Schalcken, hanc suam effigiem pinxit Londoni.* 1694. *J. Smith fec. et exc.* in-fol.
2. Femme, tenant une chandelle à la main, qu'on croit l'épouse de *Schalcken*. *W. Verschuring pinx.* 1689. p. in-fol.
3. Fille endormie auprès d'une chandelle; d'après *Schalcken*. p. in-fol.
4. Sa *Madeleine* à la lampe; d'après *le même*. in-fol.
5. La *Madeleine* au chardon; d'après *C. Smith* le peintre, frère du graveur. in-fol.
6—14. Les *Amours des Dieux*; d'après *le Titien*; suite de 9 pièces, sans le titre. gr. in-fol.
15. *Vénus* à la coquille; d'après le *Correge*. in-fol.
16. L'*Amour* et *Psyché*; d'après *Alex. Veronese*. in-fol. en t. Les premières épreuves sont avant la petite draperie mise sur la figure de l'Amour.
17. *Tarquin* et *Lucrece*; d'après *le même*. Pendant.
18. Le *Tems* vaincu par l'*Amour*; d'après *Vouet*. in-fol.
19. *Vénus* et *Adonis*; d'après le *Poussin*. p. in-fol.
20. *Vénus* couchée, caressant l'*Amour*; d'après *L. Jordane*. p. in-fol. en t.
21. La *Vierge* et l'enfant *Jésus*; d'après le *Baroche*.

p. in-fol. Les premières épreuves sont avec l'index de la main gauche de l'enfant plus long que le doigt du milieu. Rare.

22. *Sainte Famille;* d'après *Carl Maratte.* gr. in-fol. Pièce marquante.

23. Moine confessant un prisonnier dans un cachot; petit in-fol.

24. Moine confessant une femme; d'après *Lauron,* p. in-fol.

25. Vase rempli de fleurs; d'après *J. B. Monoyer;* jolie pièce. p. in-fol.

26. Jeune Moine donnant la discipline à une jeune femme. *J. Smith* exc. p. in-fol.

27. Un jeune Berger jouant de la flûte pour faire danser un petit chien. *Smith exc.* in-4. en t.

28. Une mère qui fait marcher son enfant.

JOHN STURT, dessinateur et graveur au burin, né à *Londres* en 1658, et mort en la même ville 1730. A l'âge de dix-sept ans il entra disciple chez *Robert White,* et grava ensuite une prodigieuse quantité de divers sujets. Ses productions prouvent qu'il avoit beaucoup d'industrie pour les petites choses et peu de génie pour les grandes. On pense bien qu'avec ce beau talent il n'a pas manqué d'admirateur. L'excellence de ce talent se réduisoit à la gravure des lettres et au soins minutieux avec lesquels elles étoient rendues. Son meilleur ouvrage est son *Livre d'église,* gravé, selon *Walpole,* sur des planches d'argent. Le haut de plusieurs pages est orné de petites vignettes historiques. Le buste de *George* I. se voit dans un cercle, le Prince et la Princesse de *Galles* sont présentés de face. Les contours du visage du Roi sont rendus par de l'écriture, mais faite si menue qu'on ne sauroit la lire sans un microscope.

Cet ouvrage renferme l'*Oraison dominical*, les *dix Commandemens*, les *Prières pour les Morts*, et le *Psaume XXI*. Il a été publié par souscription en grand in-8°. à *Londres* en 1717. *Sturt*, malgré toute son industrie, s'est trouvé vers la fin de sa vie dans des circonstances si facheuses, qu'on lui offrit une place dans la maison de charité, qu'il n'accepta pourtant pas. Il mourut à l'âge de 72. ans. On connoit de lui le portrait suivant:

Ezekiel Hopkins, Episcopus Derensis. *Sturt sculp.* Ovale petit in-fol.

I. BERNARD LENS, dessinateur, graveur en manière noire et à l'eau forte, naquit à *Londres* en 1659, et mourut dans la même ville en 1725. Il étoit fils de *Bernard Lens*, habile peintre en émail, et montroit le dessin à *Londres*. On a de lui différentes eaux fortes qui sont recherchées. *Bernard* fut employé à faire des dessins pour *Jean Sturt* et pour d'autres graveurs. Il dessina aussi à l'encre de la Chine un grand nombre de vues des contrées d'*Angleterre*. Il a moins bien réussi dans la gravure en manière noire; les graveurs en ce genre venus vers le même tems l'ont infiniment surpassé.

Voici ses principales pièces:

1. *David* victorieux de *Goliath*; d'après *D. Feti*. in-fol.
2. *Le* jugement de *Páris*; d'après *P. Lely*. in-fol.
3. *Bacchus*, *Vénus* et *Cérès*; d'après *Fr. Badens*. in-fol.
4. L'Age d'or: *The golden Age*; d'après *Berghem*. in-fol. en t.
5. Paysage où se voit sur le devant une femme agenouillée qui trait une chèvre; d'après *Berghem*. gr. in-fol.
6. Paysage où se voit vers la gauche un paysan debout, se reposant sur son bâton; d'après *le même*. gr. in-fol.
7. Renolds and Armida. J. Vandervaart pinx. Renaud endormi dans un riche paysage et enchaîné de guirlandes par des Amours, avec Armide à son côté. *B. Lens fecit*, in Mezzot. gr. in fol. en t.

II. BERNARD LENS, dessinateur et graveur à l'eau forte, né à *Londres* vers 1680, florissoit vers 1710. Fils et élève de *Bernard Lens*, dont nous venons de faire mention, il étoit maître à dessiner du feu Duc de *Cumberland*, et des Princesses *Marie* et *Louise*. Il excelloit singulièrement à dessiner en détrempe d'après les peintures de

MICH. VAN DER GUCHT, le père.

Rubens et de *van Dyck*, qu'il exécutoit d'un goût admirable. Nous remarquerons encore pour l'honneur de *Lens* qu'il avoit non seulement la réputation d'un excellent artiste, mais celle d'un parfaitement honnête homme.

Nous avons de lui quelques suites de jolis paysages, gravés à l'eau forte, ainsi que quelques portraits, exécutés de même.

I. MICHEL VAN DER GUCHT, *père*, graveur au burin, né à *Anvers* en 1660, et mort à *Londres* en 1725. Il étoit élève d'un des *Boutats*. On ignore d'ailleurs en quel tems il a passé en *Angleterre*, mais il s'est établi à *Londres* et y a trouvé de l'encouragement. Sa principale occupation étoit de graver des figures d'anatomie; mais on a de lui d'autres sujets, tels qu'une grande pièce, en largeur, le *Vaisseau royal*, d'après *Baston*. Il a gravé aussi divers portraits dont celui de Mr. *Savage* est très-estimé. *Michel* a laissé deux fils, *Gerard* et *Jean*, dont celui-ci fera l'objet de l'article suivant. *George Vertue* a été son disciple.

1. *James Harrington*; d'après *P. Lely*. in-fol.
2. Portrait de Mr. *Favage*; le meilleur ouvrage de l'artiste. in-fol.

J. VAN DER GUCHT, fils.

II. JEAN VAN DER GUCHT, dessinateur et graveur au burin, né à Londres en 1697. Il apprit la gravure de son père et le dessin de *Louis Cheron*; il acheva de se perfectionner sur ce dernier point en dessinant avec assiduité d'après nature à l'académie. Il fut employé par *Shefeld* à dessiner et à graver les planches pour son Octologie; ouvrage qui fait honneur à l'artiste. *Van der Gucht* a gravé la moitié des estampes de la Coupole de *St. Paul* d'après le Chevalier *Thomas Thornhill*. On a aussi de sa main six figures académiques, dessinées par *Cheron*, qui sembleroient prouver, qu'il avoit plus de talent pour le dessin que pour la gravure. En outre on a de cet artiste et de son père, ainsi que de *Gerard*, son frère, une prodigieuse quantité de frontispices et d'ornemens de livres.

Dans le catalogue de *Boydell* on trouve la description des douze travaux d'*Hercule*, entrepris par les ordres d'*Euristhée*: douze morceaux composés et gravés par *Cheron* et *van der Gucht*. in-fol.

1) *Hercule* déchire de ses mains le lion de la forêt de *Némée*. 2) Tue l'Hydre du lac de *Lerne*. 3) Enchaîne le sanglier de la montagne d'*Erimanthe* et l'amène à *Euristhée*. 4) Apporte la biche aux pieds d'airain et

aux cornes d'or, après l'avoir atteinte à la course. 5) Tue ou chasse les oiseaux *Stymphalides* du lac *Stymphalus*. 6) Défait les *Amazones* et enlève à *Hypolite* leur Reine sa belle ceinture. 7) Nettoie en un jour l'étable du Roi *Augée*; étable qui renfermoit 3000 boeufs et qui avoit été trente ans sans être nettoyée. 8) Dompte l'énorme taureau de l'île de *Créte* et le mène enchaîné à *Euristée*. 9) Vainc *Diomède*, tyran de la Thrace qui nourrissoit ses chevaux de la chair de ses convives. 10) Triomphe de *Ceryon*, Roi d'Espagne, et enlève ses boeufs qui mangeoient de la chair humaine. 11) Tue le Dragon qui gardoit les pommes du jardin des *Hespérides*. 12) Descend aux Enfers par ordre d'*Euristée* pour enchaîner le chien *Cerbère* et le forcer à le suivre sur terre.

JOSEPH NUTTING, dessinateur et graveur au burin, natif d'Angleterre vers 1660, et florissant à *Londres* en 1700. Il est du grand nombre des artistes anglois de cette époque dont le principal talent étoit borné à la gravure des ornemens pour les livres. Les portraits forment la meilleure partie de ses ouvrages; il y en a même quelques-uns de très-recherchés par leur extrême rareté; de ce nombre sont les suivans:

1. *Marie*, Duchesse *de Beaufort*; d'après *Walker*.
2. *Matthew Mead*, père du célèbre Docteur *Mead*.
3. Sir *John Checke*; d'après une ancienne peinture.
4. *G. Parker*, faiseur d'Almanacs.
5. *Jean-Jaques Scheuchzer*; d'après *Melchior Fuſsli*.
6. *William Elder*, graveur Ecossois.

S. GIBELIN.

SIMON GIBELIN, dessinateur et graveur au burin, né à *Paris* en 1662, mort à *Londres* en 1733. Il passa jeune en *Angleterre* où il travailla longtems pour les libraires. Une copie qu'il fit de la *tente de Darius d'Edelink*, le fit connoître à *Londres*. Il grava successivement plusieurs sujets historiques. Son style de gravure dénote beaucoup de propreté, mais aussi de la sécheresse. Ses principales pièces sont les suivantes:

1. *Hercule*, en suspens entre la *Volupté* et la *Vertu*, choisit la dernière; sujet peint par *P. Matheis* pour le Comte *de Shaftesbury*. in-fol. en t.
2. Les Bergers offrant leurs dons à l'enfant *Jésus*; d'après *Palme le vieux*. in-fol. en t. De la gal. de *Kensington*.
3. L'Adoration des Rois; d'après *P. Veronese*. in-fol. De la gal. de *Windsor*.
4. *Esther* évanouie, rassûrée par le Roi *Assuérus*; d'après le *Tintoret*. in-fol. en t. De la gal. de *Kensington*.
5. *Apollon* en soleil au milieu des *Muses* avec leurs symboles; d'après *le même*. in-fol. en t. De la *même galerie*.
6. La Naissance de *Jupiter*; d'après *Jul. Romain*. in-fol. en t. De la *même galerie*.
7. L'Apothéose de *Jacques* I. Roi de la Grande-Brétagne; plafond de *Rubens* peint au palais de White-hall; gravé par *S. Gribelin* en 1720, en 3 planches.
8. Les Cartons de *Raphael*, dédiés à la Reine Anne, avec son portrait sur le titre, en sept pièces. gr. in-4. en t. Savoir: 1) la *Pêche miraculeuse*. 2) *Jésus* donnant les clefs à St. *Pierre*. 3) St. *Jean* guérissant le boiteux. 4) *Ananie* frappé de mort. 5) *Elymas* frappé

d'aveuglement. 6) *Paul* et *Barnabas* à *Lystre*. 7) *St. Paul* prêchant à *Athénes*. Suite recherchée pour la finesse et la propreté de la gravure.

JONATHAN RICHARDSON, peintre, graveur à l'eau forte et amateur, naquit à *Londres* en 1665 et mourut en la même ville en 1745. Il apprit la peinture de *Jean Riley*, et peignit dans la manière de son maître de très-beaux portraits. Cet artiste possédoit, en fait de peinture, de sculpture et d'architecture, de vastes connoissances, qu'il avoit acquises dans ses voyages et par son ample collection de tableaux et de dessins. On en trouve la preuve dans son *Traité de la Peinture* qui parut sous son nom et celui de son fils en 1715 en anglois et en 1728 en françois. Cet ouvrage fut sévèrement critiqué à cause de quelques opinions hazardées et de quelques fausses indications. La critique accuse les auteurs d'être plutôt des procurateurs rusés, que des appréciateurs judicieux de l'art. Et cette accusation n'est pas destituée de fondement. Pour mieux vendre leur marchandise, ils mettent assez communément les dessins dont ils sont possesseurs au-dessus des originaux, soit tableaux, soit statues.

J. SIMON.

Richardson a gravé pour son amusement différentes eaux-fortes, recherchées par les connoisseurs.

1. *Jonathan Richardson*, dessiné et gravé par *lui même*.
2. *Alexandre Pope*, qu'il a gravé deux fois, l'une fois en face et l'autre de profil.
3. *Jean Milton*, Poëte célèbre.
4. *Richard Mead*, Docteur en médecine.

JEAN SIMON, graveur au burin, et puis en manière noire, natif de *Normandie* vers 1670 et mort à *Londres* en 1755. En *France* il a pratiqué la gravure ordinaire au burin; mais ayant passé en *Angleterre* peu de tems avant la mort de *Smith*, il adopta entièrement la manière noire. *Kneller* s'étant brouillé avec *Smith*, employa *Simon* pour graver quelques-uns de ses portraits. Mais quelle différence de talens entre ces deux artistes! Cependant nous avons quelques portraits de *Simon* qui ne laissent pas d'avoir leur mérite et d'être recherchés.

Les plus distingués de ses portraits sont les suivans:

1. *Jean Milton*; d'après *R. White*. in-fol.
2. *Richard Steele*; d'après *Kneller*. in-fol.
3. *Guillaume*, Comte de Cadogan; d'après *le même* in-fol.
4. *Jean Tillotson*; d'après *le même*. in-fol.

IX. 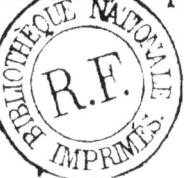 G

5. *Jean de Silva*, Comte de *Tarouce*; d'après *Kneller*. in-fol.
6. *John*, Lord *Sommers*; d'après *le même*. in-fol.
7. Sir *Richard Temple*, Baronet; d'après *le même*. in-fol.
8. Le Prince *Eugène de Savoye*; d'après *le même*. gr. in-fol.
9. Lady *Hervey*; d'après *M. Dahl*. in-fol.
10. Le Général *Wills*; d'après *le même*. in-fol.
11. *Matthieu Prior*; d'après *Richardson*. in-fol.
12. *Philippe Dormer Stanhope*, Comte de *Chesterfield*; d'après *W. Hoare*. in-fol. 13. Le Roi *Charles I.*; d'après *A. van Dyck*. in-fol. 14. *Horace Walpole*; d'après *Vanloo*. in-fol. 15. *Henri Rouvigny*, Comte de *Galway*. in-fol. 16. Lord *Cutts*, dans son armure, avec un bâton. in-fol.

SIR JAMES THORNHILL, peintre et graveur à la pointe, né à *Derbyshire* en 1676, et mort à *Londres* en 1732. Fils d'un gentilhomme de province dont la fortune étoit dérangée, *Thornhill*, se sentant du goût pour la peinture, y fit de grands progrès, malgré la médiocrité des talens de son maître dont le nom n'est pas même connu. Venu à *Londres* il peignit quelques grands tableaux pour la Reine *Anne*, qui en fut si satisfaite qu'elle le créa chevalier. Il étoit habile dans toutes les manières de peindre et jouit de toute sa réputation. Du fruit de son travail, qui étoit considérable, il dégagea tous les biens de sa famille. A sa mort il avoit le titre de premier Peintre du Roi et de Membre de la Chambre des Communes. Il laissa une fille qui épousa le fameux *Hogarth*, comme je le dirai à son article.

Thornhill a gravé à l'eau forte plusieurs sujets dans un style libre et spirituel, entr'autres:

Adam et *Eve*, moyenne pièce en t.

Je rapporterai ici les huit estampes gravées d'après les peintures de *Thornhill* qui sont exécutées au dôme de St. *Paul*, telles qu'elles sont dans le Catalogue raisonné de *Boydell*:

1) *Saül, Saül,* pourquoi me persécutes-tu? Par *du Bose.* 2) *Elymas* le magicien frappé d'aveuglement. Par *Beauvais.* 3) Sacrifices en l'honneur de *Paul* et de *Barnabas.* Par *Baron.* 4) *Paul* et *Sylas* délivrés de prison. Par *van der Gucht.* 5) *Paul* prêchant à *Athènes.* Par *van der Gucht.* 6) Et ils apportèrent leurs livres, et ils les brûlèrent devant *Paul.* Par *van der Gucht.* 7) Alors *Agrippa* dit à *Paul:* Tu m'as presque persuadé de me faire Chrétien. Par *Simonneau.* 8) *Paul* secoue la vipère de sa main, et il ne sentit point de mal. Par *van der Gucht.*

I. GEORGE BICKHAM, le vieux, dessinateur et graveur à la pointe et au burin, né en Angleterre vers 1684, et mort à *Richmond* où il s'étoit retiré les dernières années de sa vie. Parmi ses diverses productions on a de sa main plusieurs portraits assez recherchés parmi les amateurs de ce genre. Ils sont tous d'après ses dessins.

G. BICKHAM l. j.   G. VERTUE.

1. *George Shelly*, a Writting Master, drawn by the Engraver from the Life and dated 1700.
2. *John Clark*, autre Maître à écrire. G. *Bickham senior sc.* 1732.
3. *Robert More*, autre Maître à écrire. 4. *Isaak Newton*, avec des ornemens emblématiques. G. *Bickham senior sc.* 1732. sold by *John Bickham*, Engraveur.

II. GEORGE BICKHAM, le jeune, graveur de son métier, sans avoir plus excellé dans son art que son père. On a de sa main les portraits du père et du fils. En outre on a de *Bickham junior* le morceau suivant:

Vue de la place de *Neumarcket* où se fait la course des chevaux; grande frise. G. *Bickham junior sc.*

GEORGE VERTUE, dessinateur, graveur à la pointe et au burin, ainsi qu'en manière noire, de plus littérateur et grand connoisseur de l'art, naquit à *Londres* en 1684, et mourut dans la même ville en 1752. Né de parens honnêtes, sans être opulens, il fut placé d'abord chez un maître qui gravoit des armes. C'est là qu'il puisa les élémens du dessin et de la gravure. Puis il se perfectionna dans l'un et l'autre art sous la direction de *Michel Vandergucht*. A l'âge de vingt ans il commença à graver pour son compte. Il fut recommandé au Chevalier *Kneller*, ensuite à Lord *Somers* qui lui fit du bien. *Vertue* fut assidu à dessiner à l'Académie instituée par *Kneller*; et ce fut vers ce tems qu'il grava la tête de *George* I. d'après le même *Kneller*. Dès l'an 1718. il commença à recueillir les matériaux pour la *Vie des artistes anglois* ; à cet effet il fit des voyages et n'épargna aucun soin pour parvenir à son but. Ce fut cette collection manuscrite, ainsi que j'ai dit dans mon introduction, qui a servi de base à *Horace Walpole* pour ses *Mémoires sur les artistes Anglois*.

Vertue eut d'illustres protecteurs dans les personnes de Lord *Somers*, de *Robert Harley*, Comte d'*Oxford*, de *Heneage*, Comte de *Winchelsea*, et sur-tout du Prince de *Galles* qui l'employa à lui former une collection d'estampes. Telle est l'esquisse de la vie d'un des artistes le plus laborieux qui ait existé. *Walpole* nous a donné les détails de tout ce qui le concerne, avec un ample catalogue de ses nombreux ouvrages.

Portraits divers de G. Vertue.

1. Petite Tête de la Duchesse *de Marlborough*, première estampe publiée par *Vertue*.
2. *Guillaume*, Prince *d'Orange*; d'après *van Dyck*; moyenne pièce, en manière noire.

3. *Richard* II.; d'après une peinture de l'Abbey de *West-minster*. in-fol.
4. La Reine *Elisabeth*, en profil; d'après *Isaac Oliver*. in-fol.
5. La Reine *Marie* d'Ecosse; d'après *Fréd. Zucchero*; jusqu'aux genoux. in-fol.
6. *Charles* I. et la Reine son épouse, tenant une guirlande de laurier; d'après *van Dyck*. in-fol.
7. La Reine *Anne*; d'après *Kneller*; ovale in-fol.
8. Le Roi *George* I., gravé en 1715. gr. in-fol.
9. *George*, Prince de *Galles*. gr. in-fol.
10. La Princesse de *Galles*, avec un ange qui lui apporte une couronne; d'après *Amiconi*. in-fol.
11. *Guillaume*, Duc de *Cumberland*, avec le collier de l'ordre du bain; d'après *Jarvis*. in-fol.
12. *Guillaume Seymour*, Duc de *Somerset*. in-fol.
13. *Guillaume Cavendish*, Duc de *Newcaster*. in-fol.
14. *Philippe*, Duc de *Wharton*; d'après *Jarvis*. in-fol.
15. *Henri Howard*, Comte de *Surrey*, avec des devises. in-fol.
16. *Edouard*, Comte *d'Oxford*, assis en robe de chambre et en bonnet, avec des accessoires. in-fol.
17. *François*, Comte de *Bedford*; d'après *van Dyck*. 1737. in-fol.
18. *François Beaumont*, Ecuyer, du cabinet du Duc de *Dorset*, 1729. in-fol.
19. *Thomas*, Comte de *Strafford* etc. *God. Kneller* pinx. 1719. gr. in-fol.
20. *Sarah*, Duchesse de *Somerset*, en pied.
21. *Elisabeth*, Comtesse *Shewbury*. in-fol.
22. *Dorothée*, Comtesse de *Sunderland*. in-fol.
23. *Sophie*, Comtesse de *Granville*, veuve de *Jean*, Comte de *Granville*. in-fol.
24. L'Archevêque *Warton*. in-fol.

25. L'Archevêque *Parker*, un livre devant lui et un autre à côté. in-fol.
26. L'Archevêque *Tillotson*, assis dans une chaire.
27. Jean *Robinson*, Evêque de *Londres*. in-fol.
28. Edouard *Chandler*, Evêque de *Durham*. in-fol.
29. Gilbert *Burnet*, Evêque de *Salisbury*. in-fol.
30. Guillaume *Loyd*, Evêque de *Worcester*, assis sur un fauteuil dans sa bibliothèque; une des pièces capitales de *Vertue*. gr. in-fol.
31. *Jean*, Lord-Evêque de *Bristol*, en grosse perruque. M. *Dahl* pinx. gr. in-fol.
32. Jean *Spencer*, Doyen d'*Ely*. in-fol.
33. Humphrey *Prideaux*, Doyen de *Norwich*. in-fol.
34. Sir *Thomas Morus*, Grand-Chancelier d'Angleterre. in-fol.
35. Sir *Nicolas Bacon*, Grand-Chancelier sous la Reine *Elisabeth*. in-fol.
36. Sir *François Bacon*, Baron de *Vérulam*, fils du précédent. in-fol.
37. Sir *François Page*, Baron de l'*Echiquier*. in-fol.
38. Sir *Thomas Rawlinson*, Lord-Major. in-fol.
39. Sir *Hugh Myddleton*; pièce distinguée. in-fol.
40. Pierre *Barwich*, Médecin de *Charles* II. in-fol.
41. Sir *Isaac Newton*. in-fol.
42. Sir *Philippe Sidney*, avec des devises. in-fol.
43—54. Suite de douze Poëtes anglois; in-fol. 1) Geofry *Chaucer*. 2) John *Gower*. 3) Edmund *Spencer*. 4) William *Shakespeare*. 5) Ben *Johnson*. 6) Francis *Beaumont*. 7) John *Fletcher*. 8) Samuel *Butler*. 10) Abraham *Cowley*. 11) Edmund *Waller*. 12) John *Dryden*.
55. François *Junius*, d'après un dessin de *van Dyck*. in-fol.
56. *Rapin-Thoyras*, Auteur d'une histoire d'Angleterre. in-fol.

57. *Philippe de Morney.* in-fol.
58. *Blaise Pascal.* in-fol.
59. *Fenelon*, Archevêque de *Cambray,* in-fol.
60. *Charles Rollin,* in-fol.
61. Le Chevalier *Raoul Winwood*, Secrétaire-d'État sous *Jacques* I.; d'après *M. Mierevelde.* in-fol.
62. *Henri Howard*, Comte de *Surrey*, sous *Henri* VIII, qui lui fit trancher la tête; d'après *Hans Holbein.* in-fol.
63. *Philippe Sidney*, sous le règne de la Reine *Elisabeth;* d'après *J. Oliver.* in-fol.

Portraits historiés et sujets divers.

1. *Henri* VII. et la Reine son épouse, avec *Henri* VIII. et *Jeanne Seymour.*
2. Tombeau de Lord *Darnley*, ou *Jacques* I. enfant, avec le Comte et la Comtesse *de Lenox* sont en prières.
3. Tombeau de *Jean*, Duc *de Newcastle*, dans l'Abbey de *Westminster.*
4. *Charles Brandon*, Duc de *Suffolk* et *Marie* Reine de France.
5. *Edouard* VII. accordant le palais de *Bridewell* pour en faire un hôpital.
6. *Thomas*, Comte *d'Arundel*, avec son épouse et ses enfans, planche faite pour le Duc *de Norfolk*, et qui n'est pas publique.
7. Vue des restes de quelques antiquités romaines près de *Wolds* dans la Province d'*York.*
8. Ancien plan de *Londres* exécuté au burin d'après une gravure en bois faite sous le règne de la Reine *Elisabeth;* très-grande pièce.
9. Deux plans pour rebâtir *Londres*, proposés par Sir *Christophe Wren*, après la grande incendie.
10. Vue du feu d'artifice du Duc *de Richmond*, à *Whitehall*, tiré le 15. Mai 1749.

11. Vue de l'intérieur de l'église abbatiale de *Bath*; d'après le dessin de *Jean Vertue*, frère de *George*.
12. Frontispice où se voit un Prélat qui présente un écrit à *Hibernia*, accompagnée d'autres figures symboliques, relatives à une école de charité.
13. Frontispice où se voit un homme qui écrit sur un tombeau au clair de la lune, pour les *Pensées nocturnes* du D. *Young*.
14. Bataille de *Carberry*, gravée en grand, d'après une petite vue sur la pièce précédente.

PIERRE PELHAM, dessinateur et graveur en manière noire, né à *Londres* en 1686. et florissant dans la même ville en 1730. Il étoit contemporain de *J. Smith*, avec lequel il rivalisoit.

1. *Robert*, Lord-Vicomte *de Molesworth. Th. Gipson pinx. P. Pelham fec.* 1721. in-fol.
2. *John*, Lord *Carteret*, Lieutenant-général. *G. Kneller pinx. Id. fec.* in-fol.
3. *Jacob Gibbs*, Architecte, à mi-corps. *H. Hysing pinx. Id. fec.* in-fol.
4. *Olivier Cromwell. R. Walker pinx. Id. fec.* in-fol.
5. *Thomas Holles*, Duc de *Newkaste. P. Pelham fec.* in-fol.

WILLIAM HOGARTH, dessinateur, peintre et graveur à l'eau-forte, naquit à *Londres* en 1698. et mourut dans la même ville en 1764. Son père, correcteur d'imprimerie, le mit en apprentissage chez un orfèvre qui gravoit des armoiries et des chiffres sur de la vaisselle d'argent. Après avoir fait le tems de son apprentissage, il commença à s'appliquer au dessin dont son maître n'avoit pu lui donner qu'une foible idée. Son début dans la carrière de l'art ne fut pas brillant. Il commença, pour gagner sa vie, par dessiner et graver des armoiries, des cartouches et des adresses de marchands. Ces dessins et ces gravures qui lui donnoient à peine de quoi vivre, se payent aujourd'hui un prix excessif par leur extrême rareté. S'étant fait connoître par-là, il travailla pour les libraires, et grava des ornemens d'après ses dessins pour plusieurs ouvrages du tems. Ce qu'il fit de mieux dans ce genre, furent les gravures pour une édition de l'*Hudibras* de *Butler*. Il ne tira pourtant pas tout le parti d'un sujet qui sembloit fait pour lui.

On raconte que vers ce tems-là son hôtesse le fit mettre en prison pour une dette de vingt Schillings, et qu'il en fut tiré par un de ses amis qui paya pour lui. Il fut si sensible à cet affront qu'il se vengea de cette femme par un dessein en carricature dans lequel il la représenta sous des traits aussi frappans que hideux. Cette seule figure dévoiloit le caractère de son génie. L'indignation fut la Muse qui l'inspira !

Dès-lors il conçut l'idée de peindre les travers et les vices de son siècle. Tout ce qui lui paroissoit ridicule et répréhensible fut l'objet de sa censure. Dans cette vue il publia un grand nombre d'estampes qu'il grava à l'eau-forte, où qu'il faisoit graver par quelques artistes ses contemporains.

Hogarth, qui a plus d'un rapport avec Aristophane, a mis en tableaux la bonne comédie et a caractérisé les mœurs de son pays d'une manière vraie, piquante, instructive, et même quelquefois pathétique. Ses compositions sont des drames qui ont une exposition, une intrigue et une catastrophe. Dans son *Harlost Progress* (la vie d'une courtisane) il nous offre, dans une suite de six estampes, une jeune villageoise, qu'une première foiblesse entraîne dans un torrent de débordemens, et enfin à une mort prématurée et honteuse. Dans une autre suite, en huit morceaux, *Raket's Progress* (la vie d'un libertin) il introduit un jeune homme, à qui un père avare a laissé une grande fortune, le fait passer par toutes les scènes de la vie, et le conduit par tous les degrés des revers qui sont la suite du libertinage et du déréglement. Ces tableaux sont des livres à la portée de tout le monde : l'instruction sensible égaye l'imagination et pénètre le cœur sans fatiguer l'esprit. Par ses peintures vraies et animées il s'est proposé d'opérer sur le caractère moral de ses concitoyens, et de les détourner non seulement des travers, mais même des crimes. Nous avons de lui une suite de quatre morceaux, *les Gradations de la Cruauté*, dans lesquels il a exprimé avec une vérité effrayante les différens tourmens qu'on fait souffrir aux animaux et les suites terribles qui peuvent en résulter. Un charetier maltraitoit un jour à outrance ses chevaux ; un passant, ému de pitié, lui cria : *Misérable! tu n'as donc pas vu l'estampe d'Hogarth?*

Hogarth jouissoit alors de toute sa réputation. Les premiers écrivains de sa nation, un *Swift*, un *Somerville*, un *Fielding*, un *Mitchel*, un *Garrik* et d'autres avoient fait de lui une mention honorable dans leurs écrits. Il étoit regardé comme un grand auteur satyrique qui écrivoit avec le pinceau et la pointe les annales des ridicules et des vices de son tems.

Le succès de ses ouvrages, soit tableaux, soit estampes, lui avoit donné assez d'aisance pour songer à se marier. Il épousa la fille unique du

Chevalier *Thornhill*, le plus célèbre peintre anglois d'alors, mais ce fut sans le consentement des parens. Pourtant le beau-père, ayant eu occasion de voir quelques tableaux de son gendre, en fut si content, qu'il se réconcilia avec les époux.

Après avoir montré *Hogarth* de son côté brillant, nous allons l'exposer dans un jour moins favorable. Non content de la hauteur qu'il avoit atteinte dans sa sphère, il voulut occuper un rang non moins élevé parmi les peintres d'histoire. Mais l'incorrection de son dessin, la foiblesse de son coloris, et sur-tout son manque de noblesse et de grace, étoient tellement tournés en habitude chez lui, qu'il ne dépendoit plus de lui d'être autrement. Son penchant pour le burlesque, se mêloit malgré lui dans ses compositions sérieuses. Dans un tableau de *Jupiter* et de *Danaé*, il introduit une vieille servante qui essaye entre ses dents une pièce de la pluye d'or, pour savoir si elle est de bon aloi. Le plus grand défaut du tableau est que cette *Danaé*, dont les charmes avoient rendu un Dieu sensible, à l'air d'une nymphe de *Drurylane*.

L'année de la paix d'*Aix-la-Chapelle*, *Hogarth* fit un voyage en *France*. Arrivé à *Calais* il fut arrêté comme espion, surpris dessinant une des portes de la ville. Le commandant de la place, devant lequel il fut conduit, l'ayant trouvé innocent après un sévère examen, lui enjoignit de s'embarquer incessamment pour l'*Angleterre*, en l'assurant que si la paix n'avoit pas été signée, il se seroit vu dans la nécessité de le faire pendre le même jour sur les remparts. *Hogarth* n'aimoit pas qu'on lui rapportât cette avanture, que tout le monde, hormis lui, trouvoit fort plaisante. De retour en *Angleterre*, il a voulu se venger des *François*, dont il étoit grand détracteur, en publiant une partie de cette avanture dans une estampe qui porte pour titre : O the roast Beef of Old England! 1749.

En 1753. *Hogarth* voulut figurer dans le public comme auteur et donna son *Analyse de la Beauté*. Dans cet ouvrage il cherche à établir que les formes serpentines sont les formes les plus agréables à l'œil. Il a même prétendu déterminer la ligne qui constitue les formes du beau. Mais son Analyse, loin d'avoir ajouté à sa réputation, l'a considérablement diminuée par le peu d'aptitude qu'il avoit dans l'art d'écrire, et par les absurdités dans lesquelles il étoit tombé. Cependant si l'ouvrage ne produisit pas à beaucoup près le bien que l'auteur en attendoit, il renferme quelques bonnes refléxions et de nouvelles vues sur l'art. Comme il avoit traité avec mépris plusieurs de ses contemporains, ceux-ci triomphèrent à leur tour, en relevant ses bévues et en tournant en ridicule son système.

Le dernier trait remarquable de la vie d'*Hogarth*, est sa guerre avec *John Wilkes*. Sans être immédiatement l'agresseur, il l'étoit médiatement, ayant attaqué les amis et le parti de l'auteur du *North Briton*. On fut étonné de la démarche inconsidérée d'*Hogarth*, après avoir évité toute sa vie d'entrer dans les querelles politiques. Il publia en 1762, une estampe satyrique, portant pour titre: *The Tymes* (les tems), dans laquelle le fameux *Pitt* est le plus maltraité. Dans cette pièce on voit l'*Europe* embrasée, et *Pitt*, sous la figure de *Henri* VIII. souffle le feu avec un grand soufflet, tandis que des ministres bien intentionnés, cherchent à éteindre l'incendie. *Wilkes* y répondit avec emportement dans une de ses feuilles. *Hogarth* y repliqua par la publication du portrait en charge de son adversaire. Le poëte *Churchil* entra aussi en lice et écrivit son épître à *Hogarth*;

si cette épître n'est pas sa meilleure satyre, elle est une des plus mordantes. L'artiste, pour n'être pas en reste avec le poëte, en fit la charge : il le représenta en ours, avec les traits de sa physionomie, tenant d'une main un tricot, et de l'autre un pot de bierre. Jamais, dit *Walpole*, des hommes à talens, aigris par l'orgueil blessé, ne se sont jetés de la boue avec plus de gaucherie.

Pendant cette guerre, poussée avec beaucoup d'emportement et peu d'honneur, la santé d'*Hogarth* diminuoit sensiblement. Il se plaignoit depuis une couple d'années de douleurs dans les entrailles, qui tournèrent enfin en hydropisie de poitrine. Le 26. Octobre il avoit reçu du célèbre Docteur *Francklin* une lettre qui lui fut si agréable qu'il répondit sur-le-champ. S'étant couché là-dessus, il lui prit un vomissement et mourut deux heures après. Il fut enterré à *Chiswick*, village près de *Londres*, agréablement situé au bord de la *Tamise*, où il avoit acheté une maison de campagne. Là on lui érigea un beau monument et son ami *Garrick* lui fit l'épitaphe suivante :

Ici repose
Guillaume Hogarth, Ecuyer,
mort le 26. Octobre 1764. âgé de 67. ans.

Guil. Hogarth.

Adieu, grand peintre de l'humanité! Tu frappas le but le plus noble de l'art. Tes moralités pittoresques, mises sous les yeux, égayent l'esprit et corrigent le cœur. Passant, si tu brûles du feu du génie, arrête-toi; si tu éprouve la force du naturel, consacre lui une larme. Si tu ne sens ni l'un ni l'autre, retire-toi; ici repose la respectable cendre de Hogarth.

Sans nous étendre davantage ni en louange ni en blâme des ouvrages de *Hogarth*, nous dirons ici en résumé que son grand mérite consiste dans l'invention des sujets, et dans l'expression de passions. Tous ses efforts ne tendoient qu'à représenter l'ame, et pour produire cet effet il négligeoit le corps, c'est-à-dire la partie mécanique de son art. Ses compositions sont donc défectueuses par rapport au dessin, au coloris et au clair-obscur. Comme ces parties sont négligées chez lui, il disoit lui même: *Je reconnois tout le monde pour juge compétent de mes ouvrages, hormis les gens de l'art et les connoisseurs en titre.*

Spécification des principales estampes de Hogarth, selon les dates de leurs compositions.

1. *William Hogarth*, Engraver 1720. Avec deux figures et deux Cupidons.
2. Morceau emblématique sur le jeu des actions de la mer

du Sud. *W. Hogarth inv. et sculp.* 1721. petit in-fol. en t.

3. Représentation burlesque d'un tableau d'autel du peintre *Kent* dans l'église de *St. Clément;* pièce satyrique de *Hogarth,* gravée en 1725.

4. *Masquerades and Operas. W. Hogarth inv. et sculp.* Estampe satyrique où l'artiste introduit Lord *Burlington,* amateur, qui préféroit *Kent,* mauvais peintre, au célèbre *Thornhill,* beau-père de *Hogarth.* 1725.

5. *A Masquerade.* Bal masqué donné en faveur des Dames et des Messieurs par l'ingénieux M. *Heidegger.* Pièce pleine de saillies de gaieté. 1725.

6. *A just view of the british Stage etc.* Représentation précise du théâtre anglois, ou: trois têtes valent mieux qu'une. La scène est à *Newgate,* et offre une répétition d'une nouvelle farce, qui renferme les deux fameuses pièces de théâtre, le Docteur *Faust* et *Arlequin* Berger, suivi de la Fuite du Ramoneur *Scaramouche* par la fosse d'aisance; estampe satyrique très-chargée. 1725.

7—18. Douze grandes feuilles pour l'*Hudibras* de *Butler. W. Hogarth inv. pinx. et sculp.* Sous la tête de *Butler* on lit: *The bassorelievo his time.* 1726.

19. *Cuniculari or the wise Men of Godliman in consultation* (Cuniculari, ou les hommes sages de Godliman en consultation) avec l'inscription: *They held exploit. Hudib.* Cette estampe parut en 1726, lorsque l'histoire de *Mary Tofts* de *Guilford,* qui prétendoit être grosse de lapins, et faisoit tant de bruit en Angleterre.

20. La Tête d'*Hésiode;* d'après un buste qui se trouve à *Wilton,* servant de frontispice à la traduction angloise du poëte grec par *Cock.* 1728. in-4.

21. *Rich's Glory, or his triumphant Entry into Covent-Garten.* (La Gloire de Rich, ou son Entrée triomphant à Covent-Garten). *W. H.* inv. et sc. *Price: six pence.* 1728.

22. *Sara Malcolm*, exécutée pour un triple meurtre le 7. Mars 1732, dessinée à Newgate. *W. Hogarth ad vivum pinxit et sculpsit.*

23. *A Midnight modern Conversation. W. Hogarth inv. pinx. et sculp.* 1733. Partie nocturne de Punche. gr. in-fol. en t.

24. *Southwarck-Fair. Painted and engraved by W. Hogarth.* (La Foire de *Southwark*). in-fol. en t. 1734.

25—30. *The Harlot's Progress. W. Hogarth fec.* 1733—1734. (La vie d'une courtisane); suite de six pièces. gr. in-fol. en t.

31—38. *The Rake's Progress. W. Hogarth fec.* 1735. (La vie d'un Libertin); suite de huit pièces. gr. in-fol. Ces deux suites sont des estampes capitales de *Hogarth*.

39. *Before and After* (avant et après): deux pièces licencieuses, gravées en 1736. par *Hogarth*, d'après deux tableaux qu'il avoit peints pour un Seigneur débauché. in-fol.

40. *The Sleepy Congregation* (la Commune endormie); pièce gravée en 1736. et retouchée en 1762. Il y a des épreuves où un ange tient un papier et fume sa pipe. in-fol.

41. *The distress'd Poet* (l'infortuné Poëte). Aux épreuves de 1736. se voit vers le fond un tableau, où *Pope* rosse le Poëte *Curl;* à celles de 1740. le tableau est converti en une mine d'or du Pérou. in-fol. en t.

42. *The Lecture. Datur vacuum* (la Prélection). *W. Hogarth fec.* 1736. in-4.

43. *Aeneas in a Storm. Tanta haec Mulier potuit suadere malorum.* Ce morceau satyrique, attribué à *Hogarth*, a trait au Roi *George* II. lorsqu'en revenant en 1747. du pays d'*Hannovre* il fut assailli d'une furieuse tempête. in-4. en t.

44—47. Les quatre Parties du jour. *Invented, painted, engraved and published by W. Hogarth* 1738. Suite caractéristique de 4 feuilles avec des intitulés. gr. in-fol.

48. *Strolting Actress dressing in a Barn. Invented, painted, engraved and published by W. Hogarth* 1738. (Les actrices ambulantes qui font leur toilette dans une grange.) gr. in-fol. en t.

49. *The enraged Musician. Designed, engraved and published by Hogarth*, 1741. (Le Musicien enragé.) Avec ce titre renversé: *Judith an Oratorio of sacred drama.* On a dit de cette pièce qu'on le devenoit (enragé) seulement en la regardant. Petit in-fol. en carré.

50 — 55. Les *Mariages à la mode*, peints par *Hogarth* et gravés sous sa direction par *Scotin*, *Ravenet* et *Baron* 1745. Suite intéressante de six pièces un peu difficiles à expliquer. gr. in-fol. en t.

56. *Martin Folkes*, Esqr. en demi-figure. *W. Hogarth* pinx. et sculps. au burin. 1745.

57. *Simon* Lord *Lovat*, dessiné d'après nature et gravé à l'eau forte par *W. Hogarth.* 1746. in-fol.

58. *Garrick in the character of Richard III.* (*Garrick* dans le rôle de *Richard* III.) peint par *Hogarth*, gravé par lui et par *Grignion.* 1746. gr. in-fol. en t.

59. Un *Coche public*, dans la cour de l'hôtellerie; une affluence de monde au sujet de l'élection d'un membre du parlement; pièce satirique de 1747.

60 — 71. *The effects of Industry and Idleness.* (Les effets de l'industrie et de l'oisiveté.) 12 feuilles, chacune avec une inscription et des versets de la bible. 1747 in-fol. en t.

72. *La Porte de Calais. O the roast Beef of Old England!* Pièce gravée par *Mosley* et *Hogarth.* 1749. gr. in-fol. en t.

73. Portrait de *Hogarth* en buste et en bonnet, avec son chien et l'inscription: *Guillelmus Hogarth.* 1749. in-fol.

74. *The March to Finchley, dedicated to the King of Prussia, as Encourager of the Arts etc.* (La Marche

pour *Finchley*, ou le départ du régiment des Gardes pour l'*Ecosse*) en 1748. *L. Sulivan sc. W. Hogarth dir.* gr. in-fol. Riche composition.

75 — 76. Deux morceaux intitulés : *Beerstreet* (Rue à la bierre) et *Gin Lane* (Ruelle à l'eau de vie); chaque morceau avec douze vers anglois. in-fol. 1751.

77 — 81. Quatre morceaux portant pour titre: *The Stages of Cruelty. Designed by W. Hogarth.* 1751. (les degrès de la Cruauté.) Il règne dans ces pièces une force d'expression qui fait frémir, sur-tout dans les deux dernières. in-fol.

82. *Paul before Felix, designed and scratched in the rediculous manner of Rembrandt* 1751. (Paul devant *Felix*, dessiné et griffonné dans la manière ridicule de *Rembrandt*.) in-fol en t. Avec des variantes.

83. *Paul* devant *Felix* et sa femme; Composition sérieuse. *Hogarth.* 1752. gr. in-fol. en t.

84. *Moses brought to Pharaoh's Daughter, engraved by W. Hogarth and L. Sulivan.* 1752. (l'enfant *Moïse* amené devant la fille de *Pharaon*) d'après le tableau des enfans trouvés de *Londres*. gr. in-fol.

85. *Columbus breaking the egg* (Christoph Colombe cassant l'oeuf), billet de souscription pour l'*Analyse de la beauté*, faisant allusion au detracteurs de sa découverte. 1755. in-4.

86. 87. *Analysis of Beauty.* Plate I. II. Les deux planches qui accompagnent l'*Analyse de la beauté.* gr. in-fol. en t.

88 — 91. *Four Prints of an Election* (Election d'un membre du Parlement) en quatre estampes avec des inscriptions particulières et des dédicaces différentes. *Hogarth, Grignion, la Cave* et *Aveline* sc. 1755. gr. in-fol. en t.

92 — 93. *France. Plate first* (la France). *England. Plate second* (l'Angleterre). Deux estampes, gravées à l'eau forte par *Hogarth.* 1756. in-fol. en t.

94. Portrait de *Hogarth*, vu de profil et coiffé d'un bonnet. Il est assis et peint la Muse comique. Au bas de son chevalet on voit son *Analyse de la beauté*. *W. Hogarth serjeant Painter to his Majesty.* 1758. in-fol.

95. *The Cock Pitt, or Cock Mack, designed and engraved by W. Hogarth.* 1759.

96. *Th five ordres of Perriwgs ats bey were worn at the tate Coronation* (les cinq ordres de perruques qui ont figuré au dernier couronnement). 1761. p. in-fol.

97. *Credulity, Superstition and Fanatism* (Crédulité, Superstition et Fanatisme), satire contre les Méthodistes, 1762. in-fol.

98. *The Times. Plate I.* (les Tems), estampe satirique contre le Ministre *Pitt*, 1762. in-fol.

99. *John Wilkes, Esqr. Drawn from the Life, and etched by W. Hogarth* (Jean *Wilkes*, Ecuyer, dessiné et gravé à l'eau forte, d'après le naturel, par *Guillaume Hogarth*), 1763. in-fol.

100. *The Bruiser C. Churchill, in the Character of a Russian Hercules. Designed and engraved by W. Hogarth*, 1763. (le Gourmeur *C. Churchill*). in-fol. On a différentes épreuves de ce morceau.

101. *Finis*, ou cul-de-lampe. *The Bathos, or manner of sinking in sublime paintings, inscribed to the denlers in dark pictures.* (Pathos, ou l'art de ramper dans les peintures sublimes, dédié à tous ceux qui trafiquent en tableaux enfumés).

Luc Sulivan, peintre en miniature, dessinateur et graveur à la pointe et au burin, né en *Irlande* vers 1700, et florissant à *Londres* en 1750. Il étoit fils d'un palfrenier du Duc *de Beaufort*.

Comme il montroit des dispositions pour les arts de dessin, il fut placé chez *Thomas Major*, et sous cet habile maître il fit de grands progrès dans le dessin et dans la gravure. Pour la peinture en miniature, il l'apprit de lui-même, et il y réussit. *Hogarth*, pour lequel il a gravé quelques planches, dessina son portrait sous la figure de l'Ange dans son estampe de *Paul devant Felix*. Il excelloit dans le paysage. Le libertinage auquel il s'étoit livré, abrégea ses jours et il mourut dans la force de l'âge.

1. La mère de *Moïse* présente son fils à la fille de *Pharaon*; d'après le tableau original de l'hôpital des Enfans trouvés. *W. Hogarth* et *L. Sulivan sc.* gr. in-fol. en t.
2. S. *Paul* devant *Felix*. *And as he reasoned — Felix trembled*; d'après le tableau original de *Lincoln's ill Hall*. *L. Sulivan sc.* 1752. gr. in-fol. en t. On a deux épreuves de cette pièce, l'une avec la femme, l'autre sans la femme de *Felix*.
3. Représentation de la Marche des Gardes à *Finchley-Common* en *Ecosse*, l'an 1748, avec une dédicace au Roi de *Prusse*, protecteur des arts. *L. Sulivan sc. W. Hogarth corr.* 1761. gr. in-fol. en t.
4. La tentation de St. *Antoine*. *D. Teniers pinx.* Le tableau appartenant au Duc *de Beaufort*. *L. Sulivan sc.* gr. in-fol. en t.
5 — 10. Six Vues de *Maisons de plaisance*, dessinées et gravées par *L. Sulivan*. gr. in-fol. en t. 1) Vue de *Woobourn*, terre de *Philippe Southeske*, en Surry. 2) De *Oatlands*, Maison de plaisance du Comte de

Lincoln, en Surry. 3) Vue de *Cliffden*, Maison de plaisance du Comte *d'Inchiquin*, en Buckingham. 4) D'*Esher*, Maison de plaisance du Chevalier *Henri Pelham*, en Surry. 5) De *Wilton*, Maison de plaisance du Comte *de Pembroke*, en Wiltshire. 6) De *Ditcheley*, Maison de plaisance du Comte *de Litchfield*, dans la province d'Oxford.

HAMBLET WINSTANLEY, peintre et graveur à l'eau-forte et au burin, natif d'Angleterre vers 1700, florissant en 1725. Il étoit fils de *Henri Winstanley*, architecte, qui périt malheureusement sous les ruines d'un bâtiment qu'il avoit élevé. *Henri*, destinant son fils à la peinture, le plaça chez *Godfroi Knelter*, où il apprit les principes du dessin. *Kneller*, ayant fait un voyage en Italie, y séjourna un tems assez considérable. A son retour en Angleterre, il trouva son disciple entièrement appliqué à la gravure. *Winstanley* publia une suite de vingt estampes d'histoire, d'après les meilleurs tableaux du cabinet du Comte *de Derby* à *Knowstey*, Comté de Lancaster. Cette suite, gravée légèrement à l'eau-forte, est très-intéressante, faisant connoître le dessin et la composition de plusieurs grands maîtres d'Italie et des Pays-bas.

1) La *Fuite en Egypte*; d'après *Luc. Jordane*. gr. in-fol. en t. 2) L'*Enlèvement des Sabines*; d'après *Jos. d'Ar-*

J. B. JACKSON.

pinas. gr. in-fol. en t. 3) La *Femme de Pilate* qui intercède pour *Jésus-Christ* ; d'après *P. Véronese.* gr. in-fol. en t. 4) Une *Bacchante* ; d'après *Pietre de Cortone.* gr. in-fol. en t. 5) *Glaucus* et *Scylla* ; d'après *Salv. Rosa.* gr. in-fol. 6) *Brigands dans un désert* ; d'après *le même.* gr. in-fol. 7) *Agar* et *Ismaël* dans le désert ; d'après *le même.* gr. in-fol. en t. 8) *L'Adoration des Bergers* ; d'après *C. Maratte.* gr. in-fol. 9) Le *Martyre de St. Barthélémi* ; d'après *l'Espagnolet.* in-fol. 10) Le *Philosophe* en méditation ; d'après *le même.* in-4. 11) *Nicodème : Venit ad Christum nocte* ; d'après le *Tintoret.* gr. in-fol. 12) *Vieillard assis*, tenant la main sur une tête de mort ; d'après *Rembrandt*, gravé en 1728. in-4. 13) *Jésus-Christ* donnant les clefs à *St. Pierre* ; d'après *Rubens*, attribué mal-à-propos à *van Dyck.* in-fol. 14) *Chasse aux Marcassins* ; la figure du Chasseur est de *Rubens*, le reste de *Snyders.* in-fol. 15) L'*Amour des sciences* ; d'après *van Dyck.* gr. in-fol. en t. 16) Le *Voyage de Jacob en Egypte* ; d'après *Castiglione.* in-fol. en t. 17) *Deux Brébis* ; d'après *le même.* in-4. en t. 18) *Adam* et *Eve* chassés du Paradis terrestre ; d'après *le Guide.* Petit in-fol. en t. 19) La *Sainte Famille* ; d'après le *Titien.* in-fol. en t. 20) Le *Départ de Jacob* ; d'après le *Bassan.* gr. in-fol. en t.

21. Suite d'estampes de la coupole de l'eglise cathédrale de St. Paul ; par Sir *James Thornhill.*

JEAN-BAPTISTE JACKSON, dessinateur, graveur en bois et en clair-obscur, né en Angleterre vers 1700. Selon *Papillon*, *Jackson*, après avoir appris la gravure en bois d'un peintre anglois, vint demeurer à *Paris*, „où" (ajoute *Papillon*)

„ il auroit pu se perfectionner dans son art, s'il
„ eut voulu suivre les avis que j'étois en état
„ de lui donner. „ — Quoiqu'il en soit, *Jackson*
quitta *Paris*, parcourut la *France*, se rendit à
Venise, où il fit un assez long séjour et où il
publia des ouvrages plus considérables que ceux
qu'il avoit faits jusqu'alors. La suite qu'il publia
dans cette ville en 1745, chez *Jean-Baptiste
Pascalini*, porte pour titre: *Titiani Vecellii,
Pauli Caliari, Jacobi Robusti, et Jacobi
de Ponte, Opera selectiora, a J. B. Jackson,
Anglo, ligno caelata, et coloribus adumbrata.* — Ces
estampes, au nombre de 17. grand in-folio, font
un effet prodigieux; seulement on y désireroit
plus de correction dans le dessin et une distri-
bution mieux entendue des jours et des ombres.
De Venise *Jackson* retourna à *Londres*, d'où l'on
n'a plus entendu parler de lui.

Les estampes de *Jackson*, qui ne sont certainement pas sans mérite, sont en général moins
recherchées des amateurs qu'elles le mériteroient.
Sa manière est originale et tend toute à l'effet.

Jackson marquoit ses estampes de son nom,
ou des lettres initiales de son nom J. J. Je ne

spécifierai ici que les morceaux que j'ai sous les yeux.

1. Le Martyre de *St. Pierre* de l'Ordre des Dominicains, d'après un tableau du *Titien*, renommé pour la beauté du paysage. *J. B. Jackson sculp. et excud. Venetiis 1739.* gr. in-fol.
2. Le *St. Esprit descendu sur les Apôtres*, ou le don des langues; d'après le *Titien*. tr. gr. in-fol.
3. Le *Martyre de St. Marc*, Patron de Venise; d'après le *Tintoret*. tr. gr. in-fol.
4. Le *Massacre des Innocens*, grande composition du *Tintoret*. tr. gr. in-fol. en t.
5. La *Presentation de l'enfant Jésus au Temple*; d'après *P. Veronese*. tr. gr. in-fol.
6. Les *Fiançailles de Ste. Cathérine*, célébrées par un concert d'anges, toutes les figures dans le costume vénitien; d'après *P. Veronese*. tr. gr. in-fol. Exécuté en camaïeu verdâtre.
7. *Jésus priant sur la montagne des Oliviers*, réconforté par un ange; au bas les trois disciples endormis; d'après le *Basan*. tr. gr. in-fol. Clair-obscur en brun foncé, effet de nuit.
8. *Jésus-Christ porté au tombeau*; sur un beau fond de paysage; d'après le *Basan*. tr. gr. in-fol.
9. *Jésus, ayant ressucité Lazare*, se voit entouré d'un peuple nombreux; d'après *Leandre de Ponte*, fils du *Bassan*. *J. B. Jackson del. sculp.* etc. 1742. gr. in-fol.
10. *Jésus descendu de la croix*; tableau du cabinet de *J. Smith* à Venise. *Rembrandt pinx. J. B. Jackson figuras juxta Archetypum sculp. et excud.* 1738. Pièce ceintrée, gr. in-fol. en brun foncé. Cette pièce, d'un bel effet de clair-obscur, passe pour la meilleure de Jackson.

Ed. Kirkal.

Edouard Kirkal, graveur à l'eau-forte, avec de la manière noire, en bois et en camaïeu, né à *Sheffield* dans la province d'*York*, vers 1700. *Kirkal*, fils d'un Serrurier, vint à *Londres*, instruit en partie des élémens de son art. Il s'occupa pendant quelque tems à graver des armes et des ornemens de livres. En 1725. il exécuta les planches pour la nouvelle édition du livre de *Stonchenge* publié par *Inigo Jones*. Ensuite il fréquenta l'académie pour dessiner la figure humaine. Artiste industrieux, il trouva une nouvelle méthode pour produire des estampes en clair-obscur, au moyen d'un mélange d'eau-forte et de manière noire, renforcées par des planches gravées en bois. On voit sur la même planche les contours légèrement tracés à la pointe, les ombres fortes rendues en manière noire et les demi-teintes établies par des planches de bois. On conçoit, dit *Joseph Strutt*, que ce procédé, mis en œuvre par les mains d'un habile artiste pourroit produire des effets de conséquence. Mais cette tâche étoit au-dessus des forces de *Kirkal*.

On a de cet artiste un grand nombre de paysages, de marines et d'autres sujets gravés en manière noire et exécutés en bleu, ou en vert de mer, avec nombre de pièces en clair-obscur, dont plusieurs sont très-estimées.

Manière noire.

1—8. Les Cartons de Raphael, en noir; 8. feuilles. gr. in-fol. en t.
9. Le *Buste du Sauveur*; d'après *le même*. gr. in-fol.
10. *Apollon et Daphné*, jolie pièce en vert. p. in-fol. en t.
11. *Famille rustique*, en marche avec son bétail dans une campagne; d'après le *Bassan*. in-fol. en t. en vert.
12—21. Suite de dix pièces de *Marines*, avec divers accidens de mer; d'après *Guillaume van de Velde*, *le jeune*. in-fol. en vert de mer.
22—51. Suite de trente pièces de *Plantes* rares; d'après *van Huysum*. petit in-fol.

Clair-obscur.

1. *Enée* portant sur ses épaules son père *Anchises*, accompagné du petit *Ascagne* avec une lanterne; d'après *Raphael*; copie d'après *Hugo da Carpi*, marquée: *Imitando cœlavit E. Kirkal* 1722. Cet artiste a gravé une seconde fois ce morceau, avec des changemens dans le paysage.
2. *Sainte Famille*, où se voit *St. Joseph* appuyé sur une chaise; d'après *Raphael*. gr. in-fol. en t. London 1724.
3. *L'Adoration des Bergers*; d'après *Perin del Vaga*. gr. in-fol. en t.
4. *St. Jérôme* contemplant un crucifix, placé devant lui. gr. in-fol.

GEORGE KNAPTON, peintre de portraits, graveur à l'eau-forte et marchand d'estampes, né à Londres vers 1700. et établi dans la même ville.

G. KNAPTON.

Knapton étoit associé avec *Arthur Pond*; ils gravèrent et publièrent en compagnie, une suite considérable d'estampes d'après les dessins des peintres les plus célèbres d'Italie dans le goût des originaux. Cette suite intéressante, en grande estime chez les artistes, consiste en 95. pièces, dont 68. de *Pond* et 27. de *Knapton*, qui s'est attaché sur-tout à rendre les paysages du *Guerchin*; et il l'a fait avec le plus grand succès.

Voici quelques morceaux de la grande suite marqués du nom de *Knapton*:

1. *Paysages* représentant des ruines et des figures; d'après *Panini*; au lavis in-4. en t.
2. *St. Paul prêchant à Athènes*; d'après *le même*; de même.
3. *Vue hors de Rome*, au milieu le tombeau de *Cécilia Metella*, et sur le devant des voyageurs. *Claudio del.* 1669. *C. Knapton fecit*, 1735. in-fol. en t. lavée au bistre.
4. *Paysage* avec des daims dans un parc; d'après *le même*; de même.
5. *Quatre figures dans un bateau*; d'après le *Guerchin*.
6. *Deux figures assises*, dont l'une tient un faucon; d'après *le même*.
7. *Vue d'un pont* dans le lointain; d'après *le même*.
8. *Deux figures dans un paysage*, dont l'une montre du doigt un arbre tombé à terre; d'après *le même*.
9. *Un homme et un enfant* sur une hauteur; d'après *le même*.

10. *Deux femmes qui éteignent un charbon ardent;* d'après *le même.*
11. Une *vieille femme*, et un *enfant avec un oiseau;* d'après *le même.*

Arthur Pond, peintre, graveur à l'eau-forte, ainsi qu'au crayon et au lavis, né en Angleterre vers 1700, et établi à *Londres* vers 1730. Associé avec *Knapton* dans toutes les entreprises relatives aux arts, ils publièrent en compagnie le volume des *Hommes illustres*, gravés par *Houbracken*, *Vertue* et autres. Nous avons dit ci-devant que *Pond* s'étoit associé avec *Knapton* et qu'ils ont gravé ensemble, dans le goût du lavis et du crayon, une nombreuse suite de planches d'après les dessins des plus grands maîtres d'Italie, et de quelques autres. Dans ces eaux-fortes on retrouve généralement tout le goût et l'intelligence qui règnent dans les originaux. On a aussi de *Pond* une suite très-amusante de carricatures en vingt-cinq morceaux d'après différens maîtres. En outre il a gravé à l'eau-forte dans le goût de *Rembrandt* divers portraits, dont les suivans font partie :

Portraits.

1. Arthur *Pond.* in-4.
2. Alexandre *Pope.* in-4.
3. Lord *Bolingbrocke.* in-4.

4. Buste du Docteur *Mead: Non sibi sed Toti* R. M. *Arthur Pond fecit*, 1739. (J'ai possédé un épreuve de ce portrait sur du papier de la Chine.)

Sujets divers, la plupart in-4to.

1. *Offrandes des Mages*; d'après *Garofalo*.
2. *Des enfans qui jouent*; d'après *Raphael*.
3. *Mutius Scevola*; d'après *Polidore*.
4. *Ste. Famille*; d'après *le Parmesan*.
5. *L'Ecole d'Athènes*; d'après *le même*.
6. *La Sibylle en prières*; d'après *le même*.
7. *Vénus sur son char*; d'après *le même*.
8. *Paysage avec un gros arbre*; d'après *Campagnola*.
9. *St. Antoine et les diables*; d'après *le Cangiasse*.
10. *Danse sous un gros arbre*; d'après *Aug. Carrache*.
11. *Des Religieuses à la table de la Communion*; d'après *Ann. Carrache*.
12. *Deux Moines dont l'un tient une houe*; d'après *le même*.
13. *L'Adoration des Bergers*; d'après *le Poussin*.
14. *L'Ange montrant à Tobie comment il doit ouvrir le poisson*; d'après *Cl. le Lorrain*.
15. *Abraham renvoyant Agar*; d'après *le même*.
16. *Le Lit de la mort*; d'après *Rembrandt*.
17. *Un bateau sur un étang, monté par deux figures*; d'après *le Bolonese*.
18. *Quatre figures dans un bateau, dont l'une joue du violon*; d'après *le même*.
19. *Eglise vue dans le lointain*; d'après *le même*.
20. *Bataille*; d'après *le Bourguignon*.
21. *St. Jean dans le désert*; d'après *Salv. Rosa*.
22. *Le Pape et ses Cardinaux Jésuites*; d'après *C. Maratte*.
23. *L'Intérieur du Panthéon*; d'après *Panini*.
24. *L'Arc de Constantin*; d'après *le même*.

Art. Pond.

Les Carricatures de Pond.

1. *Deux Philosophes*; d'après le *Carrache*.
2. *Téte de profil*, avec des lunettes sur le nez; d'après *C. Maratte*; en crayon rouge.
3. *Téte d'un Singe*; d'après *le méme*; de même.
4. Le Docteur *Misaubin*: *Prenez des pillules!* d'après *Watteau*.
5. *H. P. Seb. Resta*, célèbre amateur de dessins, mort à Rome en 1714; d'après le *C. Ghezzi*.
6. *Le Charcuitier*; d'après *le méme*.
7. Le Sieur Cavalier *Tomaso*; d'après *le méme*.
8. Le Docteur *B***; d'après *le méme*.
9. Le Docteur *Tom Bentley*; d'après *le méme*.
10. Deux célèbres Antiquaires, *Stosch* et *Sabatini*; d'après *le méme*.
11. Le *Gouverneur* voyageant avec son Pupile; d'après *le méme*.
12. Madame *Petit* et son cuisinier; d'après *le méme*.
13. *Figure assise*; d'après *le méme*.
14. *Téte de profil*; d'après *le méme*.
15. *Le Cordonnier*; d'après *le Guerchin*.
16. *Téte de profil*; en crayon rouge; d'après *C. Maratte*.
17. *Figure portant des lunettes*; d'après *le Molla*.
18. La Carricature de *la Fage*; d'après *la Fage*.
19. La Carricature de *Car. Ghezzi*; d'après *le méme*.
20. *Carnacci*, Acteur du théatre du Vallon dans le tems du Carnaval de l'année 1738, que tout Rome alla voir à cause de son jeu et de sa voix; d'après *le méme*.
21. *Porrichinel* attaqué de la goutte; d'après *le méme*.
22. *Porrichinel* qui enseigne à lire à ses enfans; d'après *le méme*.
23. *Vieillard* qui n'est pas trop rechauffé; d'après *Tuscher*.
24. La Carricature du célèbre Cav. *Dille*; d'après *le méme*.
25. *Vinum non faties bonum bibendo*. *Mart, L. V.* Par *Arthur Pond*.

IX.   I

P. VAN BLECK.

PIERRE VAN BLECK, ou BLEECK, peintre et graveur en manière noire, natif de *Hollande* vers 1700, vint s'établir à *Londres* vers 1730. et mourut en cette ville en 1764. On croit que *Richard van Bleck*, peintre de portraits, étoit son frère aîné, attendu que *Pierre* signe ordinairement ses gravures: *Van Bleck junior*. Toutes ses estampes sont gravées dans un style qui n'est pas destitué de mérite.

Il marquoit le plus souvent ses estampes de la date de l'année et quelquefois du chiffre suivant : PVB.

1. *Richard van Bleeck*, Pictor; *se ipse pinx*. 1723. *P. van Bleeck junior fec*. 1735. jolie tête. p. in-4.
2. *Rembrandt van Ryn*, *se ipse pinx*. 1632. *van Bleeck*, 1727. avec son chiffre. in-fol.
3. *François du Quesnoy*, dit *Fiammingo*, Sculpteur. *A. van Dyck pinx*. P. V. B. J. f. 1751. in-fol.
4. *Ellen Gvin*; d'après *P. Lely*. in-fol.
5. Mistriss *Clive*, dans le rôle de *Philida*. *P. van Bleeck pinx. et fec*. 1735. in-fol.
6. Mistriss *Cibber*, dans le rôle de *Cordelia*. *Id. pinx. et fec*. in-fol.
7. *Griffin* et *Johnson*, dans les rôles de la *Tribulation* et d'*Ananias*. *Id. pinx. et fec*. gr. in-fol.
8. La *Vierge* et l'enfant *Jésus*, ou *Repos en Egypte*; d'après *Ad. vander Werff*, gravée en 1748. gr. in-fol.

ROGER, ou ROBERT WILLIAMS, dessinateur et graveur en manière noire, natif du pays de *Galles* vers 1700, et établi à *Londres* vers 1730. Il a gravé en manière noire avec assez de succès un bon nombre de portraits, parmi lesquels on recherche préférablement celui de *Richard Blackmore*. Une foulure malheureuse du pied l'obligea d'en venir à l'amputation, accident auquel il survécut de quelques années.

Ses meilleurs portraits sont les suivans :

1. *George Roock*, d'après *M. Dahl.* in-fol.
2. *George*, Prince de *Danemarc*; d'après *W. Wissing.* in-fol.
3. Madame *Sidley*; d'après *le même.* in-fol.
4. Le Duc de *Northumberland*; d'après *le même.* in-fol.
5. La Duchesse de *Cleveland*; d'après *le même.* in-fol.
6. Lady *Wentworth*; d'après *G. Kneller.* in-fol.
7. *Théophile*, Comte de *Hundingdon*; d'après *le même.* in-fol.
8. *Thomas Betterton*, Comédien. *Totus Mundus agit Histrionem*; d'après *le même*; ovale in-fol.
9. Sir *Charles Cotterell*; d'après *Riley.* in-fol.
10. Sir *Charles Blackmore.* in-fol. Pièce capitale de *Williams*.

JOHN PINE, dessinateur, graveur au burin, et littérateur, né à *Londres* vers 1700, et résidant en cette ville. Il a gravé un assez bon nombre de différentes planches qui ont leur mérite. Ses principaux ouvrages sont: La *Représentation des Cérémonies usitées à la procession des Chevaliers du bain*, tels qu'on les voit à *Londres* dans la chapelle de *Henri* VII. à *Westminster*. La *Destruction de l'Armada espagnole, ou de la fameuse flotte invincible*, d'après les tapisseries de la chambre des Pairs. Sa belle édition d'*Horace*, dont tout le texte est gravé sur cuivre, parut en 1737. en deux volumes gr. in-8°. enrichie de bas-relief antiques, de pierres gravées et de médailles. *Les Bucoliques et les Géorgiques de Virgile* ont été publiées après sa mort par son fils avec des ornemens semblables. En 1746. il donna un plan des villes de *Londres* et de *Westminster* en 25. feuilles.

THOMAS WORLIDGE, peintre et graveur à l'eau-forte dans le goût de *Rembrandt*, naquit à *Petersborrough* dans le Northamshire en 1700. et mourut à *Hamersmyth* en 1766. Il eut pour maître dans le dessin et la peinture, d'abord *Grimaldi*, et ensuite *Boitard*, disciple de *la Fage*. Ce ne fut qu'après avoir longtems dessiné des portraits, des figures académiques et des sujets historiques, tant au crayon, qu'à la mine de plomb, lavés à l'encre de la Chine, qu'il commença à manier les couleurs. Le premier morceau qu'il peignit à l'huile fut son portrait dans lequel il ne se servit que des quatre ocres. L'on peut dire de *Worlidge*, ce qu'on a dit de *Rembrandt*, son modèle en tout, qu'il étoit si sûr de l'effet de sa couleur, qu'il couchoit ses teintes sans les fondre. Cette manière de peindre ne fut pas du goût des amateurs de son tems, et lui attira la réputation de peintre raboteux. Il peignit d'un ton plus moëlleux quelques-uns de ses tableaux, principalement ceux du sexe, témoin le portrait de sa femme qu'il fit peu de tems avant sa mort. Il avoit peint avec la même finesse une *Sainte Cécile*, pour l'exposition du salon au Spring-Garten, tableau que l'inspecteur, soit par ignorance, soit par d'autres motifs, ne voulut pas admettre, sous prétexte qu'on n'admettoit point de copie. Un connoisseur dit à cette occasion, que si c'étoit-là une copie il seroit curieux de voir l'original. M. *Price*, grand ami du peintre, s'est souvent amusé à confondre les prétendus connoisseurs : après les avoir fait prononcer sur le nom du maître et sur l'originalité du tableau, il leur montroit l'estampe de *Worlidge* collée sur le revers. Voyez, leur disoit-il alors, c'est un tableau du *Rembrandt* anglois !

Worlidge a laissé un bon nombre de preuves de sa capacité, ayant gravé dans le goût de Rembrandt 140. pièces de différens sujets. Indépendamment de ses gravures il a laissé 180. dessins d'après des pierres gravées qui se trouvent dans les cabinets des curieux en Angleterre.

A l'égard de sa personne, *Worlidge* avoit le corps puissant et le jugement sain. Il n'avoit pas l'esprit aussi cultivé que sa profession sembloit le demander : il lui manquoit ces manières engageantes, cette urbanité, qui fait valoir l'artiste et qui remplace souvent le génie. Mais si la rusticité de ses mœurs lui acquit moins de partisans parmi les amateurs superficiels, il en fut dédommagé par l'approbation de ceux qui possèdent un goût vrai et un jugement solide.

Têtes et Bustes de Worlidge, gravés dans le goût de Rembrandt.

1. *Thomas Worlidge*, assis à une table tenant son porte-crayon. in-4.
2. Buste d'homme à petite moustache et la tête nue ; portrait d'*Olivier Cromwel*. in-12. Rare.
3. Buste de jeune homme à cheveux flottans. in-12.
4. Buste d'homme en manteau fourré, avec une petite moustache et un chapeau à plumet. in-8.

5. Buste d'homme vu de profil, la tête nue, avec des moustaches et un manteau fourré. in-8.
6. Buste de Vieillard à barbe carrée et en bonnet fourré. in-8.
7. Buste d'homme avec un grand chapeau orné de plumes. in-4.
8. Buste d'un jeune homme, les cheveux crépus. in-4.
9. Un homme en pieds, portant une canne à la main, un sabre au côté, un bonnet fourré et un manteau bordé de poil. in-4.
10. Portrait d'un homme assis dans un cabinet vis-à-vis d'une table. *Rembrandt pinx.* in-4.
11—14. Quatre têtes de caractère, dans le goût de *Rembrandt*.
15. Suite de Pierres gravées antiques.
16. *Hamet, companion to Mahomet.* Painted et etch'd by *Th. Worlidge.* in-4. Rare.
17. *Marcus Tullius Cicero*, dédié à la Comtesse *de Pomfret*, d'après le marbre à *Oxford.* gr. in-fol.
18. Installation du Comte *Westmorland*, comme chancelier de l'université d'*Oxford.* T. *Worlidge del. et sc.* tr. gr. in-fol. en t.

— Nixon, dessinateur et graveur, né en Angleterre vers 1706, et florissant à *Londres* vers 1750. Il ne faut pas confondre cet artiste avec *James Nixon*, peintre qui a paru vers 1780. La plupart des gravures de notre *Nixon* consistent en petits portraits, exécutés dans un style d'une extrême propreté, et les faces rendues en points. On distingue les quatre suivans :

S. F. RAVENET. R COOPER. T. BURFORD.

1. Le Duc de *Cumberland*; petite feuille circulaire.
2. Le Duc de *Cumberland*; ovale petit in-4.
3. Frédéric, Prince de *Galles*. De même.
4. George, Comte de *Granville*. De même.

SIMON FRANÇOIS RAVENET, graveur françois, né à *Paris* vers 1710, ayant joui de la réputation d'un habile artiste. Manquant d'encouragement dans son pays, il passa en *Angleterre* en 1750. et il y fut très-bien accueilli. Il s'établit à *Londres*, où il mourut en 1774. Son article se trouve aussi dans l'*Ecole françoise*, avec la spécification des meilleures pièces qu'il a gravées dans son pays. A Londres il a beaucoup travaillé pour *Boydell*.

1. Les *Bergers d'Arcadie*. *N. Poussin pinx*. *S. F. Ravenet sculp*. in-fol. en t.
2. Le portrait en pied de Lord *Camden*. Sir *Joshua Reynolds pinx*. *S. Fr. Ravenet sculp*. in-fol.

RICHARD COOPER, peintre et graveur, artiste écossois, né vers 1708. *Joseph Strutt* nous apprend qu'il florissoit à *Edembourg* vers 1730, et cite de lui les deux portraits suivans:

1. *William Carstaret*; d'après *W. Robinson*. in-fol.
2. *André Allan*, Peintre; d'après *le même*. in-fol.

THOMAS BURFORD, graveur en manière noire, né en Angleterre vers 1710, et florissant à *Londres*

J. B. CHATELAIN.

en 1750. Il a gravé des paysages et des chasses; mais il paroit que sa principale occupation étoit la gravure des portraits. Ses estampes dans ce dernier genre ne sont pas destituées de mérite.

1. Le Docteur *Warburton*, assis dans son cabinet, en action de composer. *C. Philips pinx.* in-fol.
2. *Roger Pickering*, F. R. S. à mi-corps; pièce datée de 1747. in-fol.
3. *Charles Churchill. J. H. Schlanck pinx.* pièce datée de 1765. in-fol.
4. *Jean Norris*, Vice-Amiral d'Angleterre. in-fol.

JEAN BAPTISTE CHATELAIN, dessinateur et graveur à la pointe et au burin, né en Angleterre vers 1710, et florissant à *Londres* en 1740. *Joseph Strutt* nous représente *Chatelain* comme un homme d'un caractère bizarre, et comme un artiste d'un talent éminent pour dessiner et graver le paysage. La liberté de la touche et l'esprit de son exécution, soit sur le papier soit sur le cuivre, ont mis le sceau à sa réputation. Mais son assiduité au travail n'étoit pas égale à son talent: il ne se mettoit à l'ouvrage que lorsqu'il étoit pressé par la nécessité. Il a formé quelques élèves dont *Vivarès* est celui qui lui a fait le plus d'honneur. Aussi maître et élève ont-ils gravé plusieurs pièces en société.

Il a gravé à l'eau-forte divers paysages de sa composition, mais la plupart de ses estampes sont d'après d'autres maîtres, sur-tout d'après *Gaspar Poussin*, faisant partie des 44. paysages publiés en 1744. par *Boydell*.

1—4. Les quatre parties du jour, 4 pièces exécutées en manière noire par *Houston*; d'après les eaux-fortes de *Chatelain*. in-fol. en t. savoir: 1) Paysage montagneux avec du bétail et des eaux. 2) Paysage montagneux avec une chûte d'eau et des baigneurs. 3) Paysage montagneux avec des voyageurs et des troupeaux. 4) Paysage avec des ruines et des fabriques.

5—13. Voici quelques morceaux de la suite d'après *le Gaspar*: 1) Paysage d'*Italie*, du Cabinet du D. *Mead*. 2) Paysage d'*Italie*, du Cabinet du Lord *Hervey*. 3) Paysage montagneux d'*Italie*, du Cabinet du Comte de *Burlington*. 4) Paysage représentant un orage, du Cabinet du D. *Bragg*. 5) Paysage montagneux d'*Italie*, du Cabinet de M. *Dahl*. 6) Paysage montagneux, du Cabinet du Colonel *Campbell*. 7) Paysage d'*Italie*; d'après le *Lorrain*, gravé par *Chatelain* et *Vivarès*. 8) Paysage, au milieu une tour carrée et sur le devant un canal et des mariniers, du Cabinet de M. *Delme*; d'après le *Bourgignon*. 9) Paysage, sur le devant un village et une rivière chargée de barques; d'après *Rembrandt*, du Cabinet de P. *Delme*. P o n d exc. 1744.

14—21. Huit Vues de lacs en *Cumberland*, *Westmorland* etc. d'après les dessins de *W. Bellers*, gravées par *Chatelain*, *Ravenet*, *Grignion*, *Canot* et *Mason*. gr. in-fol. en t. 1) Vue du Lac *Derwent*, près de Kswick en Cumberland. 2) Du *même Lac*, prise de l'île *Vicar* vers Skiddaw. 3) De la Baye de *Bywell*, en Northumerland. 4) Du Lac de *Vinander*, près d'Ambleside entre les provinces de Lancastre et de Westmorland. 5) Du Lac *Haws*, près de Banton en Westmorland. 6) Du Lac *Ulswater*, vers le pont Poola, entre Cumberland et Westmorland. 7) De la source d'*Ulswater*, vers Patterdale. 8) Sud-Est de l'Abbaye de *Netley*, près de Southampton.

22—32. Onze estampes d'après *Marco Ricci*, gravées par *Chatelain*. 1) Ruines de *Memphis*. 2) Le *Chemin du peuple*. 3) Le Mont *Poleïano*. 4) Le *Jardin*. 5) La *Tempête*. 6) Les *Bandits*. 7) Les *Vendanges*. 8) La *Récolte*. 9) L'*Hiver*. 10) *Richmond Ferry* comme il étoit autrefois. 11) Le palais royal de *Richmond*.

33—35. Trois Paysages marquans, savoir: 1) Beau Paysage, avec ces paroles: *Suivez-moi, je vous ferai Pêcheurs d'hommes.* P. de Cortone pinx. J. B. *Chatelain* sc. 1766. tr. gr. pièce en t. 2) Beau Paysage, avec un orage de terre et l'histoire de *Pyrame et Thisbé*, N. Poussin pinx. Id. f. de même. 3) Beau Paysage, avec la Vue de *Castel Gandolfo* et d'une partie du lac. Fr. Bolognese pinx. Ces trois beaux Paysages dans le style héroïque ont paru en 1766. à Londres avec le seul nom de *Chatelain*; on a ajouté celui de F. *Vivarès*.

JACQUES-MARC, ou JAMES, MAC ARDELL, dessinateur et graveur en manière noire, né en *Irlande* vers 1710, et mort à *Londres* en 1765.

Joseph Strutt est porté à croire qu'il est né en *Angleterre*, mais de parens *irlandois*, et qu'il s'étoit établi à *Londres* dès sa jeunesse. On ignore l'année précise de sa naissance, mais on sait qu'il n'est pas mort vieux: on conclut de-là qu'il faut qu'il ait été très-assidu au travail pour avoir mis au jour un si grand nombre d'estampes distinguées. *Basan* dit, qu'*Ardell* fut un des meilleurs graveurs en manière noire que l'Angleterre ait produit; et les Anglois même semblent souscrire à ce jugement, à quelques modifications près. Il est certain que depuis *Ardell* il a paru dans ce royaume quelques artistes qui ont ajouté de nouvelles perfections à ce genre de gravure.

L'œuvre de *Mac Ardell* est aussi amusant que précieux, sur-tout lorsqu'on s'attache à la recherche des bonnes épreuves avant la lettre, et avec les changemens que l'artiste a faits à ses planches. On a des épreuves de quelques pièces en noir et au bistre, parmi lesquelles nombre d'amateurs recherchent les dernières.

Nous avons pris pour base, dans notre spécification des estampes d'*Ardell*, le Dictionnaire

J. M. ARDELL.

des Artistes de M. *Heinecke*, en les divisant comme lui en sujets historiques et en portraits.

Sujets historiques dont quelques-uns sans les noms et d'autres avec les noms des peintres.

1. L'Enfant *Jésus* et le petit *St. Jean* dans le désert. Sans nom de peintre.
2. Le *Rabbin*, assis à une table et en réflexion. Sans nom de peintre.
3. *L'Usurier* qui spécule. Sans nom de peintre.
4 — 8. La *Vie champêtre*, sous le titre: *A Country Life*. Sans nom de peintre; 4 pièces en ovale. in-fol.
9. Le *Sauveur*, avec le titre: *Salvator mundi*; d'après *Brouwne*.
10. St. *Jean-Baptiste* avec son agneau; d'après *le même*, in-fol.
11. Jeune fille assise, tenant une corbeille remplie de fleurs; d'après *Knapton*: *The Country maid*. in-fol.
12. Jeune fille vue jusqu'aux genoux, tenant sur son bras un chat qu'elle caresse; d'après *P. Mercier*. in-fol.
13. Jeune fille, lisant à la lueur d'une chandelle: *The studious Fair*; d'après *le même*. in-fol.
14. La *Rage: Madness*, figurée par une femme enchaînée dans un cachot; d'après *Pine. J. M. Ardell fec.* 1760. in-fol.
15. Le *Meunier*, ou l'intérieur d'un moulin à moudre de l'orge mondé; d'après *Richards*. gr. in-fol. en t. Bel effet de clair-obscur.
16. *Jacob* debout dans un paysage; d'après *Reynolds*. in-fol.
17. *Hébé*, jeune Dame, debout dans un paysage, tenant élevé un vase et ayant devant elle un Amour; d'après *le même*. gr. in-fol.
18. Jeune Dame debout vue de trois quarts, tenant sa robe retroussée; d'après *le même*. in-fol.

J. M. ARDELL.

19. Jeune Dame à mi-corps, en petit chapeau et en mantelet de gaze, avec un ruban noir au cou; d'après *le même*, gravée en 1756. in-fol.
20. Jeune Dame, coiffée en cheveux, avec un ornement de perles au haut de la tête, ajustée d'un mantelet garni de rubans; d'après *le même*. ovale in-fol.
21. Jeune Dame debout, en robe d'étoffe, appuyée sur un piédestal surmonté d'un *Cupidon*; d'après *le même*. gr. in-fol. pièce rare.
22 — 25. Les *quatre saisons*, représentées par quatre femmes à mi-corps; d'après *Williams* et *Wale*. *J. M. Ardell del. et fec.* 4 pièces, in-fol.
26. La boutique du Maréchal ferrant, pièce nommée: *la petite Forge*. *Brouwer pinx*. in-fol.
27. *Cupidon* découvert par *Psyché*; d'après *Schalken*. in-fol.
28. Jeune Paysanne qui rit et qui pose ses doigts sur une flûte à bec, demi-figure; d'après *Molenar*. in-fol.
29. La *Vierge* avec l'enfant *Jésus*. Sans le nom du peintre qui est *van Dyck*. in-fol.
30. L'Enfant *Moïse* trouvé dans les joncs du *Nil*. *Ant. van Dyck pinx*. gr. in-fol.
31. Le *Tems* qui rogne les ailes à l'*Amour*. *Id. pinx*. gr. in-fol.
32. L'*Innocence* au berceau, chambre éclairée par une lumière cachée, avec deux femmes dont l'une lit et l'autre berce un enfant. *Id. pinx*. gr. in-fol. en t.
33. Buste d'un *Philosophe ancien*. *Id. pinx*.
34. L'*Ange* qui encourage le jeune *Tobie* à prendre le poisson. *Rembrandt pinx*. in-fol.
35. Le *Denier de César*, ou rendez à César ce qui est à César. *Id. pinx*. tr. gr. in-fol. en t.
36. La *Mère de Rembrandt*, lisant dans un grand livre. *Id. pinx*. in-fol.
37. Le *Maître de mathématiques*, donnant leçon à un jeune homme. *Id. pinx*. gr. in-fol.

38. Le *Retour d'Egypte*; d'après *Rubens*. gr. in-fol. en t.
39. Famille composée d'une mère assise dans un fauteuil, tenant un de ses enfans sur les genoux, et étant entourée de trois autres, pièce appelée vulgairement la *Famille de Rubens*; mais on croit avec plus de fondement que c'est celle de *Balthasar Gerbier*. *Rubens pinx.* Belle et rare, la planche ayant été gâtée dès le commencement. gr. in-fol. en t.
40. *Rubens* et sa *première Femme* qui mène un enfant par la lisière. *Id. pinx.* gr. in-fol.
41. *Helene Forman*, seconde Femme de *Rubens*, debout, coiffée d'un chapeau orné de plumes et tenant une grande plume à la main. *Id. pinx.* gr. in-fol.
42. La *Chasteté de Joseph*; d'après un dessin de *Ch. Cignani*. in-fol.
43. *Ghismonde* pleurant sur le coeur de *Tancrède*; d'après le *Corrège*. in-fol.
44. La Fille de *Tancrède* dans sa douleur, sous le nom de *Lisabeta*; d'après *Furino*.
45. Jeune Dame qui file, accompagnée de son amant, demi-figure *(Employment of en spinnent suffertje)*; d'après *Pietro Longhi*. in-fol.
46. *St. Pierre*; d'après *Espagnolet*. in-fol.
47. La *Vierge* dans une gloire sur un croissant, soutenu par des Anges; d'après *Murillos*. gr. in-fol.
48. *St. Jerôme* à genoux, tenant un crucifix; d'après *le même*; le tableau attribué aussi à *P. de Cortonne*. gr. in-fol.
49. *St. François de Paule*; d'après *le même*. gr. in-fol.

Portraits divers de personnes inconnues.

1. Jeune Dame assise dans un fauteuil, tenant d'une main une navette sur laquelle elle devide du cordonnet; d'après *Côtes*. in-fol.

J. M. ARDELL.

2. Jeune Dame avec un agneau sur ses genoux ; d'après *P. Lely*. in-fol.

3. Jeune Dame en chapeau ; d'après *van der Myn*. in-fol.

4. Jeune Personne vêtue en Egyptienne ; d'après *Ramsey*. in-fol.

5. Jeune personne habillée à la Grècque ; ovale d'après *Ramsey*. in-fol.

6. Jeune Dame avec une palatine de martre zibeline et un livre sur ses genoux. Sans nom de peintre. gr. in-fol. Pièce rare.

7. Dame assise avec un enfant sur ses genoux et à côté d'elle un chien de chasse. in-fol.

8. Un Seigneur debout en habit brodé, son chapeau à la main et appuyé sur le dos d'une chaise ; d'après *Gainsborough*. in-fol.

9. Un Lord assis, la main appuyée sur le bras de son fauteuil ; d'après *T. Hudson*. in-fol. Rare.

10. Jeune Homme vu de trois quarts, habillé en Matelot, occupé à couper une corde ; d'après *Gab. Matthias*. in-fol.

11. Un Lord vu jusqu'aux genoux, vêtu d'un manteau d'hermine, la main droite sur la hanche, et la gauche qui est gantée sur un espèce de piédestal ; d'après *Reynolds*. in-fol. Rare.

12. Un Seigneur debout, tenant un rouleau de papier de la main droite et son chapeau sous le bras gauche ; pièce semblable.

13. Autre Seigneur debout, tenant sa canne, son chapeau et ses gants dans ses mains ; pièce semblable.

14. Autre Seigneur debout, avec le collier de l'ordre auprès d'un canon ; pièce semblable.

15. Autre Seigneur debout, auprès d'une table où est un livre ; pièce semblable.

16. Autre Seigneur debout, dans son armure ; pièce semblable en ovale.

17. Un Prélat assis dans un fauteuil, tenant un livre ouvert sur ses genoux.
18. Un Prédicateur anglois donnant la bénédiction à ses auditeurs. Pièce très-rare.

Portraits rangés dans l'ordre alphabétique des personnes connues.

1. Marie, Duchesse *d'Ancastre*, figure en pied; d'après *Hudson*. gr. in-fol.
2. George, Lord *Anson*; d'après *Ramsey*. in-fol.
3. George, Lord *Anson*, s'appuyant sur un ancre; d'après *Reynolds*. gr. in-fol.
4. Le même Lord *Anson*, avec le bâton de commandement; d'après *le même*. gr. in-fol.
5. John *Armstrong*, Ingénieur en chef. Sans nom de peintre. in-fol.
6. Thomas *Ashton* D. D.; d'après *Gainsborough*. in-fol.
7. Thomas *Ashton* D. D.; d'après *Reynolds*. in-fol.
8. La Princesse *Auguste*, héréditaire de Brunswic, en buste, de grandeur naturelle; d'après *le même*. gr. in-fol.
9. William *Benn*, Lord-Major de Londres; d'après *Hudson*. gr. in-fol. Rare.
10. Thimothy *Bennet*; d'après *Budd*. in-fol. Rare.
11. John *Bernard*, avec une lettre signée de son nom, datée du 7. Mai 1754; d'après *Ramsey*. in-fol.
12. Elisabeth, Comtesse *de Berkley*; d'après *Reynolds*. gr. in-fol.
13. Henri *Bilson*; d'après *Hoare*. in-fol.
14. William *Blacknay*; d'après *Chalmers*. in-fol.
15. Mr. *Blackes*, dans le rôle de Mr. *Medecine*, pièce sans nom de peintre. in-fol.
16. Edouard *Boscaven*, Vice-Amiral, figure entière au bord de la mer; d'après *Reynolds*. gr. in-fol.

IX. K

J. M. ARDELL.

17. Edouard *Boscaven*, figure vue jusqu'aux genoux. Sans nom de peintre; gravé sous la direction de *J. M. Ardell*. gr. in-fol.
18. *Jacob*, fils de *William Bouverie*, figure en pied dans un paysage; d'après *Reynolds*. gr. in-fol.
19. Archibald *Bower*, assis à une table; d'après *Knapton*. in-fol. Rare.
20. Lady *Boyd*, représentée en *Diane*; d'après *Ramsey*. in-fol.
21. Thomas *Brett*; d'après *Lafontaine*. Ovale in-fol.
22. Edouard *Bright*; d'après *Ogborne*. in-fol.
23. Lady *Bryd*; d'après *Ramsey*.
24. *George*, Duc de *Buckingham*, et son frère *François*; tableau de *Kensigton*, peint par *van Dyck*, gravé en 1752. gr. in-fol.
25. Lady Marie *Campdell*, fille cadette du Duc d'*Argyle*, figure en pied auprès d'un clavecin; d'après *Ramsey*. gr. in-fol.
26. John *Cartwright*; d'après *Elmer*. in-fol. Pièce rare.
27. Lord *Catheard*; d'après *Reynolds*. in-fol.
28. Lady *Catheard*, avec un levrier; d'après *le même*. in-fol.
29. Madame *Chambers*; d'après *le même*. in-fol.
30. *Charles*, Prince héréditaire de Brunsvic; pièce marquée: *Guiselis pinx*. (C'est *Ziesenis* peintre d'Hanovre). Buste de grandeur naturelle.
31. *Charlotte*, Reine d'Angleterre; d'après *Meyer*. gr. in-fol.
32. Richard *Clark*. Sans nom de peintre. Pièce rare.
33. Robert Lord *Clive*; d'après *Gainsborough*. gr. in-fol.
34. Emanuël *Collins*, Théologien; d'après *Hone*. in-fol.
35. Le Capitaine Thomas *Coram*, à la sollicitation duquel le Roi *George* II. accorda la chartre pour l'établissement de l'hopital des enfans trouvés; d'après *Hogarth*. in-fol.

36. Madame *Corneck*, ou *la beauté de Plymouth*; d'après *Reynolds*. gr. in-fol.
37. Marie, Comtesse *de Coventry*, avec un mouchoir autour du cou; sans nom de peintre. Pièce très-rare.
38. La *même* pièce, avec des changemens; d'après *Côtes*.
39. Mr. Jean *Couts*, ci-devant Lord-Prévost de la ville d'*Edimbourg*; d'après *Ramsey*. in-fol.
40. Lady Anne *Dawson*, fille de *Thomas Fermor*, Comte *de Pomfret*, en *Diane*, agée de vingt-un ans, 1754. in-fol.
41. Mistrifs *Day*, la main en manchon, aujourd'hui Lady *Genhoulet*; d'après *Reynolds*. in-fol.
42. Arthur *Dobbs*, Capitaine-Général; d'après *Hoare*. in-fol.
43. Léonel Granfield *Sackville*, Duc *de Dorset*; d'après *Kneller*. in-fol.
44. Le Prince *Edouard*; d'après *Moreland*.
45. Lady Catherine Compton, Comtesse *d'Egmond*, avec son fils aîné; d'après *Th. Hudson*. gr. in-fol.
46. Le Comte *d'Egmond*; d'après *le même*. in-fol.
47. Charles *Erskine*, sans collier; d'après *le même*; pièce en ovale in-fol.
48. Le même portrait, avec le collier.
49. Lady Francis, Comtesse *d'Essex*; d'après *Reynolds*. in-fol.
50. François du Quesnoy, dit *Fiamingo*, Sculpteur; sans nom de peintre. in-fol.
51. John *Fielding*; d'après *Hone*. in-fol.
52. Susanne *Fitz-Patrick*; d'après *Soldi*. in-fol.
53. Lady Charlotte *Fitz-William*; d'après *Reynolds*.
54. Martin *Folkes*, Président de la Société royale; d'après *Th. Hudson*. in-fol.
55. Lady *Fortescue*, dans une campagne; d'après *Reynolds*. gr. in-fol.
56. Henri *Fox*, puis Lord *Holland*, dans une bordure ceintrée; d'après *Liotard*. in-fol.

J. M. ARDELL.

57. Le même Henri *Fox*, ovale; d'après *Ramsey*. in-fol.
58. Benjamin *Franklin* de Philadelphie; d'après *Wilson*. Pièce très-rare. in-fol.
59. *Fréderic* III. Roi de Prusse; d'après *van der Myn*. in-fol.
60. La célèbre Elisabeth *Canning*; d'après *W. Smith*. in-fol.
61. John *Garnet*, Lord-Evêque de *Clogher*; ovale; d'après *Gainsborough*. gr. in-fol.
62. David *Garrick*, Esqr. auprès d'une croisée; d'après *Liotard*. in-fol.
63. *Garrick*, dans le rôle d'un *Colporteur*; d'après *le même*. gr. in-fol.
64. *Garrick*, dans le rôle du Roi *Lear*; d'après *Wilson*. gr. in-fol.
65. *Garrick* dans *Roméo et Juliet*, la *scène du tombeau*; d'après *le même*. gr. in-fol. en t.
66. *Garrick* dans *Hamlet*, figure vue jusqu'aux genoux; d'après *le même*. gr. in-fol.
67. Mr. *Garrick* et Madame *Cibber*, dans les rôles de *Jaffier* et de *Belvidéra*, de la Tragédie de *Venise sauvée*; d'après *Zoffani*.
68. *Garrick*, tenant son chapeau à la main; sans nom de peintre. in-fol.
69. Christophe *Gascoyne*, Lord-Major; d'après *Keable*. in-fol.
70. M. *Geminiani*, Musicien; d'après *Jenkings*. in-fol.
71. *George*, Prince *de Galles*; d'après *Luders*. gr. in-fol.
72. Trois portraits sur une planche: *Fréderic*, Prince de Galles; le Roi *George* II, et un Chevalier; pièce en ovale, très-rare.
73. *George* III. Roi d'Angleterre; d'après *Meyer*. gr. in-fol.
74. *George* III. en buste, de grandeur naturelle; sans nom de peintre.
75. Jacob *Gibs*, Architecte; d'après *Hogarth*. in-fol.

J. M. ARDELL.

76. *Le même* portrait dans une bordure; d'après *le même*. gravé au burin.
77. *Le même Gibs*, assis à une table, le compas à la main; d'après *J. Williams*.
78. Thomas *Gooch*, Lord-Evêque *d'Eli*; d'après *T. Hudson*, gravé en 1749. in-fol.
79. Lady *Grammont*, représentée en *Ste. Cathérine*; d'après un tableau de *Lely* du palais de *Windsor*. Cette Lady *Grammont* et Lady *Midleton* sont connues sous le nom des *deux beautés de Windsor*. gr. in-fol.
80. William *Grand*, Avocat du Roi en Ecosse; d'après *Ramsey*; en ovale in-fol.
81. Etienne *Hales*, D. D. Prof. en Théologie; d'après *T. Hudson*. in-fol.
82. Sire Peter *Halkes*; d'après *Ramsey*. in-fol.
83. Benjamin *Hallet*; d'après *Jenkings*. in-fol.
84. Elisabeth, Duchesse *d'Hamilton*; d'après *F. Côtes*. in-fol.
85. Mr. *Hamlin*; d'après *Higmore*. in-fol.
86. Simon, Comte *d'Harcourt*; d'après *Wilson*. in-fol.
87. Lord *Hardwycke*, Grand-Chancelier d'Angleterre; d'après *T. Willes*. gr. in-fol.
88. Rabbi Aaron *Harts*; d'après *Dandridge*. Pièce rare.
89. Sir Edouard *Hawke*; d'après *Knapton*. in-fol.
90. Robert Lord *Henley*, Baron de Crainge; d'après *T. Hudson*. in-fol.
91. Thomas *Herring*, Archevêque de *Canterbury* et Primat d'Angleterre; d'après *S. Webster*. in-fol.
92. Le Général Philippe *Honywood* à cheval; d'après *Dandridge*. gr. in-fol.
93. Mistriss *Hornick*, sans son nom; d'après *Reynolds*. gr. in-fol.
94. Jeanne, Comtesse *d'Hyndfort*; d'après *le même*. in-fol.
95. John *Jacson*, d'après *van der Myn*. in-fol.
96. David *Jennigs*. S. T. P. in-fol.

J. M. ARDELL.

97. John *Keeling*, d'après *T. King*. in-fol.
98. John *Kieting*, un chapeau bordé sous le bras. in-fol.
99. Guillaume *Kingg*, d'après *T. Hudson*. in-fol.
100. James, Comte *de Kildare*, d'après *Reynolds*.
101. Emilie, Comtesse *de Kildare*, d'après *le même*. in-fol.
102. John Fréderic *Lampe*, Musicien, écrivant des notes de musique auprès d'une orgue; d'après *S. André*. gr. in-fol.
103. Charles, Duc de *Rusmond-Lenox*, d'après *W. Smith*. in-fol.
104. Lady George *Lenox*, figure assise, tenant sur le bras un petit chien; d'après *Ramsey*. in-fol.
105. John, Lord *Leslie et Bambreigh*. in-fol.
106. Mr. *Leviez*, d'après *Eccard*. in-fol.
107. Cathérine, Comtesse *de Lincoln*, d'après *Hoare*. in-fol.
108. Daniel *Locke*, d'après *Hogarth*. in-fol.
109. John *Lockhard*, Capitaine; d'après *Reynolds*. in-fol.
110. Lord *Loudon*, d'après *Ramsey*. in-fol.
111. Mr. *Lowe* et Miss *Chambers*, dans les rôles du Capitaine *Macheads* et *Polly*, d'après *Pine*. in-fol. Rare.
112. Le D. Charles *Lucas*, Médecin de Dublin: d'après *Reynolds*. in-fol.
113. Mistriss Flora *Macdonal*, ovale; d'après *Ramsey*. in-fol.
114. Lady *Mackintosch*, ovale; d'après *le même*. in-fol.
115. Caroline, Duchesse de *Marlborough* avec son petit chien; d'après *Reynolds*. gr. in-fol.
116. Lady *Midleton*, d'après un tableau de *Lely* du palais de *Windsor*. gr. in-fol.
117. Robert *Monchton*, Brigadier et Gouverneur de la nouvelle Yorck; d'après *T. Hudson*. in-fol.
118. Lady Elisabeth *Montague*, fille de George, Comte de *Cardigou*; d'après *Reynolds*. in-fol.

J. M. ARDELL. 151

119. Miss Fanny *Murray*, d'après *Moreland*. in-fol.
120. Gerard *van Neeck*, Esqr.; d'après *Vanloo*. in-fol. Très-rare.
121. Thomas Holles, Duc de *Neucastle*, d'après *Hoare*. in-fol.
122. Mademoiselle *Newhouse*, d'après *Liotard*. in-fol.
123. Sir Isaac *Newton*, d'après *E. Seeman*. in-fol.
124. Thomas *Newman*, d'après *S. Webster*. in-fol.
125. Johannes *Nicoll*, d'après *A. Taylor*. in-fol.
126. Louis-Jules Barbon Mazarini-Mancini, Duc de *Nivernois*, d'après *Ramsey*. in-fol.
127. David *Notto*, Mathématicien; d'après *E. Stevens*. in-fol. Rare.
128. Miss *O-Brien*, d'après *Côtes*. in-fol.
129. Richard *Osdaleston*, Lord-Evêque de *Carlisle*, d'après *T. Hudson*. in-fol.
130. Henri *Pelham*, d'après *Hoare*. in-fol.
131. John *Pelling*, sans nom de peintre. in-fol.
132. John *Pine*, Peintre; d'après *Hogarth*, deux différentes épreuves, l'une avec les mains, l'autre sans mains. Ovale. Rare,
133. Madame Williers Clare *Pitt*, sœur de *William Pitt*, puis Lord Chatam; d'après *Vietri*. in-fol. Rare.
134. George *Potock*, Admiral, avec des lunettes d'approche; d'après *T. Hudson*. in-fol.
135. Mistriss *Pritschard*, d'après *F. Hayman*. in-fol.
136. Jean *Punt*, Peintre et Graveur hollandois, assis dans son attelier; d'après *van der Myn*. in-fol.
137. Mr. *Quin* dans le rôle du Chevalier *Jean Falstaff*; sans nom de peintre. in-fol.
138. Jacques *Ramble* at Charing *Cross*; sans nom de peintre. in-fol. Rare.
139. Jean *Reynolds*. S. T. B. au collège d'Eton, et Chanoine de S. Pierre à Exon; d'après *Reynolds*. in-fol.
140. John, Comte *de Rothes*; d'après *le même*. in-fol.

J. M. ARDELL.

141. Robert, Duc *de Roxburge*; d'après *T. Hudson*. in-fol.

142. La Femme de *Rubens*, d'après un tableau du cabinet du Comte *d'Oxfort*, peint par *van Dyck*. gr. in-fol.

143. Lady Caroline *Russel*, figure assise, tenant un petit chien sur ses genoux; d'après *Reynolds*. in-fol.

144. Lord *Sackville*, Lieutenant-Général; d'après *Reynolds*. gr. in-fol. Il y en a différentes épreuves.

145. Miss *Sandby*; d'après *Côtes*. in-fol.

146. Mr. *Saverus*, tenant une lettre; le fond offre un jardin; sans nom de peintre. gr. in-fol. Rare.

147. Charles *Saunders*, Vice-Admiral; d'après *Reynolds*. in-fol.

148. Thomas *Secker*, Archevêque de Canterbury; d'après *T. Willes*. Ovale in-fol.

149. W. *Shirley*; d'après *T. Hudson*. in-fol. Rare.

150. Mistriss Mary *Smith* de Portsmouth; d'après *T. Worlidge*. in-fol.

151. Rachel, Comtesse *de Southampton*, d'après *van Dyck*, gravée en 1758. gr. in-fol.

152. Griselda, Comtesse *de Stanhope*, d'après *Ramsey*. gr. in-fol.

153. Lady Anne Campdel, Comtesse *de Strafford*, d'après *Reynolds*. gr. in-fol.

154. William Wentwort, Comte *de Strafford*, d'après le même. gr. in-fol.

155. Mr. *Stanley*, Compositeur et Organiste; d'après *J. Williams*. in-fol.

156. Le Lord *John* et le Lord *Bernard Stuart*, son frère, fils du Duc *de Lenox*, figures entières; d'après un tableau de *van Dyck*. gr. in-fol.

157. Carle, Vicomte *de Townshend*, Vice-Roi d'Irlande; d'après *T. Hudson*. gr. in-fol.

158. Le Colonel *Townshend*, d'après *Reynolds*. gr. in-fol.

159. Henri *Townshend*, Lieutenant-Colonel; sans nom de peintre. in-fol.

P. C. Canot.

160. Mistriss *Turner* de Clints, Comtesse d'Yorck; d'après *Reynolds*. gr. in-fol.
161. Richard *Tyrell*, Esqr.; d'après *T. Hudson*. in-fol.
162. Le Lord *Waldegrave*, James second; d'après *Reynolds*. gr. in-fol. Rare.
163. Marie, Comtesse *de Waldegrave*, en profil; d'après *le même*. in-fol.
164. Le Général *Washington*, d'après *A. Pond*. in-fol. Rare.
165. L'Admiral *Wernon*; d'après *Gainsborough*. in-fol.
166. L'Admiral *Wilkinson*, sans nom de peintre. in-fol.
167. Mr. *Wordwarth* dans le rôle *of de fine Gent*, figure en pied; d'après *Fr. Hayman*. in-fol. Rare.

PIERRE-CHARLES CANOT, dessinateur et graveur à la pointe et au burin, naquit en *France* vers 1710, passa en *Angleterre* vers 1740, et mourut à *Kentish-Town* en 1777. Cet artiste a gravé avec beaucoup d'intelligence une grande quantité de Vues, de Paysages et de Marines. Aussi occupe-t-il un rang très-distingué parmi les graveurs paysagistes. Il avoit un frère, *Philippe Canot*, qui est resté en *France*, peintre de genre et de portraits, d'après lequel *le Bas* a gravé plusieurs sujets. Notre *Canot* s'est encore surpassé dans ses belles estampes qui représentent des marines et des expéditions navales, qu'il a gravées d'après *R. Paton*. Les Vues d'*Amérique* suivantes sont sans doute d'après ses

P. C. CANOT.

dessins, attendu qu'elles ne portent pas d'autre nom que le sien.

1. Vue de la ville de *Quebec*.
2. — de la chûte d'eau de *Montmorenci*.
3. — du *Cap-rouge*, ou *Carouge-Bay*.
4. — de *Gaspec-Bay*.
5. — de *Miramichi*.
6. — de l'île de *Purced*.
7. — du grand Pont sur le *Joase*.
8. Marine, *Vent doux*; d'après *Backhuisen*. gr. in-fol. en t.
9. Marine, *Vent frais*, d'après *Guil. van de Velde*. Pendant.
10. Petite Marine, la *Mer calme*, d'après *le même*, gravée en 1773.
11. Petite Marine, la *Mer agitée*, d'après *le même*. Pendant.
12. Paysage, le *Retour du Marché*, d'après *Berghem*, gravé en 1771. gr. in-fol. en t.
13. La *Cour du Fermier*, d'après *P. de Laar*, gravé en 1768. gr. in-fol. en t.
14. L'*Intérieur de la Cour du Fermier*, d'après *le même*, gravé en 1769. Pendant. Ces morceaux ont été gravés pour le Recueil de *Boydell*.
15. L'*amoureux Buveur*, d'après *D. Teniers*, gravé en 1756. in-fol. en t.
16. Les *Fumeurs hollandois*, d'après *le même*, gravé en 1757. Pendant.
17. La *Chaumière hollandoise*, d'après *Pillement*. in-fol. en t.
18. La *petite Famille*, d'après *le même*, gravé en 1759. Pendant.
19. Les *Douceurs de l'Autómne*, d'après *le même*. tr. gr. in-fol. en t.

20. Les *Plaisirs de l'Hiver*, d'après *le même*. tr. gr. in-fol. en t.

(Les *Amusemens du Printems* et les *Agrémens de l'Eté* sont gravés par *Mason* et *Woollet*).

21. *Fête flamande*, d'après *Adrien Ostade*. tr. gr. in-fol. en t.

22. *Pirame et Thisbé*, d'après *Leon. Brahmer*, gravé en 1767. gr. in-fol. en t.

23. La *Tempéte*, selon l'Evangile de *St. Luc*, chap. VIII. v. 24.; d'après *S. Vlieger*. gr. in-fol. en t. Deux morceaux d'un grand effet et d'une savante exécution.

24. Paysage d'*Italie*, d'après un tableau de *Gaspar Poussin*, du cabinet du Comte *de Waldegrave*. in-fol.

25. Paysage d'*Italie*, d'après un tableau du cabinet du Duc *de Kent* de *Cl. le Lorrain*. in-fol. en t.

26. Paysage, où se voit *Charles et Ubalde* prêts à s'embarquer pour délivrer *Renaud* des enchantemens d'*Armide*, d'après *le même*. gr. in-fol. en t.

27. Belle Marine, le *Lever du Soleil*, d'après *le même*, ovale gr. in-fol. en t.

(Le pendant de cette pièce est le *Coucher du Soleil*, gravé par *Mason*).

28—29. Deux pièces avec du *Gibier mort*, et à chacune un *Chien* et un *Chat* vivans; d'après *Jervase*. in-fol. en t. Du cabinet d'*Houghton*.

30—31. Deux *Pastorales*, à l'une un *Bouvier* assis au milieu de son troupeau, à l'autre un *Chevrier* avec ses chèvres; d'après *Rosa de Tivoli*. gr. in-fol. en t.

32—33. Deux Vues du Pont de *Londres* et de celui de *Westminster*, avec leurs environs; d'après *Scott*. gr. in-fol. en t.

34—39. Six belles et grandes Vues des *Chantiers* du Roi d'Angleterre, savoir: 1) *Portsmouth*. 2) *Plymouth*. 3) *Woolwich*. 4) *Deptford*. 5) *Chatham*. 6) *Sheerness*, par *J. Milton*, très-grandes pièces en hauteur, chacune divisée en deux parties; le haut offre le chantier et la ville; le bas, le plan exacte du chantier, et le tout gravé avec goût par *Canot*.

40—46. Sept estampes de la *Chasse au Renard*, gravées par *Canot* d'après les peintures de *Wooton*, savoir: 1) Le Départ pour la chasse. 2) Deux Chasseurs. 3) Le Veneur qui a perdu la voie. 4) Le Renard qui se terre. 5) Arrivée de la chasse à la mort du Renard. 6) La mort du Renard. 7) Retour de la chasse. gr. in-fol. en t.

47—53. Sept Vues de *Belle-Isle*, de la ville et du port de *Sauzon*, peintes par *Serres* et gravées par *Canot*, *Mason* etc. gr. in-fol. en t. 1) Vue à terre de la citadelle et de la ville, où l'on voit l'entrée de la citadelle et sa position. 2) La première attaque faite par la Flotte angloise au fort *André* sur *Belle-Isle* etc. 3) La Flotte devant *Belle-Isle*, débarquant à *Ste. Foi* etc. 4) La seconde Attaque faite au fort *d'Arsic*, sur *Belle-Isle* etc. 5) Vue de *l'Abreuvoir*, etc. avec une Vue de la brèche dans les murs. 6) Vue de la Citadelle et de la Tour etc. avec une Vue des fortifications intérieures, et de la brèche faite dans les murs. 7) La Ville et le Port de *Sauzon* pris du côté de la mer.

54—57. Quatre Vues représentant les opérations de la Flotte *Russe* contre celle des *Turcs* au mois de Juillet 1770. dans la Baye de *Chesme*, d'après les tableaux peints par *R. Paton*, gravés par *Canot*, *Mason* et *Watts*. tr. gr. in-fol. en très-belle suite, savoir: 1) Vue de la Flotte *Russe* s'avançant pour attaquer celle des *Turcs*. 2) Vue de la Flotte *Russe* attaquant celle des *Turcs* pendant la nuit. 3) Vue de la défaite et de la fuite de la Flotte *Turque* dans le Golfe de *Chesme*. 4) Vue de la destruction totale de la Flotte *Turque*.

58. L'Admiral *Boscaven* brûle le *Prudent* et prend le *Bienfaisant*, deux vaisseaux de guerre *françois*, dans le

J. MASON.

port de *Louisbourg*, en 1758. *R. Paton pinx. P. C. Canot sc.* 1771. gr. in-fol. en t.

59. Représentation du grand vaisseau, nommé le *Grand Henri*, construit en 1553. par *Hans Holbein*, et peint par *T. Allen*, gravé par *P. C. Canot.* gr. in-fol. en t.

JAMES MASON, dessinateur, graveur à la pointe et au burin, né en Angleterre vers 1710. et florissant à *Londres* en 1750. Contemporain de *Canot*, auquel il n'est point inférieur et avec lequel il a travaillé de concert à plusieurs suites, jouissant de la réputation d'un excellent graveur de paysages. Il a eu le mérite d'avoir rendu dans sa gravure l'effet et la couleur de ses originaux.

1. Première Vue des Environs d'*Utrecht*, d'après *Art van der Neer.* gr. in-fol. en t. (J. *Wood* a gravé le pendant de cette pièce).
2. *The Herdsman.* Paysage avec du bétail et un pâtre; d'après *Fréd. Moucheron.* Les figures peintes par *Ad. van de Velde.* gr. in-fol. en t.
3. Les *Paysans heureux.* Paysage où se voit une danse villageoise; d'après *Her. Swanevelt.* gr. in-fol. en t.
4. *The rural village.* Paysage orné de figures champêtres; d'après *M. Hobbema.* in-fol. en t.
5. Paysage héroïque où se voit *Vénus* au bain, entourée d'*Amours*; d'après *And. Sacchi.* in-fol. en t.
6. Paysage montagneux, sur le devant deux figures d'hommes nuds assises, et au fond des ruines; d'après *Gaspar Poussin.* in-fol. en t. Du cabinet d'*Houghton*.
7. Paysage montagneux, sur le devant un canal, avec des hommes nuds, et sur le fond des fabriques *italiennes*; d'après *le même.* Ibid. Pendant.

8. Paysage montagneux, orné de figures et de fabriques; d'après *le même*. gr. in-fol. en t. Du cab. d'*Horace Walpole*.

9. Paysage montagneux, sur le devant des voyageurs et sur le fond les hauteurs de *Tivoli* avec des fabriques; d'après *le même*. gr. in-fol. en t. Du cab. de *Guil. Fauquier*.

10. Vue sur le *Po*, représentant une belle soirée d'été; d'après un tableau de *Cl. le Lorrain*, du cabinet de Mylord *Trevor*. gr. in-fol. en t.

11. Vue de la Descente d'*Enée* en *Italie*, ou le *Matin* allégorique de l'Empire romain; d'après *le même*; tableau du cabinet du Comte *de Radnor*. gr. in-fol. en t.

12. Vue dans le palais *Pamphili* à Rome, d'après *le même*. gr. in-fol. en t.

13. Vue d'*Italie*; d'après *le Lorrain*; le tableau appartenant à M. *Hoare*. gr. in-fol. en t.

14. 15. Deux Paysages d'*Angleterre* d'un bel effet, faisant pendans; d'après *George Lambert*. gr. in-fol. en t.

16. 17. Deux Vues dont l'une représente la ville et le château de *Douvres* et l'autre le château de *Saltwood* à *Hith* en Kent; d'après *le même*. gr. in-fol. en t.

18. 19. Deux Vues de *Constantinople*, l'une prise de l'Hellespont, l'autre du côté du Serail; d'après *J. B. Chatelin*. gr. in-fol. en t.

20—24. Cinq Vues représentant le Mont *Edgcumbe*, maison de plaisance du Lord *Edgcumbe*, dessinées par *Lambert* et *Scott*: 1) Le Fort de *Plymouth* et l'Ile de *St. Nicolas*. 2) Le Bassin de *Plymouth* et de *Hamoze*. 3) Le Mont *Edgcumbe*, pris du Fort. 4-5) Deux Vues différentes du Mont *Edgcumbe*. gr. in-fol. en t.

25—30. Six Vues d'*Halifax*, dans la *Nouvelle Ecosse*, peintes par *Serres*, et gravées par *Mason*. gr. in-fol. en t. 1) Vue de la Ville et du Port d'*Halifax*, prise du rivage opposé appellé *Dartmouth*. 2) La Ville et le Port d'*Halifax*, vue de l'Ile *St. George*, lorsqu'on regarde vers le Chantier et le Bassin. 3) Même Vue, lorsque l'on regarde au bout de la rue du Prince, vers le rivage opposé; alors on voit la Batterie de l'Est, l'Ile *George* et *Cornwallis*, *Thrump - Cap* etc. jusqu'à la mer de *Chebucte Head*. 4) Vue de la Ville et du Port, en regardant du bas de la rue de *George* à la rive opposée, appellée *Dartmouth*. 5) Vue de la Maison du Gouverneur et du Temple de *St. Matthieu*, dans la rue *Holles*, avec une Vue d'une partie de la parade et de la colline de la Citadelle, prise du haut de la rue de *George*. 6) Vue de l'Eglise de *St. Paul*, etc. et de la parade.

31—40. Dix Vues diverses, dessinées par *Bellers*, et gravées par *Mason*, *Peak* etc. in-fol. en t. 1) Vue des Embellissemens au château de *Greystock* en Cumberland. 2) Vue de la Baye d'*Armathwaite*, en Cumberland. 3) La *même Vue*, prise du côté du chemin. 4) Vue d'une Pièce d'eau à *Woodford Row*, en Essex et à l'entour. 5) Vue de *Warwick Hall*, en Cumberland, sur la rivière Eden. 6) Vue prise au bout du Pont de Ferry, dans le Duché d'York. 7) Vue de la Ville et du Vallon de *Keswick*, en Cumberland, prise du côté de *Castle-Head-Cragge*. 8) Vue de *Southampton*, prise de la Colline ronde, près des quatre poteaux. 9) Vue du Port de *Langstone* près de *Havant*, dans la province d'Hamp. 10) Vue d'une Pièce d'eau, dans le Manoir d'*Iping* près de *Midhurst* en Sussex.

41—44. Quatre Vues romantiques, peintes par *John Smith*, et gravées par *J. Mason*. in-fol. en t. 1) *High-Force*, Cataracte sur la rivière de *Téese* qui sépare les Comtés d'*York* et de *Durham* et qui tombe d'un rocher de granite haut d'environ vingt-trois verges dans un grand bassin rond. 2) *Thorp Cloud*, Montagne pyramidale dans le Comté de *Derby*, dont le pied est lavé par la rivière. La partie du devant, d'où cette Vue a été prise est située dans le Comté de *Stafford* au bas du jardin de M. *George of Ham.* 3) *Cordal à Malham* en *Craven* dans le Comté d'York, eaux qui s'étant amassées soudain pendant une pluye d'orage, se firent un passage au travers du rocher en formant d'abord une espèce d'arche, puis se répandirent avec tant de violence, qu'elles remplirent la vallée, dans l'espace d'un quart de milles de quartier de rocher et de grosses pierres. 4) *Mattlock high Torr* etc. La rivière *Derwent* coule au pied de cet immense rocher, dont la hauteur perpendiculaire au-dessus des eaux est de 354 pieds.

GEORGE LAMBERT, paysagiste et graveur à l'eau-forte, né dans le Comté de *Kent* vers 1710. et mort à *Londres* en 1765. Elève de *Jacob Hassel* paysagiste flamand, il a imité le *Gaspar* et *Wooton*. *Vivarès*, *Mason* et quelques autres, ont gravé d'après lui des paysages et des vues d'Angleterre qui donnent une haute idée de ses talens pittoresques.

Le petit nombre d'eaux-fortes qu'on a de *Lambert* sont les suivantes, et font regreter qu'il n'en ait pas fait davantage.

1. Paysage orné de ruines et de figurines. in-4.
2—4. Trois petites figures, pièce dédiée à *James Robinson* de *Wandsworth*. Très-rares.

FRANÇOIS VIVARÈS, dessinateur, graveur à l'eau-forte et au burin, né à *Lodèves* près de Montpellier vers 1712, mort à *Londres* en 1782.

Fr. Vivarès.

Vivarès passa en *Angleterre* dans l'âge fait. On dit qu'il avoit commencé par être tailleur d'habit, et qu'il consacroit tous les loisirs que lui laissoit sa profession à dessiner le paysage d'après nature, et d'après des estampes. Enfin il apprit les principes du dessin et de la gravure de *J. B. Chatelain;* mais en homme de génie, il se fit une manière qu'il ne dût qu'à ses réflexions. Il excelloit sur-tout dans les estampes d'après *Claude Lorrain.* Il est un des graveurs qui a su parfaitement bien conserver les beautés pittoresques de ce grand paysagiste.

J'ai cru devoir ranger cet artiste parmi les graveurs Anglois, ayant appris son art en Angleterre et s'étant établi dans ce Royaume.

1—4. Quatre Vues de *Ruines romaines*, gravées par *Fr. Vivarès*, in-fol. en t. Savoir: 1) Les Ruines du *Pont du Sénat* sur le Tibre, nommé Ponte-Rotto. 2) Vue de l'Amphithéatre de Rome, ou le *Colysée.* 3) Du *Tombeau de Cecilia Metella*, Femme de *Crassus.* 4) De l'ancien *Temple de Minerva Medica* à Rome.

5—10. Six Vues de *Jamaïque;* d'après *Robertson*, gravées par *Vivarès* et *Lerpinière.* gr. in-fol. en t. 1) Vue d'une partie de la rivière de *Cobre*, près de la ville *Espagnole.* 2) De la rivière de *Roaring*, près de *Savannah.* 3) Du *Fort Guillaume*, avec une partie de la rivière de *Roaring.* 4) Du pont qui traverse la rivière de *Cabaritta.* 5) De la source de la rivière

IX. L

de *Roaring*. 6) Du pont qui traverse la rivière de *Cobre*, près de la ville *Espagnole*.

11—14. Quatre Vues d'*Abbayes*, peintes par *J. Smith* et gravées par *Fr. Vivarès*, gr. in-fol. en t. 1) Vue du Sud-Est de l'Abbaye de *Kirstall* dans le Comté d'York. 2) De l'Abbaye de *Fountain*, dans le Comté d'York. 3) Vue du château de *Kenilworth*, entre Warwick et Coventry. 4) Du Château de *Tinmouth*, avec une Vue de *Haven*.

15—18. Quatre Vues de *Parcs*, peintes par *J. Smith*, gravées par *Vivarès* et *Mason*. gr. in-fol. en t. 1) Vue de la nouvelle machine hydraulique à *Belton*, dans le Comté de Lincoln. 2) Dans le Parc d'*Hagley*, appartenant au Chevalier *Lyttelton*. 3) Dans le Parc de *Newstead*, appartenant au Lord *Byron*. 4) Dans le Parc d'*Exton*, appartenant au Lord *Gainsborough*.

19—22. Quatre Vues de *Dunnington Cliff*, peintes par *J. Smith* et gravées par *Fr. Vivarès*. gr. in-fol. en t. 1) Vue de *Dunnington Cliff*, sur la rivière de *Trent*, de la dépendance du Comte d'*Hanington*. 2) De l'eglise d'*Anchor*, autrefois la demeure d'Anachorête, vaste caverne en face d'un beau rocher, sur la rivière de *Trent*. 3) D'*Hopping-mill-ware*, sur la rivière de *Dervent*, de la dépendance du Duc *de Devonshire*. 4) Dans le Parc *Lyme*, appartenant à *Pierre Legh*, avec une représentation du singulier amusement de faire passer la rivière aux cerfs.

23—30. Huit Vues dans le *Peach*, peintes par *Th. Smith de Derby*, et gravées par *F. Vivarès* et autres. gr. in-fol. en t. 1) Vue prise de *Dove-Dale* au nord d'Ashburn. 2) Prise sur les hauteurs de *Dove-Dale*. 3) Prise sur la rivière de *Manysold*. 4) Prise des bains de *Matlock* et de l'allée d'*Amor*. 5) De la superbe Cascade au bain de *Matlock*. 6) Sur la rivière de *Wie* en *Monsal-Dale* 7) De *Thee Torr*, sur la même rivière. 8) Des Rocher et de l'immense Caverne de *Castelion*, appellé *Peak*, autrement le *Cul du diable.*

31. La *Chaussée des Géants*, dans le Comté d'*Autrim* en *Irlande*, une des grandes merveilles de la nature, vue du côté de l'orient; d'après *Susanne Drury.* gr. in-fol. en t.

32. La *même Chaussée*, vue du côté de l'occident. Pendant de la pièce précédente.

33. Paysage pris de la hauteur de *Richmond* en montant la *Tamise*; d'après *Jolly.* gr. in-fol. en t.

34. Paysage pris de hauteur de *Richmond* en descendant la *Tamise*; d'après *le même.* gr. in-fol. en t.

35. Paysage anglois, les *Cueilleurs de houblon*; d'après *G. Smith.* gr. in-fol. en t.

36. Paysage anglois, les *Amans champêtres*; d'après *Th. Gainsborough.* gr. in-fol. en t.

37. Paysage montagneux d'*Italie*, sur le devant un Pêcheur; d'après *Martorelli.* gr. in-fol. en t.

38. Paysage *hollandois*, avec un beau clair de lune; d'après *A. van der Neer.* gr. in-fol. en t.

39. Paysage orné de belles Ruines, de Bergers et de Pêcheurs; d'après *Patel.* gr. in-fol. en t.

40. Paysage où se voit *Vénus* servie par les *Graces*; d'après *le même*, le paysage gravé par *Vivarès*, les figures par *Bartolozzi.* gr. in-fol. en t.

41. A *Land Storm* (orage à la campagne) avec des voyageurs; d'après *G. Poussin.* gr. in-fol. en t.

42. Grande Tempête, avec le Prophète *Jonas* jetté dans la mer. Les figures de *Nic. Poussin*, le paysage du *Gaspar*, gravé en 1748. gr. in-fol. en t.

43. Le *Matin*, beau Paysage où le peintre s'est introduit lui-même, occupé à dessiner la vue entre *Ponte-mole* et *Rome*; d'après *Cl. le Lorrain*, et le dessin de *Goupy. Ibid. Id. sc.* tr. gr. in-fol. en t.

44. Paysage, avec la *Fuite en Egypte*; d'après *Cl. le Lorrain* gravé en 1757. gr. in-fol. en t.
45. Paysage où se voit sur le devant un troupeau de vaches et de chèvres conduits par un Berger et sa Bergère; d'après *le même* gravé en 1762. gr. in-fol. en t.
46. Paysage qui offre les environs de *Naples*; d'après *le même*, gravé en 1769. tr. gr. in-fol. en t.
47. *Grand Sacrifice* annuel au temple d'*Apollon* dans l'île de *Délos;* fameux tableau du *même* peintre au palais *Pamphili* à *Rome*, gravé en 1764. tr. gr. in-fol. en t.
48. *Jupiter* enlevant *Europe* sous la forme d'un taureau: d'après *le même*, du Cabinet de *Josua Reynolds*, gravé en 1771. tr. gr. in-fol.
49. Le *Château enchanté;* d'après *le même*, du Cabinet de *Nathaniel Chaunoy*, gravé en 1782. par *Fr. Vivarès* et *W. Woollett*. gr. in-fol. en t.
50. *Ruines Romaines*, avec la vue sur l'*Amphithéatre* en perspective; d'après *J. Pannini*. très-gr. in-fol.
51. *Ruines Romaines*, avec la vue de *Tivoli* en perspective; d'après *le même*. Pendant de la pièce précédente.
52. Paysage avec des hommes et des bestiaux; d'après *Fr. Zuccarelli*, gravé en 1756. gr. in-fol. en tr.
53. Autre Paysage; d'après *le même*. Pendant.

EDOUARD ROOKER, dessinateur, et graveur à la pointe et au burin, né à *Londres* vers 1712 et mort dans la même ville en 1774. Il excelloit dans le dessin et la gravure en fait d'architecture. Outre ses talens pour les arts d'imitation, il avoit de grandes dispositions à cause de son extrême agilité pour le comique grotesque. Au théatre de Drury-Lane il a joué avec beaucoup

ED. ROOKER.

de succès le rôle d'*Arlequin*. La section de la Cathédrale de *St. Paul* de *Londres*, d'après le dessin de *Wale*, très-grande planche en hauteur, est d'une exécution admirable. *Rooker* a gravé quelques morceaux d'après les six tableaux de *Collins*, tirés de la *Jérusalem* du *Tasse*, conjointement avec *Sandby*, *Canot*, *Wood* etc. Il a aussi gravé un morceau d'après *W. Pars*, faisant partie de six belles Vues de la *Suisse*, gravées par *Woollett*. Le morceau de *Rooker* porte pour titre:

1. Monument romain à *Igel*, dans le Duché de Luxembourg. *Edouard Rooker sc.* 1774. gr. in-fol. en t.
2—7. Six Vues de différentes parties de *Londres*, dessinées et gravées par *Sandby* et *Rooker*. gr. in fol. en t. Savoir: 1) Vue de la Façade du palais de *St. Jacques*. 2) Vue d'une partie du Pont de *Black-Fryars*. 3) Vue du Portique de *Covent-Garden*. 4) Vue des *Casernes des Gardes à cheval*. 5) Vue de *Scotland Yard*, avec une partie du *Salon des Banquets*. 6) Vue de la Façade de l'église de *St. Paul* de *Covent-Garden*.
8—11. Quatre Vues d'*Italie* d'après *Wilson*, faisant partie de douze morceaux gr. in-4. en t. gravés par différens artistes, les suivans par *Rooker*: 1) Le Temple de *la Paix*. 2) Le Cirque de *Caracalla*. 3) L'Intérieur de la *Villa Adrienne*. 4) La Maison de plaisance de *Mécène* à *Tivoli*.
12—23. Douze Vues d'*Angleterre* d'après *Paul Sandby*, par *Edouard Rooker*, faisant partie des 160. estampes, gravées par les meilleurs artistes du tems. in-4. en t.
1) Restes de la *Tour de Luton*, maison de plaisance du Comte *de Bute*. 2) Le nouveau Bâtiment sur la colline

de *Schrub* à *Windsor*. 3) Vue du *Pont de Datchet* près de Windsor. 4) Vue de *Barringhton*, maison de plaisance de la Comtesse *de Talbot*. 5) Vue du *Parc de Hackwood*, appartenant au Duc *de Bolton*. 6) Vue de *Brockenhurst*, maison de plaisance d'*Edouard Morant*. 7) Vue du *Parc de Knole*, appartenant au Duc *de Dorset*. 8) Vue de l'*Ecole militaire* à *Woolwich*. 9) Vue de *Jennigs*, maison de plaisance de la Duchesse *de St. Albans*. 10) Vue de *Strawsberry-Hill*, maison de plaisance c'*Horace Walpole*. 11) Vue de *Wakefield-Lodge*, maison de plaisance du Duc *de Grafton*. 12) Vue de la maison de plaisance de *Drumlaring*, appartenant au Duc *de Quensbury*, en Ecosse.

Thomas Bowles, dessinateur et graveur à l'eau, né en Angleterre vers 1712. Il est particulièrement connu par une suite de 50. feuilles de Vues de *Londres* et de ses principaux édifices, dont il a gravé la majeure partie; le reste l'est par *Maurer, Fourdriner, Vivarès, Wale, Donawell* etc.

J'ai sous les yeux les morceaux suivans:

1. Vue générale de *Londres* du côté de la *Tamise*. 1751.
2. — de la Maison Royale de *Somerset* sur le *Strand* de Londres. 1753.
3. — de l'*Hôpital Royal* de *Greenwich*. 1745.
4. — de la *Rotonde* au milieu des jardins de *Renelagh*. 1751.
5. — de l'Intérieur de la *Bourse de Londres*.
6. — de *Ste. Marie le Bow* à Londres. Toutes ces Vues sont en gr. in-fol. en t.

J. VAN RYNE.   P. FOURDRINIERE.

JEAN VAN RYNE, dessinateur et graveur à la pointe et au burin, né en *Hollande* vers 1712, et établi à *Londres* vers 1750. Contemporain de *Th. Bowles*, il a dessiné et gravé avec beaucoup de propreté des Vues tant d'*Angleterre* que des pays étrangers. On distingue les suivantes :

1. Vue de la ville de *Batavia* dans l'île de *Java*. 1754. gr. in-fol. en t.
2. — du Fort de *St. George* sur la Côte de *Coromandel*. De même.
3. — du Fort *Guillaume* dans le Royaume de *Bengal*. De même.
4. — de *Bombay* sur la Côte de *Malabar*. De même.
5. — du *Cap de Bonne-Espérance*. De même.
6. — de l'île de *Ste. Hélène*. De même.

PIERRE FOURDRINIERE, dessinateur et graveur à la pointe et au burin, né en *France* vers 1712. Il passa jeune en *Angleterre*, et travailla toujours à *Londres*. C'étoit un homme industrieux, dont le principal talent consistoit à dessiner et à graver des vignettes et des ornemens de livres. Les meilleurs ouvrages de cet artiste sont ses grandes planches d'architecture, exécutées avec beaucoup de propreté. Il s'en trouve plusieurs avec ces qualités dans un grand volume in-fol. intitulé : *The Villas of Ancients*, commentées par *Rob. Castel*, et gravées à *Londres* en 1728. *Fourdriniere*, conjointement avec *Walker* et *Mason*, a eu part aux quatre grandes Vues de *Lisbonne* gravées d'après les dessins du Capitaine *Lempriere* et de *Richard Paton*, savoir:

1. Vue générale de la ville de *Lisbonne*.
2. — prise entre *Alçantia* et *Bellem*.
3. — de *Bellem* près de *Lisbonne*.
4. — depuis *Bellem* jusqu'à la Baye de *Vates*.

CHARLES GRIGNION, dessinateur, graveur à la pointe et au burin, d'origine françoise, selon quelques-uns né vers 1715. et florissant à *Londres* vers 1730. Il a gravé différens sujets en société avec des artistes anglois. Entr'autres les Tapisseries du Vatican de *Raphael*, en compagnie de *Dalton*, de *Basire* et de *Vivarès*; les statues antiques d'après les dessins de *Dalton*, de concert avec *Ravenet*, *Wagner*, *Baron* et autres. De même il a gravé nombre de vues d'après *Bellers* et autres peintres. Il a laissé un fils, *Charles Grignion, junior*, qui s'est distingué comme peintre, et d'après lequel on a gravé. Voici divers morceaux de *Grignion le père*:

1. Mademoiselle *Cathérine*; d'après *Hayman*. in-fol. en t.
2. La noble contenance du Roi Breton *Caractacus* devant l'Empereur *Claude* à Rome; d'après *le même*. Pièce servant de frontispice à l'*Histoire d'Angleterre* de *Smollet*. petit in-fol.

3. *George Anson*, Admiral d'Angleterre; d'après *Arth. Pond*. gr. in-fol.
4. *Garrick* dans le rôle de *Richard III*. de Shakespear. *W. Hogarth et C. Grignion sc.* 1745. gr. in-fol.
5. Vue de *Richemont* dans le Comté de Surrey; d'après *Heckell*. in-fol. en t.
6. Vue perspective des *Enfans trouvés* de *Londres*, avec des figures emblématiques; gravée par *Grignion* et *Rocker*, 1749. d'après le dessin de *S. Valé*. gr. in-fol. en t.
7. Autre Vue perspective des *Enfans trouvés de Londres*, avec des figures emblématiques, gravée par *Grignion* et *Canot*, 1749. d'après *le même*. Pendant.
8. Vue d'une *Fontaine italienne*, pièce en rond, gravée d'après *J. Barolett* par *Grignion* et *Picot*, 1774. in-fol.

W. H. TOMS, dessinateur et graveur à la pointe et au burin, né en Angleterre vers 1712, et florissant à *Londres* en 1740. Il excelloit à dessiner et à graver des sujets d'architecture et des Vues perspectives. On a encore de lui différens sujets, tels que des ornemens de livres et des portraits; parmi ces derniers on estime :

1. Sir Philippe *Percival*; d'après *Ant. van Dyck*. in-fol.
2. Vue du *Mail* dans le Parc du Mail; d'après *J. B. Chatelin*. gr. in-fol. en t.
3. Vue de la Colonade de l'Hôpital de *Greenwich*, dessinée par *Lawranson* et gravée par *Toms*, 13 pouces de haut, sur 28 de large.
4. Vue de l'Hôpital de *Greenwich*, en deux grandes planches, dessinée et gravée par *les mêmes*. 20 pouces de haut, sur 53 de large.

5—8. Quatre grandes Vues de *Gibraltar*, dessinées par *Jacques Macé* et gravées par *W. H. Toms*. 1) Vue de l'ouest de *Gibraltar*, prise de la Baye. 2) Vue de l'Est, prise de la Méditerranée. 3) Vue du Nord, prise de l'Isthme vers l'Espagne. 4) Vue du Sud, prise du détroit près de la colline des Singes en Barbarie.

9—16. Huit grandes Vues en largeur des îles *Jersey*, *Guernsey*, *Alderney*, *Sark Arm* et *Jéthow*, dans le Canal Anglois, près des Côtes de *France*, dessinées par *J. H. Bastide* et le Capitaine *Lempriere*, et gravées par *W. H. Toms*. 1) Vue de la Ville, Forteresse et Port de *St. Aubin*, dans l'île *Jersey*. 2) De l'Ouest du château *Elisabeth*, à *Jersey*. 3) Du Sud-Ouest de la ville de *St. Helliers*, dans *la même* île. 4) Du Port et de la Ville de *St. Pierre*, dans l'île *Guernsey*, prise du château Cornet. 5) Du Sud-Est du château *Cornet*, prise de la ville de St. Pierre, dans *la même* île. 6) Du Sud de l'île *Jersey*. 7) Du Nord de l'île *Alderney*. 8) De l'Est de l'île *Guernsey*.

THOMAS MAJOR, graveur à la pointe et au burin, né en Angleterre vers 1715. Cet artiste, contemporain et émule des plus habiles graveurs de paysages de son tems, a manié son outil avec beaucoup d'intelligence. La plupart de ses ouvrages ont paru à *Londres*, mais il a aussi travaillé quelque tems à Paris.

1. John *Carteret*, Lord *Granville*. *Van der Smissen* pinx. *Th. Major sc.* 1757. in-fol.
2. Le *Départ de Jacob*, d'après le tableau de *Ph. Lauri*. du cabinet de la Princesse Douairiere *de Galles*. tr. gr. in-fol. en t.

3. *Paysage montagneux*, sur le devant un grand canal avec trois figures, et sur le plan du milieu des fabriques; d'après le tableau de *Cas. Poussin* du Cab. de M. *Langford*, gravé en 1750. gr. in-fol. en t. No. I.

4. *Paysage montagneux*, orné de figures et de fabriques. *Id. pinx. Ibid. eod.* Pendant. No. II.

5. *Paysage*, où se voit un berger qui conduit des moutons; d'après *Rubens.* in-fol. en t.

6. *Récréation flamande;* d'après *David Teniers*, gravé par *Th. Major*, en 1745. petit in-fol. en t.

7. *La petite Noce de village;* d'après *le même.* 1746. Pendant.

8. *La Chasse aux oiseaux*, Vue de *Flandres;* d'après *le même.* 1747. in-fol.

9. *La Partie de Guinguette*, dédiée au Prince de *Galles*, possesseur du tableau; d'après *le même*, gravé en 1749. gr. in-fol.

Major a gravé un vingtaine de morceaux que *Basan* a copiés ou fait copier sous le nom de *Jorma*, l'anagramme de *Major*.

10. *Le Manége*, avec une dédicace au Marquis d'*Argenson*, d'après *Wouvermans*, gr. in-fol.

11. *La Mort du Cerf*, d'après *le même. A Laurent aqua forti.* T. *Major sc.* tr. gr. in-fol. en t.

12. Paysages, intitulés *les Voyageurs*, d'après *N. Berghem*, pièces gravées à *Paris* en 1748. in-fol. en t.

13. 14. Deux Paysages, intitulés le *Matin* et le *Soir*, gravés en 1744; d'après *le même.* in-4.

15—17. Trois Paysages, intitulés: *Occupation de l'hiver*, d'après *le même.* in-fol. en t.

18. Grand Paysage, où se voit entr'autres figures un jeune garçon à cheval, tenant un autre cheval par le licol; d'après *Asslyn* et *Berghem.* tr. gr. in-fol. en t.

19—22. Les *quatre Saisons*, figurées par des amusemens champêtres; d'après *Fr. de Paula Ferg*, gravées en 1754. in-4. en t.
23. Vue du Canal proche de *Harlem*; d'après *Aart van der Neer*. in-fol.
24. Vue d'un *Port de mer*, d'après *Cl. le Lorrain*, gravée en 1752. gr. in-fol. en t.
25. Vue du *Pont-Mole* près de *Rome*, d'après *le même*, gravée en 1752. Pendant.

L'ouvrage le plus considérable de *Major* est une suite de 24. grandes planches, gravées d'après les dessins de *J. B. Borra* représentant les Ruines de *Pestum*. Cet ouvrage, publié à *Londres*, porte pour titre: *The Ruins of Poestum, otherwise Posidonia, in Magna Graeccia. By Thomas Major, Engraver to his Majesty. Folio, imperial Paper, sold by the Author, in St. Martin's Lane* 1768.

Cet ouvrage, que *Major* a fait traduire en françois, est divisé en trois parties: la première contient une exposition sommaire de l'état de *Pestum* dans les tems anciens et modernes. La seconde une description des temples que les savans regardent comme les restes les plus importantes de l'antiquité grecque, attendu que l'un est entièrement sur pied. La troisième renferme un traité des médailles *Posidoniennes*, etc.

GUIL. ELLIOT.

GUILLAUME ELLIOT, dessinateur, graveur à la pointe et au burin, né à *Hamptoncourt* en 1717, et mort à *Londres* en 1766. Il excelloit dans le paysage, qu'il gravoit avec beaucoup de goût. On y admire particulièrement la liberté de sa pointe; enfin on avoit une juste expectative de voir paroître de lui encore bien des ouvrages, lorsque la mort l'enleva à la fleur de son âge. C'étoit un homme, dit *Strutt*, d'une humeur amicale, aimé de tous ceux qui le connoissoient. Ses meilleurs estampes sont d'après les trois frères *Smiths* de *Chichester* qui travailloient fréquemment ensemble. Voici les morceaux les plus marquans de cet artiste.

1. La Vue de *Tivoli*, avec un beau taureau et une vache; d'après *Rosa de Tivoli*. gr. in-fol. en t.
2. Vue des Environs de *Mastricht*; d'après *Ad. Cuyp*. Paysage qui fait pendant avec le précédent.
3. Beau paysage, avec la *Fuite en Egypte*; d'après *Poelenbourg*. gr. in-fol. en t.
4. Riche paysage d'une contrée d'*Angleterre*, tableau qui remporta le premier Prix fondé par la Société des Encouragemens à *Londres* 1761. *G. Smith of Chichester*. gr. in-fol. en t.
5—10. Suite de six jolis Paysages d'après les *Smiths* et *Brinkmann*, dont quatre sont gravés par *Elliot*. petit in-fol. en t.
11—16. Suite de six estampes de *Chevaux*, d'après les tableaux de *Th. Smith*. gr. in-fol. Savoir: 1) *Cullen*,

cheval arabe. 2) Jumens avec leurs Poulains. 3) Poulains qu'on arrête. 4) Chevaux qu'on dompte, qu'on ferre, qu'on mène au cavesson et au piquet du manege. 5) Chevaux qu'on bride, qu'on selle, qu'on dresse etc. 6) *Matchem* et *Trajan* courant au courses de *Newmarquet*.

17. 18. Deux Paysages, représentant le *Printems* et l'*Eté*, peints par *van Goyen* et gravés par *Elliot*. in-fol. en t.

JOHN BROWNE, dessinateur et graveur à la pointe et au burin, né à *Oxford* en 1719. et florissant à *Londres* vers 1750. *Browne* est un des artistes anglois des plus distingués de ces derniers tems. Ses paysages, gravés dans le grand style, produisent un effet très-pittoresque. A l'exemple d'autres graveurs de *Londres*, il a travaillé en société avec quelques-uns de ses confrères: il a fait l'eau-forte de plusieurs estampes du célèbre *Woollett*.

1. L'*Europe*, dans un beau paysage de *P. Bril*, les figures du *Dominiquin*, du cabinet de *Houghton*. in-fol. en t.
2. L'*Afrique*, beau paysage, d'après *les mêmes*. Ibid. Pendant.
3. Le *Chasseur*, dans un paysage très-pittoresque; d'après *Gas. Poussin*. Ibid. gr. in-fol. en t.
   (Le pendant de ce morceau est le *Pêcheur*, d'après le même, gravé par *Mason*).
4. La *Cuisine de Teniers*, d'après un beau tableau de ce maitre qui s'y est peint lui même. tr. gr. in fol. en t.
5. Paysage, portant pour titre: *The Cottage* (la Chaumière); d'après *M. Hobbema*, gravé en 1773. gr. in-fol. en t.

J. WOOD.

6. Le *Charetier*, beau paysage de *Rubens*, du cabinet d'*Hougthon*, le même que No. 5. gravé par *Bolswert*, et regravé par *Browne* en 1776. gr. in-fol. en t.

7. L'Abreuvoir, beau paysage de *Rubens*, du cabinet du Duc de Montaigu, orné de figures et de bestiaux, pour le Recueil de *Boydell*. gr. in-fol. en t.

8. Le Marché, beau paysage de *Rubens*, où se voit un grand nombre de villageois qui portent des provisions à la ville. Pièce du cabinet du Roi d'Angleterre, gravée en 1783. tr. gr. in-fol. en t.

9. Beau paysage de *Rubens*, avec une laitière et du bétail. Sur le devant une rivière où un paysan fait boire deux chevaux; le même sujet déjà gravé par *van Uden*. Ibid. tr. gr. in-fol. en t.

10. Beau paysage, où se voit Apollon, accompagné des neuf Muses, accordant une longue vie à la Sibylle de Cume; d'après *Sal. Rosa*. tr. gr. in-fol. en t.

11. Paysage héroïque, orné de bergeries et des fabriques, avec une belle cascade, du cabinet du Roi d'Angleterre. *Gas. Poussin pinx. J. Browne sc. Boydell exc.* tr. gr. in-fol. en t.

12. Paysage héroïque, où se voit Procris donnant son chien et un javelot à Céphale; d'après un tableau de *Cl. le Lorrain*, du cabinet de Lord *Clive*. tr. gr. in-fol. en t.

13. Saint Jean prêchant dans le désert; d'après le tableau de *Sal. Rosa*, du cabinet du Comte *de Chesterfield*. gr. in-fol. en t.

14. Saint Philippe baptisant l'Eunuque de la Reine Candace; d'après le tableau d'*André* et de *Jean Both*, du cabinet de M. *Methuen*. gr. in-fol. en t.

JOHN WOOD, graveur à la pointe et au burin, né à *Londres* vers 1720, et florissant dans la même ville vers 1746. *Wood* a gravé le paysage dans le grand style des habiles artistes de son tems. Il a travaillé pour *Boydell*, et l'on trouve plusieurs morceaux de lui dans le Recueil des 44. paysages, que cet éditeur a publié à *Londres* en 1747.

1. Paysage montagneux, d'après *Sal. Rosa*, du cabinet de M. *Kent*. gr. in-fol. en t.
2. Paysage montagneux; d'après *Gasp. Poussin*, du cabinet de M. *Blackwood*. gr. in-fol. en t.
3. Paysage montagneux; d'après *le même*; du cabinet de *Jean Hadley*. De même.
4. Paysage d'*Italie*, orné de ruines et de fabriques, avec trois figures pastorales; d'après le tableau de *Cl. le Lorrain*, du cabinet d'*Humphrey Edwin*, gravé en 1746. De même.
5. Un *Orage*, dans un paysage d'*Italie*, d'après un tableau du *Lorrain*, du cabinet du Comte *de Cholmondley*. De même.
6. Paysage portant pour titre: *A Fire-Light*, où se voit une famille pastorale qui se repose de nuit autour d'un grand feu, d'après un tableau de *Rembrandt*, du cabinet de *Hoare*, gravé en 1774. De même. Bel effet de nuit.
7. Le Lac de *Nemi*, ou *Speculum Dianae*; d'après *Rich. Wilson*, du cabinet de *Henri Hoare*, gravé en 1764. gr. in-fol. (Pièce qui fait pendant avec les *Bohèmiennes* de *Gainsborough*).
8. Vue de *Londres*, prise au-dessus d'une éminence dans le parc de *Greenwich*, d'après *Tillemon*. tr. gr. in-fol. en t.
9. Seconde Vue des environs d'*Utrecht*, d'après *Aart van der Neer*, gravé en 1761. in-fol. en t.
(*Jac. Mason* a gravé la première).

J. GREEN. P. S. LAMBORN.

JEAN GREEN, graveur au burin, natif d'*Owen* en Shropshire vers 1724. et mort à *Oxford* à la fleur de son âge. Il apprit les élémens de la gravure chez *Basire*, graveur de cartes géographiques. Il montra beaucoup de dispositions pour la gravure du paysage, ainsi que pour les autres genres. L'université d'*Oxford* l'employa pour graver ses Almanachs, mais la mort l'enleva peu d'années après. Nous avons de lui une grande variété de Vues et les planches pour les Antiquités de *Cornwallis*, ainsi que plusieurs personnages comme :

1. *Thomas Rowney*. in-fol.
2. *Thomas Shaw*. in-fol.
3. *W. Derham*. in-fol.

Il ne faut pas confondre *John Green* avec *Benjamin* et *Valentin Green*, venus plus tard.

P. S. LAMBORN, dessinateur, graveur à la pointe et au burin, né vers 1720, et florissant à *Londres* en 1760. Il a gravé différentes planches pour la collection de *Boydell*, ainsi que divers portraits.

1. *Olivier Cromwell*; d'après *Cooper*.
2. *Samuel Johnson*. Ad vivum fec.
3. Beau paysage, orné de ruines et d'animaux; sur le

devant une *Fuite en Égypte*; d'après *C. Poelenbourg*. gr. in-fol. en t.

4. Beau paysage, orné de *Nymphes* qui se baignent; d'après *le même*. Pendant.

CHARLES SPOONER, graveur en manière noire, né vers 1720, florissoit à *Dublin* et à *Londres* en 1750. et mourut à *Londres* en 1767. On a de lui plusieurs portraits et d'autres sujets qu'il a gravés d'après différens maîtres.

1. *Thomas Prior. Joa. van Nost. P. C. Spooner fec.* 1752.
2. Sir *William Johnson*, Major-général. *T. Adams del. Ch. Spooner fec.* 1756. in-fol.
3. *Miss Gunnig. Fr. Cotes pinx. C. Spooner fec.* in-fol.
4. *Miss Smith. Id. pinx. Id. fec.* in-fol.
5. *George Keppel*, Comte *d'Albemarle. J. Reynolds pinx. C. Spooner fec.* 1762. in-fol.
6. *Guillaume-August*, Duc de Cumberland. *Id. pinx. Id. fec.* gr. in-fol.
7. Lady *Selina Hasting. Id. pinx. Id. fec.* 1762. in-fol.
8. Buste d'une Femme, une chandelle à la main. *G. Schalken pinx. C. Spooner fec.* in-4.
9—12. Quatre *Paysans dans un cabaret. D. Teniers pinx. Id. fec.* in-4.
13—16. *Amusement de la jeunesse;* quatre pièces d'après *Mercier.* in-8.
17. La *Belle Studieuse. Miss J. H. Benwell pinx. C. Spooner fec.* in-fol.
18. *Garrick*, dans le rôle du Roi *Lear. Houston inv. Spooner fec.* 1761. in-fol.

RICHARD PATON, peintre de Marines et graveur à l'eau-forte, né en Angleterre vers 1720, et florissant à *Londres* en 1757. Cet excellent peintre de marines s'est fait connoître par ses tableaux qui représentent des combats de mer, tableaux dans lesquels le dessin, le coloris et la perspective, donnent un prix particulier à ses ouvrages. Les plus habiles graveurs en Angleterre, tels que *Canot, Mason, Watts, Walker, Fittler, Lerpinière* et d'autres, ont travaillé d'après ses compositions. *Paton* lui même a gravé avec beaucoup de goût et d'intelligence plusieurs eaux-fortes d'après son dessin, entr'autres les pièces suivantes:

1. Combat de mer, livré le 21. Septembre 1757, où quelques vaisseaux *Anglois* remportèrent la victoire sur des vaisseaux *François.* in-fol. en t.

2. Combat de mer, livré le 28. Février 1758. au clair de lune, entre le *Monmouth*, vaisseau Anglois, et le *Foudroyant*, vaisseau François, qui fut pris par le Lieutenant *Cartret*, après que le Capitaine *Gardiner* y eut perdu la vie. in-fol. en t.

3. Combat de mer, entre le vaisseau le *Buckingham*, commandé par le Capitaine *Tyrrel*, et le *Florissant*, vaisseau François, soutenu par deux Frégattes, le 3. Novembre 1758.

ROBERT STRANGE, dessinateur et graveur au burin, naquit à une des îles septentrionales des

Orcades appartenant à l'*Ecosse* en 1723, et mourut à *Londres* en 1795. L'ame ouverte aux doux sentimens de la belle nature, il quitta de bonne heure les contrées sauvages qui l'avoient vu naître. Il vint à *Paris* et apprit la gravure chez *le Bas*, habile artiste dans le genre du paysage, faisant plus d'usage de la pointe que du burin. Mais *Strange* se décida pour la gravure de l'histoire; dès-lors il s'annonca dans le public par des estampes d'après les plus grands maîtres et parut comme un des plus agréables burinistes de son tems. En 1758. il fit un voyage de cinq ans en *Italie* pour dessiner les plus beaux tableaux des différentes villes du pays. Enrichi de ces trésors il se proposoit, de retour dans sa patrie, d'y déployer toute la beauté de son instrument. *Strange* avoit trouvé une nouvelle manière de composer avec quatre couleurs les dessins qui rendoient parfaitement les originaux. Il choisit d'ordinaire des sujets qu'il trouvoit chez les peintres des graces, le *Correge*, *Raphael*, le *Titien*, le *Guide*, *Maratte* et quelques autres. Le *Carrache* avoit déjà trop de fougue pour son outil coulant et aimable.

Strange est véritablement un artiste qui a dé

l'élévation dans l'ame. Toujours il a travaillé pour la gloire et pour le bon goût; jamais il ne s'est laissé entraîner par le torrent du mauvais goût, ni par l'appas de l'intérêt, pour donner des productions méprisables et indignes de son talent. Il travailloit à *Paris* dans le tems que *Boucher* y étoit appellé le peintre de graces et que la plupart de ses confrères travailloient à l'envi d'après ce maître.

Strange étoit membre de l'Académie de *Paris*, de celles de *Rome*, de *Florence*, de *Bologne*, de *Parme* et de la Société des antiquités de *Londres*. Un homme de son mérite et de sa réputation devoit reveiller la tourbe des envieux. En 1775. il publia son *Enquiry*.

Catalogue des estampes de Strange d'après les peintres.

1. Buste de *Raphael. Ille hic est Raphael — — Raphael* pinx. *Strange* del. 1764. *Florentiae* et incid. 1787. *Londoni.* in-fol.
2. La *Douceur*, figure assise, un agneau à ses pieds. Tableau de *Raphael* du Vatican. 1765. gr. in-fol.
3. La *Justice*, figure assise, avec des attributs. Ibid. Du même. 1765. Pendant.
4. Sainte *Cécile*, accompagnée de la *Madeleine*, de St. *Paul*, de St. *Jean* et de St. *Augustin;* d'après le tableau

de *Raphael*, de l'église de St. *Jean du Mont* à *Bologne*, gravé en 1771. gr. in-fol.

5. La *Madeleine*. *Diva Magdalena*, à mi-corps, lisant dans un grand livre. *Corregio pinx*. *Strange del. et sc.* 1780. in-fol. en t. C'est le buste de la *Madeleine* de la galerie de *Dresde*.

6. La *Vierge* avec l'*Enfant*, accompagnée de la *Madeleine*, de St. *Jérôme* et de deux *Anges*; fameux tableau du *Corrège*, nommé *le Jour*, enlevé à l'académie de *Parme* et transporté au Musée de *Paris*. *Strange del.* 1763. *Parmae*, et *incidit* 1768. *Londoni*. gr. in-fol.

7. *Vénus* nue couchée: d'après le tableau du *Titien*, de la Gal. de *Médicis* à *Florence*. *Strange del.* 1764. *Florentiae*, et *incidit* 1768. *Londoni*. gr. in-fol. en t.

8. *Danaé* nue couchée, recevant la pluye d'or; d'après le tableau du *Titien* de la Gal. royale de *Naples*. *Strange del.* 1762. *Neapoli*, et *incidit* 1768. *Londoni*. Pendant de la pièce précédente.

9. *Vénus* bandant les yeux à *Cupidon*, avec un *Amour* appuyé sur l'épaule de la Déesse et devant elle *Apollon* et *Diane*; d'après le tableau du *Titien* du Palais *Farnese* à *Rome*, *Strange del.* 1761. *Romae*, et *incidit* 1769. *Londoni*. Même grandeur que les deux précédentes.

10. *Vénus* et *Adonis* partant pour la chasse; d'après le tableau du *Titien* de la Gal. royale de *Naples*. *Strange del.* 1762. *Neapoli*, et *incidit* 1779. *Parisiis*. gr. in-fol. en t.

11. Buste d'un *Ange*, les yeux levés. *Guido Rheni pinx*. *Strange del. et sc.* 1756. *Londoni*. petit in-fol.

12. Buste de la *Vierge* les yeux baissés. *Id. pinx. Id. del. et sc.* Pendant.

13. La *Madeleine* quittant ses atours. Avec le verset: *Miserere mei Deus*. — — *Id. pinx. Id. del. et fecit* 1753. *Londoni*. gr. in-fol.

14. *Marie-Madeleine* pénitente; d'après le tableau du

Guide du Palais *Barberini*. *Strange* del. 1762. et incidit 1773. *Londoni*. gr. in-fol.

15. La *Mort de Cléopatre*, figure à mi-corps, du cabinet de la Princesse Douairière de *Galles*. *Guido Rheni* pinx. R. *Strange* del. et sc. *Londoni*. gr. in-fol.

16. *Cléopatre* nue, figure entière, se faisant piquer par un aspic. *Guido Rheni* pinx. *Strange* del. et sc. 1777. gr. in-fol.

17. La *Fortune* sur un globe versant des joyaux d'une bourse, tandis qu'un *Amour* la saisit par les cheveux pour la retenir; d'après un tableau du *Guide* du cabinet de *Strange*, gravé en 1778. gr. in-fol.

18. La *Libéralité* et la *Modestie*, deux femmes presque nues; d'après le *Guide*, gravé à *Londres* en 1755. gr. in-fol. Pendant de l'*Apollon de Sacchi*.

19. *Vénus* ornée par les *Graces*; d'après le *Guide*, du cabinet du Roi d'Angleterre. *Strange* sc. 1759. *Londoni*. gr. in-fol.

20. *Amoris Primitiae*. La Vierge adorant l'enfant Jésus; d'après le tableau du *Guide*, du cab. de *Strange*, gravé en 1766. gr. in-fol. en t.

21. *Cupido dormiens*. L'*Amour* endormi. Du cab. de Sir *Laurence Dundas*, gravé en 1766; d'après le *Guide*. in-fol. en t.

22. *Josephi Pudicitia*. Joseph sollicité par la femme de *Potiphar*; d'après le tableau du *Guide*, au Palais *Baronelli* à *Naples*. *Strange* del. 1762. *Neapoli*, et incidit 1769. *Londoni*. gr. in-fol. en t.

23. *Te Deum laudamus*. La *Vierge*, entourée d'un Chœur d'*Anges*, chantant les louanges de Dieu. Tableau de C. *Maratte*, du cab. du Comte d'*Oxford*. *Strange* del. et sc. 1760. *Londoni*. gr. in-fol.

24. *Parce Somnum rumpere*. La *Vierge*, Ste. *Cathérine* et quatre *Anges*, contemplant l'*Enfant Jésus* en-

dormi. Tableau de *C. Maratti*, du cabinet du *D. Chauncey*. *Strange del. et sc.* 1760. *Londoni.* Pendant.

25. *Jésus apparoissant à sa Mère* après sa résurrection. Tableau du *Guerchin* conservé à l'eglise du nom de Dieu à *Cento*. *J. F. Barbieri Guercino pinx. Strange del.* 1764. *et incid. Londini* 1773. gr. in-fol.

26. *Abraham* congédiant *Agar*. Tableau *du même* au Palais *Zampieri* à *Bologne*. *Strange del. Bononiae* 1763, *et incidit* 1763. gr. in-fol. en t.

27. Le Roi *Assuérus* baisse le sceptre sur *Esther* suppliante et évanouie. Tableau *du même* au Palais *Barberini* à *Rome*. *Strange del. Romae* 1762, *et incidit* 1767. Même grandeur que la piece précédente.

28. La *Mort de Didon. Accipite hanc animam. — Virgil.* Tableau *du même* au Palais Spada à Rome. *Strange del. Romae* 1762, *et sc.* 1776. gr. in-fol. en t.

29. *Deux jeunes Ecoliers*, dont l'un tient des tablettes écrites. Tableau de *Schidone* à la Galerie royale de Naples. *Strange del. et sc.* 1781. in-fol.

30. L'*Amour* assis au pied d'un arbre. *Ibid. Id. del. Neapoli* 1762, *et incid. Londini* 1774. gr. in-fol.

31. Le Roi *Laomédon* trompe *Neptune* et *Apollon* en rompant son accord. Tableau de *Salv. Rosa* du Cabinet de *William Hunter*. *Strange Londini sc.* 1775. gr. in-fol.

32. *Belisaire* reduit à demander l'aumone. Tableau *du même*, du Cabinet du Vicomte *de Townshend*. *Strange del. et sc. Londini* 1757. gr. in-fol.

33. *Romulus et Rémus* trouvés sur les bords du *Tibre*. Tableau de *Pietre de Cortone* à l'hotel de Toulouse de Paris. *Strange del. et sc.* gr. in-fol.

34. *César* répudie *Pompéia* et reçoit *Calpurnia* pour sa

femme. *Ibid. Id. p. Id. sc.* Pendant de la pièce précédente.

35. *Sapho* consacrant sa lyre à *Phébus*. Tableau de *Carlo Dolci* du Palais *Corsini* à *Florence. Strange del. Florentiae* 1764, *et incidit* 1787 *Londini*. in-fol.

36. *Parmigiani Amica.* La *Maîtresse du Parmesan.* D'après le tableau de ce peintre de la Galerie Royale de *Naples. Strange del. Neapoli* 1762, *et incidit Londini* 1774. in-fol.

37. *Apollon* récompensant le mérite et punissant l'arrogance; d'après *And. Sacchi. Strange del. et sc. Londini* 1755. (Pendant du tableau du *Guide:* La *Liberalité* et la *Modestie.*)

38. *Diva Agnesia.* Ste. *Agnès* en prières, prête à recevoir la couronne du martyre; d'après le tableau du *Dominiquin* qui est au Palais royal de *Kensigton. Strange del. et sc. Londini* 1759. gr. in-fol.

39. *L'Amour* son arc débandé, méditant de nouvelles conquêtes; d'après le tableau de *Carle Vanloo*, gravé en 1750. in-fol.

40. *Retour du Marché;* d'après *Wouvermans. Rob. Strange sc.* 1750. in-fol. (Cette pièce et la précédente, gravées à *Paris*, sont les premières estampes publiées par *Strange.*

41. *Herculis judicium. Jugement d'Hercule* ou *Hercule* délibérant entre la *Volupté* et la *Vertu;* d'après *Nicolas Poussin*, dessiné et gravé à *Londres* en 1756. gr. in-fol.

42. *Charles* Prince de *Galles, Jacques d'York*, et la *Princesse Marie*, enfans de *Charles* I.; d'après le tableau de *van Dyck* de la Galerie Royale de *Kensinghton*, gravé en 1758. gr. in-fol. en t.

43. *Charles* I. Roi de la Grande-Bretagne, en pied et dans ses habits royaux; d'après un tableau *du même*,

ayant appartenu à *Strange* qui le grava à *Londres* en 1770. tr. gr. in-fol.

44. *Charles* I. marchant à pied, suivi d'un Page et d'un Ecuyer qui tient son cheval. Tableau de *van Dyck* appartenant au Roi de *France*, gravé en 1782. tr. gr. in-fol.

45. *Henriette Marie de France*, Reine d'Angleterre, femme de *Charles* I., ayant auprès le petit Prince *Charles de Galles*, et portant dans ses bras le Prince *Jacques* Duc *d'York* encore enfant. Tableau de *van Dyck* du Cabinet du Roi d'Angleterre, gravé en 1784. Pendant de la pièce précédente.

46. Un *Ange* dans les nues conduit à l'éternité un enfant auquel un plus petit tend les bras, faisant allusion à la mort récente des deux jeunes Princes d'Angleterre. — *Ah! si qua fata aspera!* — — Avec une dédicace à la Reine. *Benj. West pinx. Rob. Strange del. et sc. Londini* 1786. tr. gr. in-fol.

THÉODORE ou THOMAS FRYE, peintre de portraits en miniature et à l'huile, et graveur en manière noire, né en Angleterre vers 1724, et mort à *Londres* en 1762. C'est ici un des graveurs en manière noire des plus distingués, qui a cette particularité que presque toutes ses têtes sont grandes comme nature et toutes d'après son dessin. Il fait regretter d'avoir laissé si peu d'ouvrages de gravure dans sa belle manière, attendu qu'il est mort assez jeune, et que les dernières années de sa vie il a entièrement quitté le grattoir pour le pinceau. Les bonnes épreuves sont aujourd'hui très-recherchées en Angleterre.

1. *Théodore Frye*, portrait de l'artiste gravé en 1760.
2. Portrait de Madame *Frye* en vieille s'appuyant sur une béquille.
3. Buste du Roi *George* III. Sans le nom de l'artiste.
4. Buste de la Reine *Charlotte*, épouse de *George* III.
5. Buste d'un homme vu de profil, en perruque ronde, une main sous son menton.
6. Buste d'un homme ajusté dans le goût oriental. 1760.
7. Portrait d'une femme, vue de profil et en buste. 1761.
8. Portrait en buste d'une Dame, avec un collier de perles. 1761.
9. Portrait en buste d'une Dame, avec une palatine de blonde, et un éventail à la main. 1761.
10. Portrait en buste d'une Dame en pelisse, la tête et le cou ornés de perles. 1761.
11. Portrait d'une femme en buste et en pelisse, vue des trois quarts, 1762.
12. Portrait en buste d'une Dame, vue de face, parée d'un solitaire de perles et ajustée d'une robe de fourrure. 1762.
13. Un Vieillard en réflexion, tenant ses lunettes dans la main.
14. Une jeune beauté, dans une attitude agréable, montrant un rang de perles.
15. Un jeune homme vu à la lumière d'une chandelle.
16. Une jeune fille dans un ajustement propre et simple.
17. Un *Bacha* dans son costume turc.
18. Un *Maure* en profonde méditation.

19. Une jeune Dame en chapeau et en capuchon.
20. Une Dame relevant de la main gauche une draperie jusqu'au sein.
21. Une Dame en manteau fourré, ayant la main droite sur le bras gauche.
22. Belle Dame, la main gauche appuyée sur une chaise, et tenant de la droite son éventail.
23. Une Dame vue de profil, tenant son manteau de la main droite.

THOMAS CHAMBARS, graveur au burin, né en Angleterre vers 1724, et florissant à *Londres* vers 1750. Il a gravé le portrait et l'histoire, et l'on trouvé plusieurs pièces de lui dans le Recueil de *Boydell*. Dans les *Anecdotes de Vertue*, publiées par *Horace Walpole*, on trouve plusieurs portraits de la main de *Chambars*. Le burin de ce graveur a de la fermeté, mais bien peu d'agrément.

1. Le *Concert*; d'après un beau tableau de *Michel-Ange de Caravage*, du Cabinet du Duc de *Devonshire*. gr. in-fol. en t.
2. La *Maîtresse de Raphael*; d'après le tableau de ce peintre, du Cabinet du Duc de *Marlborough*. gr. in-fol.
3. Ste. *Famille*; d'après *Barth. Murillos*, du Cabinet de *Laurence Dundas*. gr. in-fol.
4. St. *Martin* partageant son manteau avec un pauvre; d'après *Rubens*, d'autres disent *van Dyck*, du Cabinet de la Princesse douairière *de Galles*. gr. in-fol.

5. *St. Pierre* et *St. Jean*, guérissant les malades; d'après *Séb. Bourdon*, du Cabinet du Duc de *Devonshire*. gr. in-fol. en t. (C'est le pendant de la *Reine de Saba* de *le Sueur*, gravé par *Gab. Smith*.)
6. *Jupiter* et *Antiope*; d'après *Cazali*. in-fol.
7. *Héléne Forman*, seconde femme de *Rubens*; d'après *van Dyck*, du Cabinet du Duc *d'Orford*. gr. in-fol.
8. *L'Homme de bien* à l'heure de la mort; d'après *F. Hayman*. gr. in-fol.
9. *L'Homme méchant* à l'heure de la mort. *Id pinx*. Pendant.
10. La *Mort de Turenne*; d'après *Palmieri*. gr. in-fol. en t.

GABRIEL SMITH, graveur à la pointe, au burin et au lavis, naquit à *Londres* vers 1724 et mourut dans la même ville en 1783. Après avoir appris les élémens de son art dans sa ville natale, il se rendit à *Paris* où il apprit, entr'autres, la gravure au crayon. De retour dans sa patrie, il pratiqua avec succès cette manière de graver, assisté des conseils de *Ryland*, pour lequel il grava plusieurs planches dans ce goût. Il a aussi travaillé pour la collection de *Boydell*.

1. *L'Aveugle conduisant les aveugles*. *Tintoretto pinx*. in-fol. en t. *Boydell*.
2. *Tobie* avec le poisson. *Sal. Rosa pinx*. in-fol. *Boydell*.

3. La *Reine de Saba* visitant le Roi *Salomon*. *Le Sueur pinx.* gr. in-fol. en t.

4. Chasse. Sanglier forcé par les chiens. *Snyders pinx.* tr. gr. in-fol. en t.

JAMES ROBERTS, graveur à la pointe et au burin, né à *Devonshire* en 1725 et florissant à *Londres* en 1760. Il a gravé conjointement avec *W. Byrne* les quatre paysages suivans d'après *R. Wilson.* gr. in-fol. en t.

1. Vue dans la *Villa Madama* près de *Rome*, appelée le *Théatre*. 2. Vue d'*Italie*. 3. Autre Vue d'*Italie*. 4. Autre Vue d'*Italie*.
5—8. Quatre paysages d'*Angleterre*; d'après *Barret.* in-fol. en t. Savoir: 1) Vue d'une partie de *Snoden* en Carnearvonshire. 2) De l'Eglise de *Tissinghton* en Derby. 3) Du Château de *Hawardon*, dans le Comté de Stint. 4) Du *même* Château, prise d'un autre côté.
9—14. Six petits Paysages; d'après *Th. Jones.* in-8.
15—20. Six Feuilles de *Vases* avec des *fleurs*; d'après *P. Glazier.* in-4.
21. L'Eglise de *St. Paul* de *Londres.* *Roberts fec.* gr. in-fol. en t.
22. Vue au-dessus de *Dove Dale*, à cinq miles d'Asbourn. *Smith pinx. Roberts sc.* gr. in-fol. en t.
23. Vue du pont de *Chepstow*, prise de l'ouest, dans le Comté de Monmouth. *P. Sandby del.* in-4. en t.
24. Vue des Ruines d'une Abbaye près du Château de *Trim* en Irlande. *Id. del.* in-4. en t.

RICH. EARLOM.

RICHARD EARLOM, dessinateur, graveur à l'eau-forte, en manière noire, au lavis et en points, né à *Londres* vers 1728, et florissant dans la même ville en 1780. Cet excellent artiste a traité les genres de gravures dans lesquels il s'est exercé, avec un supériorité de talens qui le distingue de ses émules par la variété de son exécution. Indépendamment de ses belles estampes en manière noire, nous avons de lui des pièces à l'eau-forte pure, ou combinées avec le lavis. Dans ce dernier goût il a exécuté un ouvrage précieux, en deux volumes in-fol. en travers, qui se vend à *Londres* chez *Boydell* pour le prix de dix guinées. L'ouvrage porte pour titre: *Liber Veritatis:* ou *Recueil de deux cents Paysages, d'après les dessins originaux de Claude le Lorrain, du cabinet de M. le Duc de Devonshire, gravés par Richard Earlom*, dans le meilleur goût de dessin, rehaussés au bistre, avec un catalogue circonstancié de chaque estampe, des noms de ceux pour qui les tableaux ont été peints et des endroits pour lesquels ils étoient destinés, détails trouvés sur le revers de chaque dessin, écrits par *Claude* lui même et copiés fidèlement etc.

L'œuvre d'*Earlom* est un des plus considérables

parmi les artistes anglois, et un de plus recherchés par les amateurs. De-là rien de plus rare que les bonnes épreuves, sur-tout celles avant la lettre.

Gravures à l'eau-forte pure.

1. Le Portrait de *Rembrandt. Se ipse pinx.* gr. in-fol.
2. Les *Soldats* et les *Voyageurs*, deux pièces d'après *Sal. Rosa.* in-fol.
3. *Jacob luttant avec un Ange*, d'après *le même.* in-fol.
4. *David* vainqueur de *Goliath*, d'après *le même.* Pendant.
5. *Jacob* cachant les Idoles de *Laban*, d'après *Seb. Bourdon.* gr. in-fol. en t.
6. *Vénus* et *Adonis* endormis, tandis que les Amours se divertissent à la chasse; d'après *le Poussin.* gr. in-fol. en t.
7. La *Mort d'Abel;* d'après *André de Sacchi.* petit in-fol. en t.
8. *Enée* emportant son père au milieu des débris de *Troie;* d'après *le Tintoret.*
9. *Ste. Famille*, d'après un tableau du *Guerchin*, du cabinet du Duc *de Devonshire.* petit in-fol.
10. L'*Amour dans les liens;* d'après *le Guide.* De même grandeur.

Portraits divers en manière noire.

1. *James Macardell*, graveur en manière noire. *James Mac-Ardell del.* 1765. *R. Earlom fec.* 1771, gr. in-fol.
2. *Thomas Newton*, Lord-Evêque de Bristol. *Ben. West pinx.* gravé en 1767.
3. Sir *Edward Astley*, Baronet. *Id. pinx. Id. fec.* 1776. gr. in-fol.
4. L'Admiral *Mastington. J. Reynolds pinx. Id. fec.* 1780. in-fol.

RICH. EARLOM.

5. Le Général *Elliot*, Baron Heathfield de Gibraltar. *J. Reynolds pinx. Id. fec.* 1782. en points noirs. tr. gr. in-fol. Pièce capitale.
6. *Thomas Pownall*, Esqr. *Fr. Cotes pinx. Id. fec.* 1777. in-fol.
7. *Guillaume-Henri*, Duc de *Gloccstre. H. D. Hamilton pinx. Id. fec.* 1771. in-fol.
8. Richard *Kempenfelt*, Contre-Admiral. *Tilly Kettle pinx. Id. fec.* 1782. in-fol.
9. Don *Balthasar Carlos*, fils de *Philippe* IV. à cheval. *Velasquez pinx. Boydell exc.* 1773. gr. in-fol.
10. Le Duc *d'Aremberg* à cheval, dans le lointain plusieurs corps de cavalerie en marche. *van Dyck pinx. Boydell exc.* 1783. gr. in-fol.
11. *Jean*, Duc de *Richmond. Van Dyck pinx. Boydell exc.* 1773. gr. in-fol.
12. La *Femme de Rubens. Rubens pinx. Boydell exc. Earlom sc.* 1783. gr. in-fol.
13. Le Portrait de *Rembrandt. Rembrandt pinx. Earlom sc.* 1767. gr. in-fol.
14. Le Portrait de la *Femme de Rembrandt. Rembrandt pinx. Id. fec.* in-fol.

Sujets divers en manière noire. Maîtres italiens.

1. Le *Silence*, ou *Repos en Egypte*, pièce nommée *la Zingara*, gravée d'après une copie de l'original du *Correge*, faite par le *Carrache*. gr. in-fol.
2. La *Vierge* à mi-corps, tenant un livre ouvert et ayant l'enfant Jésus sur ses genoux ; d'après *le Guerchin*, gravée en 1776. in-fol.
3. La *Vierge* à mi-corps, tenant l'enfant *Jésus* debout sur ses genoux, et le petit St. Jean à côté; d'après *Carl. Dolce*; gravé en 1768. en rond in-4.
4. *Salvator Mundi*, ou *l'Institution de la Cène*:

IX.   N

d'après *le même*, gravé en 1769. gr. in-fol. (Le tableau a passé à la Galerie de *Dresde*.)

5. La *Vierge* et l'*enfant Jésus*, d'après *S. Cantarini*, gravé en 1769. ovale in-4.

6. L'*enfant Jésus* couché, avec l'inscription : *Deliciae meae esse cum filiis hominum. Dominichino pinx. Id. fec.* 1772. ovale in-fol. en t.

7. *Siméon* reçoit l'*enfant Jésus*. *Guido Rheni pinx. Id. fec.* 1778. gr. in-fol.

8. *Jésus guérisant l'Aveugle né. An. Carrache pinx. Id. fec.* 1785. gr. in-fol. en t.

9. *Galathé* sur les eaux. *Luca Giordano pinx. Id. fec.* 1779. gr. in-fol. en t.

10. Le *Jugement de Páris. Id. pinx. Id. fec.* 1778. in-fol. en t.

11. *Concert de toutes sortes d'oiseaux ;* composition ingénieuse. *Mario di Fiori pinx. Id. fec.* 1780. tr. gr. in-fol. en t.

Sujets divers en manière noire. Maîtres flamands et allemands.

1. *The Misers* (les Avares) homme et femme, occupés à compter leur argent. *Quintin Messis pinx. Id. fec.* 1770. gr. in-fol.

2. Le *Maître à chanter* ; d'après un tableau de *Windsor* par *Schalken*, gravé en 1770. gr. in-fol.

3. Les *Conteurs d'histoires*. *Hemskerk pinx. Id. fec.* 1768. in-fol. en t.

4. Les *Chanteurs de Foires*, *Id. pinx.* Pendant.

5. Deux pièces d'après *D. Teniers*, les *Buveurs* et les *Fumeurs*, gravées en 1768.

6. Les *Diableries de Teniers*, où se voit *Cerbere* enchaîné à l'entrée de l'enfer, et une femme armée d'un grand sabre qui met en fuite une troupe de diables ; gravées en

1786; d'après le tableau du cabinet de *Reynolds*. tr. gr. in-fol. en t.

7. *Sanglier* attaqué par un *Lion*. *Snyders pinx*. *Id. fec.* 1771. tr. gr. in-fol. en t.

8. Le *Marché aux fruits*. *Suyders et Longjan pinx*. *Id. fec.* 1783. tr. gr. in-fol. en t.

9. Le *Marché aux poissons*, par *les mêmes*. Même grandeur.

10. Le *Marché aux herbes*; par *les mêmes*. Même grandeur.

11. Belle Pièce de *Fleurs*. *Van Huysum pinx*. *Id. fec.* 1778. gr. in-fol.

12. Belle Pièce de *Fruits*. *Id. pinx*. *Id. fec.* 1781 Pendant.

13. *Bethsabé* amenant *Abisag* à *David*. *Van der Werff pinx*. *Id. fec.* 1784. gr. in-fol.
(La manière n'a rien produit de plus fin ni de plus ragoûtant que ces trois pièces).

14. *Calisto* dans sa retraite. *Ant. van Dyck pinx*. *Id. fec.* gr. in-fol. en t.

15. La *Ste. Famille*, riche composition. *Rubens pinx*. *Id. fec.* 1771. gr. in-fol.

16. *Marie-Madeleine* arrosant de ses larmes les pieds du Sauveur assis chez *Simon* le Pharisien. *Id. pinx*. *Id. fec.* 1777. gr. in-fol. en t.

17. *Silene ivre*, soutenu par une *Satyresse* et une *Negresse*. *Id. pinx*. *Id. fec.* gr. in-fol. en t.

18. *Nymphes endormies*, et *Satyres aux aguets*. *Id. pinx*. *Id. fec.* 1784. gr. in-fol. en t.

19. *Méléagre* et *Atalante* à la chasse du Sanglier de *Calidonie*. *Id. pinx*. *Id. fec.* 1781. tr. gr. in-fol. en t.

20. Le *jeune fils de Rubens*, tenu par sa Nourrice et assis sur une table chargé de fruits. *Rubens pinx*. *Id. fec.* 1782. tr. gr. in-fol.

21. *Elisée* ressuscitant le fils de la Veuve de *Naïm*. *Rembrandt pinx*. *Id. fec.* gr. in-fol.

22. La *Présentation au temple*. Id. pinx. Id. fec. gr. in-fol.
23. *Susanne et les deux Vieillards*. Id. pinx. Id. fec. 1769. gr. in-fol. en t.
24. Le *Moulin à eau*, dans un beau psysage. *Hobbema* pinx. Id. fec. 1764. in-fol. presque carré.
25. Entrevue d'*Auguste* et de *Cléopatre*. *Ant. Raph. Mengs* pinx. Pièce gravée d'après un dessin de *Seydelmann* en 1784. tr. gr. in-fol.
26. La *Famille Royale d'Angleterre*, composée de dix personnes. *Zoffany* pinx. Id. fec. 1771. Le tableau au cabinet du Roi. tr. gr. in-fol. en t.
27. L'*Académie royale*, fondée en 1768; tableau du cabinet du Roi, composé de trente-six Acadámiciens. *Zoffany* pinx. Id. fec. 1773. tr. gr. in-fol. en t.
28. Le *même* sujet, gravé au trait avec les contours des personnages et leurs noms. petit in-fol. en t.
29. La *Cour d'un brasserie*. *Gerard Huck* pinx. Id. fec. 1782. tr. gr. in-fol. en t.

Sujets divers en manière noire. Maîtres anglois.

1. *Angélique* et *Médor*. *Ben. West* pinx. Id. fec. 1768. gr. in-fol.
2. L'*Amour piqué par une Abeille*, est caressé par sa mère. Id. pinx. Id. fec. 1768. gr. in-fol.
3. *Una* et son fidel Lion; sujet tiré de la Feerie de *Spenser*. Id. pinx. Id. fec. 1768. gr. in-fol. en t.
4. *Agrippine* abordant à *Brundusium* avec les cendres de *Germanicus*. Id. pinx. Id. fec. 1776. tr. gr. in-fol. en t.
5. Paysage héroïque, avec la *Chasse de Méléagre*. (*Meleager and Atalanta*). *Rich. Wilson* pinx. Id. fec. 1771. gr. in-fol. en t.
7. Paysage héroïque, avec *Apollon* qui joue de la lyre et des Nymphes qui forment une danse. (*Apollo and the Nymhs*); par *les mêmes*. Pendant.

7. *Boutique de Forgeron* et les *Nouvellistes*. (*A Blacksmith's Shop*) *Josuah Wright pinx. Id. fec.* 1771. gr. in-fol. en t.
8. *Forge de fer.* (*An Iron-Forge*). *Id. pinx. Id. fec.* 1773. gr. in-fol.
9. La *Lionne couchée*, avec ses *Lionceaux*, au fond se voit le *Lion* debout. *Jac. Northcote pinx. Id. fec.* 1780. tr. gr. in-fol. en t.
10. *L'Exposition du Salon de Londres.* (*The Exhibition*). *Ch. Brandoin inv.* 1772. gr. in-fol. en t.
11. *L'Intérieur du Panthéon. Id. inv. Id. fec.* 1772. Pendant.
12. *Alopé* avec son enfant élevé dans le désert. *G. Romney pinx. Id. fec.* 1787. pointillée. gr. in-fol.
13. *Sensibility.* Jeune personne qui avance la main sur les feuilles de la sensitive. *Id. pinx. Id. fec.* en manière pointillée 1789. in-fol.

Thomas Gainsborough, peintre et graveur à l'eau-forte, de *Sudbury*, né en 1727, mort en 1788. Ce maître peignoit supérieurement le paysage historié, ainsi que le portrait en grand. Son coloris est harmonieux et le dessin de ses figures, comme celui de ses animaux est correct. Il résidoit ordinairement à *Bath* et fut un des premiers membres de la nouvelle Académie Royale des Arts fondée en 1769.

Gainsborough a gravé à l'eau forte d'après ses compositions.

1. Les *Bohémiennes* (faisant pendant avec un paysage de *Wilson*, le *Lac de Nemi*, gravé par *Wood*). gr. in-fol.

Les artistes qui ont gravé d'après lui sont: *Vivarès*, *Midiman*, *Earlom*, *Wotson*, *Dixon*, *Ardell*, *J. R. Smith*, *Dean*, *Green*, *Jones*, *Dupont* &c.

RICHARD HOUSTON, dessinateur et graveur en manière noire ainsi que dans le goût du dessin, né en Angleterre en 1728, et résidant à *Londres*, où il mourut en 1775. Artiste laborieux, il a gravé une grande variété de sujets, principalement des portraits, dont plusieurs sont d'après son dessin. *Houston* est assez généralement reconnu pour un des plus excellens graveurs en manière noire.

Portraits.

1. *Elisabeth*, Duchesse *d'Hamilton*, caressant un levrier. R. *Houston fecit*. petit in-fol.
2. *William Pitt*, Comte de Temple. R. *Houston fec.* 1766. gr. in-fol.
3. L'Avocat *Glyn*, *John Wilkes* et *John Horne*, délibérant sur les affaires d'état. R. *Houston fec.* 1769. gr. in-fol. en t.
4. *William Beckford*, *James Townshend*, *John Sawbridge*, tous trois Aldermans de la ville de *Londres*, en conferences politiques. *Id. fec.* 1769. gr. in-fol. en t. Faisant pendant.
5. La Duchesse *d'Ancastre*. *Reynolds pinx*. *Houston fec.* 1766. in-fol.

R. HOUSTON.

6. Mistrifs *Baringhton*. *Id. pinx. Id. fec.* (Pendant Mifs *Kitti Fischer*, à mi-corps, en *Cleopatre*.) *Id. pinx. Id. fec.* in-fol.

7. *John Manners*, Marquis *de Granby*, Commandeur en Chef, à mi-corps. *Id. pinx. Id. fec.* 1760. in-fol.

8. *William Kingsley*, Major-Général. *Id. pinx. Id. fec.* in-fol.

9. *Charles Spencer*, Duc *de Marlborough*. *Id. pinx. Id. fec.* in-fol.

10. *Richard Robinson*, Evêque de *Kildare*. *Id. pinx. Id. fec.* 1764. in-fol.

11. *Elisabeth*, Comtesse de *Northumberland*, Baronne *de Percy*, en manteau d'hermine, figure entière. *Id. pinx. Id. fec.* 1759. gr. in-fol.

12. Mifs *Powell*, figure entière. *Id. pinx. Id. fec.* gr. in-fol.

13. *Marie*, Comtesse de *Waldegrave*, et sa fille Lady *Elisabeth Laura*, figures entières. *Reynolds pinx. Houston fec.* 1761. gr. in-fol.

14. *William Chambers*, Contrôleur-Général des bâtimens du Roi. *Fr. Côtes pinx. Id. fec.* in-fol.

15. *Elisabeth*, Duchesse *d'Hamilton*. *Id. pinx. Id. fec.* gr. in-fol.

16. Mistrifs *Yates*, dans le personnage d'*Electre*. *Sam. Côtes pinx. R. Houston fec.* 1771. gr. in-fol.

17. Mifs *Beatson*. *Cathérine Read pinx. R. Houston fec.* 1770. gr. in-fol.

18. Mifs *Harriet Powel*. *Id. pinx. Id. fec.* 1770. gr. in-fol.

19. Le Général *Paoli*, en pied. *Gherardi pinx. R. Houston fec.* gr. in-fol.

20. *Christian* VII. Roi de *Danemark*. *Ang. Kauffman pinx. R. Houston fec.* in-fol.

R. Houston.

Sujets divers.

1. La *Vierge et l'Enfant*, pièce appelée *la Zingara* de Raphael. R. Houston fec. 1773. in-fol.
2. *St. Antoine tenté par une Diablesse*. Teniers pinx. Houston fec. in-fol.
3. *Vieillard à tete nue et à barbe carrée*. Rembrandt pinx. Houston fecit; à l'eau-forte avec de la manière noire. in-4.
4. Buste d'une *Femme*, coiffée d'un chapeau rond, pièce nommée *la grande Mariée juive*. Id. pinx. Id. fec. De même exécution. in-4.
5. *Vieillard assis dans un fauteuil* et coiffé d'un grand chapeau rond. Id. pinx. Id. fec. De même exécution. petit in-fol. — Ces trois pièces sont d'un bel effet et très-rares, sur-tout les épreuves tirées sur papier de soie.
6. *Homme robuste*, tenant d'une main son menton et de l'autre un couteau. Rembrandt pinx. 1661. Id. fec. in-fol.
7. Le *Tailleur de plume*. Id. pinx. Id. fec. in-fol.
8. La *Plumeuse de poule*. Id. pinx. Id. fec. Pendant.
9. Le *Philosophe en contemplation*. Id. pinx. Id. fec. in-fol.
10. Le *Philosophe enfoncé dans l'étude*. Id. pinx. Id. fec. Pendant.
11. Le *Peseur d'or*, portrait d'*Vtenbogaerd* de Rembrandt. Houston fec. in-fol.
12. Les *Bourgemestres d'Amsterdam*. Le tableau de Rembrandt est à la maison de ville. Houston fecit 1774. gr. in-fol. en t.
13. *Jésus parlant à la Samaritaine* auprès du puits. Rembrandt pinx. Id. fec. 1774. gr. in-fol.
14. *L'Innocence et l'Avarice*. Ph. Mercier pinx. Houston fecit. Petit in-fol.

15. La *Mort du Général Wolf* devant Quebeck. *Ed. Penny pinx. Id. fec.* 1771. gr. in-fol.
16. Les *Nouvellistes* assemblés dans une forge, sujet d'une grande expression tiré de la tragédie du Roi *Jean* de *Shakespear*. *Ed. Penny pinx. R. Houston fec.* 1770. tr. gr. in-fol. Pièce capitale du peintre et du graveur.

INIGO, OU JEAN COLLET, peintre de charges et graveur à l'eau-forte, né en Angleterre vers 1728, et mort à *Londres* en 1780. On ne connoit de sa main que les deux pièces suivantes où il se montre le rival de *Hogarth:*

1. *Antiquarians Smelling* to te chambre-pot of Queen *Boadicea*.
2. *A monkey pointing to a very dark picture of Moses stricking the rock*.

ROBERT ADAMS, architecte et graveur à l'eau-forte, naquit à *Kirkcaldy*, dans le Comté de Fife en 1728, et mourut à *Londres* en 1792. Son père, habile architecte, lui fit faire ses études à *Edembourg*, où il lia dès-lors une étroite amitié avec des hommes, devenus si célèbres ensuite, un David *Hume*, un William *Robertson*, un Adam *Smith*, un Adam *Ferguson*, etc. De-là son père l'envoya en *Italie* pour étudier la belle architecture romaine. Il y fit un long séjour, et il sut mettre le tems à profit. Il alla, en compagnie de M. *Clérisseau*, à *Spalatro* en Dalmatie pour lever le plan du fameux palais de l'Empéreur *Dioclétien*. Pour cela il ne lui fallut que cinq semaines.

De retour en *Angleterre*, le Roi le nomma son architecte, emploi qu'il résigna au bout de huit ans, pour quelque sujet de mécontentement. *Jacques Adams* son frère, s'est distingué dans le même art et jouit de la même réputation. *Robert* joignoit aux qualités de son esprit les sentimens du cœur. La douceur de ses mœurs et son caractère moral lui ont fait des amis de tous ceux qui l'ont connu.

Les ouvrages d'Architecture de *Robert Adams* ont paru en différens tems sous divers titres. En 1764. il publia le résultat de ses recherches sur *Spalatro* en un grand volume in-fol. sous ce titre:

Ruins of the Palace of the Emperor Diocletian, at Spalatro in Dalmatia, by R. Adam — Architect to the King et to the Queen. Ouvrage orné de 71. planches d'une belle exécution.

Vers 1770. il fut employé, conjointement avec son frère *Jacques*, par la noblesse à la construction de plusieurs grands bâtimens et à la décoration de nombre de palais et de maisons de plaisance. En 1773. les deux frères publièrent la première livraison de leur ouvrage sous le titre :

The Works in Architecture of Robert and James Adams. No. I. Containing Part of the Designs of Sion House, a magnificent seat of his Grace the Duc of Northumberland in the County of Middlesex.

No. II. Containing a part of the Designs of the late Earl of Mansfields Villa at Kenwood in the County of Middlesex. 1775.

No. III. The Designs of Luton Parkhouse, on of the seats of the late John Earl of Bute. 1776.

No. IV. Représente quelques ouvrages de Whitehall, d'Edembourg et de quelques autres endroits. Les magnifiques bâtimens, the Adelphi, seront un monument éternel du génie des deux frères.

JOSEPH GOUPY, peintre et graveur à l'eau-forte, naquit en Angleterre vers 1729, florissant à Londres en 1760. où il mourut vers 1780. Il étoit homme de génie et gravoit à l'eau-forte plusieurs pièces tant d'après ses compositions que d'après celles d'autres maîtres. Il adoptoit le style de *Salvator Rosa* et excelloit en paysages, qu'il traitoit avec beaucoup de goût et d'intelligence.

1. *Mutius Scævola* brûlant sa main devant *Porsenne*; dessiné par *lui même*. in-fol. en t.
2. *Diane* avec ses Nymphes à la Chasse ; d'après *Rubens*. in-fol. en t.

3. *Zeuxis* peint la figure d'une femme toute nue ; d'après *Solimena*, in-fol. en t.

4—11. Suite de huit *Paysages* ; d'après *Salv. Rosa*.

Du reste il a gravé plusieurs pièces d'après différens maîtres.

JEAN GOLDAR, graveur à la pointe et au burin, né à *Oxford* en 1729, et florissant en 1770. Il a travaillé pour *Boydell* et a gravé plusieurs estampes de charges d'après *Inigo Collet*.

1—4. Quatre pièces d'après *Collet*, l'*Amour moderne*. gr. in-fol. en t. Savoir: 1) La *Galanterie*. 2) L'*Evasion*. 3) *Premier mois du Mariage*. 4) *Brouillerie dans le ménage*.

CHARLES MOSLEY, dessinateur et graveur à la pointe et au burin, né en Angleterre vers 1729, et résidant à *Londres* en 1760. Il a beaucoup gravé pour les libraires, et on estime plusieurs de ses portraits. *Mosley* a gravé, conjointement avec *Hogarth*, le morceau portant pour titre: La *Porte de Calais*. On estime sur-tout les deux portraits suivans :

1. *Charles* I. à cheval ; d'après le fameux tableau de *van Dyck*, qui est à *Kensington*.
2. Le Maréchal *de Bellisle*, à cheval.

J. GREENWOOD.

JOHN, ou JEAN GREENWOOD, dessinateur, graveur à la pointe et en manière noire, né à *Boston* vers 1730, travailloit à *Londres* vers 1760. La plupart de ses pièces sont exécutées en manière noire, qu'il combinoit quelquefois avec l'eau-forte. Par ce procédé il produisoit un effet très-pittoresque. Nous avons de lui des portraits et divers sujets d'après différens maîtres *anglois* et *hollandois*. Le morceau suivant, un des plus rares de l'artiste, est gravé à l'eau-forte ; les autres sont toutes en manière noire.

1. *Simon Fokke*, graveur hollandois, à mi-corps, assis à une table, une estampe à la main. *J. Buys pinx. J. Greenwood fec.* gr. in-fol.
2. D. *John Westley*, figure jusqu'aux genoux, avec une main levée. *N. Hone pinx.* gravé en 1770. gr. in-fol.
3. *George Whitefield*, Chapelain de la Comtesse *de Hundington*. *Id. pinx.* De la même grandeur.
4. Le *Père de Rembrandt* ; du cabinet de *W. Baillie. Id. pinx. Id. fec.* 1764. in-fol.
5. *Jésus* s'entretenant de nuit avec *Nicodème. Rembrandt pinx.* Petit in-fol.
6. Le jeune *Jésus parmi les Docteurs* au temple. *Id. pinx.* Petit in-fol.
7. La *Vieillesse*, avec six vers anglois de *Thompson. Van den Eckhout pinx.* gr. in-fol. Pour la Collection de *Boydell*.
8. *L'heureuse Famille. Van Herp pinx. Boydell exc.* 1768. gr. in-fol.

9. Les *bons Amis*. *D. Teniers pinx. Parker excud.* gr. in-fol.
10. *Vénus* et *Cupidon. J. Greenwood fec. Parker exc.* Le nom du peintre est en chiffre. gr. in-fol.
11. *Hollandoise au travail*, regardant un perroquet. *Gab. Metzu pinx.* gr. in-fol.

INIGO SPILSBURY, dessinateur et graveur en manière noire, ainsi que dans le genre pointillé, né en Angleterre vers 1730, et établi marchand d'estampes à *Londres* vers 1760. Il se distingua par son goût de gravure en manière noire, et remporta dans ce genre le premier prix fondé par la société pour l'encouragement des Arts et des Sciences. Il a gravé un grand nombre d'estampes, sur-tout des portraits, tant de sa composition que d'après différens maîtres. L'ouvrage qui lui fait le plus d'honneur, c'est un Recueil d'estampes gravées d'après les Pierres précieuses qui se trouvent dans divers Cabinets en *Angleterre*, et qui se débitent par Numéro, chaque Numéro composé de douze pièces.

Portraits et Têtes.

1—14. Suite de *Têtes* et de *Bustes* d'hommes et de femmes, dans la manière de *Rembrandt*; quatorze feuilles la plupart numérotées. *J. Spilsbury fecit* 1767—1768. de différens petits formats in-12.

IN. SPILSBURY.

15—20. Suite de six *Paysages*, gravés d'après *Marco Ricci*. in-4. en t.
21. *George* III. Roi de Grande-Bretagne etc. *Id. fec.* 1764. gr. in-fol.
22. *Charlotte*, Reine de Grande-Bretagne etc. *Id. fec.* 1764. Pendant.
23. Miss *Pond*, buste de grandeur naturelle. *Id. fec.* 1766. gr. in-fol.
24. *Benjamin West*, Ecuyer de l'Académie Royale de Londres. *Id. fec.* in-4.
25. *Christian* VII. Roi de Danemarc. *Fesche pinx. Spilsbury fec.* 1769. in-8.
26. *Inigo Jonet*, Architecte, en buste. *Ant. van Dyck pinx. Spilsbury fec.* 1766. in-fol.
27. Buste d'un *Homme à moustache*, en manteau, et un grand chapeau sur la tête. *Painted by Rembrandt. Printed for Inigo Spilsbury by B. Richard in mezzotinto.* 1766. Pendant.
28. *Catherine Macaulnay. Cath. Read pinx. Spilsbury fec.* in-fol.
29. La Princesse *Augusta* d'Angleterre, héréditaire de Brunsvic-Lunebourg. *Ang. Kauffmann pinx. J. Spilsbury fec.* 1767. gr. in-fol.
30. *Jeune Homme* à mi-corps, en habit fourré et coiffé d'une espèce de turban. *J. Reynolds pinx. J. Spilsbury fec.* 1761. in-fol.
31. *Jeune Personne*, entourée de moutons dont elle en tient un dans ses bras. (Lady *Marie Leslie*). *Id. pinx. Id. fec.* gr. in-fol.
32. *Jeune Dame, coiffée en cheveux* et assise, en tenant un grand bouquet de fleurs. *Id. pinx. Id. fec.* gr. in-fol. Estampe distinguée qui remporta le premier prix à la Société des Arts en 1761.
33. *Fréderic Howard*, Comte de *Carlisle*. *J. Reynolds pinx. J. Spilsbury fec.* Estampe qui remporta le premier prix à l'Académie des Arts à *Londres* en 1762.

J. BOYDELL.

Divers sujets, d'après différens maîtres.

1. *Petit Garçon mangeant du raisin.* Rubens pinx. Spilsbury fecit. in-fol.
2. *Deux Moines* de l'ordre de *St. Antoine*, en buste, lisant dans le même livre. *Id. pinx. Id. fec.* in-fol.
3. *Départ d'Agar d'auprès d'Abraham.* Rembrandt pinx. Spilsbury fec. gr. in-fol.
4. La *Fuite en Egypte. B. Murillo pinx. J. Spilsbury fec.* 1778. Petit in-fol.
5. Le *Crucifiement. Id. pinx. Id. fec.* Pendant.
6. La Muse *Thalie.* Ang. Kauffmann pinx. J. Spilsbury fec. 1770. in-fol. En points rouges.
7. La *jeune Bouquetiere. Id. pinx. Id. fec.* 1785. Ovale in-fol. Aux points rouges.
8. *Sophonisbe*, Reine de *Carthage. Id. pinx. Id. fec.* 1774. Ovale in-fol. En points rouges.
9. *Phenisse*, confidente de *Sophonisbe.* Pendant; en tout de même.

JOHN, ou JEAN BOYDELL, dessinateur, graveur à la pointe et au burin, fameux marchand d'estampes, né à *Londres* vers 1750. Cet homme, depuis Alderman de la ville de *Londres*, (et mort 1804.) a également bien mérité de sa patrie et des arts, soit comme habile artiste, soit comme intelligent éditeur d'ouvrages gravés. Il a publié un grand nombre de planches d'après les plus célèbres tableaux, conservés en *Angleterre* et les a fait graver par les meilleurs maîtres *anglois* et étrangers établis à *Londres.* L'aisance que cette entreprise a répandu parmi les artistes, lui a mérité le titre de protecteur et d'ami de tous les gens de l'art. D'ailleurs c'est en partie à son industrie que l'*Angleterre* doit une branche importante de commerce, savoir celle des estampes.

Boydell a fait imprimer un Catalogue de son riche fond d'estampes, sous ce titre: *Catalogue raisonné d'un Recueil d'estampes d'après les plus beaux tableaux qui soient en Angleterre, avec les prix de chaque pièce. A Londres chez Jean Boydell, graveur et marchand d'estampes*, 1779, in-4.

Ces Recueils qu'il publia d'abord par cayers, ont été portés à quatre grands volumes in-fol. Il a augmenté les deux derniers de nombre d'estampes gravées antérieurement, et dont il a fait l'acquisition des planches. Plus récemment il avoit encore publié la collection des tableaux qui étoient à *Houghton* en Norfolk, maison de plaisance du Comte d'*Orford*. Cette collection une des plus belles qui fut en *Angleterre*, a passé depuis en *Russie*.

L'exposition que nous venons de faire des entreprises de *Boydell*, et la spécification que nous allons donner de ses travaux artistiques nous

J. BOYDELL.

font connoître l'homme actif et industrieux, avec l'artiste intelligent et laborieux.

Recueil de cent Vues d'Angleterre et du pays de Galles, dessinées et gravées pour la plupart par Jean Boydell, in-fol. en t.

1. Vue entre *Richemont* et *Isleworth*. 2. De *Sunbury*. 3. De *Sheperton*. 4. De *Putney*. 5. De la Machine hydraulique de *Chelsea*. 6. Près de l'Eglise de *Battersea*. 7. De la Maison de M. *Smith* à *Battersea*. 8. De *Hammersmith*. 9. D'*Erith*. 10. Près du Magazin à *Deptford*. 11. De *Blackwall*. 12. De *Woolwich*. 13. Du *Pont de Londres*. 14. Prise près de *Limehouse*. 15. De la *Tour* de Londres. 16. Du profil de l'*Hôtel des Matelots invalides* à *Greenwich*. 17. De la Façade de l'*Hôtel des Matelots invalides* à *Greenwich*. 18. De *Purfleet*. 19. Du Château de Mylord *Duncanon*. 20. De *Northfleet*. 21. De *Gravesend*. 22. De *Londres* près de l'endroit où l'on descend à la Rivière à *Hungerford*. 23. Du *Pont de Westminster*. 24. De *Londres* prise de l'Eglise de *Lambeth*. 25. De *Mortlake*. 26. De la Colline de *Wandsworth*. 27. De *Chiswick*. 28. Du *Château de Sion*. 29. Du même Château. 30. De *Richmont* prise près de la commune de *Twickenham*. 31. Prise de chez M. *Backwell*, près de *Twickenham*. 32. Prise de chez le Gouverneur *Pitt*, près de *Twickenham*. 33. Prise de chez le Comte *de Radnor*, près de *Twickenham*. 34. Prise de chez Mylord *Kingston*, près de la Commune de *Twickenham*. 35. De la Plaie devant la grande Salle de *Westminster*, nommée la Cour du nouveau Palais. 36. Du *Salon des Banquets*. 37. De la *Parade* et du superbe *Corps-de-garde*, à l'entrée du Parc de *St. Jacques*. 38. De la *Trésorerie* dans le Parc de *St. Jacques*. 39. De l'ancien Marché de *Stock*, sur l'emplacement duquel

on a bâti l'Hôtel du Lord-Maire de *Londres.* 40. Vue de la *Fontaine du Temple.* 41. De l'Intérieur de l'Eglise de *St. Etienne* de *Walbrook.* 42. De l'Intérieur de l'Eglise du *Temple.* 43. De l'Intérieur de l'Eglise de *St. Martin.* 44. De l'Intérieur de l'Eglise de *St. Clément.* 45. De *Londres*, telle qu'elle étoit avant l'incendie de 1647. 46. De *Londres* du même tems. 47. De l'*Hôpital des Foux.* 48. Du *Pont d'Hampton-Court.* 49. Du *Pont de Westminster.* 50. Des *Bâtimens royaux pour les Gardes à cheval et à pied*, vis-à-vis du Salon des Banquets. 51. De l'Eglise de *St. George.* 52. Du Sud de la Maison de *Canonbury*, près d'*Islington.* 53. De l'Est de l'Abbaye de *Westminster.*

Quatre Vues de la Ville d'Oxford.

54. Vue de la Bibliothèque de *Rateliff*, à droite le Collège d'*All-Souls*, et à gauche celui de *Brazen-Nose.* 55. 56. et 57. De *la même Ville* à l'Ouest, à l'Est et au Sud.

Quatre Vues de Blenheim, Château du Duc de Marlborough.

58. Vue du *Château* et du *Parc* vers le Nord, avec la Colonne colossale érigée à la mémoire du Duc. 59. Du Nord-Ouest de *Blenheim*, avec le Bourg de *Woodstock* dans le lointain. 60. Du Nord-Est, avec le *Pont* et le *grand Canal.* 61. Du haut Pavillon dans le Parc de *Blenheim*, autrefois la maison de plaisance du célèbre Comte de Rochester.

Quatre Vues du Pic de Derby.

62. Vue des Gorges dans le *Dove-Dale* près d'*Ashborne* au Comté de *Derby.* 63. De *Reynards-Hall* dans le *Dove-Dale.* 64. Des *Bains de Matlock.* 65. De *Crumpford* près des bains de *Matlock.*

66. Vue du Château de *Beeston* dans le Comté de *Chester*.
67. Du Château *Elisabeth* dans l'Isle de *Jersey*.
68. Du Château de *Carisbrook* dans l'Isle de *Wight*.
69. De l'entrée dans le Château de *Carisbrook*. 70. De la Ville et du Port de *Portsmouth*, avec la flotte du Roi à la voile. 71. De *Portsmouth* au Sud-Ouest. 72. De l'Abbaye de *Waltham*. 73. Du Chateau de *Pontefract* dans le Comté de *Chester*. 74. Du Parc d'*Ackworth* dans le Comté d'*York*.

Six Châteaux et une Eglise du Pays de Galles.

75. Vue du Sud de la Ville et du Château de *Chester*. 76. Du Nord-Ouest du Château de *Caernarvon*. 77. Autre Vue du *même* Château. 78. Vue de l'Ouest du Château de *Conway*. 79. Du Nord-Ouest du Château de *Rhuddland*. 80. Du Nord du Château de *Denbigh*. 81. De l'Eglise de *Wrexham* du Comté de Denbigh.

Quatre Vues de Montagnes au Pays de Galles.

82. Vue de *Snoden* dans la Vallée de *Jan-Beriis*, Comté Caernarvon. 83. De *Gawnant*, grande Cascade près de *Snoden*. 84. De *Penmaen-Mawr*, Comté de Caernarvon. 85. De *Rhaidder-Fawr*, grande Cataracte à trois mille de *Penmaen-Mawr*.

Quatre Vues de Maisons de Plaisance.

86. Vue du Château et du Parc de *Havarden*, du Comté de *Flint* à cinq milles de la Ville de *Chester*, appartenant à M. *Glyne*. 87. De l'Ouest d'*Erthig*, au Comté de *Denbigh*, appartenant à M. *York*. 88. De l'Est de *Rushton*, au Comté de *Northampton*, Maison de Plaisance du Lord-Vicomte *de Cullen*. 89. Du Sud de *Hather-Thorpe*, Comté de *Lincoln*, l'une des Maisons de M. *Newton*.

J. BOYDELL.

Marines d'après les Tableaux de Brooking.

90. Le Matin. 91. Le Midi. 92. Le Soir. 93. La Nuit. 94. Pêche de *Groenland*. 95. Petit Vent.

Marines d'après van der Velden.

96. Calme. 97. Vent frais. 98. Soleil couchant. 99. Tems de Brum. 100. Port de mer d'*Italie;* d'après *Vernet*.

Autres Vues de Boydell qui ne sont pas de son Catalogue.

1. Vue de Notre-Dame de *Boulogne*.
2. — de l'Isle de *St. Barthélémi* sur le *Tibre*.
3. Autre Vue du *Tibre*.
4—7. Quatre Vues du Comté de *Flint*, savoir: 1) Vue près de *Holywell*. 2) Près de *Caerwis*. 3) Près de *Sudbury*. 4) Près de *Mold*.
8—11. Quatre Paysages, *engraved by John Boydell*, savoir: 1) Vue près de *Sudbury* en *Suffolk*. 2) Près d'*Ipswich*. 3) Près de *Sudbury*. 4) Près de *Hadley*.
12—15. Quatre Paysages, marqués: *Drawn after Nature, published by John Boydell.*
16. Paysage intitulé: *Playng at Coits*. J. Boydell del. et sc.

Estampe satyrique, intitulée: *Jason et Médée*, ballet tragique; gravée au lavis, publiée chez J. Boydell. gr. in-fol. en rond.

Pièces de Boydell gravées d'après différens maîtres.

1. Paysage représentant l'*Hiver*; d'après *van der Velde*. gr. in-fol. en t.
2. Paysage représentant un *Clair de Lune*; d'après *van Rosman*. Pendant.

3. Grand Paysage avec du bétail; d'après *Berghem*. gr. in-fol. en t.
4. Grand Paysage montagneux avec du bétail; d'après *le même*. Pendant.
5. *Cyrus* exposé et trouvé par des Pâtres; d'après *Castiglione*. gr. in-fol. en t.
6. *Jason* enlève la Toison d'or; d'après *Salvator Rosa*. in-fol.

JOSIAS BOYDELL, peintre et graveur en manière noire, né à *Londres* vers 1750. Il est le digne fils de *John Boydell*, et il s'est fait connoître comme peintre de portraits. *Valentin Green* a gravé d'après lui, entr'autres le Portrait de *John Boydell*, en manière noire. Lui-même a gravé dans la même manière plusieurs sujets, tels que:

1. Grande *Ste. Famille*, ou *St. Joseph* debout tient un livre à la main. Carlo Maratte pinx. Josiah Boydell sc. 1777. Mezzot. tr. gr. in-fol.
2. *Renier Hanslo*, Ministre Anabaptiste, avec sa femme. Rembrandt pinx. Id. del. et sc. 1781. Mezzot. gr. in-fol. en t.
3. *Charles* I. en pied. Ant. van Dyck pinx. Id. fec. 1778. gr. in-fol.
4. *Jeanne*, fille de Lord *Wenman*. Id. pinx. Id. fec.
5. Pièce de fruits de toutes les saisons. Michel-Angelo Compidoglio pinx. Jos. Boydell fec. 1779. in-fol. en t. De la Gal. de *Houghton*.

6. L'Assomption de la Vierge. *Nic. Beretoni pinx.* in-fol. *Ibid.*
7. La Ste. Famille. *Carlo Maratti pinx.* Pendant. *Ibid.*

ANTOINE WALKER, dessinateur et graveur à la pointe et au burin, né en Angleterre vers 1730, et florissant en 1760 à *Londres* où il s'étoit établi avec son frère *Guillaume*. Antoine avoit appris les principes de la gravure de *Jean Tinney*. Il fut long-tems occupé par les libraires, et on a de lui un assez grand nombre de frontispices et de vignettes de sa composition, dont quelques-uns ont leur mérite. En outre il a gravé plusieurs grandes planches pour la collection de *Jean Boydell*.

1. *Curius Dentatus*, refusant les présens des *Samnites;* d'après le tableau de *P. de Cortone* du Cabinet du Duc *de Devonshire.* gr. in-fol. en t.
2. Le *Droit*, représenté par le portrait d'un Juris-consulte; d'après le tableau d'*Ad. Ostade* du Cabinet du Lord-Maire *Beckford.* in-fol.
3. La *Médecine*, représentée par le portrait d'un Médecin. *Id. pinx. Ibid.* Pendant.
4. Le *Procureur de village et ses Cliens;* d'après le tableau de *Hans Holbein* du Cabinet du D. *Bragg.* gr. in-fol. en t.
5. 6. Deux sujets de conversation, représentant des *Goûtés flamands;* d'après les tableaux de *van Herp*

du Cabinet du Comte *de Bute*, gravés par *Walker* et *Taylor*. gr. in-fol. en t.

7. Départ de l'*Ange* d'auprès de *Tobie* et de sa famille; d'après le tableau de *Rembrandt* du Cabinet de M. *Hone*. gr. in-fol. en t.

8. Vue de la Ville de *Worcester*; d'après *J. B. Chatelain*. in-fol. en t.

9. Vue du Parc du Lord *Harrington*; d'après *le même*. in-fol.

WILLIAM ou GUILLAUME WALKER, graveur au burin, né en Angleterre vers 1730. et florissant en 1760 à *Londres* où il s'étoit établi avec son frère *Antoine*. Cet artiste a gravé divers sujets d'après différens maîtres pour la Collection de *Jean Boydell*; de ce nombre sont les pièces suivantes :

1. *Diane* et *Calisto*, où *Jupiter*, sous la forme de la Déesse, séduit la Nymphe; d'après *F. le Moine*, tableau de M. *Webb*. gr. in-fol. en t.

2. La *Puissance de la beauté sur un Satyre*; d'après le tableau de *Ph. Lauri* du Cabinet du Duc *de Montaigu*. gr. in-fol. en t.

3. L'*Apparition du Christ à Marie* dans le jardin; d'après le tableau de *P. de Cortone* du Cabinet du Comte *d'Orford* à Houghton. in-fol.

4. Les *petits Oiseleurs*; d'après le tableau de *Gas. Netscher* du Cabinet de M. *Delmé*. petit in-fol.

5. La *petite Fille aux Poussins*; d'après le tableau d'*Amoroso* du Cabinet du Duc *de Devonshire*. in-fol.

6. Le *petit Garçon au Nid d'oiseaux*; d'après *le même*, du même Cabinet. Pendant.

AL. BANNERMAN. 217

7. *Jacob* abreuvant les troupeaux de *Rachel*; d'après le tableau de *Trevisan* du Cabinet du Duc *de Devonshire*. petit in-fol.
8. *Isaac* donnant sa bénédiction à *Jacob*; d'après le même, du même Cabinet. Pendant.
9. La *Lionne* avec ses *Lionceaux qui jouent*; d'après le tableau de *Rubens* du Comte d'*Orford* à *Houghton*, gr. in-fol. en t.
10. Le Chevalier *Balthasar Gerbier* et sa famille; d'après le tableau de *van Dyck* du Cabinet de la Princesse Douairière *de Galles*. gr. in-fol. en t,

Parmi les 150 *Vues de la Grande-Bretagne*, rapportées dans le Catalogue de *Boydell*, on trouve encore 8 morceaux de *Walker*.

ALEXANDRE BANNERMAN, graveur au burin, né à *Cambridge* vers 1750, et florissant à *Londres* vers 1770. Il a gravé plusieurs portraits pour les *Anecdotes d'Horace Walpole sur les arts et les artistes en Angleterre*. De plus on a de sa main quelques sujets qu'il a faits pour la Collection de *Boydell*.

1. *Joseph* expliquant les songes de l'Echanson et du Panetier de *Pharaon*; d'après *l'Espagnolet*. gr. in-fol. en t.
2. La *Mort de St. Joseph*; d'après *Velasco*. petit in-fol. en t.
5. *Danse d'enfans*; d'après *le Nain*. in-fol. en t.

G. et J. SMITH.

GEORGE èt JOHN SMITH DE CHICHESTER, poëte bucolique, peintre de paysage et graveur à l'eau-forte, né vers 1730. et mort en 1776. Les *Smiths de Chichester* étoient trois frères, qui s'étoient tous trois distingués dans les arts d'imitation. *Guillaume* l'aîné, qui peignoit avec succès des paysages, des portraits, des fleurs et des fruits, mourut en 1764. *Jean*, frère puiné, bon paysagiste, mourut la même année que son aîné. *Jean* a gravé à l'eau-forte conjointement avec *George*. Et parmi les graveurs qui ont travaillé après lui, on compte *Vivarès*, *Canot* et *Mason*. Mais c'est le cadet, *George*, dit *de Chichester*, qui s'est le plus distingué dans les arts, et par la beauté de ses paysages, et par les graces de ses poésies pastorales qui lui ont mérité le nom de *Gefsner anglois*.

On a un très-beau portrait des *Smiths*, sous ce titre :

The three *Smiths*, Brothers, and Painters, natifs of *Chichester*. W. Pether pinx. fec. et excud. 1765. *Mezzotinto*. gr. in-fol.

Woollett a gravé les deux paysages de *Jean* et de *George Smith*, qui avoient remporté les prix fondés par la société pour l'encouragement des arts à Londres. Voyez l'article de *Woollett*, ainsi que ceux de *Peake*, de *Vivarès* etc.

Boydell, dans son Recueil d'estampes, annonce sous ce titre : „Cinquante-trois jolies Paysages, „gravés à l'eau-forte par les célèbres *George* et „*Jean Smith de Chichester*, d'après leurs tableaux „et ceux des autres maîtres."

ISAAC TAYLOR, graveur au burin, né en Angleterre vers 1730, et florissant à *Londres* en 1760.

1. *Apollon* couronnant de lauriers *George* III. Protecteur des Arts. *Jac. Gwyn del.* Vignette du titre pour le Recueil de *Boydell.* in-fol. en t.
2. *Démocrite* et *Protagoras. Salvator Rosa pinx.* De la Galerie de *Houghton.* gr. in-fol.
3. La *Colation flamande. Van Herp pinx.* gr. in-fol. en t. (Morceau qui fait pendant avec la Conversation flamande; d'après *le même*, gravée par *W. Walker*).
4. Le Meurtre de *David Rizzio*, commis le 9. Mars 1566, riche composition. *J. Opie pinx.* tr. gr. in-fol. en t.
5—8. Les quatre parties du jour, 4 pièces, peintes par *Rob. Smirke*, gravées par *Isaac Taylor jun.* en rond; petit in-fol. portant pour titre : I. *Morning.* II. *Noon.* III. *Evening.* IV. *Night.*
9. Le Roi *Henri* VIII. de *Shakspeare*, en scène avec le Cardinal *Wolsey*, Lord *Sauds*, *Anne Bullen*, *Kipi Henry*, peint par *Th. Stothard*, gravé par *Is. Taylor*, 1798. tr. gr. in-fol. en t.

220   J. et Ch Taylor   Guil. Pether.

John Taylor, peintre de paysages et graveur à l'eau-forte, né à *Bath* vers 1740. et florissant en 1776.

1. Paysage montagneux, où paissent des brebis, où l'on voit sur le devant un chariot de paysan arrêté à une rivière pour abreuver les chevaux.
2. Marine qui offre un port avec des vaisseaux et différentes petites figures champêtres.   gr. in-fol. en t.

Dans ces deux pièces l'artiste s'est attaché de montrer la différence de la nature dans la rosée et la vapeur du matin, et l'air pur et rarifié du soir. gr. in-fol. en t.

Charles Taylor, graveur au burin, né en Angleterre vers 175 . et florissant à *Londres* en 1780.

1—6. Emblêmes moraux avec des explications angloises; suite de six pièces; savoir: 1) L'*Instruction*. 2) La *Prudence*. 3) La *Sagesse*. 4) La *Pitié* et la *Vérité*. 5) La *Vie*. 6) L'*Espérance*. *Angel. Kauffmann pinx. C. Taylor sc.* 1780. in-fol.
7. *Céladon* et *Amélie. Id. pinx. Id. sc.* 1781. Ovale gr. in-fol.
8. *Palemon* et *Lavinie. Id. pinx. Id. sc.* 1782. Pendant.

William ou Guillaume Pether, peintre et graveur en manière noire, né en Angleterre vers 1730, et florissant à *Londres* en 1760. Il a travaillé pour le fond de *Boydell*, et il mérite d'être dans la classe des plus habiles graveurs en manière noire. On ne peut rien voir dans ce genre de plus précieux; on admire dans la plupart de ses estampes le goût et l'intelligence de leur exécution. Son œuvre est assez considérable, surtout si l'on y fait entrer les pièces que d'autres habiles artistes ont gravées d'après ses compositions.

Portraits.

1. Les trois *Smiths*, frères et peintres, natifs de *Chichester*. *W. Pether pinx. fec. et exc.* 1765. gr. in-fol.
2. Buste d'un peintre en cheveux et avec des moustaches. *W. Pether fec.* in-fol.
3. Benjamin *West*, en buste. *W. Lawranson pinx. W. Pether fec.* gr. in-fol.
4. Samuel Chandler. D. D. *Chamberlin pinx. W. Pether fec.* 1767. gr. in-fol.
5. François du *Quenoy*, dit *il Fiamingo*, Sculpteur. *C. le Brun pinx. Id. fec.* gr. in-fol.
6. Carlo *Tessarini* da *Rimini*, Professeur de violon en la métropole d'*Urbino*. *Palthe pinx. W. Pether fec.* in-fol.
7. Tiberius Hemsterhuys. *Id. pinx. Id. fec.* in-fol.
8. La *Femme* de Rembrandt, sous le personnage d'une Mariée juive. *Rembrandt pinx. Pether fec.* 1763. in-fol.
9. Le *vieux Rabbin. Id. pinx. Id. fec.* 1764. gr. in-fol.
10. La *même* pièce, gravée en 1778.
11. Un *Homme à mi-corps*, avec trois petites moustaches, une chaîne d'or au cou et un rouleau de papier à la main. *Id. pinx. Id. fec.* 1766. gr. in-fol.

12. Un *Officier* à *mi-corps* et en cuirasse, avec un chapeau rond orné de plumes, et la main droite appuyée sur une longue épée. *Id. pinx. Id. fec.* 1764. gr. in-fol.
13. *Vieillard à grande barbe*, assis en profonde méditation et ajusté à l'orientale. *Id. pinx. Id. fec.* gr. in-fol.
14. Le *Maître de la vigne* payant ses ouvriers selon leurs ouvrages. *Id. pinx. Id. fec.* 1766.
15. La *seconde Femme de Rubens*, à mi-corps, ajustée en bergère. *Rubens pinx. Pether fec.* 1775. gr. in-fol.
16. La *même* pièce en contre-partie; par *les mêmes*.
17. *Villageois se divertissant au cabaret*, avec un concert rustique. *Teniers pinx. Id. fec.* 1764. in-fol. en t.
18. *Homme de guerre*, à mi-corps, avec une belle barbe et des moustaches, assis dans un fauteuil. *Giorgione pinx. Id. fec.* 1768. gr. in-fol.
19. *Démocrite* et *Protagoras*. *Salv. Rosa pinx. Pether fec.* 1778. gr. in-fol.
20. Le *Christ descendu de la croix*. Tableau d'autel à la Chapelle royale du Collège de *Cambridge*. *Dan. da Volterra pinx. Pether fec.* 1783. tr. gr. in-fol.
21. *Philosophe* donnant une leçon de physique sur l'*Orrery*, machine inventée par le Comte d'*Orrery* pour expliquer le système solaire. *Jos. Wright pinx. W. Pether fec.* 1768. gr. in-fol. en t. (Le pendant est gravé d'après le même par *V. Green*).
22. La *Statuaire*. *Id. pinx. Id. fec.* 1769. gr. in-fol.
23. L'*Académie*. De jeunes élèves dessinant d'après le modèle d'une Vénus. *Id. pinx. Id. fec.* 1769. gr. in-fol.
24. La *Continence du Chevalier Bayard*. *Ed. Penny pinx. W. Pether fec.* 1770. gr. in-fol. en t.
25. L'*Hermite*. *Id. pinx. Id. fec.* 1770. gr. in-fol.
26. L'*Alchymiste*. *Id. pinx. Id. fec.* 1775. gr. in-fol.
27. *Marie Moulines*, tiré du Voyage sentimental de *Sterne*. *Rich. Harleston pinx. Pether fec.* gr. in-fol.

ED. FISHER.

EDOUARD FISHER, dessinateur et graveur en manière noire, né en Angleterre vers 1730, et résidant à *Londres* en 1760. Contemporain de tant de graveurs en noir, *Fisher* soutient le parallèle avec le plus habiles dans le même genre.

Portraits d'après Reynolds.

1. *Auguste Keppel*, Commandant le Torbay, vaisseau du Roi; figure debout. *E. Fisher fec.* 1759. gr. in-fol.
2. *John*, Lord *Cardiss*. 1777. in-fol.
3. *George Seymour Coway*. 1771. gr. in-fol.
4. *Granville*, *Leveson Gower*, Comte *Gower*. 1765. in-fol.
5. *George*, Lord *Edgcumbe*, Vice-Admiral de l'escadre blanche. 1773. in-fol.
6. *Henry Bleydell Dawney*, Vicomte *Downe*. petit in-fol.
7. Lady *Elisabeth Lee*, fille de *Simon*, Comte *d'Harcourt*, figure entière. gr. in-fol.
8. *Auguste Hervey*, Capitaine de vaisseau dans la marine royale. in-fol.
9. John Lord Vicomte *Ligonier*, Field-Marshal; figure à cheval; bataille dans le lointain. gr. in-fol.
10. *Laurent Sterne*, Prébendier d'*York* etc. in-fol.
11. Lady *Amabel*, et Lady *Jemima Yorke*, filles du Comte de *Hardwick*. gr. in-fol.
12. *Personne anonyme*, en robe fourrée, assise dans un fauteuil. in-fol.
13. *John Armstrong* M. D. avec deux vers anglois. in-fol.
14. *Hugh Percy*, Comte de *Northumberland* etc. gr. in-fol.
15. *Elisabeth*, Comtesse de *Northumberland*. Pièce qui fait pendant.
16. Le Marquis de *Rockingham*, en pied. gr. in-fol.

17. Lady *Eliza Keppel*, faisant une offrande à l'Hymen; figure en pied. gr. in-fol.
18. Lady *Sarah Bunbury*, sacrifiant aux graces; figure en pied. (Ces deux estampes, qui font pendans, sont des pièces capitales, et du peintre et du graveur).

Portraits d'après d'autres peintres.

1. *Robert Browne.*
2. Le Docteur *Benjamin Franklin* dans son cabinet. in-fol.
3. *Guillaume*, Comte de Chatam. Rich. Brompton pinx. Id. fec. 1779. tr. gr. in-fol.
4. *Frédéric*, Lord-Archevêque de *Canterbury*. N. Dance pinx. Id. fec. 1769. in-fol.
5. *Richard Terrick*, Lord-Evêque de *Londres*. Id. pinx. Id. fec. in-fol.

J. FINLAISON, dessinateur et graveur en manière noire, né en Angleterre vers 1730, et florissant à *Londres* vers 1770. Il a gravé avec succès le portrait et l'histoire. Le nombre des estampes qu'il a gravées n'est pas considérable; mais elles sont fort recherchées par la beauté de l'exécution.

Portraits.

1. Lord *Cardross*. Jos. Reynolds pinx. J. Finlaison fec. 1765. in-fol.
2. La Duchesse de *Gloucester*. Id. pinx. Id. fec. 1773. gr. in-fol.
3. Lady *Charles Spencer*. Id. pinx. Id. fec. 1767. in-fol.
4. Miss *Wyngard*. Id. pinx. Id. fec. 1771. gr. in-fol.

5. Lady *Elisabeth Melbourne*. *Reynolds pinx*. *Id. fec.* 1771. gr. in-fol.
6. *Gertrude*, Vicomtesse de *Villers*. *E. F. Calze pinx*. *Id. fec.* 1773. gr. in-fol.
7. Lady *Broughton*. *F. Cotes pinx*. *Id. fec.* 1772. gr. in-fol.
8. *Gulielmus Drumond de Hathorden* Scotus, Historiographus et Poeta. *Corn. Johnson pinx*. *J. Finlaison del. et fec.* 1766. gr. in-fol.
9. *Hugh Percy*, Duc de *Northumberland*. *H. D. Hamilton*. *Id. fec.* 1771. in-fol.
10. La Signora *Zamperini*, dans le rôle de *Cechina*, da la buona Figliuola. *N. Hone pinx*. *Id. fec.* 1769. in-fol.
11. Miss *Metcalfe* avec son chien. *Id. pinx*. *Id. fec.* 1772. gr. in-fol.

Divers sujets, d'après différens maîtres.

1. *Candaule* Roi de *Lydie* montrant la Reine son épouse nue en sortant du bain à *Gyges* son favori. *Finlaison inv. pinx. et fec.* 1765. gr. in-fol.
2. Figure de *Chaudronier* assise en plein air, une pipe à la main. *J. Weninx pinx*. gr. in-fol.

BENJAMIN WILSON, peintre d'histoire et de portraits, graveur à la pointe et au burin, né en Angleterre vers 1730, et mort à *Londres* en 1788. *Wilson* est, parmi tous les artistes qui ont gravé dans le goût de *Rembrandt*, celui qui a le plus approché de son modèle. Les deux morceaux suivans, dont il a couru quelques épreuves avant toute les lettres ont été pris et payés par des amateurs pour des originaux. Ce qu'on ne rapporte pas ici comme une nouveauté, car la chose est arrivée souvent dans l'histoire de la gravure.

1. *Buste d'un homme*, portant un chapeau à larges bords, orné de plumes, avec un collet à rabat. *Rembrandt fec.* 1638. in-8.

2. *Paysage* avec deux maisons rustiques, devant lesquelles passe un chemin qui mène à la campagne, et au fond s'apperçoit une église dont on ne distingue que le clocher. *Rembrandt del. Wilson fec. aqua forti.* in-8. en t.

Les sujets historiques et les portraits de *Wilson*, ont eu d'habiles artistes pour graveurs, soit en manière noire, soit au burin; tels sont *V. Green, W. Humphrey, Mac-Ardell, Ravenet, Basire, R. Houston* etc.

I. CHARLES HALL, graveur au burin, né en Angleterre vers 1730, et mort à *Londres* en 1783. *Charles* ne fut employé longtems qu'à graver des lettres, ainsi que des armes, des monnoies, des médailles et d'autres antiquités. Il s'éleva enfin à un plus haut degré de l'art et grava avec succès la figure. Les meilleurs ouvrages que nous ayons de lui sont des portraits; il a eu le mérite d'avoir très-bien saisi le goût des originaux qu'il copioit. Les plus estimés de ses portraits sont les suivans :

1. *Thomas Howard*, Duc *de Norfolk*, qui remporta la victoire à *Flodden-Field*.
2. *Henri Fitzallen*, Comte *d'Arundel*; d'après *Holbein*.
3. La Reine *Marie*; d'après *Marshal*.
4. *Cathérine*, Marquise *de Pembroke*; d'après *Passe*.
5. *Marie Sidney*, Comtesse de *Pembroke*; d'après *le même*.
6. Sir *François Wortley*; d'après *Hertocks*.

II. JOHN ou JEAN HALL, graveur au burin, né en Angleterre vers 1740, florissant à *Londres* vers 1770. Il occupe un rang distingué parmi les graveurs anglois de nos jours, ayant gravé avec beaucoup d'intelligence le portrait et l'histoire. Dans le Recueil de *Boydell* il se trouve de lui plusieurs morceaux estimés.

1. Le Pape *Clément* IX.; d'après *Carle Maratte*, du Cabinet du Duc *de Devonshire*, gravé en 1767. gr. in-fol.
2. Sir *Robert Boyd*, Lieutenant-Gouverneur; d'après *A. Pozzi*, gravé en 1786. gr. in-fol.
3. La *Mort du Capitaine Coock*; d'après *G. Carter*, les figures gravées par *Hall* et le paysage par *Smith*. tr. gr. in-fol. en t.
4. *Timon* le Misanthrope *d'Athènes*, refuse avec dédain les secours tardifs qu'on lui offre; d'après le tableau de *Dance* du Cabinet du Roi d'Angleterre. tr. gr. in-fol. en t.

5. *Vénus* racontant à *Adonis* l'histoire d'*Hippomène* et d'*Atalante*; d'après *Ben. West*. gr. in-fol. en t.

6. *Pyrrhus* enfant, mis sous la protection de *Glaucias* Roi d'*Illyrie*; d'après *le même*. gr. in-fol. en t.

7. *Guillaume Penn*, traitant avec les Indiens pour la province de *Pensylvanie* et jettant les fondemens de la ville de *Philadelphie*; d'après le tableau de *Ben. West* du Cabinet de *Thomas Penn*. tr. gr. in-fol. en t. (Cette estampe, gravée en 1775, fait pendant avec la Mort du Général *Wolf* de *Woollett*.)

8. *Mort du Duc de Schomberg* à la bataille de la *Boyne*; d'après *le même*. tr. gr. in-fol. en t. (Pièce, gravée en 1781, faisant pendant avec la bataille *de la Hogue* de *Woollett*.)

9. *Olivier Cromwell*, dissolvant le long Parlement. *B. West pinx. J. Hall sc.* (Très-belle pièce faisant pendant avec le Roi *Charles* II. par *Sharp*.)

CHARLES PHILLIPS, graveur en manière noire, né en Angleterre vers 1736, et florissant à *Londres* vers 1770. Les pièces les plus connues de cet artiste sont celles qu'il a gravées pour la Collection de *Boydell*.

1. *Jeune Garçon tenant un pigeon. Fr. Mola pinx. Phillips fec.* 1766. gr. in-fol.

2. La *Plumeuse de poule. Rembrandt pinx. Id. fecit.* in-fol.

3. Le *Philosophe studieux: Id. pinx. Id. fec.* in-fol.

4. La *Ste. Famille. Parmegiano pinx. Id. fec.* 1767. gr. in-fol.

5. *Vénus* et *Cupidon*. *Salviati pinx. Id. fec.* 1766. gr, in-fol.
6. *Isaac bénissant Jacob. Spagnolet pinx. Id. fec.* 1766. gr. in-fol. en t.

GUILLAUME, ou WILLIAM WYNNE RYLAND, dessinateur, graveur à la pointe, au burin, au crayon et aux points, naquit à *Londres* en 1732, et mourut dans la même ville en 1783. Né avec le génie des arts, il apprit la gravure chez *Simon-François Ravenet*. Suffisamment instruit dans son art, il se rendit à *Paris*, où il fréquenta l'école de *Boucher* pour le dessin de la figure, et celle de *le Bas* pour la gravure à l'eau-forte. En *France Ryland* grava plusieurs estampes tant au burin qu'à l'eau-forte d'après *Boucher* et *Oudry*. Après un séjour de cinq ans en *France*, il retourna dans sa patrie où sa réputation l'avoit précédé. Dès son arrivée il fut nommé graveur du Roi avec la pension. Il grava deux fois le portrait de sa Majesté d'après *Ramsey*, et une fois celui de la Reine *Charlotte* d'après *Coates*.

Ryland, au jugement de *Watelet*, a gravé à l'eau-forte de la manière la plus pittoresque. Il a fait des planches terminées dans lesquelles on admire l'accord heureux et facile de la pointe et du burin. Depuis son retour en Angleterre, il employa une bonne partie de sa vie à graver dans le goût du crayon et dans la manière pointillée, genres de gravures introduits alors à *Londres*. Il y réussit dans un haut degré de perfection. Enfin ses talens lui avoient procuré de la fortune et de la considération ; mais il s'est rendu coupable d'un crime de faux, crime contre lequel la loi de son pays est inexorable, et il a fini sa vie d'une manière ignominieuse.

Jamais infracteur d'une loi civile n'a été plus plaint, plus regreté que l'infortuné *Ryland*. Il étoit aimé et estimé (dit *Joseph Strutt*) de tous ceux qui le connoissoient, possédant toutes les qualités sociales, celles de tendre époux, de bon père et de sincère ami. Une seule faute, qui peut être imputée à l'inexpérience, l'a entraîné à sa perte.

Pièces gravées en France, tant au burin qu'à l'eau - forte.

1. *Jupiter et Leda ;* d'après *F. Boucher*. gr. in-fol. en t.
2. Les *Graces au bain ;* d'après *le même*. in-fol.
3. Le *Repos champêtre*, Paysage ; d'après *le même*. in-fol.
4. *Vue d'un pont*, Paysage ; d'après *le même*. Pendant.

5. Première et seconde Vue de *Fronville*, deux Paysages; d'après *le même*. in-fol. en t.
6. Le *Geay*, paré de plumes du *Paon*, fable de *la Fontaine*. *J. B. Oudry pinx. G. Ryland sc.* in-fol.
7. Le *Mulet* se vantant de sa généalogie, fable de *la Fontaine*. *Id. pinx. Id. sc.* in-fol.

Pièces gravées en Angleterre au burin.

1. *George* III. Roi de la Grande-Bretagne etc. figure en pied. *Allen Ramsay pinx. W. Wynne Ryland fec.* 1767. gr. in-fol.
2. *Charlotte*, Reine de la Grande-Bretagne. *Francis Cotes pinx. Id. sc.* gr. in-fol.
3. Portrait de Lord *Bute*; d'après *Ramsay*. gr. in-fol.
4. *Antiochus et Stratonice*; d'après le tableau du Cabinet de Mylord *Grosvenor* peint par *P. de Cortone*, gravé par *Ryland*. gr. in-fol. en t.

Pièces d'après Angélique Kauffman, soit dans le goût du crayon, soit dans la manière pointillée en rouge, en brun et en couleur.

1. La *Patience*, 1777. Ovale in-fol.
2. L'*Espérance*, 1778. en rond in-fol.
3. *Télémaque* est reconnu à la cour de *Sparte* par sa tristesse au récit des infortunes de son père. 1778. in-fol. en t.
4. *Samma* auprès du tombeau de *Bennoni* son fils, avec l'inscription de la *Messiade* de *Klopstock*, en allemand et en anglois, 1785. in-fol.
5. A la mémoire de la Fille du Général *Stanwik* qui périt dans le trajet de mer d'Irlande en Angleterre, 1774. Ovale in-fol.

6. *Achilles* inconsolable de la mort de *Patrocle*, 1777. in-fol. en t.
7. *Télémaque* rendu à la tendresse de *Pénélope* sa mère. Pendant.
8. *Léonore* suçant le poison de la blessure du Roi *Edouard* son époux, 1780. in-fol. en t.
9. Lady *Elisabeth Gray*, implorant la grace de son époux auprès du Roi *Edouard* IV. Pendant.
10. *Marie Moulines*, assise dans une Campagne. Du Voyage sentimental de *Stern*, 1779. Ovale in-fol.
11. *Jeune Dame jouant de la sérinette*, pour instruire son serin. De même. Pendant.
12. *Páris*, et devant lui les trois Déesses. *Porrigit hic Veneri* — En rond in-fol. 1778.
13. *Vénus* sur son char. *O Venus Regina Cnidi Paphique* — *Hor*. De même, faisant pendant.
14. Fuite de *Páris* et d'*Hélène* de la cour du Roi *Ménelas*, 1781. En rond in-fol.
15. *Vénus* présentant *Hélène* à *Páris* après son combat avec *Ménelas*. De même, faisant pendant.
16. *Junon* empruntant le ceste de *Vénus* pour plaire à *Jupiter*, 1777. En rond in-fol.
17. *Sacrifice des Nymphes* au Dieu *Pan*. De même, faisant pendant.
18. *Cupidon* attaché par les *Nymphes* qui brisent son arc et ses flêches. De même.
19. *Cupidon* endormi, éveillé par deux *Nymphes*. De même.
20. *Amusement de la matinée*, 1784. in-fol.
21. *Cymon* et *Iphigénie*, 1782.; d'après le tableau original, appartenant à *Ryland*. En rond in-fol.
22. La Duchesse *de Richmond*, 1775. Ovale in-fol.
23. *Dame habillée en Turcque*, faisant pendant avec la précédente.

24. Première entrevue d'*Edgar* et d*Elfrida*, après son mariage avec *Athelwold*; d'après *Angélique*. Pièce dédiée à Lady *Charlotte Finch*, par *Marie Ryland*, 1786.; mais restée imparfaite par la mort du graveur. Cette belle planche, commencée au burin, a été achevée de même par *Guil. Sharp*, pour bénéfice de la veuve, et fait une estampe capitale de l'oeuvre de *Ryland*. tr. gr. in-fol. en t.

25. Le Roi *Jean* ratifiant la *Magna Charta*; d'après *Mortimer*. Cette superbe estampe, commencée dans la manière pointillée, et laissée imparfaite à la mort de *Ryland*, fut terminée de même par *Bartolozzi*, pour le bénéfice de la veuve. Elle fait ordinairement pendant avec la précédente.

Autres pièces en crayon rouge et en points; d'après d'autres maîtres.

1. *Narcisse* en buste. *W. W. Ryland fecit*, 1775. in-8.
2. *Occupation domestique.* Ovale in-fol.
3. La plus grande des vertus c'est la *Charité*. *Van Dyck pinx. W. W. Ryland.* in-fol.
4—7. Quatre pièces représentant les Muses *Uranie*, *Thalie*, *Erato* et *Clio*; d'après *Cipriani*. in-4.

WILLIAM, ou GUILLAUME HOARE, peintre et graveur à l'eau-forte, né en *Angleterre* vers 1730, et résidant à *Bath* en 1770: Il a peint le portrait avec beaucoup de succès. *Mac-Ardell*, *Rich. Houston* et d'autres, ont gravé d'après lui en manière noire. A l'égard de ses eaux-fortes, *Joseph Strutt* cite les deux morceaux suivans :

1. *Ralph Allen* de *Bath*, marqué : *Ad vivum. Will. Hoare.*
2. L'Evêque de *Glocester*, Guillaume *Warburton*.

DAVID MARTIN, dessinateur et graveur en manière noire, né en Angleterre vers 1734, florissoit à *Londres* vers 1765. On ne connoit guère de lui que des portraits, dont quelques-uns sont d'après son dessin.

1. Louis-François *Roubilac*, Sculpteur. *Ad. Carpentiers pinx. D. Martin fec.* 1765.
2. Lady *Françoise Manners*, fille du Marquis *de Granby*, avec une dédicace par *D. Martin.* 1772. gr. in-fol.
3. Jean-Jacques *Rousseau*, en costume Arménien; d'après *Ramsey.* in-fol.
4. David *Hume;* d'après *le même.* in-fol.

THOMAS COOK, graveur à la pointe et au burin, né en Angleterre en 1734, et florissant à *Londres* en 1780. On le dit élève de *Ravenet,* et il a gravé pour *Boydell.*

1. *Jupiter et Semélé. Ben. West pinx.* gr. in-fol. en t.
2. Les *Musiciens ambulans. C. W. E. Dietrich pinx.* gr. in-fol. Copie d'après l'estampe de *J. G. Wille.*
3. *The English Setter.* Chien couchant anglois, (faisant pendant avec le *Spanish Pointer*, gravé d'après *Stubbs* par *Woollett*). *J. Milton pinx. T. Cook et S. Smith sc.* 1770. gr. in-fol. en t.

4. Le Fort *St. George* et *Inverness*, en Ecosse. *P. Sandby del.* in-4. en t.
5. Le vieux Château de *Limerick*, en Irlande. *Id. del.* in-4. en t.
6. La ville d'*Enniscorthy*, en Irlande. *Id. del.* in-4. en t.
7. La Chûte d'eau, dans la rivière de *Bantry*, en Irlande. *Id. del.* in-4. en t.
8. Vue de l'Eglise cathédrale de *Kildare*, en Irlande. *Id. del.* in-4. en t.
9. Vue du Château et de la Ville de *Carrick*, en Irlande. *Id. del.* in-4. en t.

WILLIAM, ou GUILLAUME WOOLLETT, dessinateur, graveur à l'eau-forte et au burin, naquit à *Maidstone* dans la Province de Kent, en 1755. et mourut à *Londres* en 1785. Il eut pour maître dans la gravure *John Tinney*, de qui nous avons différentes pièces d'après *Hogarth*, mais il ne dût la perfection dans son art qu'à son génie. Nous emprunterons une partie de la biographie de cet excellent artiste, de M. *Levesque*, le coopérateur et continuateur de M. *Watelet*. „*Woollett* se donna principalement à la gravure du paysage, et joignoit un excellent goût à une grande vigueur de ton, et à une grande propreté. Ses eaux sont gravées dans la manière dont *Balechou* avoit donné le modèle, et que *Woollett* a perfectionnée: ses roches ne pourroient être mieux traitées; son feuillé, ses troncs d'arbres sont très-pittoresques. Il se servoit d'une forte échoppe pour graver les arbres, les terrasses, et tout ce qui demande un travail brut. On peut trouver que, dans ces objets, les tailles sont trop larges et trop nourries pour s'accorder avec le travail des figures dont ses paysages sont accompagnés: ce défaut a été outré par ses imitateurs. Il s'est attaché, sur-tout dans les dernières années de sa vie, à la gravure de l'histoire, et a toujours eu dans sa manœuvre un caractère qui lui étoit particulier, dont il faut sentir le mérite, mais qu'on ne doit pas adopter sans refléxion. „

Vues et Paysages de sa composition.

1—6. Six Vues de la terre du Duc *d'Argyle* à *Whiton*, et de celle de M. *Dashwood* à *West-Wycombe*, dans le Comté de *Bucks*. gr. in-fol. en t. 1) Vue de la Maison et d'une partie des Jardins du Duc *d'Argyle*. 2) Du Canal et de la Tour gothique des mêmes Jardins. 3) De la Maison et d'une partie des Jardins de M. *Dashwood*. 4) De la Cascade, et de quelques parties des mêmes Jardins. 5) Du Lac, prise de l'allée du milieu des mêmes Jardins. 6) Du Pont de *Walton* et du Temple de *Vénus*, dans les mêmes Jardins.

7—12. Six Vues de différentes maisons de plaisance en Angleterre; même demension. 1) Vue du Jardin de *Carlton-House*, dans *Pall-Mall*, Palais de la Princesse douairière de *Galles*. 2) De la Maison de plaisance de M. *Bourchier Cleeve*, appellée *Soats-Cray-Place*, dans le Comté de *Kent*. 3) De la grande Salle dans la maison de M. *Edmond Waller*, à *Hall-Barn*, auprès de *Beconsfield* dans la Province de *Buckingham*. 4) D'une partie du Jardin de *la même* maison de plaisance. 5) De *Comb-Bank*, maison de plaisance du Général *Campbell*, près de *Sevenoack*, dans le Comté de *Kent*. 6) Prise du coté de l'île, dans le jardin du Chevalier *Hamilton*, à *Pains-Hill*, près de *Cobham*, en *Surry*.

Pièces gravées d'après différens maîtres.

1. *William Woollett*, Engraveur. *Gab. Stuart pinx. Caroline Watson sc.* 1785. en manière pointillée in-4.
2. *Pierre-Paul Rubens. Van Dyck pinx. Woollet sc.* in-4.
3. *George* III. Roi de la Grande-Brétagne. *A. Ramsay pinx. Id. sculp.*
4. Vue de l'Hermitage de *Warkworth*, quatre figures sur le devant; d'après *Th. Hearne*. Petit in-fol.
5. Vue d'un moulin anglois. *The first scene of the Maid of the Mill. Inigo Richards pinx.* gr. in-fol. en t.
6. Vue de Mer, les côtes occupées par des Pécheurs. *The Fichery. R. Wright pinx.* tr. gr. in-fol. en t.
7. Paysage, avec des villageois qui se divertissent. *The Merry Villagers. Th. Jones pinx.* tr. gr. in-fol. en t.
8. Paysage héroïque, commencement d'un orage, avec *Enée* et *Didon* qui se retirent dans une grotte. Le paysage de *T. Jones*, les figures de *Mortimer*, gravé en 1787. tr. gr. in-fol. en t.
9. Paysage représentant de riches vues d'Angleterre, ornées de fabriques et de bergeries; tableau qui remporta en 1760. le second prix fondé par la société pour l'encouragement des arts à Londres. *John Smith of Chichester pinx.* tr. gr. in-fol. en t.

10. Paysage représentant de riches vues, ornées de fabriques et de bergeries. Le devant offre des eaux au bord desquelles se voient trois peintres, les trois frères *Smith* Le tableau remporta en 1760. le premier prix, fondé par la société pour l'encouragement des arts à Londres. *George Smith of Chichester*. tr. gr. in-fol. en t.

11. Les *Faneurs*. *The Hay-Makers*. Paysage orné d'une chûte d'eau. *Id. pinx*. tr. gr. in-fol. en t.

12. Les *Cueilleurs de pommes*. *The Apple Catherers*. *Id. pinx*. tr. gr. in-fol. en t.

13. Les *Hameaux champêtres*. *The rural Cott*. Paysage d'hiver, avec des villageois et des bestiaux. *Id. pinx*. 1769. gr. in-fol. en t.

14. Paysage montagneux, sur le devant un berger qui conduit des brebis sur un pont. *G. Smith de Chichester pinx. W. Woollett sc. Boydell exc.* Petit in-fol. en t.

15. Le *Chien d'arrêt espagnol*. *The spanish Pointer*. Paysage ouvert. *Stubbes pinx*. 1768. tr. gr. in-fol. en t.

16—19. La *petite Chasse*, en quatre feuilles, chacune avec huit vers anglois; d'après *le même*. 1) *Shooting*. Le Tireurs; paysage, sur le devant un moulin, avec deux chasseurs qui préparent leurs fusils, et deux chiens. 1769. 2) *Shooting*. Les Tireurs; paysage, sur le devant une grande chaumière, et les deux chasseurs leurs fusils en arrêt. 1770. 3) *Shooting*. Les Tireurs; paysage rustique, les deux chasseurs prêts à tirer le gibier. 1770. 4) *Shooting*. Les Tireurs; paysage bouché, sur le devant les deux chasseurs avec leur gibier tué. 1771.

20. *Snoden Hill*, et la contrée d'alentour dans le pays de Galles. *Rich. Wilson pinx*. gr. in-fol. en t.

21. *Celadon* et *Amelie*, avec des vers de *Thompson*; d'après *le même*, gravé par *Brown* et *Woollet* 1766. gr. in-fol. en t.

Guil. Wollett.

22. *Ceyx* et *Alcyone* ; d'après *le même*, gravé en 1769. Pendant.
23. *Apollon* faisant danser les Saisons ; d'après *le même*, gravé par *Woollett* et *Pouncy* 1777. gr. in-fol. en t.
24. *Cicéron* à sa maison de campagne, se promenant avec son frère *Quintus* et son ami *Atticus* ; d'après *le même*, gravé en 1778. tr. gr. in-fol. en t.
25. La *Solitude*, riche Paysage bouché, gravée par *Woollett* et *Ellis* 1778. Pendant.
26. Paysage héroïque, où se voit la chasse de *Méléagre* qui tue le sanglier de *Caledon* ; le paysage peint par *Wilson* et les figures par *Mortimer* ; gravé par *W. Woollett* et *B. Pouncy*, 1779. tr. gr. in-fol. en t.
27. Paysage héroïque, où *Phaeton* demande à *Apollon* son père la conduite de son char ; d'après *le même*, gravé en 1763. tr. gr. in-fol. en t.
28. Paysage héroïque, où *Apollon* et *Diane* percent de leurs flèches les Enfans de *Niobé* ; d'après *le même*. Pendant.
29. *The jocund Peasants* (les *Paysans joyeux*). *Corn. Dusart pinx.* gravé par *Brown* et *Woollett* 1767. gr. in-fol.
30. *The Cottagars* (Ménage rustique). *Id. pinx.* Pendant.
31. *La Chasse au Sanglier*, riche paysage ; d'après le dessin de *Pillement*, gravé en 1760. tr. gr. in-fol. en t.
32. Les *Agrémens de l'Eté*, joli paysage bouché d'après le dessin de *Pillement*.
33. *Diane* et *Actéon* changés en cerf ; d'après *Ph. Lauri*.
34. Paysage bouché, sur le devant trois figures dans le costume antique, avec un chien ; d'après *Gas. Poussin*, gravé par *Browne* et *Woollett*. gr. in-fol. en t.
35. Paysage héroïque, orné de figures, d'une cascade et d'une ville dans le lointain. *An. Carracci pinx.* gr. in-fol. en t.
36. Beau Paysage, où se voit *Macbeth*, accompagné de

son confident, consultant les sorcières au milieu d'un grand orage. *Fr. Zuccarelli pinx.* gravé en 1770. gr. in-fol. en t.

37. Paysage héroïque, intitulé: *Le Château enchanté*, sur le devant une Nymphe assise, et à l'entrée d'un bois des bêtes fauves. *Claud. Gelée pinx. Vivarés* et *Woollett sculp.* 1782. tr. gr. in-fol. en t.

38. Le *Temple d'Apollon*, beau Paysage héroïque, où se voit un Sacrifice antique; d'après le tableau du Palais *Altieri* à Rome de *Cl. Lorrain*, gravé en 1760. gr. in-fol. en t.

39. Débris d'Edifices romains, ou *le Soir allégorique de l'Empire de Rome*; d'après le tableau de *Cl. Lorrain*, du cabinet du Comte *de Radnor*. tr. gr. pièce en t.

40. Grand Paysage historique, où se voit la rencontre de *Jacob* et de *Laban*; d'après le tableau *du même*, appartenant au Comte *d'Egremont*; gravé en 1783. tr. gr. in-fol. en t.

41—46. Suite de six Vues très-pittoresques, peintes en détrempe par *Wil. Parrs*, la première est gravée par *Ed. Rocker* en 1774, les cinq autres par *Woollett*. gr. in-fol. en t. Savoir: 1) La Vallée et les Glaciers de *Grindelwald*, dans le Canton de Berne. 2) La Vallée de *Lauterbroun*, dans le Canton de Berne. 3) Le *Pont du Diable*, dans le Canton d'Uri. 4) La grande Vallée de Glace, près de *Chamouny*, en Savoie. 5) Partie inférieure de la Vallée et des Glaciers de *Chamouny*. 6) V. p. 165.

47. La *Mort du Général Wolfe*. *B. West pinx.* gravée en 1776. tr. gr. in-fol. en t.

48. La *Bataille de la Hogue*. *Id. pinx.* Pièce de la même grandeur.

(Ces deux superbes estampes passent génnéralement pour les chefs-d'œuvres de *Woollett*).

49. *Morning* (le Matin), beau paysage, orné de voyageurs qui se mettent en campagne; peint par *H. Swane-*

veldt, gravé par *W. Woollett* et *B. T. Pouncy.* 1787. tr. gr. in-fol. en t.

50. *Evening* (le Soir), beau paysage, avec des voyageurs et des villageois qui se retirent ; peint par *H. Swanevcldt*, gravé par *W. Woollett* et *S. Smith.* 1787. Pendant. (Ces deux pièces ont été publiées après la mort de *Woollett* par sa veuve).

51. Grand Paysage qui représente la montagne de *Skiddan*, dans le *Cumberland*, avec une voiture publique, chargée à l'angloise ; peint par *P. J. Loutherbourg*, gravé par *T. Morris*, élève de *Woollett*, et terminé par *W. Thomas.* tr. gr. in-fol. en t. 1787.

JOHN, ou JEAN MORTIMER, peintre et graveur à l'eau-forte, né 1743, et mort à *Londres* en 1779. à la fleur de son âge. *Mortimer* naquit avec toutes les dispositions pour faire un grand peintre, doué d'un génie fertile et d'une imagination brillante. Il règne dans ses ouvrages une originalité qui ajoute à leur mérite. Ses airs de tête et les extrémités de ses figures sont touchés avec esprit, et son dessin ne manque pas de correction. S'il a failli en quelque chose, c'est qu'il se pressoit trop de rendre ses pensées. Il n'apportoit pas toujours toute l'attention que requièrent les peintures historiques dans la proportion des figures qui souvent sont un peu lourdes. Ce défaut est bien compensé par l'aisance de son pinceau et par la franchise de ses ouvrages.

GUIL. BAILLIE.

Cet artiste a gravé à l'eau-forte dans un style agréable et facile, plusieurs morceaux de sa composition, et un sujet d'après *Guerchin*.

1. La *Vierge* enseignant à lire à St. *Jean*; d'après le tableau du *Guerchin*, du cabinet du Chevalier *Reynolds*, in-4. en t. Du Recueil de *J. Boydell*.
2.—13. Suite de douze estampes, dédiée à *David Garrick*, consistant en 12 *Têtes de caractère*, tirées de *Shakespear*. *J. Mortimer fec.* 1775. *aqua forti.* Ovales gr. in-fol.
14. La *Nature* et le *Génie*, introduisant *Garrick* dans le temple de *Shakespear*. *Id. fec.* 1779. gr. in-fol.
15—29. Etudes d'après *Salvator Rosa*, *Lairesse* et autres. Avec une dédicace au Chevalier *Reynolds*. 15 feuilles. *Id. fec.* 1778. Petit in-fol.

Les dessins de *Mortimer* sont en grande estime chez les connoisseurs, gravés en grande partie par *Haynes*, son disciple, par *Blyth* et autres.

En général l'œuvre gravé de ce maître est très-intéressant, et par l'importance des sujets et par la capacité des graveurs qui s'en sont occupés. Les principaux sont les suivans: *W. Wynne Ryland, Th. Burcke, Val. Green, Hall* et *Grignion, S. F. Ravenet, W. Dickinson, J. Dixon, R. Dankarton, J. B. Smith* et autres.

WILLIAM, ou GUILLAUME BAILLIE, connu sous le nom du *Capitaine Baillie*, amateur, dessinateur, graveur à la pointe, au burin, en manière noire, au crayon et au lavis, né en Angleterre vers 1736. Entré jeune au service militaire, il parvint au grade de Capitaine dans la Cavalerie Angloise. Aimant de passion les arts de dessin, il employoit toutes ses heures de loisir à dessiner et à graver. Enfin d'amateur éclairé qu'il étoit, il devint habile artiste. Après des succès non équivoques, il quitta le service pour se vouer entièrement à la pratique des arts, sur-tout à ceux de la gravure. Il a su combiner la plus grande intelligence de la manière noire, avec la plupart des autres manières de graver, usitées de nos jours. Au commencement il publia ses estampes à mesure qu'elles étoient finies; ensuite il les réunit dans un corps d'ouvrage de deux volumes in-folio, chacun de 50. morceaux. On estime singulièrement les estampes qu'il a gravées dans la manière de *Rembrandt*, et quelques-unes de copies se payent aussi chers que les originaux.

L'œuvre du Capitaine *Baillie* est très-intéressant, soit par l'excellence de l'exécution, soit par la variété des sujets. Nous en spécifierons ici la plus grande partie, en suivant la méthode de M. *de Heinecke* qui a rangé les pièces dans son

Guil. Baillie.

Dictionnaire des Artistes, selon l'ordre alphabétique des divers maîtres.

Le Capitaine *Baillie* avoit coutume de marquer ses pièces, non seulement de l'année, mais aussi de la date du mois de leur gravure. Il les signoit souvent de son nom, ou se servoit du chiffre suivant : 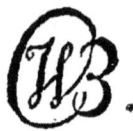.

Pièces de sa composition.

1. Figure entière d'un Officier; pièce marquée : *Cap. di E. Reg. Caval. legier delin. ed incise in quatro ore: il mio Alphiere*. Dans le lointain un Combat de cavalerie. (Cette figure a été prise pour le portrait du Capitaine *Baillie*; mais suivant l'inscription : *Il mio Alphiere*, c'est l'officier Porte-Enseigne du régiment).

2. Deux *Génies* dans les airs, tenant un livre ouvert. gr. in-4. (Cette planche avoit été gravée pour un livre intitulé : *Les Amusemens de l'art*. L'artiste l'employa ensuite pour servir de Frontispice au Recueil de ses estampes, avec l'inscription : *Amusement of Capt. W. Baillie*.

3. *Sacrifice d'Abraham*, avec l'inscription : *And Isaac sand behold the sire and the wood: But where is the lamb for a Burnt-Offering. Baillie inv.* 1765. in-8.

4. Un homme menant un cheval non dressé à *Minerve* dans les nues qui lui tend une bride; pièce faite pour servir de Frontispice au livre de *Berenger* sur la Cavalerie, gravée en 1770. in-4. Très-rare.

5. *Buste de Vieillard* courbé, et vue de profil. Il porte

une barbe carrée et une calotte, avec une chaîne d'or sur sa robe. Ovale sans marque, gravé dans le goût de *Rembrandt.* in-8.

6. La même pièce, plus grande, sans la chaîne.

7. *Vieillard à mi-corps*, deux différentes épreuves, l'une dans le goût de *Rembrandt*, l'autre gravée plus en noir. in-8.

8. Un *Grenadier* faisant l'exercice; petite pièce gravée en 1753.

9. La Flotte *Françoise*, assaillie d'une tempête, où un vaisseau se brise contre les rochers; pièce gravée en 1759, avec une dédicace italienne à Mylord *Anson.*

10. Une *Coquille*, petite pièce gravée en 1761. pour quelques amis; manière de *Rembrandt.*

11. St. *Pierre* avec la tiare, gravé le 4. Mai 1761.

12. St. *Pierre* la tête nue, figure debout, tenant les deux clefs; pièce sans marque. Petit in-fol.

13. *Rencontre de Cavalerie*; pièce gravée en 1762. dans le goût de *Rembrandt.* Petit in-fol. en t.

14. Grand *Paysage*, où se voit un pont de pierres, conduisant à la ville d'*Amboise*; pièce de la collection du Comte *de Bute*, engraved by Capt. B. 1764. Très-rare, la planche ayant été détruite.

15. *Paysage* avec les ruines d'un temple et quelques figures orientales; pièce sans marque, dans le goût de *Claude Lorrain.* P. in-fol. en t. (Les épreuves postérieures sont marquées *W. B. insculp.* 1762.)

16. *Etudes* de plusieurs figures, parmi lesquelles est un *Persan*, vu par le dos; manière de *Rembrandt.*

Pièces d'après différens maîtres.

1. *Sofonisba Angusicola* Pittrice, assise et occupée à peindre la Vierge; *ipsa pinxit.* Pièce en manière noire. in-fol. (On l'attribue aussi à *van Dyck.*)

2. *Paysage* avec du bétail; d'après *Nic. Berghem*; pièce gravée en manière de lavis d'après un dessin le 2 de Févr. 1772. Petit in-fol. en t.

3. *Psyché* enlevée et accompagnée de plusieurs *Amours*; d'après *le Correge*; pièce au crayon rouge gravée en 1777. P. in-fol. en t.

4. *Paysage*, avec un clair de lune; d'après *Cuyp*, gravé en manière noire 1773. P. in-fol. en t.

5. Sujet composé de plusieurs femmes et enfans, avec le titre: *Anxious Mother and sick Child*; d'après le *Dominiquin*, pièce gravée au crayon rouge. in-4.

6. Vue auprès de *Nantes*; d'après *Dormer*.

7. Le *Tailleur de plumes*, homme assis vis-à-vis de son pupitre sur lequel est une chandelle allumée; d'après *Gerard Douw*, en manière noire. in-fol.

8. *Jeune Fille* assise sur une chaise, vue jusqu'aux genoux, tenant un livre ouvert, orné d'un estampe; d'après *le même*. Ovale in-fol.

9. Vue intérieure d'une maison, où est assise une *Faiseuse de dentelles*, travaillant à la lueur d'une chandelle; d'après *le même*, pièce gravée en 1773. gr. in-fol.

10. *Femme à mi-corps* à une croisée avec une lampe; d'après *le même*. 1. Oct. 1771. Petit in-fol.

11. La *Mère de G. Douw*, âgée et assise, les mains sur ses genoux; d'après un dessin fait en 1638, et conservé dans la collection de *Baillie*, gravé en manière de dessin et en couleur, le 17 Mars 1775. Ovale in-fol.

12. *Deux Officiers auprès d'une Femme* qui dort à la lueur d'une chandelle, tandis que l'un des Officiers la chatouille sous le nez; d'après *le même*; pièce gravée en manière noire 1774.

13. *Paysan* debout, vu presque par derrière, versant de la bierre d'une bouteille dans un verre; d'après *C. Dusart*; pièce gravée en 1767. in-8.

14. *Paysan* assis sur un tonneau en forme de fauteuil, et fumant sa pipe, 1767. in-8.

15. Portrait de *Gevartius*, gravé en manière de crayon noir; d'après *van Dyck*, gravé en 1773.

16. Portrait de *George Villiers*, Duc de *Buckingham*; d'après *le même*.

17. *Susanne* justifiée par le Prophète *Daniel*; d'après *Gerbrant van Eckhoud*, gravée en 1774. en manière noire.

18, 19. Deux Plafonds, à l'un on voit *Apollon*, et à l'autre *Bacchus* avec *Ariadne*; d'après *Franceschini*, 2 pièces en rond, gravées au crayon rouge, en 1772.

20. *Quatre Officiers* dans une chambre, dont deux jouent au trictrac, et dont deux sont spectateurs; d'après *Gerards*; pièce gr. in-4. gravée à l'eau-forte. Rare.

21. La *même* pièce, gravée en manière noire.

22. Vue du Village d'*Alphen*, près de *Leyde*, gravée en manière de lavis en 1771; d'après *van Goyen*.

23. Vue du Village de *Zeedorp*; d'après *le même*; gravée en 1777.

24. *St. Joseph*, en demi-figure, avec l'enfant *Jésus*; d'après *le Guerchin*, gravé en crayon rouge.

25. *Femme à mi-corps*, habillée à l'*Egyptienne*, tenant ses doigts devant la bouche; d'après *le Guide*, de la Collection du Comte *de Bute*; pièce gravée le 1. Oct. 1771. en manière noire. Petit in-fol.

26. *Aurora*, ou le Char du Soleil; d'après *le même*. Ovale en t.

27. Deux *Amours*, dont l'un tient la massue d'*Hercule*, et l'autre bat le briquet pour la brûler; d'après *le même*, au crayon rouge, 1777. gr. in-4.

28. Portrait de *François Hals*, à mi-corps, habillé à l'espagnol, avec des moustaches, un chapeau à grands bords et un rabat à dentelles. *Fr. Hals pinx. W. Baillie sc.* 1765. Petit in-fol.

29. 30. Portrait de *J. Turner*, riche gueux, en vieillard vu de face, la tête nue, les cheveux blancs, la barbe blanche, et le manteau attaché par devant avec une agraffe; d'après *Nathanael Hone*. Petite pièce en ovale d'après une miniature; deux différentes épreuves, l'une de 1762, l'autre de 1774.

31. *The piping Boy*, jeune garçon à mi-corps qui joue de la flûte; d'après *le même*. Pièce gravée en manière noire, 1771. in-fol.

32. Lord *Mount-Stuart*, fils du Comte *de Bute*; d'après *le même*, gravé en 1779. Ovale in-fol.

33. La *Vierge*, figure entière assise avec l'enfant *Jésus* qui se lève pour caresser sa mère; d'après *B. Lutti*. Pièce gravée dans le goût du dessin, 1767. Ovale in-4. en t.

34. *Paysage*, avec des moutons; d'après *J. van Meer, junior*. Pièce gravée en manière de lavis, 1773.

35. Portrait de *François Mieris*; d'après *lui-même*, gravé en crayon, 1777.

36. *Bacchanale* de trois enfans. *Quo me Bacche* etc. d'après *Milani*. in-4. en t.

37. Le *Benedicite des Paysans*; d'après *J. Molenaar*. in-fol.

38. Un *homme devant une table, jouant de la guitarre* et se faisant accompagner du violon par son valet, en compagnie de deux Dames; d'après *le même*. Pièce gravée en manière noire, 1774. gr. in-fol.

39. *Paysage*, où se voit une chaise de poste; d'après *P. Molyn*. De la Collection du Comte *de Bute*. Pièce gravée au lavis en 1773. in-fol. en t.

40. *Paysage*, où se voit un troupeau de boeufs; d'après *le même*, publié en 1774. in-fol. en t.

41. *Paysage*, plus petit, avec du bétail, peint par *le même* en 1654, et gravé en 1777.

GUIL. BAILLIE. 249

42. Les *Orphelins de la paroisse*; d'après *le Nain*. Pièce gravée en manière noire, 1771. gr. in-fol.

43. *Jacques*, Duc *de Monmouth* à cheval, au fond une bataille; d'après *Netscher* et *Wyk*. Belle pièce gravée en manière noire. gr. in-fol. Il y en a deux différentes épreuves qui se distinguent par les mots *Meserantur* et *Miserantur*.

44. *Corneille de Witt*, grand Pensionnaire de *Hollande*. *Sveno furor ore trucidat*; d'après *le même*. Gravé en manière noire en 1774. Ovale p. in-fol.

45. *Paysan vu à une fenêtre*, tenant un pot et une pipe; d'après *Ostade*. Pièce gravée en manière noire, 1774. in-fol.

46. 47. Deux sujets rustiques, le *Paysan sans souci*, et le *Paysan de bonne humeur*; d'après *le même*. Pièces gravées en 1775. in-4.

48. *L'Intérieur d'une maison rustique*, avec huit figures de paysans, qui s'amusent à fumer et à boire. *Ostade pinx*. Pièce gravée en manière noire, 1767. in-fol.

49. Vue intérieure d'une maison rustique, où se voit devant la porte ouverte un gros *Paysan qui lit la gazette*; d'après *le même*. Gravé en 1768, en carré.

50. Vue intérieure d'une maison rustique, où se voit un *Paysan assis*, tenant un pot de bierre, et un autre *Paysan debout* qui fume et qui tourne le dos à un feu de cheminée; d'après *le même*. Gravée en 1765. gr. in-4.

51. Autre *Vue intérieure d'une maison rustique*, avec *cinq figures*, quatre hommes et une femme, s'amusant à boire et à fumer près d'une table; d'après *le même*. Gravée en 1765.

52. La *Vierge*, demi-figure avec l'enfant *Jésus*; d'après le *Parmesan*. Pièce gravée en manière noire, 1769. petit in-fol.

53. La *Vierge*, demi-figure, avec l'enfant *Jésus* et *St. Joseph*; d'après *le même*. Gravée en crayon rouge, 1771. in-4. en t.

54. *Cinq Amours* qui arrêtent un lièvre ; d'après *le Poussin*. Ovale gravé en 1779, en t.

55. *The quarrel of Cupid and Psiche*; d'après *le même*. Pièce gravée en crayon rouge. Ovale in-4.

56. *La Pièce de cent florins de Rembrandt*. C'est la planche originale, tombée entre les mains du Capitaine *Baillie*, qui l'a retouchée avec tant d'intelligence, qu'on en prenoit les épreuves pour les premières de *Rembrandt*. Elles sont d'un haut prix, et augmentent toujours davantage, attendu que l'artiste a coupé la planche depuis en quatre morceaux, qu'il imprime séparément. In-fol. en t.

57. L'histoire touchante d'après *Rembrandt*, où se voit un jeune homme, assis et lisant en face d'un vieillard qui s'essuye les yeux. Vers la gauche est une femme près d'un lit. Pièce gravée en manière noire, 1767. in-fol. en t.

58. Le *Péseur d'or*, gravé d'après l'estampe de *Rembrandt*, datée de 1639, copie précieuse. p. in-fol.

59. *Vue d'un village*, à gauche deux moulins et un pont. Pièce gravée d'après un dessin de *Rembrandt*, daté de 1665 à Leyde, intitulé: *Evening*.

60. Le *Paysage de trois arbres* de *Rembrandt*. in-4. en t.

61. La *même* pièce, différente par l'orage et le tonnère qui tombe sur les arbres.

62. *Vieillard à mi-corps*, vu presque de face, à grande barbe carrée et coiffé d'un bonnet ordinaire, de *Rembrandt*, avec la date de 1646. *W. Baillie* 1765, et en marge : *Agli dilettanti*.

63. Le *Sauveur mis au tombeau*, riche composition. De la Collection de M. *Houdson*. in-fol. en tr.

64. La *même* pièce, gravée de nouveau avec des changemens en 1774.
65. *Bataille*, épreuve avant que les fonds et les ciels y aient été gravés.
66. La *même* pièce, épreuve terminée.
67. *Paysage* représentant une vaste plaine, vers le milieu un paysan monté sur un chariot traîné par deux boeufs, avec cette inscription : *Tacet et loquitur*, et une dédicace italienne à *Nathanael Hone*, possesseur du dessin. *W. Baillie Capitaine* etc. in-fol. en t.
68. Les *Disciples d'Emaus*; d'après *Rembrandt*, sans son nom. *Et adaperti sunt* etc. Pièce gravée en 1760.
69. La *même* pièce, en manière noire. in-fol.
70. *Vieillard à mi-corps*, la tête avec beaucoup de cheveux crépus, une grande barbe carrée, et les mains dans les manches de sa robe de chambre, avec l'inscription : *Delator spe lentus iners* etc. 1771.
71. *Buste de Vieillard* en profil, cheveux plats et barbe lisse, la bouche ouverte, et en manteau ; d'après *Rembrandt*.
72. *Paysage* avec un cheval couché, gravé d'après l'estampe de *Rembrandt*, sous No. 216.
73. Les *Mendians* à la porte d'une maison; d'après l'estampe de *Rembrandt*, sous No. 170.
74. Un *Eléphant*, gravé d'après un dessin de *Rembrandt*, par *W. B.* 1778. in-fol. en t.
75. Des *Anges* volant dans les airs ; d'après *Raphael*, belle pièce, en crayon rouge.
76. *Fiançailles de Ste. Cathérine*, à genoux dans les nues, et auprès d'elle sa couronne; d'après *Romanelli*. Pièce gravée en crayon rouge. p. in-fol.
77. Un *Vieillard à mi-corps*, vu de face et portant barbe. *Salv. Rosa inv. Engraved by C. Baillie*, 1763. gr. in-4.

78. La *Vierge*, demi-figure, présentant du raisin à l'enfant *Jésus*; d'après *Rothenhamer* et *Breughel*, en crayon rouge, 1774. Ovale p. in-fol.

79. La *Vanité*, enfant qui fait des bulles de savon; d'après *Rubens*. gr. in-4. Pièce très-rare, la planche n'existant plus.

80. L'*Ambassadeur de Siam* à la cour de *Charles* I. figure vue jusqu'aux genoux, pièce, gravée d'après un dessin de *Rubens* de la Collection de *R. Willet* Esqr. 1774. gr. in-fol.

81. *Prêtre de Siam*; d'après un dessin de *J. Barnard*. Pièce semblable à la précédente.

82. La *Vierge*, avec l'enfant *Jésus*; d'après *Sabatini*, en crayon rouge. in-4.

83. *Ste. Famille*, demi-figures; d'après *Schidone*, en manière noire. in-fol.

84. L'*Alchymiste*, figure à mi-corps; d'après *Teniers*. p. in-fol.

85. L'*Intérieur d'une maison rustique*, où des paysans s'amusent à jouer et à boire; d'après *le même*. Pièce capitale, gravée en manière noire, 1771. gr. in-fol.

86. Un *Etudiant en réflexion*, assis devant une table sur laquelle est un livre ouvert et un globe; d'après *Terbourg*. in-fol.

87. *Guillaume* II. Prince *d'Orange* à cheval, père du Roi *Guillaume*, accompagné d'un homme à cheval et d'un chien; d'après *le même*. gr. in-fol. en carré.

88. Des *Soldats qui se querellent au jeu*, en demi-figures; d'après *le Valentin*. Pièce gravée pour la Collection de *Boydell* en 1769. gr. in-fol. en t.

89. *Marine* avec quatre vaisseaux et un ciel couvert. From a drawing by *van de Velde*. in-4. en t.

90. *Calme sur mer*, Marine avec des vaisseaux de guerre; d'après *le même*. Pièce gravée en manière de lavis. in-4. en t.

91. La *Mer en agitation*, Marine avec des vaisseaux; d'après *W. van de Velde*, d'un dessin de la Collection du Comte *de Bute*. Pièce gravée en manière de lavis, 1772.

92. Un *vieux Paysan*, demi-figure, tenant d'une main une corbeille; d'après *Zuccaro*. Pièce gravée en crayon noir et en couleur, 1777. in-fol.

RICHARD COOPER, dessinateur et graveur au burin, en manière noire et à l'aqua tinta, né en Angleterre vers 1736, et établi à *Londres*. *Richard Cooper* est un des graveurs les plus distingués de nos tems, et dont les estampes diverses, gravées dans les différentes manières usitées aujourd'hui, sont d'une savante exécution.

1. *Charles* Prince *de Galles*, *Jacques* Duc *d'Yorck*, la Princesse *Elisabeth*, la Princesse *Marie*, et la Princesse *Anne*, enfans du Roi *Charles* I. *Van Dyck pinx.* R. *Cooper del. et sc.* Londini 1762. gr. in-fol. en 1.

2. La *Procession des Chevaliers du très-noble Ordre de la jaretière*. *Van Dyck pinx*. 1639. *Cooper fec.* aqua tinta. Grande frise.

3. La *Maîtresse de Rembrandt*. *Rembrandt pinx*. *Cooper fec*. Mezzotinto. 1777. in-fol.

4. La *Vierge* debout, tenant l'enfant *Jésus* dans ses bras. *Corregio pinx. R. Cooper sc.* 1763. gr. in-fol.

5. La Vue de l'église de *St. Pierre* de *Rome*, et ses environs. *R. Cooper in aqua tinta fecit*, 1778. tr. gr. pièce.

6. La Vue de l'église de *St. Pierre*, avec la *Colonade* et la place attenante. Pendant de même exécution.
7. Le Pont antique, nommé *Ponte Salaro*, sur la rivière de l'*Anion*. De même exécution. gr. in-fol. en t.
8. Ponte *Nomentano*, ancien Pont sur l'Anion. De même exécution. Pendant.
9. Vue de l'intérieur de l'Amphithéatre de Vespasien, nommé le *Colysée*. De même exécution 1779. gr. in-fol. en t.
10. Vue prise du jardin de la Villa *Negroni* à Rome. De même exécution, même grandeur.
11. Vue d'une partie de *Tivoli* et des hauteurs d'alentour, prise du jardin de la Villa d'*Este*. De même exécution, et même grandeur.
12. Vue de la Campagne de *Rome*, prise de la Villa d'*Este* près de *Tivoli*. De même exécution, et même grandeur.

JAMES, ou JACQUES JOHNSON, graveur en manière noire, né en Angleterre vers 1736, et florissant à *Londres* vers 1756. On n'est pas d'accord sur le prénom de cet artiste; les uns parlent d'un J. Johnson, les autres d'un T. Johnson. A ce compte il y auroit eu deux graveurs de ce nom qui ont travaillé en même tems à *Londres*. On a sous le nom de J. Johnson les pièces suivantes:

1 — 4. Les *quatre Saisons*, quatre feuilles, chacune avec son intitulé. *Johnson fec.* in-fol.
5. Le *Retour d'Egypte*. *Rubens pinx.* *Id. fec.* in-fol.

Joseph Strutt, en parlant de *T. Johnson*, dit que *Faber le jeune* mettoit souvent le nom de ce graveur sur ses estampes, comme sur le portrait de *William* Lord *Cowper*, et sur une petite pièce représentant *Adam* et *Eve*. Pour les trois morceaux suivans, il les croit sûrement de *T. Johnson* :

6. Le Portrait de Lord *Anson*.
7. — — — — *Bullock*, le Comédien.
8. — — — — *T. Britton*, le petit Charbonier.

GEORGE STUBBS, peintre et graveur à l'eau-forte, né en Angleterre vers 1736, et florissant à *Londres* en 1760. *Stubbs* a gravé avec le plus grand succès le paysage et les animaux. On a de lui un excellent traité de l'Anatomie des Chevaux, dont les dessins, ainsi que les gravures sont de sa main, et dont l'exécution est en grande estime. Les pièces suivantes sont de lui et de *George Stubbs junior*, son fils :

1. Le *Cheval* et le *Lion*. *George Stubbs senior fec. in aqua forti*. 1777. gr. in-fol. en t.
2. La *Lionne* et le *Lion*. *G. Stubbs junior fec.* 1777.
3. Le *Lion* et le *Cheval*. *G. Stubbs junior fecit. J. Wesson exc.* 1770. gr. in-fol. en t.
4. Le *Lion* et le *Cerf*. *Id. fecit. Id. exc.* 1770. gr. in-fol. en t.

4. *Masque du Cheval brun*, avec la Généalogie du cheval. *G. Stubbs jun. fec.* in-fol.

Outre les estampes de *B. Green*, on a encore celles d'après *Stubbs* le père, faites par *Dixon, Fisher, Pether* et *Woollett*.

On connoit aussi deux pièces de *George Townley Stubbs*, portant pour titre :

6. *Savoir vivre — sans souci. Geo. Townley Stoubbs fecit*, 1783.
7. *Savoir vivre — sans six sous. Id. fecit*, 1783. Pièces exécutées en points bruns et relevées en rouge. Petit in-fol.

BENJAMIN GREEN, graveur en manière noire, né en Angleterre vers 1736, et florissant à *Londres* vers 1770. Comme on a peu de notices des graveurs anglois vivans, ce n'est que par conjecture qu'on avance ici que *Benjamin* et *Valentin* sont frères. Le premier n'a guères gravé que des chevaux, des animaux féroces et des portraits; d'ailleurs il n'a pas atteint la célébrité du dernier.

1. Jeune fille à mi-corps. *Tilly Kettle pinx. Benjamin Green fec.* 1768. gr. in-fol.
2. *Phillis*, beau Chien d'arrêt de Lord *Clermonts. G. Stubbs pinx. B. Green fec.* gr. in-fol. en t.
3. Le *Lion* et le *Cerf. Id. pinx. Id. fec.* 1770. gr. in-fol. en t.

VAL. GREEN.

4. Le *Cheval* en présence du *Lion*. *Id. pinx. Id. fec.* 1768. gr. in-fol. en t.
5. Le *Cheval* en présence de la *Lionne*. *Id. pinx. Id. fec.* 1774. gr. in-fol. en t.
6. *Juments poulinières. Id. pinx. Id. fec.* gr. in-fol. en t.
7. *Phaéton* emporté sur son char par les chevaux du Soleil. *G. Stubbs pinx. B. Green fec.* gr. in-fol. en t.

Toutes ces pièces sont très-recherchées, et les bonnes épreuves sont aujourd'hui de la plus grande rareté.

VALENTIN GREEN, dessinateur et graveur en manière noire, ainsi qu'en aqua tinta, né à *Londres* vers 1737, et florissant dans la même ville en 1780. Membre de l'Académie des Arts à *Londres*, *Valentin* se qualifie aussi de Graveur du Roi et de l'Electeur *Palatin-Bavière*. Cet artiste est un des plus habiles graveurs anglois en manière noire; il partage avec *Earlom* la gloire d'avoir porté ce genre de gravure au plus haut point de perfection. *Green* réussit également dans les portraits et les sujets historiques. Ses estampes sont très-recherchées, soit par l'importance des sujets, soit par l'excellence de leur exécution. Comme c'est un artiste très-laborieux, son œuvre est considérable; mais les bonnes épreuves, sur-tout celles avant la lettre, sont de la plus grande rareté.

VAL. GREEN.

Portraits divers, tant de sa composition que d'après différens maîtres.

1. La Duchesse *de Cumberland*, gravée en 1783. gr. in-fol.
2. *Marie de Levis*, Vicomtesse *de Sarsfield*, morte en 1781. in-fol.
3. *Jean Boydell*, graveur et éditeur des plus belles estampes angloises. *Josias Boydell pinx.* gr. in-fol.
4. *Gregory Sharp*. L. L. D. *R. Crosse pinx.* gravé en 1774. Petit in-fol.
5. *Edouard Smith*, Esqr. *R. Parkor pinx.* gravé en 1779. in-fol.
6. *John Bird*, Mathématicien. *Fr. Levis pinx.* in-fol.
7. *John Forthergill*, Botanicien. *G. Stuart pinx.* in-fol.
8. *Charles-Théodore*, Comte-Palatin du *Rhin*, et Electeur de *Bavière*, peint à *Rome* par *P. Batoni* et gravé à *Londres* par *V. Green*, Graveur du Roi et de l'Electeur. 1778. gr. in-fol.
9. Le Prince Palatin *Robert. P. Rembrandt pinx.* gr. in-fol.
10. *Thomas Wharton*, frère de *Philippe*, Baron de *Wharton. A. van Dyck pinx.* gr. in-fol.
11. *Henri Danvers*, Comte *de Danby. Id. pinx.* Pendant.
12. *George Gordon*, second Marquis *de Huntly. Id. pinx.* gr. in-fol.
13. *Charles Blount*, premier Comte *de Devonshire. Vansomer pinx.* gr. in-fol.
14. *John Hamilton Mortimer*, peint par *lui même*, gravé en 1779. gr. in-fol.
15. *Richard Cumberland*, Esqr. *Romney pinx.* gravé en 1771. gr. in-fol.
16. *Mistriss Yates*, en *Muse tragique*, figure en pied. *Id. pinx.* gravé en 1772.
17. Lady *Hume*, assise, tenant un livre. *R. Cosway pinx. Green fec.* 1784. gr. in-fol.

18. *Georgiana*, Duchesse de *Devonshire*, en *Cynthie* dans les nues. *Maria Cosway pinx. Id. fec.* 1783.
19. Lady *Nuncham*, figure en pied. *P. Falconet pinx. Id. fec.* 1769. gr. in-fol.
20. *Pierre le Sauvage*, assis dans un désert. *Id. pinx. Id. fec.* gr. in-fol.
21. *Elisabeth*, Comtesse d'*Ancram. Id. pinx. Id. fec.* 1774. gr. in-fol.
22. Miss *Brusby*, tenant un lapin. *Id. pinx. Id. fec.* 1774. gr. in-fol.
23. Mistriss *Green*, jouant avec son enfant. *P. Falconet pinx. Id. fec.* 1770. gr. in-fol.
24. Mistriss *Fordyce*, sur le tombeau de *Fingal. Angel. Kauffman pinx. Id. fec.* 1782. gr. in-fol.
25. Lord *Newbottle* et *Ladyker* sa sœur, figures de jeunesse. *Catherine Read pinx. Id. fec.* gr. in-fol.
26. *Joseph Sidney Yorke*, à l'âge de trois ans. *Id. pinx. Id. fec.* 1772. gr. in-fol.
27. *Jean Montagu*, Comte de *Sandwich. J. Zoffany pinx. Id. fec.* 1774. gr. in-fol.
28. Mr. *Garrick* et Mr. *Pritchard*, dans la tragédie de *Macbeth. Id. pinx. Id. fec.* 1776. gr. in-fol.
29. Mr. *Garrick* en grand, avec le buste de *Shakespear. Gainsborough pinx. Id. fec.* 1769. gr. in-fol.
30. Mr. *Powel* dans le rôle du Roi *Jean*, et Mr. *Bensley* dans celui de *Hubert. Mortimer pinx. Id. fec.* 1769. gr. in-fol.
31. Mr. *Reddish*, dans le rôle de *Posthumus. Pine pinx. Id. fec.* 1771. gr. in-fol.
32. Mistriss *Clarck*, née *Hunter. Calze pinx. Id. fec.* 1771. in-fol.
33. Mistriss *le Maister. Id. pinx. Id. fec.* 1771. in-fol.
34. Lady *Molyneux*, puis Comtesse de *Seston. Id. pinx. Id. fec.* 1770. in-fol.

35. Lady *Pennyman* avec son enfant sur ses genoux. *Id. pinx. Id. fec.* 1772. in-fol.
36. *Henri Laurens*, Président du Congrès d'*Amérique*. *J. Singleton Copley pinx. Id. fec.* 1778. gr. in-fol.
37. *Joseph* et *Jean Gulston*, Esqr. *Fr. Cotes pinx. Id. fec.* 1771. gr. in-fol. en t.
38. Le Général *Philipps*. *Id. pinx. Id. fec.* gr. in-fol.
39. Miss *Martha Ray* qui fut assassinée le 7. Avril 1779.
40. *William Burton*, Colonel. *H. D. Hamilton pinx. Id. fec.* gr. in-fol.
41. Miss *Carpenter*, en pied. *Tilly Kettle pinx. Id. fec.* gr. in-fol.
42. Mistriss *Barrington*, à mi-corps. *Id. pinx. Id. fec.* gr. in-fol.
43. *Jeune Homme*, jusqu'aux genoux. *Id. pinx. Id. fec.* gr. in-fol.
44. Le Général *Washington*, figure en pied. *C. W. Pele pinx. Id. fec.* 1785. gr. in-fol.
45. Le Général *Green*, figure en pied. *Id. pinx. Id. fec.* 1785. Pendant.
46. *Henri Grattan*, Esqr. *F. Wheatly pinx. Id. fec.* 1782. gr. in-fol.
47. L'Archiduc *Charles*, en buste. *Loutherbourg pinx.* gravé en 1796. in-fol.

Portraits divers d'après Reynolds.

1. Sir *Joshua Reynolds*. *Se ipse pinx. Val. Green fec.* 1780. gr. in-fol. Le tableau à l'Académie Royale.
2. Lord *Dalkeith*, fils aîné du Duc *de Buccleugh*, figure entière, gravé en 1778. gr. in-fol.
3. Le jeune Duc *de Bedford* en *Jason*, avec ses deux frères et Miss *Vernon*, figures entières, en 1778. gr. in-fol.
4. *Marie-Isabelle*, Duchesse *de Rutland*, figure en pied. tr. gr. in-fol.

5. *Emilie-Marie*, Comtesse *de Salisbury*. 1787. De même que la précédente.

6. *Anne*, Vicomtesse *de Townshend*, figuré en pied. 1780. De même.

7. *Elisabeth-Laura*, *Charlotte-Marie*, et *Anna-Horatia*, filles de *Jacques*, Comte de *Waldegrave*. 1784. De même.

8. Lady *Louise Manners*, sœur du Comte *de Dysart*, figure entière. 1769. gr. in-fol.

9. Sir *William Chambers*, assis dans son cabinet; en 1780. gr. in-fol.

10. Lady *Elisabeth Compton*, figure entière; en 1781. tr. gr. in-fol.

11. Miss *Camphel*, figure jusqu'aux genoux; en 1779. in-fol.

12. La Comtesse *d'Aylesford*, figure jusqu'aux genoux; en 1783. in-fol.

13. Lady *Betty Delme*, assise avec ses enfans; en 1779. tr. gr. in-fol.

14. Lady *Talbot*, figure en pied; en 1782. De même grandeur.

15. Lady *Caroline Howard*, figure assise; gravée en 1778. in-fol.

16. Lady *Georgiana Spencer*, Duchesse *de Devonshire*, figure en pied; en 1780. tr. gr. in-fol.

17. Lady *Jeanne Halliday*, figure en pied; en 1779. Même grandeur.

18. La Comtesse *d'Harrington*, figure en pied. 1780. De même.

19. Dame *anonyme*, figure jusqu'aux genoux, se promenant dans un parc. (C'est *Georgiana Spencer*, Duchesse *de Devonshire*). 1779, in-fol.

Portraits divers d'après West.

1. Portrait de *Benjamin West*, Peintre du Roi, avec son jeune fils, gravé par *Valentin Green*, Graveur du Roi en manière noire; gravé en 1775, in-fol.
2. *Charlotte*, Reine d'Angleterre, et la Princesse Royale, gravée en 1778. gr. in-fol.
3. Le Prince *Guillaume-Henri*, à mi-corps, gravé 1780. in-fol.
4. Le Prince de *Galles*, avec son frère le Prince *Fréderic*, Evêque d'*Osnabruck*; figures en pied, 1779. tr. gr. in-fol.
5. Les Princes *Ernest-Auguste*, *Auguste-Fréderic*, *Adolphe-Fréderic*, et les Princesses *Augusta-Sophie*, *Elisabeth* et *Marie*, en 1778. gr. in-fol.
6. *Robert* et *Thomas Drummond*, fils de l'Archevêque d'*York*, figures en pied. tr. gr. in-fol.

Sujets divers de West.

1. La *Vierge* avec l'Enfant *Jésus* dans ses bras (Madame *West* portant son fils): gravé en 1770. in-fol.
2. *Jacob* bénissant les deux fils de *Joseph*, *Ephraïm* et *Manassé*; en 1768. gr. in-fol. en t.
3. *Elisée* ressuscitant l'enfant d'une Veuve, le fils de la *Sunamite*; en 1768. gr. in-fol. en t.
4. *Elisée* ressuscitant le fils de la Veuve, le même sujet que le précédent, autrement traité; en 1784. tr. gr. in-fol. en t.
5. *Daniel* interprétant au Roi *Balthasar* les mots écrits sur la muraille du palais par une main invisible. 1777. tr. gr. in-fol. en t.
6. Péché de *David* — — Et *Nathan* dit à *David:* „C'est vous même qui êtes cet homme"! en 1784. gr. in-fol. en t.
7. La Résurrection du *Lazare*, dédiée au Roi. Le tableau à la Cathédrale de *Winchester*. 1781. tr. gr. in-fol.
8. Le *Sauveur* appellant auprès de lui les petits enfans. Le tableau à l'Académie Royale. 1782. tr. gr. in-fol. en t.

9. Le Reniement de *St. Pierre*; en 1780. gr. in-fol.
10. *Pierre* et *Jean* allant au sépulcre. Tableau de la chapelle de *Windsor*. gr. in-fol.
11. Les *trois Maries* allant au sépulcre. *Ibid.* Gravé en 1784. Pendant.
12. *Saint Etienne* martyrisé — — « Et il y eut quelques hommes craignant Dieu qui prirent soin des funérailles d'Etienne. » Act. VIII. v. 2. Le Tableau à l'église de St. *Etienne Walbroock*. 1776. tr. gr. in-fol.

   Chef-d'oeuvre du peintre et du graveur. C'est l'estampe la plus belle et la plus rare de tout l'oeuvre de *Green*.
13. *Arrie* et *Pétus*, figures en pied, en 1781. gr. in-fol.
14. *Aléxandre* prenant le breuvage de *Philippe* son médecin, et *Philippe* lisant la lettre de *Parménion*, 1772. gr. in-fol. en t.
15. Le Médecin *Erasistrate* découvrant l'Amour d'*Antiochus* pour *Stratonice* sa belle-mère, 1776. gr. in-fol. en t.
16. *Egiste* découvrant le corps de *Clytemnestre* par ordre d'*Oreste*, 1788. gr. in-fol. en t.
17. *Régulus* partant de *Rome* pour retourner à *Carthage*. Tableau du Cabinet du Roi, 1771. tr. gr. in-fol. en t.
18. *Annibal*, jeune encore, jurant une inimitié éternelle aux *Romains*. Ibid. 1773. Pendant.
19. *Marc-Antoine* haranguant le peuple romain après le meurtre de *César*, 1781. tr. gr. in-fol. en t.
20. *Agrippine*, entourée de ses enfans, pleure sur l'urne de *Germanicus*, 1776. tr. gr. in-fol. en t.
21. La Mort d'*Epaminondas*. Tableau du Cabinet du Roi, 1774. tr. gr. in-fol.
22. La Mort du Chevalier *Bayard*. Ibid. Pendant de la pièce précédente.
23. *Una*, avec son fidel lion, sujet tiré de la Féerie de *Spenser*. gr. in-fol. en t.

VAL. GREEN.

24. Le *Chévalier de la Croix rouge* dans l'antre du Désespoir; d'après *Spenser*. gr. in-fol. en t.
25. *Fidelia* et *Spiranza*; d'après *Spenser*. Pendant.
26. L'*Amour*, piqué par une abeille, est caressé par sa mère. Pièce en cercle. in-fol.
27. L'*Age d'or*. Pièce en ovale, gravée en 1777. gr. in-fol. en t.

Divers sujets, d'après différens maîtres.

1. L'*Annonciation*. *Fred. Barocci pinx.* gravé en 1778. gr. in-fol.
2. La *Nativité* de Notre-Seigneur. *Id. pinx. Id. fec.* 1778. Pendant.
3. La *Vierge* et l'enfant *Jésus*. *Dominichino pinx.* gravé en 1774. in-fol.
4. St. *Jean-Baptiste* avec son agneau. *Murillos pinx.* 1777. gr. in-fol.
5. L'*Assomption de la Vierge*. *Id. pinx. Id. fec.* 1776. gr. in-fol. De la Galerie de *Houghton*.
6. L'*Hermite en prières*. *P. F. Mola pinx. Id. fec.* 1777. gr. in-fol.
7. *Jésus mis dans le sepulcre*. *L. Carracei pinx. Id. fec.* 1775. gr. in-fol.
8. *Vénus* et *Cupidon*. *Aug. Carracei pinx. Id. fec.* 1785. gr. in-fol. Du Cabinet de Sir *Abraham Hume*.
9. *Vénus* sur les eaux. *Ant. Bellucci pinx. Id. fec.* 1784. in-fol. en t. De la Galerie de *Dusseldorf*.
10. *Cupidon* et *Psyché*. *Id. pinx. Id. fec.* 1784. Pendant. De la même Galerie.
11. Le *Tems* coupant les ailes de l'*Amour*. *Ant. van Dyck pinx. Id. fec.* 1778. gr. in-fol.
12. *Tabagie flamande*. *D. Teniers pinx. Id. fec.* 1778. in-fol. en t.
13. *Paysans* qui fument et qui jouent. *Id. pinx. Id. fec.* 1779. Pendant.

14. *Ecole hollandoise (A dutch School)*. Riche composition. *J. Steen* pinx. Id. fec. 1772. gr. in-fol. en 1.
15. Buste d'un *Rabbin*. *Rembrandt* pinx. Id. fec. 1774. gr. in-fol.
16. Buste d'un *Moine*. *P. P. Rubens* pinx. Id. fec. 1774. in-4. De la Galerie de *Houghton*.
17. La *Visitation*; d'après le tableau d'Autel de *Rubens* de la Cathédrale d'*Anvers*, gravée en 1790. tr. gr. pièce, 34 pouces de haut, et 11 pouces de large.
18. La *Présentation au Temple*; d'après l'autre tableau de *Rubens* de la Cathédrale d'*Anvers*. Même dimension.
19. La *grande descente de Croix* de *Rubens*; d'après le tableau d'autel de la Cathédrale d'*Anvers*. Pièce gravée en 1790, 34 pouces de haut, sur 20 pouces de large. — — Ces trois fameux morceaux avoient déjà été gravés par les meilleurs élèves de *Rubens*.
20. Le *Christ expiré sur la croix*, au bas la Vierge évanouie; d'après *van der Werff*, de la Galerie de *Dusseldorf*, gravé en 1792 par *Val. Green*. tr. gr. in-fol.
21. Le *Christ en croix*; d'après le tableau de *van der Werff*, de la *même* Galerie, gravé par *le même* en 1792. Pendant.
22. *Vénus Anadyomène*, ou *Vénus sortant de la mer*. *J. Barry* pinx. Id. fec. 1774. gr. in-fol.
23. Le *Pèlerin de St. Jacques* à *Nampon*, sujet tiré du Voyage sentimental de *Sterne*. *C. Carter* pinx. Id. fec. 1774. gr. in-fol.
24. Le *Housar blessé*. Id. pinx. Id. fecit, 1776. gr. in-fol.
25. Le *Prophète Elie* et le jeune *Samuel*. *J. Singleton Copley* pinx. Id. fec. 1780. gr. in-fol.
26. Le *Denier de César*. Id. pinx. Id. fec. 1783. gr. in-fol. en t.

27. L'*Enfant de l'Affliction*. *R. M. Paye pinx*. *Id. fec.* 1783. in-fol.
28. L'*Education*. *Id. pinx. Id. fec.* 1783. Pendant.
29. Jeune homme sauvé des attaques réitérées d'un Requin dans port de *Louisbourg*. *J. Singleton pinx. Id. fec.* 1779. gr. in-fol. en t.
30. *Ecole des jeunes garçons*. *J. Opie pinx. Id. fec.* 1785. tr. gr. in-fol. en t.
31. Une *Veillée d'hiver (A Winter's Tale)*. *Id. pinx. Id. fec.* 1785. Pendant.
32. L'*Homme vertueux* réconforté par la sympathie et par l'attention des siens. *Ed. Penny pinx. Id. fec.* 1775. gr. in-fol.
33. L'*Homme vicieux* puni par sa négligence et par le mépris des siens. *Id. pinx. Id. fec.* 1775. Pendant.
34. *Miravan*, jeune Gentilhomme d'*Ingrie*, ayant enfoncé le tombeau de ses ancêtres dans l'espérance d'y trouver un trésor, y trouve une leçon de sagesse. *Wright de Derby pinx.* gr. in-fol.
35. Un *Philosophe* donnant une leçon de physique expérimentale sur l'air avec la machine pneumatique. *Id. pinx. Id. fec.* 1769. gr. in-fol. en t. (Le pendant de cette belle pièce est l'*Orrery* d'après *le même*, gravée par *Pether*).

MATTHIEU LIART, graveur au burin, né à *Paris* en 1736, et alla s'établir à *Londres*. Les estampes les plus connues de ce graveur, exécutées avec beaucoup de propreté, se trouvent la plupart dans le Receuil de *Boydell*. Telles sont:

1. Le *Sacrifice de Noé* ; d'après *André de Sacchi*, du Cabinet du Duc de *Devonshire*. Ovale gr. in fol. en t.

2. Convention entre *Jacob* et *Laban*; d'après *Pietre de Cortone*. *Ibid.* gr. in-fol.
3. Les *Compagnons joyeux*; d'après le tableau d'*Ostade*, du Cabinet de *Reynolds*. gr. in-fol.
4. *Vénus* pleurant *Adonis*, blessé à mort par un sanglier à la chasse; d'après *Ben. West*, du Cabinet du Chevalier *Young*. gr. in-fol. en t.
5. *Procris* percée d'un coup de flèche que lui tira *Céphale* à travers les broussailles; d'après *le même* (Pendant de la pièce précédente).

CHARLES CORBUTT, graveur en manière noire, né aux environs de *Londres* vers 1736. Contemporain de *Purcell*, il a travaillé dans le même goût. Nous avons de son grattoir différentes estampes, sur-tout des portraits, dont quelques-unes sont de sa composition.

1. Mistriss *Brochs*. *C. Corbutt fec.* in-fol.
2. *James Wolfe*, Major-Général. *Id. fecit.* in-fol.
3. *François Arouet de Voltaire*, composant à sa table. *L. Sen. del. Id. fec.* in-fol.
4. Jean-Jacques Rousseau. *Vitam impendere vero. Ramsay pinx.* 1766. *Id. fec.* in-fol.
5. *William Romaine*. *Fr. Cotes pinx. Id. fec.* in-fol.
6. Lady *Charlotte Jonston*. *Jos. Reynolds pinx. Id. fec.* in-fol.
7. Mistriss *Chambers*. *Id. pinx. Id. fec.* in-fol.
8. Mistriss *Cholmondeley*. *Id. pinx. Id. fec.* in-fol.
9. Mistriss *Pénélope Pitt* en *Cérès*. *Cath. Read pinx. C. Corbutt fec.* in-fol.
10. *Garrick* entre la *Comédie* et la *Tragédie* (Strive

not Tragedy nor Comedy). *J. Reynolds pinx. C. Corbutt fec.* in-fol.

11. Conversation flamande. *Brouwer pinx. Corbutt fec.* in-fol.

12. Le vieux Rabin. *Rembrandt pinx. Corbutt fec.* in-fol.

JAMES, ou JACQUES PEAK, dessinateur, graveur à la pointe et au burin, né en Angleterre vers 1740. et florissoit à *Londres* en 1765. Contemporain de *Byrne* il travailla aussi pour *Boydell*; il a gravé à l'eau-forte d'après son dessin:

1. Une jolie Vue de l'Abbaye de *Waltham* dans le Comté d'Essex.
2. 3. Deux Paysages, première et seconde Vue de la *petite Ferme*; d'après *J. Pillement*, pièces gravées en 1761. Petit in-fol.
4. 5. Deux Paysages, dont l'un représente la Vue de *Warwick-Hall*, en Cumberland, sur la rivière d'Eden, et l'autre celle du *Pont de Ferri*, dans le Duché d'York; d'après *Bellers.* in-fol, en t.
6. *Mercure* et le pâtre *Battus*, paysage de *Claude le Lorrain*, du cabinet du Duc *de Devonshire.* tr. gr. in-fol. en t.
7. Le Matin, beau paysage de *Claude le Lorrain*, du cabinet de M. *Methuen*, gravé en 1769. tr. gr. in-fol. en t. (Faisant pendant avec le *Soir de Byrne*).
8. *Paysage*, orné de fabriques, avec des villageois au bord d'un canal; d'après *G. Smith*, du cabinet de *Robert Saltonstal*, gravé en 1774. *Sayers* et *Boydell excud.* gr. in-fol. en t.
9. Paysage orné de chûtes d'eau, avec un villageois assis

au bord d'un canal; d'après *le même*, du cabinet de M. *Bradford*, gravé en 1774. Pendant.

10. *Paysage* avec des villageois au bord d'une rivière; d'après *le même*, du cabinet de Sir *Jos. Reynolds*, gravé en 1775. *Boydell* exc. gr. in-fol.

11. Vue de *Rozeau* dans l'île de la Guadaloupe; d'après le Lieutenant *Archibal Campdell*. in-fol. en t.

12—15. Quatre *Vues*; d'après *Wilson*.

16. Le *Repos des Bergers*; d'après le tableau de *Th. Jones* qui remporta le premier prix en 1768. gr. in-fol. en t.

17. Les *Bandits* retirés dans une contrée sauvage; d'après le *Bourguignon*, du cabinet de *Houghton*, gravé en 1777. in-fol. en t.

18. Les *Mendians*, dans un paysage fourré; d'après *le même*. Pendant.

WILLIAM ou GUILLAUME BYRNE, graveur à la pointe et au burin, né à *Cambridge*, selon *Basan* vers 1740. Il a appris les élémens de la gravure à *Londres*, et a cherché à se perfectionner dans son art à Paris chez *J. G. Wille*. De retour dans sa patrie il a travaillé d'après différens maîtres et a traité le paysage avec beaucoup de goût et d'intelligence. Il a gravé pour la collection de *Boydell* les trois pièces suivantes:

1. *Apollon* Gardien des troupeaux du Roi *Admete*; d'après le tableau de *Ph. Lauri*, du cabinet du *D. Bragg*. gr. in-fol. en t. (Cette estampe, gravée en 1768. fait pendant avec *Diane* et *Actéon*; d'après *le même* par *Woollett*).

2. La *Fuite en Egypte*, sur un beau fond de paysage;

d'après le tableau du *Dominiquin*, du cabinet du Comte de *Coventry*, gravé en 1767. gr. in-fol. en t.

3. Le *Soir*, beau paysage de *Claude le Lorrain*, du cabinet de M. *Methuen*, gravé en 1769. tr. gr. in-fol. en t. (Le *Matin*, pendant de cette pièce, est gravé par *Peak*).

4. *Abraham* et *Loth* quittant l'Egypte; d'après le tableau de *Fr. Zuccarelli*, du cabinet de *George Keate*, gravé par *Byrne* et *Bartolozzi*. gr. in-fol. en t.

5. *Paysage* montagneux; d'après *le même*, et gravé par *les mêmes*. Ibid. gr. in-fol. en t.

6. *Paysage* avec une tempête; d'après *le même*, du cabinet de *J. Connel*, gravé par *les mêmes*. Pendant.

7. *Marine*, le Fanal exhaussé. *J. Vernet pinx. W. Byrne sc.* 1772. gr. in-fol.

8. *Paysage* agreste d'Italie, représentant le *Matin*; d'après *J. Both*, gravé par *Byrne* et *Schouman*. gr. in-fol. en t.

9. Paysage représentant le *Soir*; d'après *J. Both*, du cabinet d'*Edmond Antrobus*, les figures par *Bartolozzi*.

10. Scène du Roman de *Joseph Andrews*, dessinée par *Hearne*, gravée par *Byrne* et *Middiman*, les figures par *Bartolozzi*. 1781. Petit in-fol.

11. *Laurette*, sujet tiré des Contes de *Marmontel*; d'après *Loutherbourg*, le paysage gravé par *W. Byrne* et *S. Middiman*, les figures par *Bartolozzi*. in-fol.

12. La *Bergère des Alpes*, des Contes des *Marmontel*; sujet peint et gravé par les *mêmes*.

13. Première Vue des Environs de *Coblenz*, le tableau de *Ch. G. Schutz*, du cabinet de *Wille*, gravée à l'eau-forte par *Dunker*, et au burin par *Byrne*. in-fol. en t.

14. Seconde Vue des Environs de *Coblenz*. Ibid. par *les mêmes*. Pendant.

15. Première Vue près de *Leuben* en Saxe, avec des Chaumières et un bouvier, conduisant trois bêtes à cornes; d'après *Dietrich*. in-fol. en t.

16. Seconde Vue près de *Leuben*, avec une ferme au bord d'un torrent. Pendant.
17. Vue du Château de *Windsor* sur une hauteur, et au bas son parc. *W. Hodges pinx. W. Byrne* et *J. Schoumann sc.* gr. in-fol. en t.
18. La Mort du Capitaine *Cook. J. Webber pinx.* Pièce gravée en 1783; le paysage par *Byrne*, les figures par *Bartolozzi.* gr. in-fol. en t.
19. *Chiens* courans, et une *Pic* qui accompagne les chiens à la chasse; d'après *Wooton*, du cabinet d'*Houghton*. Petit in-fol.
20. La Cataracte du fleuve *Niagara* et du Paysage d'alentour; d'après *R. Wilson*, gravée en 1774. gr. in-fol.
21–26. Belles Vues des Lacs en *Cumberland* et en *Westmorland*. No. I. Six feuilles avec des intitulés en anglois et en françois; peintes par *Josuah Farington*, gravées en 1785 par *W. Byrne* et *Medland.* in-fol. en t.

RICHARD PURCELL, graveur en manière noire, né en Angleterre vers 1736. et florissoit à *Londres* vers 1760. Il a gravé différentes choses, surtout des portraits.

1. *John Manners*, Marquis *de Granby. Jos. Reynolds pinx. R. Purcell fec.* gr. in-fol.
2. Lady *Fenoulhet*, Comtesse *d'Essex. Id. pinx. Id. fec.* gr. in-fol.
3. *Elisabeth*, Comtesse *de Berckley. Id. pinx. Id. fec.* gr. in-fol.
4. *John Wilkes*, Esqr. *Patricius Pine p. humanorum figurarum pinx. Purcell nec non fecit.* in-fol.
5. *Charles*, Prince *de Galles, Jacques*, Duc *d'York* et la Princesse *Marie*, enfans de *Charles* I. *Ant. van Dyck del. R. Purcell fec.* in-fol. en t.

6. *A Turkish Lady at a the Bath.* Jos. Vernet pinx. R. Purcell fec. in-fol. en t.
7. *A Turkish Grandee at a Fishing.* Id. pinx. Id. fec. Copies des deux estampes de Daulé : La Grecque sortante du bain : Le Turc qui regarde pêcher.

RICHARD BROOKSHAW, graveur en manière noire, né en Angleterre vers 1736, florissoit à Londres vers 1770. Les ouvrages qu'on connoît de lui ne sont pas nombreux ; ils consistent en portraits et en marines.

1. *Jeune Dame* à mi-corps, tenant un vase dans ses mains. R. Reynolds pinx. R. Brookshaw fec. in-4.
2. *James Bouverie*, fils du Comte de Radnor. Id. pinx. Id. fec. in-4.
3. *L'Enchanteresse.* R. Murrai pinx. R. Brookshaw fec. in-4.
4. *Retour d'Egypte.* Rubens pinx. Id. fec. in-fol.
5. Belle *Marine*, avec un clair de lune *(Moon Light)*. H. Kobell pinx. Id. fec. gr. in-fol.
6. Belle *Marine*, avec un violent orage sur mer *(A Thunder-Storm)*. H. Kobell pinx. R. Brookshaw fec. 1772. gr. in-fol. en t.
7. *Louis XVI.* Roi de France. gr. in-fol.
8. *Marie - Antoinette d'Autriche*, Reine de France. gr. in-fol.
9. *Jeune Dame* se promenant à cheval dans un paysage, accompagnée de son mari. Sans nom. 1762. in-fol. en t.

JAMES ou JACQUES BARY, peintre et graveur en *aqua tinta*, né en Angleterre vers 1740. et florissant à *Londres* en 1770. Il s'est fait connoître par un ouvrage qui a paru à *Londres* en un volume in-8. portant pour titre : *An Inquiry in the real et imaginary obstruction to the acquisition of the arts in England.* Cet ouvrage décèle un homme initié dans l'art avec de la philosophie et du patriotisme. Comme peintre d'histoire il a montré beaucoup de génie dans ses compositions. Il étoit membre de l'Académie Royale de *Londres*; mais dans un démêlé qu'il a eu avec *West* lors d'une exposition du salon, il encourut tellement la disgrace du Roi, que Sa Majesté l'effaça de sa propre main de la liste des Académiciens.

On estime singulièrement les estampes qu'on a de sa main, toutes pièces d'une invention neuve et d'une exécution très-pittoresque.

1. La *Chute de Satan*, d'après le tableau de *Bary* peint pour l'église de St. Paul de Londres, fière composition, gravée par le peintre *in aqua tinta*, grande pièce, h. 32 p. l. 22.
2. *Job* reprouvé par ses amis et insulté par sa femme; pièce gravée par *le même*, dans la même manière. tr. gr. in-fol. en t.
3. La Conversion de *Polemon*, jeune *Athenien*, opérée à l'école du philosope *Xénocrate*. De *même* exécution. tr. gr. in-fol. en t.
4. *Philotecte* blessé, assis sur un fragment de basrelief, sous un arbre au bord de la mer; d'après le tableau peint

pour l'institut de *Bologne*, et exécutée dans la *même* manière. gr. in-fol.

5. *William Pitt*, Comte *de Chatam*, buste placé à côté d'une pyramide, avec une grande inscription, et *Brittania* qui contemple le buste du ministre; pièce de *même* exécution. gr. in-fol.

WILLIAM AUSTIN, dessinateur, graveur à la pointe et au burin, et marchand d'estampes, né à *Londres* vers 1740. Elève de *George Bickham* dans la gravure, il a publié différens paysages d'après *van der Neer*, *Zuccarelli* et *Ruysdael*, sans avoir autrement excellé dans son art. Les ouvrages les plus considérables que nous ayons de lui sont les deux suivans :

1—10. Les *Ruines de Palmyre*, et les Vues de l'ancienne *Rome* dans leur splendeur originale; en dix pièces. in-fol. en t. 1) La grande Entrée dans le *Temple du Soleil* à Palmyre. 2) Les Restes du *Grand Temple* de Palmyre. 3) Vue générale de Palmyre, du côté du Nord. 4) Vue de l'ancienne ville de Palmyre, telle qu'elle se présente maintenant. 5) Le Temple de *Vesta* à *Rome*, et le chemin de Vestales pour se rendre aux sacrifices, ainsi que la vue de la place impériale de la Fontaine des eaux médicinales, l'Arc de *Trajan* et le tombeau de *Cestius*. 6) Un *Obélisque égyptien*, la maison senatoriale, un Arc de triomphe, une Colonne érigée à *Auguste*, le Temple de la *Fortune*, et le Temple dédiée à *Jupiter tonnant*. 7) Le *Mausolée d'Adrien*, le Temple de *la Paix*, l'Arc de *Constantin*, la Basilique d'*Antonin*, et la partie d'enbas de la Colonne Trajane. 8) Le Torse antique, le Panthéon, la Colonne d'*Antoninus*, le Temple de la *Sibylle*, Mausolée d'un Prêtre de *Jupiter*, et Vase ancien. 9) Le Temple de la *Concorde*, et celui d'*Antonin* et de *Faustine*, l'Arc de *Titus*, la Statue de *Marc-Aurèle*, le Théatre de *Marcellus*, et la Colonne *Trajane*. 10) Les Restes du Pont sénatorial, avec une Vue sur le *Tibre*.

11—16. Suite de six estampes de Charge ou de Caricatures politiques et satyriques. Pièces rares.

Robert Lawrie, dessinateur et graveur en manière noire, né en Angleterre vers 1740, et florissant à *Londres* vers 1770.

Portraits.

1. *George*, Prince de Galles, et *Frédéric*, Evêque d'*Osnabrug*. *Lawrié del. et fec.* 1772. gr. in-fol.
2. *Etienne-François*, Duc de *Choiseul*, exilé en 1770. Portrait historié et figure entière. *L. M. Vanloo pinx. Id. fec.* t. gr. in-fol.
3. *Elisabeth*, Duchesse d'*Hamilton*, *Chatelerault* etc. *Cathérine Read pinx. Id. fec.* 1771. gr. in-fol.

Sujets divers.

1. La *Nativité*. *Rubens pinx. Lawrié fec.* 1775. gr. in-fol.
2. Le *Retour d'Egypte*. *Id. pinx. Id. fec.* 1774. Pendant.
3. *Jésus-Christ attaché à la croix* entre les deux larrons. *Rubens pinx. Id. fec.* tr. gr. in-fol.
4. *Jésus-Christ en croix*, pleuré par les saintes femmes. *Van Dyck pinx. Id. fec.* 1773. gr. in-fol.

J. BLACKMORE.

5. *L'Incrédulité de St. Thomas*, ou Jésus apparoissant à ses disciples. *Rembrandt pinx. Id. fec.* 1774. gr. in-fol. en t.
6. *L'Adoration des Rois. And. Cazali pinx. Id. fec.* 1780. gr. in-fol. en t.
7. *Sun rising*. Paysage avec des Pêcheurs. *G. Barret pinx. Id. fec.* 1774. gr. in-fol. en t.
8. *A Strong Gale*. Marine (Vent frais). *J. Milton pinx. Id. fec.* 1773. gr. in-fol. en t.
9. *A Hard Gale* (Gros tems). *Jos. Vernet pinx. Id. fec.* 1773. gr. in-fol. en t.
10. *A Squal* (Le Coup de Vent). Pendant de la pièce précédente.
11. Le *Chanteur de foire*, avec son tableau d'histoire, et quantité de paysans. *Ostade pinx. Rob. Lawrie fec.* gr. in-fol. (Cette estampe est proprement une copie de l'eau-forte de *Dietrich*).
12. *Serment de Calypso*, d'obéir aux Dieux en consentant au départ d'*Ulysse* de son île. *Angel. Kauffman pinx. R. Lawrie fec.* 1776. gr. in-fol.

JOHN BLACKMORE, graveur en manière noire vers 1740, èt florissant à *Londres* en 1770. J'ignore s'il s'est beaucoup occupé de son art; je ne connois de lui que les pièces suivantes :

1. *Henri Guillaume*, peintre de charge. *Reynolds pinx. J. Blackmore fecit.* in-fol.
2. *Samuel Foote*, Acteur comique à *Londres. Reynolds pinx. Blackmore fec.* 1771. gr. in-fol.
3. *Henri Bunbury*, fils cadet de *Guillaume Bunbury. Id. pinx. Id. fec.* in-fol. en t.
4. *L'Innocence. Blackmore feo.* 1770. *Ryland* et *Bryer exc.* gr. in-fol.

J. DIXON.

JOHN, ou JEAN DIXON, dessinateur et graveur en manière noire, né en Angleterre vers 1740, et florissant à *Londres* en 1770. Les ouvrages de cet artiste portent l'empreinte du goût et du génie. Il a réussi avec un égal succès dans la gravure du portrait et de l'histoire, dont les productions ne sont pas fort nombreuses :

Portraits.

1. *William Beckford*, Lord-Maire de *Londres*, à mi-corps. *J. Dixon del. et fec.* 1770. in-fol.
2. *William Beckford*, pour la seconde fois Lord-Maire de *Londres*, figure en pied. *Id. del. et fec.* 1771. gr. in-fol.
3. Mr. *Cassington*, Ecclésiastique, assis devant ses livres. *Id. fecit.* in-4.
4. Madame *Musin-Puschin*, née Comtesse de *Wachtmeister*, Ambassadrice à *Londres*. *Id. fecit.* in-fol.
5. *Mary*, Duchesse *d'Ancastre*, figure entière. *J. Reynolds pinx. Dixon fec.* gr. in-fol. en t.
6. Mistriss *Blake*, puis Mistriss *Boscaven*, en *Junon*, recevant la ceinture de *Vénus*, figures entières. *Id. pinx. Id. fec.* 1771. gr. in-fol. en t.
7. Miss *O-Brien*, ensevelie dans ses réflexion. *Id. pinx. Id. fec.* 1774. gr. in-fol. en t.
8. *François Conway*, Comte de *Hertford*. *Id. pinx. fec.* in-fol.
9. Les deux soeurs Misses *Crew*. *Id. pinx. Id. fecit.* gr. in-fol.
10. *William* Duc de *Leinster* etc. *Id. pinx. Id. fec.* 1775. gr. in-fol.

J. JEHNER. J. R. SMITH.

11. *Henri Herbert*, Comte *de Pembroke. Id. pinx. Id. fec.* gr. in-fol.
12. La Comtesse *de Pembrocke* et son fils Lord *Herbert. Id. pinx. Id. fec.* gr. in-fol.
13. *Charles Townshend. Id. pinx. Id. fec.* in-fol.
14. Mr. *Garrick*, dans le Roi *Richard* III. *Nath. Dance pinx. J. Dixon fec.* 1772. tr. gr. in-fol.
15. *Henri* Duc *de Buccleigh. Th. Gainsborough pinx. Id. fec.* 1771. in-fol.
16. Mylord *Ancram*, Marquis *de Lothian*, à la tête d'une troupe d'Husards, le portrait de *R. Cosway*, le reste de *Gilpin*, gravé en 1773. gr. in-fol. en t.

J. JEHNER, graveur en manière noire né en Angleterre vers 1740, florissoit à *Londres* vers 1770. Je n'ai trouvé nulle part de notices de cet artiste, et je ne connois de lui que les six pièces suivantes :

1. *William-Henri Cavendish Bentinck*, Marquis *de Lichfield. J. Reynolds pinx. J. Jehner fecit*, 1776. gr. in-fol.
2. Lord *Barrymore* en *Cupidon*, jouant de la lyre. *R. Cosway pinx. J. Jehner fecit*, 1777. en rond in-fol.
3—6. Les quatre *Elémens*; d'après un tableau flamand, trouvé à *Anvers* et attribué au *vieux Breughel*; renfermant toutes les productions de la nature. *J. Jehner fecit*. Pièce rare. tr. gr. in-fol. en t.

JOHN- ou JEAN-RAPHAEL SMITH, dessinateur, graveur à la pointe, en manière noire, aux points etc., né à *Londres* vers 1740, et florissant dans le lieu de sa naissance en 1780. On a de cet artiste industrieux une grande variété d'estampes dans les différentes manières de graver, tant de sa composition que d'après celle d'autres maîtres. Toutes ses productions décèlent beaucoup de goût et de pratique. Il a travaillé pour *Boydell.*

Portraits de sa composition, la plûpart en manière noire.

1. *Marie - Antoinette*, Reine de France, 1776. petit in-fol.
2. Mistriss *Armstrong*, 1778. petit in-fol.
3. Miss *Carter*, 1777. petit in-fol.
4. Miss *Chambers*, 1777. petit in-fol.
5. Mademoiselle *Clermont*, 1777. petit in-fol.
6. Mistriss *Fitz - William*, 1777. petit in-fol.
7. Miss *Fréderick*, 1777. petit in-fol.
8. Miss *Montague*, 1777. petit in-fol.
9. Miss *Brown*, dans le personnage de *Clara*, 1778. in-fol.
10. Mistriss *Smith*, sans inscription, 1783. in-fol.

Portraits d'après Reynolds en manière noire.

1. Lady *Beaumont*, 1780. in-fol.
2. Mistriss *Carnac*, figure en pied, 1778. tr. gr. in-fol.
3. Master *Crew*, figure de jeunesse en pied, 1776. gr. in-fol.
4. Master *Herbert*, en jeune *Bacchus*, 1776. gr. in-fol.
5. Master *Henri Gawler*, et Master *Ino. Gawler*, en Ecoliers, 1778. in-fol.

6. Le Duc *de Devonshire*, 1776. in-fol.
7. *William Markham*, Archevêque d'*York*, 1778. gr. in-fol.
8. Lady *Caroline Montague*, fille du Duc *de Bauleugh*, figure de jeunesse en pied, 1777. gr. in-fol.
9. Mistriss *Montague*, 1776. gr. in-fol.
10. Mistriss *Mordaunt*, 1776. in-fol.
11. Mistriss *Morris*, 1776. in-fol.
12. Miss *Palmer*, nièce du Chevalier *Reynolds*, 1777. in-fol.
13. Lady *Cathérine Powlet*, fille du Duc *de Bolton*, assise dans un jardin, 1778. gr. in-fol.
14. *Richard Robinson*, Archevêque d'*Armagh*, 1775. gr. in-fol
15. La *Schindlerine*, jeune Allemande qui a fait fortune à *Londres*, 1777. in-fol.
16. *Joseph Dean Bourke*, Archevêque *de Tuam*, 1784. gr. in-fol.
17. Le Lieutenant-Colonel *Tarleton* en pied, son cheval derrière lui, 1782. tr. gr. in-fol.
18. *Louis* du St. Empire Romain, Comte *de Barbiano* et *Belgivioso*, 1779. in-fol.
19. Lady *Gertrude Fitz-Patrick*, figure de jeunesse assise dans un jardin, 1780. in-fol.
20. *Antoine Malone*, Chancelier de la Cour de l'Echiquier en Irlande, 1779. gr. in-fol.
21. Mistriss *Payne Galwey*, en Bohèmienne, 1780. in-fol.
22. Lord *Richard Cavendisch*, figure jusqu'aux genoux, 1781. gr. in-fol.
23. Mistriss *Musters*, figure en pied dans un jardin. tr. gr. in-fol.
24. Sir *William Boothby*, Lieutenant-Général des armées du Roi, 1782. in-fol.
25. Lady *Cathérine Pelham Clinton*, figure de jeunesse jettant des grains aux poules, 1782. gr. in-fol.

J. R. SMITH.

26. Mademoiselle *Baccelli*, 1783. in-fol.
27. Mistriss *Stanhope*, 1783.

Portraits d'après différens Peintres, la plûpart en manière noire.

1. *Martin Rycaert*, à mi-corps en manteau fourré. *Van Dyck* pinx. *Smith fec.* 1779. in-fol.
2. Mr. *William Bromfeld*, Chirurgien de la Reine; d'après *B. van der Gucht. Id. fec.* in-fol.
3. Buste du fameux Comte de *Wallenstein. C. Douw* pinx. *Id. fec.* 1772. gr. in-fol.
4. *John Baker Holride*, Esqr. *Angél. Kauffman* pinx. *Id. fec.* 1777. gr. in-fol.
5. Miss *Berridge*, soeur de *N. Berridge*, qui a peint le portrait, *Smith fecit*, 1773. gr. in-fol.
6. Miss *Coghlan. Th. Gainsborough* pinx. *Id. fec.* 1772. in-fol.
7. *Sophie Western*, tiré du *Tom Jones* de *Fielding. J. Hoppiner* pinx. *Id. fec.* 1784. in-fol.
8. Mistriss *Siddons*, dans le personnage de l'Epouse en deuil. *F. Lawrence* pinx. *J. R. Smith*, 1783. in-fol.
9. *James Bradshaw. G. H. Morland* pinx. *Id. fec.* 1784. in-fol.
10. *Ingham Foster. Id.* pinx. *Id. fec.* 1784. in-fol.
11. *Hyde Parker*, Vice-Admiral de l'escadre bleue. *Th. Northcote* pinx. *Id. fec.* 1781. in-fol.
12. *Edouard Wortley Montagu*, dans le Costume d'un Prince Arabe. *W. Pether* pinx. *J. R. Smith fec.* 1776. gr. in-fol.
13. Mistriss *O'Neill. Id.* pinx. *Id. fec.* 1778. in-fol.
14. Miss *Harriet Powel. Id.* pinx. *Id. fecit*, 1778.

J. R. SMITH.

Divers sujets gravés dans les différentes manières angloises, tous de sa composion.

1. *Abélard. J. R. Smith fecit*, 1777, en noire. Petit in-fol.

2. *Héloïse*, écrivant à *Abélard*. V. l'Epître de *Pope*. De même, faisant pendant.

3. *Bélise*, du Conte de *Marmontel (le Scrupule)*, 1783. Pièce en rond, pointillée en brun. in-4.

4. Le *Miroir, Séréna* et *Flirtilla*, 1784. Pièce exécutée de même, en ovale. petit in-fol.

5. La *Grisette*, du Voyage sentimental d'*Yorick*, 1776. en noire. p. in-fol.

6. Les *deux Amies*, 1778. De même exécution et dimension.

7. La *Dame dans l'attente*, 1780. En tout de même.

8. La *Promenade à Carlisle-House*, 1781. De même exécution. in-fol. en t.

9. La *Promenade du Soir*, 1783. pointillée en brun et en rond, de 7 pouces et 6 lignes de diamètre.

10. La *Chanteuse*, 1783. De même exécution et même dimension.

11. La *Fille qui va au Marché*, 1783. De même exécution. petit in-fol.

12. La *Peinture*, femme à sa toilette qui se farde. in-fol.

13. La *plaisante Histoire*, 1783. De même exécution. petit in-fol.

14. *Charlotte* visitant le tombeau de *Werther*, 1783. Pièce pointillée et en rond de 11 pouces 3 lignes de diamètre.

15. La *Société dans la solitude*, 1785. De même exécution, en ovale. petit in-fol.

J. R. SMITH.

Divers sujets, la plupart d'après des maîtres anglois, gravés dans les différentes manières.

1. *Mercure* inventeur de la lyre. *J. Barry pinx. Id. fec.* 1775. in-fol. en t.
2. *Clarisse Harlowe* et *Solmes*. *W. Beachi pinx. Id. fec.* 1783, pointillé, ovale in-4.
3. Un *jeune Ecolier* donnant la charité à un *Aveugle*. *W. Bigg. pinx. Id. fec.* 1787, en noire. gr. in-fol. en t.
4. Une *Dame* et ses *enfans* portant des secours à de pauvres villageois. *Id. pinx. Id. fecit*, 1782. Pendant.
5. Le *Matin*, ou *l'Homme de goût*. *H. Bunbuy pinx. J. R. Smith exc.* 1781, aux points, en rond. in-fol.
6. Le *Soir*, ou *l'Homme de sentiment*. *Id. pinx. Id. exc.* De même.
7. *Abélard* et *Héloïse*. *R. Cosway pinx. Id. fecit*, 1774, en noir. petit in-fol.
8. *Monimia* visitant le tombeau de *Lucilius*. *Id. pinx. Id. fec.* 1784, en points bruns et en rond, de 11 pouces 3 lignes de diamètre.
9. *L'Age* et *l'Enfance*. *J. Opie pinx. Id. fec.* gr. in-fol. en t.
10. Le *Chérubin*. *W. Pether pinx. Id. fec.* 1780. in-fol.
11. *Astarté* et *Zadig*, tiré du Conte de *Zadig* de *Voltaire*. *B. Home pinx. Id. fec.* 1782. in-fol.
12. Le *jeune Spartiate*, avec le renard. *Nath. Hone pinx. Id. fec.* 1775.
13. Des *Enfans* trouvant un nid d'oiseaux. *John Kitchingman pinx. Id. fec.* 1774. in-fol.
14. *Palemon* et *Lavinie*, de l'*Automne* de *Thompson*. *W. Lawranson pinx. Id. fec.* 1789. gr. in-fol.

15. Le *Barde*; d'après la Belle Ode de *Gray*. *Th. Jones pinx*. *Id. fecit*, 1775, imprimé en couleur de bistre. Belle estampe. gr. in-fol. en t.

Divers sujets d'après Jean-Henri Fueſsli, gravures en manière noire.

1. *Lear* et *Cordelia*, sujet tiré d'une scène du Roi *Lear* de *Shakespeare*, 1784. gr. in-fol. en t.
2. Les *trois Soeurs sorcières*, d'une scène du *Macbeth* de *Shakespeare*, 1785. gr. in-fol. en t.
3. Lady *Macbeth one, two, why then tis time to do't*. De même, 1784. gr. in-fol.
4. *Belisane* et *Parcival*, sous les enchantemens d'*Arma*. D'un Conte de *Kyot*, Poëte provençal, 1782. gr. in-fol. en t.
5. *Ezzelino*, Comte *de Ravenne*, surnommé *Bracciaferro*, considérant le corps mort de *Méduna* son épouse, qui est étendue à ses pieds, et qu'il a massacrée sur des soupçons d'infidélité pendant son absence en la terre sainte, 1781. gr. in-fol. en t.

Ce tableau a eu beaucoup d'approbation à *Londres*, soit pour la force de l'expression, soit pour le choix des accessoires. Il a d'ailleurs cette singularité qu'il est tout de fiction, n'ayant jamais eu à *Ravenne* de Comte *Ezzelino*.

JACQUES BASIRE, graveur au burin, né à *Londres* vers 1740.

1. Le Capitaine *Jacques Coock*. *Hodges pinx*. J. Basire sc. 1777. in-fol.

2. Lady *Stanhope*, sous le personnage de la *belle Pénitente*; d'après *Benj. Wilson*, gravée en 1772.
3. Lord *Cambden*; d'après le portrait de *Reynolds* qui est à la maison des Lords. gr. in-fol.
4. *Oreste* et *Pylade* menés devant *Iphigénie*; d'après *West*, du cabinet de M. *Geddes*; grande belle pièce en t.
5. Le Champ de Drap d'or, Entrevue de *Henri* VIII. et de *François* I. tous deux à cheval; au mois de Juin 1520; d'après *Edouard Edwards*, sur le tableau original, conservé au château de *Windsor*. L'estampe, gravée par *Jac. Basire* en 1774. porte 25 pouces de haut et 45 de large, et c'est la plus grande pièce qu'on ait exécutée sur une seule planche.

NATHANAEL HONE, peintre et graveur en manière noire, né en Angleterre vers 1740, et florissant à *Londres* en 1770. Il a peint le portrait et des sujets gais avec beaucoup d'approbation. Le Capitaine *Baillie*, *W. Dickinson*, *J. Finlaison*, *J. R. Smith* et d'autres, ont gravé d'après ses compositions. Il a gravé lui même en manière noire la pièce suivante:

Deux Moines *en gaieté.* (*Monachum non facit cucullus*). *Nath. Hone fec.* 1772. gr. in-fol.

INIGO WRIGHT, graveur en manière noire, né à *Londres* vers 1740, et florissant en 1770.

1. La Famille de *van Goyen*. *J. van Goyen pinx. In. Wright fec.* in-fol.
2. *St. Jean* prêchant dans le désert. *Ph. Lauri pinx. Id. fec.* 1770. gr. in-fol. en t.

P. P. BENAZECH.

PIERRE-PAUL BENAZEAH, ou BENAZECH, dessinateur et graveur à la pointe et au burin, né en Angleterre vers 1744, et florissant en 1770. *Basan* le dit élève de *Vivarès*, et avance qu'il a beaucoup gravé à *Paris*, mais que de-là il est retourné à *Londres*. Quoiqu'il en soit cet artiste a manié la pointe et le burin avec beaucoup de goût et d'intelligence. Ses quatre grands paysages d'après *Dietrich* sont d'une belle exécution et d'un effet très-pittoresque.

1. Le *Jeu de Courte-Boule*; d'après *Ostade*, du Cabinet de *la Bourdonnais*. gr. in-fol. en t.
2. L'*agréable Rencontre*; d'après *B. Patel le jeune*. gr. in-fol. en t.
3. Le *Calme*; d'après *le même*. Pendant.
4. La *Laitière*; d'après *J. Pillement*. gr. in-fol. en t.
5. La *Pêche à la ligne*; d'après *Jos. Vernet*, gravé en 1771. tr. gr. in-fol. en t.
6. Le *Retour de la Pêche*; d'après *le même*. De même grandeur.
7. La *Mere calme*; d'après *Jos. Vernet*. gr. in-fol. en t.
8. La *belle Matinée*; d'après *le même*, gravé en 1774. gr. in-fol.
9. Vue de Campagne de la *Grece*; d'après *Lucatelli*. gr. in-fol.
10. Vue d'une *Pyramide d'Egypte*; d'après *le même*. Pendant.
11. Vue de *Rome* et du *Tibre*. G a s. d a g l i O c c h i a l i pinx. P. B e n a z e c h sc. gr. in-fol. en t.
12. Vue du Château de *Sion*, et des lieux circonvoisins; d'après *J. Brookes*. gr. in-fol. en t.

13. Vue du *Fort royal* dans l'île de la *Guadaloupe*; d'après le Lieutenant *Archibal Campdell*. in-fol. en t.
14. 15. Deux Vues d'un Pavillon d'été dans le parc de Richmond; d'après *J. B. Chatelain*, par *P. Benazech* et *A. Walker*. in-fol. en t.
16. Vue du Village de *Birmingham*; d'après *Chatelain*. in-fol. en t.
17. Vue des Environs de *Birmingham*; d'après *le même*. Pendant.
18. La *Tempête* (The Storm). Sir *Charles Warwick Bampfylde pinx*, *P. Benazech sc*. 1779. gr. in-fol. en t.
19. Le *Tombeau de Virgile* près de *Naples*; d'après *Hugh Dean*, gravé en 1783. in-fol. en t.
20. Sépulcre érigé à la Mémoire des *Horaces* et des *Curiaces*; d'après *le même*, gravé en 1783. Pendant.
21—25. Quatre beaux Paysages dans le grand style, représentant des Vues d'Italie; d'après *Dietrich*, gravés en 1770—1771. tr. gr. pièces en t. Savoir : 1) Les *Roches*, sur le devant des Pêcheurs, sur le second plan de bergeries, et sur la crête des fortifications ruinées. 2) La *Nape d'eau*, sur le devant six jeunes filles qui s'amusent au bord d'un canal, à gauche de hauts rochers revêtus de broussailles et orné d'une superbe cascade. 3) La *Montagne percée*, sur le devant à droite une bergère qui file assise auprès de ses moutons, et quelques voyageurs. 4) La *Ferme ruinée*, sur le devant un chevrier assis et vu par le dos.

On a de *Charles Benazech*, peintre et graveur, sans doute de la même famille, les deux pièces suivantes :

1. Le *Couronnement de la Rosiere*. in-fol. en t. en couleur.
2. Le *Prix de l'agriculture*; pièce semblable.

Rob. Dunkarton.

Robert Dunkarton, peintre et graveur en manière noire, né à *Londres* vers 1744. et résidant dans sa ville natale, où il a publié un grand nombre de belles estampes dans son genre de gravure.

Portraits.

1. Le Docteur *Arne*, un livre de musique à la main. Painted by R. Dunkarton. Engraved by W. Humphrey. 1778. in-fol.
2. *George Lyttelton*. Painted by B. West. Engraved by R. Dunkarton. 1774. in-fol.
3. Miss *Horneck*, en *Sultane* assise. J. Reynolds pinx. R. Dunkarton fec. 1778. gr. in-fol.
4. *John Elliot*. Nath. Dance pinx. Id. fec. gr. in-fol.
5. Miss *Bamfyeld*. W. Pethers pinx. Id. fec. gr. in-fol.
6. Mr. *James Brindley*, Ingénieur du Duc de Bridgewater. F. Parsons pinx. Id. fec. 1773. in-fol.
7. Portrait à mi-corps d'un *Pair d'Angleterre*. Sans noms. in-fol.
8. *Jonas Hanway*. Ed. Edwards pinx. Dunkarton fec. 1780. tr. gr. in-fol.
9. Miss *Catley* dans le caractère d'*Euphrosyne*. W. Lawranson pinx. Id. fec. 1777. in-fol.

Sujets historiques de divers maîtres.

1. *Loth et ses Filles*. Arn. de Gueldre pinx. Id. fec. gr. in-fol.
2. *Arrie et Petus*. B. West pinx. Id. fec. gr. in-fol.
3. *Sextus Pompée* évoquant *Erichto* pour savoir l'issue de la bataille de *Pharsale*. J. Mortimer pinx. Id. fec. 1776. tr. gr. in-fol. Savante composition.

Guil. Dickinson.

4. Les *Pélerins d'Emaüs*, reconnoissant *Jésus* à la fraction du pain. *Guerchino pinx*. *Dunkarton fec*. 1779. gr. in-fol. en t.
5. *Joseph* vendu par ses frères aux *Ismaelites*. *Id. pinx*. *Id. fec*. tr. gr. in-fol. en t.
6. *Joseph* interprétant les songes de *Pharaon*. *Id. pinx*. *Id. fec*. 1786. De même grandeur.
7. La *Coupe de Joseph* trouvée dans le sac de *Benjamin*. *Id. pinx*. *Id. fec*. 1785. De même.
8. Les *Frères de Joseph* lui rendant obéisance. *Id. pinx*. *Id. fec*. 1784. De même.
9. *Belinda*. *W. Pether pinx*. *R. Dunkarton fec*. 1776.
10. *Sœurs*, contemplant l'état des mortels.

WILLIAM, ou GUILLAUME DICKINSON, dessinateur, graveur en manière noire et aux points, né en Angleterre vers 1746. et florissant à *Londres* en 1780. *Dickinson* est du nombre des plus habiles graveurs dans les manières angloises et un de ceux dont les estampes sont les plus recherchées, sur-tout les bonnes épreuves.

Portraits.

1. *Catherine* II. Impératrice de toutes les Russies. *W. Dickinson fec*. 1773. gr. in-fol.
2. *Henri Fleet*, âgé de cent quatre ans. *Id. fec*. Petit in-fol.
3. *George* III. Roi de Grande-Bretagne, figure en pied. *Jos. Reynolds pinx*. *Dickinson* et *Watson fec*. 1781. tr. gr. in-fol.

IX.   T

GUIL. DICKINSON.

4. Mr. *Barwell*, assis dans son cabinet, son fils à son côté. *Id. pinx. Id. fec.* tr. gr. in-fol.
5. *Joseph Banks*, Esqr. *Id. pinx. Id fecit*, 1774. gr. in-fol.
6. *Diane*, Vicomtesse *de Crosbie*, figure entière. *Id. pinx. Id. fec.* 1779. gr. in-fol.
7. *Elisabeth Hamilton*, Comtesse *de Derby*, figure entière. *Id. pinx. Id. fec.* 1780. gr. in-fol.
8. *Richard Edgcumbe. Id. pinx. Id. fec.* 1774. in-fol.
9. Sir *Robert Fletcher. Id. pinx. Id. fec.* in-fol.
10. *Jeanne* Duchesse *de Gordon. Id. pinx. Id. fecit,* 1775. in-fol.
11. Mistriss *Matthews*, figure en pied. *Id. pinx. Id. fecit,* 1780. tr. gr. in-fol.
12. Mistriss *Shéridan*, représentée en *Ste. Cécile. Id. pinx. Id. fecit,* 1776. gr. in-fol.
13. Lady *Charles Spencer*, en Amazone, caressant son cheval. *Id. pinx. Id. fecit,* 1776. gr. in-fol.
14. *Richard Greenville*, Comte *de Temple. Id. pinx. Id. fecit,* au bistre, 1778. petit in-fol.
15. Lady *Mellbourne* et son fils *(Maternal Affection). Id. pinx. Id. fecit,* au crayon rouge.
16. Mistriss *Robinson*, coiffée en chapeau. *Id. pinx. Id. fecit,* 1785, en points bruns. petit in-fol. en t.
17. Sir *George Bridges Rodney*, Admiral de l'escadre blanche. *Id. pinx. Id. fecit,* 1780. in-fol.
18. Lady *Taylor*, sans inscription. *Jos. Reynolds pinx. W. Dickinson fec.* in-fol.
19. *John Taylor,* Esqr. *R. E. Pine pinx. W. Dickinson fec.* in-fol.
20. Miss *Nailer*, en *Hebé. Id. pinx. Id. fecit.* petit in-fol.
21. Mistriss *Yates* dans le personnage de *Médée. Id. pinx. Id. fecit,* 1771. tr. gr. in-fol.

22. Mr. *David Garrick*. *R. E. Pine pinx. W. Dickinson fecit*, 1778. in-fol.
23. *James Worsdale*, Esqr., debout sous un arbre, avec l'épigraphe: *Ridendo dicere verum. R. E. Pine pinx. W. Dickinson fec.* gr. in-fol.
24. Sir *John Fielding. W. Pether pinx. Id. fecit*, 1778. gr. in-fol.
25. Buste de *Rubens*, peint par *lui-même. Dickinson fecit*, 1772. in-fol.
26. Buste de la *Femme de Rubens. Id. pinx. Id. fec.* Pendant.
27. Buste d'*Antoine van Dyck. P. P. Rubens pinx. Id. fecit*, 1780. in-fol.
28. Buste en ovale de *Paolo Sarpi. Fred. Zuccheri pinx. Id. fecit*, 1780. in-fol.
29. Mr. *Parson* et Mr. *Mondy* dans les personnages de *Varland* et du Major *O'flaherty* dans le *West-Indian. Mortimer pinx. Dickinson fecit*, 1776. gr. in-fol. en t.
30. Lord *Grosvenor* en pied. *B. West pinx. W. Dickinson fec.* tr. gr. in-fol. Pièce rare.

Divers sujets, d'après différens maîtres.

1. *Léonora. W. Dickinson exc.* 1783. Ovale in-4. au crayon rouge.
2. Le *jeune Berger, Id. fecit*, 1783. De même.
3. *Jeune Personne*, le cou orné d'une croix et la tête ajustée d'un fichu de mousseline. *Corregio pinx. Id. fec.* Petit in-fol.
4. *Ste. Famille*, où se voit la *Vierge* avec l'enfant *Jésus* et le jeune *St. Jean*, portant un agneau. *Id. pinx. Id. fecit*, 1780. gr. in-fol.
5. Le *Rage (Madness)*, représentée sous la figure d'une femme enchaînée. *R. E. Pine pinx. W. Dickinson fecit*, 1775. in-fol.

Guil. Dickinson.

6. *Vertumne* et *Pomone*. *Id. pinx. Id. fecit*, 1772. in-fol.
7. Le *Bohèmien* diseur de bonne aventure. *Id. pinx. Id. fec.* in-fol.
8. *Childern Amusement*. Des enfans qui s'amusent à éveiller un Campagnard endormi. *Morland pinx. Dickinson fec.* gr. in-fol.
9. *Adélaïde* entrée déguisée dans l'Abbaye de la *Trappé*. *H. W. Bunbury pinx. W. Dickinson exc. in aqua tinta*, 1782. in-fol.
10. L'*Affliction*. *Id. pinx.* Exécutée de même, 1783. in-fol.
11. Le *Déserteur*. *Id. pinx. Id. fec.* Pointillé, 1784. gr. in-fol. en t.
12. Les Jardins de *Carleton-House*, avec les Chanteurs de Ballades napolitains, le 18. Mai 1784. *Id. pinx. Id. fec.* Du Cabinet du Prince de Galles. gr. in-fol. en t.
13. L'*Education*. *Emma Crew pinx. Id. exc.* 1783. Ovale in-4.
14. Les *Faneurs*. *Id. pinx. Id. excud.* 1783. Ovale petit in-fol.
15. L'*Hermite*. *Id. pinx. Id. exc.* 1783. Ovale in-fol.
16. *Aristide*, à la demande d'un *Athénien*, écrit son nom sur le bulletin de l'ostracisme. *Angél. Kauffman pinx. W. Dickinson fec.* 1774. gr. in-fol.
17. L'*Amitié*. *C. Knight pinx. W. Dickinson fec.* 1783, au crayon rouge. Ovale in-4.
18. Le *Billet doux*. *Id. pinx. Id. fecit.* De même exécution.
19. Une *Dame* et un *Gentilhomme* du XVI. siècle, dansant un menuet. *Id. pinx. Id. fec.* 1782. De même exécution. Ovale petit in-fol.
20. *Fille de la campagne*. *W. Pether pinx. Id. fec.* 1778. Petit in-fol.

21. *Lidie.* *Id. pinx. Id. fecit*, 1778. petit in-fol.
22. *Jeune Enfant enlevé par un Ange. Id. pinx. Id. fecit*, 1784. Pointillé en grisaille. gr. in-fol.

THOMAS BURKE, dessinateur et graveur en manière noire, ainsi qu'à la manière pointillée, né en Angleterre vers 1746, et florissant à *Londres* vers 1770.

Divers sujets d'après *Angelica Kauffman*.

1. *Télémaque* à la Cour de *Sparte* se découvre par la douleur qui le saisit au recit des infortunes de son père. *Th. Burke fecit*, 1778. gr. in-fol. en t.
2. *Andromaque* auprès du tombeau d'*Hector*. *Id. fec.* gr. in-fol.
3. *Cléopatre* parant de fleurs le tombeau de *Marc-Antoine*. *Id. fec. Ryland exc.* 1772. gr. in-fol.
4. *Samma* auprès du tombeau de *Bennoni* son fils, sujet tiré de la *Messiade de Klopstock.* De même (Pendant de *Cléopatre*).
5. Le *même sujet*, avec l'inscription de la *Messiade* en allemand et en anglois. *Burke fec. Ryland exc.* en points rouges, 1785. Ovale in-fol.
6. *Cupidon*, trouvant *Aglaïe* endormie, l'attache à un laurier. *Id. fecit*, 1774, *Ryland exc.* gr. in-fol. en t.
7. *Inibaca* se découvrant elle-même à *Trenmor*. V. *Fingal.* Livre VI. *Id. fec.* 1773. gr. in-fol.
8. *Pénélope* éveillée par *Euriclée*, qui lui apprend le retour d'*Ulysse* et la mort de ses amans. *Id. fec.* 1773. gr. in-fol. en t.

9. *Papirius praetextatus*, pressé par sa mère de lui révéler le secret du sénat, avec un précis historique en anglois et en françois. *Id. fecit*, 1780, au crayon rouge et en rond. in-fol.
10. *Jupiter* et *Calisto*. *Id. fecit*, 1782, en points rouges et en rond. in-fol.
11. *Orphée* et *Euridice*. *Id. fec.* de même. Pendant.
12. Sacrifice fait par *Messaline*. *Id. fecit*, 1783, au crayon rouge foncé. Ovale in-fol. en t.
13. *Una*, sujet tiré de *Spenser*. *Id. fec.* 1783, de même. Ovale in fol.
14. *Abra*, avec huit vers de *Collins*. *Id. fec.* 1783, de même. Pendant.
15. *Cupidon* et *Ganymède*. *Id. fecit*, 1784, en points rouges et en rond. in-fol.
16. *Cupidon* désarmé par *Euphrosine*, sujet pris de *Metastasio*. *Id. fec.* de même.
17. La Mort d'*Héloïse*. *Id. fecit*, 1782, au crayon rouge, en rond, de 10 pouces 11 lignes de diamètre.
18. Lady *Rustant* et sa fille. *Id. fecit*, 1784. Ovale en points rouges, in-fol.
19. La Reine *Charlotte* relevant le Génie des beaux-arts. *Id. fec.* gr. in-fol.

Divers sujets d'après différens maîtres.

1. *Céphale* et *Procris*. *J. B. Cipriani pinx. Th. Burke fec.* 1783, au crayon rouge. Ovale in-4.
2. *Angélique* et *Médor*. *Id. pinx. Id. fecit*, de même. Pendant.
3. La Bataille d'*Azincourt*. *J. H. Mortimer pinx. Id. fec.* 1783. Pièce capitale, exécutée dans la manière pointillée et faisant pendant avec la *Ratification de la grande Charte*, gravée par *Ryland*. tr. gr. in-fol. en t.

4. Mistriss *Siddons*. *J. Bateman pinx*. *Th. Burke fec.* 1783, au crayon rouge. Ovale in-4.
5. *Fréderic* Lord *North*. *Nath. Dance pinx*. *Id. fec.* 1775. gr. in-fol.
6. *Marcelle*, sujet tiré de *Don Quichotte*. *Schelley pinx*. *Id. fec.* 1784, en rouge. Petit ovale in-4. en t.
7. La *Bergère des Alpes*, tiré du Conte de *Marmontel*. *Id. pinx*. *Id. fec.* de même. Pendant.
8. Le *Cochemare* (*The Night-Mare*). Quatre vers anglois. *J. H. Fuefsli pinx*. *Id. fecit*, 1783. Petit in-fol. en t.
9. Le jeune *Jesus* embrasse le jeune *St. Jean*. *Ant. van Dyck pinx*. *Id. fec.*

WILLIAM ou GUILLAUME SHARP, graveur au burin, né à *Londres* en 1746, et travaillant pour la Collection de *Boydell*. *Sharp* a joui de l'instruction dans l'art de deux des plus habiles maîtres en Angleterre, de celle de *West* pour le dessin, et de celle de *Bartolozzi* pour la gravure. Aussi soutient-il la réputation des habiles burinistes, dont le nombre diminue tous les jours.

1. *John Hunter*, célèbre Anatomiste; d'après *Jos. Reynolds*. gr. in-fol.
2. *Circé*. *Dominicho pinx*. *Sharp sc.* 1784. in-fol. en Ovale.
3. *Lucrèce*, avec un précis historique. *Id. pinx*. *Id. sc.* Ovale gr. in-fol. en t.

4. *Ste. Cécile*, représentée jusqu'aux genoux devant une orgue. *Id. p. Id. sc.* tr. gr. in-fol. Chef-d'oeuvre de gravure.

5. Les *Docteurs de l'Eglise*, consultant sur le mystère de l'immaculée conception; d'après le fameux tableau du *Guide*, supérieurement bien gravé au burin par *Sharp*. tr. gr. in-fol.

6. Deux Enfans endormis dans une forêt (*The Childreen in the Wood*). *Byrne* et *Medland* pinx. *Id. sc.* gr. in fol. en ovale.

7. Le Roi *Lear*. *Jos. Reynolds* pinx. *Id. sc.* 1783. in-4.

8. *Romeo* et *Juliette*. *B. West* p. *Id. sc.* 1783. in-4.

9. *Vénus* et *Europe*. *Id. p. Id. sc.* 1783. Pendant.

10. *Alfred* le Grand, partageant son dernier pain avec un pèlerin. *B. West* pinx. *Id. sc.* 1782. gr. in-fol. en t. Pièce capitale de *Sharp* (Son pendant est *Alfred*, troisième Roi de Mercie, gravé par *Michel*.)

11. Le Roi *Charles* II. prenant terre à la rade de *Tower*. *B. West* pinx. *Id. sculps.* gr. in-fol. en t. Autre pièce capitale (Son pendant est *Cromwell* dissolvant le parlement, gravé par *J. Hall*).

12. La *Sorcière d'Endor* fait apparoître à *Saül* l'ombre de *Samuel*. *B. West* pinx. *Id. sc.* 1783. gr. in-fol. en t.

13. *Cupidon* et sa *Mère*; d'après Me. *L. E. Lebrun*, gravé par *C. Sharp*, 1789. in-fol.

JOHN ou JEAN KEYSE SHERWIN, dessinateur, graveur en manière noire, aux points et au burin, né en Angleterre vers 1746, florissant à *Londres*

J. K. SHERWIN.

vers 1780. Son talent lui a procuré la place de graveur du Roi et l'honneur d'être le successeur de *Woollett* en cette qualité.

1. *Robert Louth*, Evêque de *Londres*, jusqu'aux genoux; d'après *Pine*. in-fol.
2. *Guillaume*, Comte de *Chatam*. *Id. fec.* De même.
3. *William Pitt*, en demi-figure. *T. Gainsborough pinx.* gr. in-fol.
4. Lord *Chatam*, peint par *R. Brompton* et corrigé d'après la moule pris sur le naturel, gravé par *J. K. Sherwin* 1778. in-fol.
5. Mistriss *Robinson*. *Sherwin sc.* 1781. Pointillé petit ovale.
6. Mistriss *Hartley*, dans le rôle d'*Andromaque*, gravée en 1782. Pointillé ovale petit in-fol.
7. Mistriss *Siddons*, sous le personnage de Fille de la Grece.
8. The honourable Mrs. *Ward*.
9. Buste de Sir *Joshua Reynolds*, peint par *lui même* et gravé au burin par *Sherwin* en 1784. p. in-fol.
10. *Guillaume Woollett*, graveur du Roi; par *J. K. Sherwin* 1784. p. in-fol.
11. Docteur *Guillaume*, maître de la musique du Roi, gravé d'après le naturel par *J. K. Sherwin*. 1779. Petit in-fol.
12. *Thomas Pennant*, Esqr.; d'après *Th. Gainsborough*. in-fol.
13. *George Nugent Greenville Temple*, Marquis de *Buckingham*; d'après *le même* au burin 1788. gr. in-fol.
14. Le Capitaine *James Cook*. *Nath. Dance pinx. Id. sc.* 1784. p. in-fol.
15. La Duchesse de *Cumberland* et de *Strathern*. *R. Cosway pinx. Id. sc.* 1780. à l'eau-forte et teinte violete. p. in-fol.

16. Le Major *Jean André*, Adjudant des Armées Britanniques en *Amérique*. J. *André pinx*. *Id. sc.* 1787. pointillé. in-4.
17. La *Méditation*, ou le *Penseroso* de *Milton*. *Id. sc.* 1784.
18. La *Guirlande* de *Prior*. Pendant de la pièce précédente.
19. Vue de *Gibraltar*, avec l'embrasement des Batteries flottantes Espagnoles le 14 Septembre 1782. gravé en 1784. gr. in-fol. en t.
20. La *Vierge* assise, tenant l'enfant *Jésus* sur ses genoux et St. *Joseph* lisant à côté. *N. Poussin pinx. J. K. Sherwin sc.* gr. in-fol.
21. *Jésus portant sa croix* allant au Calvaire; pièce dessinée et gravée par *Sherwin*; d'après le tableau d'autel de la chapelle de la Madeleine au Collège d'*Oxford* 1779. attribué au *Guide*. gr. in-fol.
22. Le *Noli me tangere*, ou *Jésus* paroissant à la *Madeleine* en Jardinier. *Ibid.* gr. in-fol. Pendant.
23. Ste. *Famille* ; d'après *N. Béretoni*. in-fol.
24. La *Diseuse de bonne aventure*, d'après *Jos. Reynolds*, gravé par *J. K. Sherwin*. gr. in-fol. en t.
25. *Catulle* et *Lesbie* ; d'après *Ang. Kauffman*, gravé en 1784. Ovale, petit in-fol. en points rouges.
26. *Péricles* et *Aspasie*. *Id. pinx. Id. fec.* Pendant.
27. *Herminie* gravant le nom de *Tancrede* sur l'écorce d'un hêtre. *Id. pinx. Id. fec.* in-fol. en points rouges.
28. La Mort de Lord *Robert Manners*. *Stottard pinx.* tr. gr. in-fol. en t. Pièce capitale.

JOHN ou JEAN PYE, graveur à la pointe et au burin, ainsi que dans la manière pointillée, né en Angleterre vers 1746, et florissant à *Londres* vers 1770. Cet artiste a gravé le paysage avec beaucoup de propreté et d'agrément.

Jac. Newton.

1. 2. Deux petites *Marines*, faisant pendans d'après *Vernet*, l'une représentant un *Naufrage*, l'autre des *Pécheurs à la ligne*. in-4.
3. 4. Deux petits *Paysages*, dont l'un représente un *Orage* et l'autre un *Tems calme*; d'après *Dietsch*. in-4. en t.
5. 6. Deux sujets d'après *Poelenburg* et *du Jardin*, l'un une *Ste. Famille*, l'autre *Tobie* avec l'*Ange*. in-4.
7. 8. Deux jolis *Paysages d'Angleterre*; d'après *Woolton*. Petit in-fol. en t.
9. *Paysage*, avec du bétail; d'après *Cuyp*. Octogone in-4.
10. Des *Gens qui passent l'eau à gué*; d'après *Cl. le Lorrain*, du cabinet de *Reynolds*. gr. in-fol. en t.
11. *Agar* dans le désert, et son fils *Ismaël*; d'après *Herman Swanevelt*. gr. in-fol. en t.
12. La Pointe d'Europe à *Gibraltar*; d'après *Adam Pynacker*, gravé en 1773. gr. in-fol. en t.
13. *Sapho*, en demi-figure, écrivant; d'après *Ang. Kauffman*.

JACQUES NEWTON, graveur à la pointe et au burin, né en Angleterre vers 1746, et florissant à *Londres* en 1770.

1. Beau *Paysage* d'une contrée d'*Italie*; d'après *Marco Ricci*. En forme de médaillon. gr. in-fol. en t.
2. Beau *Paysage* d'une contrée d'*Italie*; d'après *le même*. En forme de médaillon. Pendant.
3. *Paysage d'Italie*, avec des vaches qui traversent une rivière; d'après *Claude le Lorrain*. Ovale gr. in-fol. en t.
4. *The Herdsman* (le Berger); belle pastorale ornée de figures à l'antique. *Fr. Zuccarelli pinx. Id. sc.* 1778, tr. gr. in-fol. en t.

Joseph Strutt cite encore de cet artiste le

portrait de *Sidney Parkinson*, et le croit parent d'*Edouard Newton*, lequel a gravé le Musicien, *William Tansur*.

PAUL SANDBY, peintre, dessinateur et graveur à la pointe, ainsi qu'en *aqua tinta*, et dans le goût des dessins colorés, né en Angleterre vers 1746, et florissant à *Londres* en 1770. *Paul* peignoit des paysages en détrempe. Ses tableaux sont riches de composition; son coloris est pur et harmonieux; sa perspective est regulière et agréable. *Rooker* a gravé d'après ses dessins quelques vues de *Londres*. Lui même a gravé à l'eau-forte conjointement avec *Rooker*, *Walker*, *Canot* et *Wood*, quelques grands morceaux pour la *Jérusalem délivrée*, d'après les dessins de *Collins*, sans compter un grand nombre de petits paysages de sa composition. Son œuvre, dans les différens genres de gravure, est très-considérable. *Thomas Sandby*, probablement frère de *Paul*, dessina 8. Vues du Parc de *Windsor*, gravées par *Vivarès*, *Rooker* et *Paul Sandby*. Tous deux sont membres de l'Académie Royale de Londres.

On se contentera de rapporter ici les morceaux les plus marqués de ce maître.

P. SANDBY.

1. Le *Campement* dans le *Parc de St. James*. M. DCC. LXXX. *P. Sandby fec.* 1781. *in aqua tinta*. couleur de bistre. gr. in-fol. en t.

2. Le *Campement* dans le *Jardin du Musée*. Dans la même année, et de même exécution.

3. Le *Campement* dans le *Hyde Parc*. De la même année, et de même exécution.

4. Le *Campement* au *Black Heath*. De la même année, et de même exécution.

5. *Météore* observé sur la terrasse de *Windsor*. De la même année, et de même exécution. D'après *Th. Sandby*.

6—17. Douze *Vues* gravées en aqua tinta; d'après les dessins levés au Sud du pays de *Galles*; 12 feuilles numérotées et expliquées. *P. Sandby fec.* 1775. Petit in-fol. en t.

18—29. Douze *Vues* gravées de même, d'après des dessins levés au Nord du pays de *Galles* dans une tournée par cette contrée romantique. *P. Sandby fec.* 1775. 12 feuilles numérotées, et avec des inscriptions. De même.

30—41. Douze *Vues* du pays de *Galles*, en 12 feuilles numérotées, chacune avec son inscription. *Id. fec.* 1777. De même.

42—45. Quatre *Vues* de *Warwick-Castle*, représentées sous quatre points différens. *Id. fec.* 1774. De même.

46—51. Six *Vues* du Château royal de *Windsor* sous divers aspects. 6 feuilles numérotées et expliquées. *Id. fec.* 1776. De même exécution. gr. in-fol. en t.

52—55. Quatre *Vues* de *Shrewsbury*, sous deux aspects, *Worcester* et *Shropshire*; 4 feuilles. *Id. fec.* 1778. De même exécution. gr. in-fol. en t.

56. *Paysage* où se voit une grande maison rustique et un chien qui chasse un canard, en couleur, tiré sur carton. Sans marques. in-fol. en t.

57. *Paysage*, avec un pont de pierres sur une rivière rapide et un château ruiné. En tout de même.

58. M. *Vestris* fils, dansant. *P. Sandby fec. in aqua tinta*, 1781. gr. in-fol. Avec une inscription de *Plutarque* en grec, dont le sens est: „Un Etranger, „étant à Sparte et se tenant longtems sur une jambe, „dit à un Spartiate: Vous n'en feriez pas autant! — „Cela est vrai, reprit celui-ci, mais toute Oie le fera."

59. M. *Vestris*, père, donnant leçon à une Oie, avec cette inscription: *Six Guineas entrance, et a Guinea a Leson*. De même exécution. Pendant.

60. *Jason et Médée*, ballet tragique, où sont représentés Monsieur *Vestris* le père, la Signora *Baccelli* et Madame le Brun. *Id. fec.* 1782. De même exécution. gr. in-fol. en t.

61. Les *Caprices de la goutte*, ballet arthritique. (Mr. *Baraglio*). *P. Sandby fec.* 1783. De même exécution. gr. in-fol. en t.

62—73. Douze belles pièces de *Ruines* et d'*Antiquités* de la *Grece* et de l'*Asie mineure*. *W. Parrs pinx. P. Sandby fec. in aqua tinta* 1777—1780. gr. in-fol. en t. 1) Le Port d'*Egine*. 2) L'Entrée dans l'*Acropole d'Athènes*. 3) La Grotte d'*Archidamas*. 4) Le Gymnase d'*Ephese*. 5) Arc de *Mélasso*. 6) Sépulcre de *Mélasso*. 7) Temple près de *Mélasso*. 8) Cité de *Milete*. 9) Temple d'*Apollon Didymeus* près de *Milete*. 10) Temple de *Suniam*. 11) Ruines de *Troie*. 12) Intérieur des Ruines de *Troie*.

74. *Campi plegraei:* ou Observations sur les Volcans des *deux Siciles*, par *W. Hamilton*. 2 Vol. gr. in-fol. En anglois et en françois. Les dessins d'après nature sont de *M. P. Fabris*, paysagiste, et les gravures *en aqua tinta*, ont été faites par *P. Sandby* en 1778.

75—86. Suite de huit belles *Vues d'Italie*. gr. in-fol. en t. *M. P. Fabris pinx. P. Sandby fec.* 1777. *in aqua tinta*, couleur de bistre. Savoir: 1) Vue des Ruines d'un ancien édifice sur la hauteur de *Baia*. 2) Des

Isles *Proscita*, *Ischia* et *Baïa*. 3) Du Lac d'*Averno*. 4) Des Ruines du temple de *Vénus* et du château de *Baïa*. 5) De *Ponte-Nuova*, avec la côte et le château de *Baïa*, vu dans le lointain. 6) De l'*Arco Felice*. 7) De la ville de *Puzzuoli*, avec les Ruines du pont de *Caligula* et de l'île de *Nisita*. 8) De *Mare Chiano*.

87—90. Suite de quatre *Vues d'Italie*, de même exécution. 1778. 1) Vue du château de l'*Oeuf* près de *Naples*. 2) D'un château sur les côtes d'*Amalphi*, dans le Golfe de *Salerne*. 3) De *Castello nuovo*, et une partie du Mole de *Naples*; d'après *l'Allemant*. 4) Du Port de *Naples*, avec la Tour ruinée de *St. Vincent*; d'après le même.

91—94. Autre Suite de *Vues d'Italie*, de même exécution. 1778. 1) Vue des Ruines près d'*Agrigente* en *Sicile*. 2) D'un Monument sépulcral de l'ancienne *Capue*. 3) Du Sépulcre du Roi *Théodoric* près de *Ravenne*. 4) De l'Arc triomphal de *Fano*, érigé à l'honneur de *Constantin*. Les deux dernières Vues sont d'après *Clérisseau*.

95—98. Quatre *Vues d'Italie*, d'après *M. P. Fabris*, gravées in aqua tinta par *Archibald Robertson*, et publiées par *Sandby*. gr. in-fol. en t. 1) Vue des Ruines du temple de *Bacchus*. 2) De l'Ecole de *Virgile*, près de la pointe du *Posilipe*. 3) De l'Ile de *Nisita*, de la ville de *Puzzuoli* et de *Baïa*. 4) De la Montagne de *Cume*.

99—102. Quatre *Vues d'Italie*, par *les mêmes*. De même. 1) Vue de la *Grotte* de *Posilipe*. 2) D'une Grotte remarquable dans la Colline du *Posilipe*. 3) Du Palais de *Cantalupo*, avec une partie de *Naples* et du *Vésuve*. 4) Des Ruines du Palais de la Reine *Jeanne* II.

103—106. Quatre *Vues d'Italie*, par *les mêmes*. De même. 1) Vue d'une Grotte sur la côte d'*Amalphi* dans le Golfe de *Salerne*. 2) Des Ruines près de la Grotte de *Posilipe* du côté de *Puzzuoli*. 3) D'une Grotte entre *Gaiola* et

JOS. STRUTT.

Bagnoli. 4) Près de la résidence de l'Ambassadeur d'*Angleterre* à *Naples.* 1782.

JOSEPH STRUTT, dessinateur, graveur à la manière pointillée et au lavis, né en Angleterre vers 1748. et florissant à *Londres* en 1786. Il est auteur d'un *Dictionnaire de Graveurs*, en deux volumes in-4. dans lequel se trouvent plusieurs planches, gravées avec soin d'après quelques estampes rares d'anciens maîtres. A la tête du premier volume de l'Ecole Allemande, nous avons parlé de cet ouvrage, écrit en anglois. Il est encore auteur de deux ouvrages intéressans sur les Antiquités d'*Angleterre*, pour lesquels il a gravé lui même les planches qui sont en assez grand nombre.

1. *Vénus* naissante transportée par l'*Amour* et le *Désir* dans l'île de *Chypre*. *Jos. Strutt fec.* 1779. au crayon rouge. in-fol.
2. *Pandore* remettant la boëte fatale du mal à *Epiméthée*. *Id. fec.* 1779. Pendant.
3. *Caroline* et *Walstein*, sujet tiré du Roman de *Caroline de Lichtfield*. *T. Stothard pinx. Id. fec.* en points bruns. in-fol. en t. Pièce faisant pendant avec *Caroline et Lindorf*; d'après *le même*, gravée par *Ogborne*.
4. Le Roi *Candaule* exposant la Reine son épouse toute nue aux regards de son favori *Gyges*. *Eust. le Sueur pinx. Id. fec.* 1787. Ovale in-fol.
5. *América.* — Sujet allégorique sur les troubles entre

l'Angleterre et ses Colonies. *Rob. Edge Pinr pinx. Jos. Strutt fec.* 1781. en points. tr. gr. in fol. en t.

6—11. Cinq sujets allégoriques, peints par *Th. Stothart* et gravés par *Jos. Strutt*, tirés d'un livre édifiant anglois, *Bunyan's Pilgrim.* Cette suite porte pour titre : 1) La Victoire. 2) La Protection. 3) La Fuite. 4) La Terreur. 5) La Consolation. — Le Chevalier Christian est le héros du livre; il combat les vices et reçoit à la fin un passe-port, par trois figures brillantes, pour entrer dans la ville céleste. 5 pièces en ovale in-4. en t.

THOMAS RYDER, dessinateur et graveur dans le goût pointillé, né en Angleterre vers 1748, et florissant à *Londres* vers 1780. La plupart des productions de cet artiste sont exécutées en points bruns, et souvent rehaussés en couleurs; son goût de gravure est très-agréable et produit un bel effet de clair-obscur.

1. Le *Captif*, figure assise à terre. *J. Wright pinx. Ryder fec.* gr. in-fol. en t.
2. Le *Bonheur domestique. J. C. Huck del. Id. fec.* Ovale gr. in-fol.
3. La *Séparation des amants. Id. del. Id. fec.* Ovale in-fol.
4. La *Poësie. Ang. Kauffman pinx. Id. fec.* 1784. (Pendant de la Musique, gravée par *T. Watts*). in-fol.
5. *Vénus* montrant à *Enée*, accompagné d'*Achate*, la route de *Carthage. Ang. Kauffman pinx. Id. fec.* gr. in-fol.
6. *Pénélope* détache l'arc d'*Ulysse* de la colonne où il étoit suspendu. *Id. pinx. Id. fec.* 1791. Pendant.

IX. U

7. La *Jeunesse*, avec quatre vers anglois. *W. Humphrey* pinx. *Ryder fec.* 1784. Pièce légèrement touchée en points. Petit in-fol.

8. *Lavinie* et sa Mère, avec quatre vers de *Thomson*. *Sam. Schelley pinx. Id. fec.* 1784. Petite pièce en rond et en rouge.

9. *Politician* (le Politique), homme à mi-corps lisant la gazette. *S. Elmer pinx. Id. fec.* 1782. in-fol.

10. Le Meurtre de *Jacques* I. Roi d'Ecosse. *J. Opie pinx. Id. fec.* en manière pointillée. tr. gr. in-fol. en t.

11. Le *Génie de la Modestie*, prévient l'*Amour* et devoile la *Beauté*. *Cipriani pinx. Ryder* et *Cossé sc.* in-fol. en t.

WILLIAM ou GUILLAUME HUMPHREY, dessinateur, graveur en manière noire et dans le goût du crayon, né en Angleterre vers 1748, et florissant à *Londres* en 1780.

1. *Cupidon* et *Psyche*. *W. Humphrey exc.* 1781. au crayon rouge. Ovale petit in-fol.

2. La *Beauté* et le *Tems*. Pièce exécutée de même. Pendant.

3. Master *Lambert*, fils de Mylord *Melbourne*. Skelch'd by *Humphrey*. Spoil'd by *S. Gillray* 1787. en rouge. Petit in-fol.

4. La *Nativité*. *John Singleton Copley pinx. W. Humphrey fec.* 1782. aux points rouges. in-fol. en t.

5. Jeune *Vestale*. *B. Wilson pinx. Id. fec. R. Sayer exc.* 1770. in-fol.

THOMAS GAUGAIN, dessinateur et graveur dans la manière angloise pointillée, né à *Abbeville* en 1748, passa jeune à *Londres* où il s'éta-

Th. Gaugain.

blit. Selon *Basan* il est élève de *Houston*, et s'est distingué dans le genre de gravure qu'il a adopté. Il a gravé d'après ses compositions et d'après celles de plusieurs maîtres anglois.

1. La *Femme de Bath*. *Th. Gaugain fecit*, 1783, en points en couleurs. Ovale petit in-fol.
2. La *Bergère des Alpes*. *Id. fecit*, 1781, aux points et au lavis. gr. in-fol. en t.
3. *Diane et ses Nymphes*. *W. Taverner pinx*. *Id. fecit*, 1780, *in aqua tinta*. in-fol. en t.
4. *L'Innocence*. *T. J. Northcote pinx*. *Id. fecit*, 1783, en points et en couleurs. in-fol.
5. Jeune *Villageoise de la Toscane*. *Id. pinx*. *Id. fec.* 1785, en points bruns. Ovale p. in-fol.
6. Jeune *fille aveugle* des environs de *Rome*. *Id. pinx*. *Id. fec.* exécuté de même. Pendant.
7. Petite *Fruitière Angloise*. *Id. pinx*. *Id. fec.* 1785, pointillé en noir. gr. in-fol.
8. Petite *Laitière Angloise*. *Id. pinx*. *Id. fec.* 1785, en médaillon. gr. in-fol.
9. Portraits des Officiers échappés du naufrage sur le *Centaure* et sauvés au nombre de douze, dans une grande barque, en Septembre 1782. *Id. pinx*. *Id. fec.* en points noirs. tr. gr. in-fol.
10. La Mort du Prince *Léopold de Brunswic* qui périt dans l'*Oder* à *Breslau* en Avril 1785, en voulant porter du secours a des hommes qui se noyoient. *Id. pinx*. *Id. fec.* De même exécution. Pendant.
11. *Marie* Reine *d'Ecosse* recevant de Lord *Buckhurst* et *Beale* la sentence de mort prononcée contre elle, et ratifiée par le Parlement. *Stothard pinx*. *Id. sc.* 1788, en points brun-clairs. gr. in-fol. en t.

12. Lady *Cathérine Manners*, fille du Duc de Rutland. *Reynolds pinx. Id. fec.* 1785, pointillée au bistre. in-fol.

13. La mort de *Solinzeb*, sujet tiré de l'*Amitié à l'épreuve* de *Marmontel. J. Nortnesle pinx. Id. fec.* 1786. en brun et en rond. gr. in-fol.

14. L'Education de *Coraly*, ibid. *Id. pinx. Id. fecit*, 1786. De même.

15. Deux beaux sujets, intitulés: *Louisa*, tirés du poëme de ce nom de Miss *Bowiller* de *Bath. G. Morland pinx. Id. fecit*, 1789. gr. in-fol.

16. *Courtship*. Jeune Paysan faisant la cour à une jeune Paysanne. *J. Milbourn pinx. Id. fecit*, 1789. gr. in-fol.

17. *Matrimony*. Un jeune Paysan et une jeune Paysanne, assis à la porte d'une maison rustique, se promettent mariage. *Id. pinx. Id. sc.* 1789. gr. in-fol.

JAMES ou JACQUES WALKER, dessinateur, graveur en manière noire et en points, né en Angleterre vers 1748, et florissant en 1780. Il alla comme Graveur Impérial à St. Petersbourg.

1. Sir *Eyre Coote. Wil. Lawranson pinx. Jac. Walker fecit*, 1782. gr. in-fol.

2. L'Admiral Comte *de Grasse. Wil. Miller pinx. Id. fecit*, 1782. in-fol.

3. La Comtesse *de Carlisle. G. Romney pinx. Id. fecit*, 1781. tr. gr. in-fol.

4. *Isabelle Hamilton*, fille cadette du Comte *de Buchan. Id. pinx. Id. fecit*, 1782. tr. gr. in-fol.

5. Mistriss *Musters. Id. pinx. Id. fecit*, 1780. in-fol.

J. WALKER.

6. Master *Tempête*, figure de jeunesse en pied, faisant boire son cheval. *Id. pinx. Id. fecit*, 1787. tr. gr. in-fol.
7. Miss *Woodley*, figure en pied. *Id. pinx. Id. fecit*, 1781. tr. gr. in-fol.
8. *Bernard Turner*, Alderman et Sherif de Londres. *Fr. Wheatly pinx. Id. fecit*, 1783. tr. gr. in-fol.
9. *Frédéric Bull*, Lord-Maire en 1773. *S. Webster pinx. Id. fec.* 1781. gr. in-fol.

Sujets divers, aussi en noir, excepté les deux premiers.

1. Mistriss *Gibson*, sans inscription. *Jac. Walker fecit*, 1782, pointillé en rouge. Ovale petit in-4.
2. *Clara. Wil. Pether pinx. Id. exc.* en couleur. petit in-fol.
3. La Mort de *Portie. G. Schalcken pinx. Id. fec.* tr. gr. in-fol. en t.
4. Little Red Riding Hagd. *Maria Cosway pinx. Id. fecit*, 1783. in-fol. en t.
5. Jeune *Persienne* qui adore le soleil levant. *Id. pinx. Id. fec.* 1784. in-fol. en t.
6. La *Foi. Dr. John Gardner pinx. Id. fec.* 1781. in-fol.
7. Mort de l'Enfant de la Veuve de *Sarepta. Prince Hoare pinx. Id. fec.* 1782. in-fol. en t.
8. *Alceste*, avec six vers anglois. *Id. pinx. Id. fecit*, 1783. tr. gr. in-fol.
9. La *Docteresse de village. T. J. Northcote pinx. Id. fec.* 1783. gr. in-fol.
10. Le *Magicien*, ou le *Rustre. Id. pinx. Id. fecit*, 1783. gr. in-fol.
11. La Scène dans *Cymbeline.* V. Shakespeare, Acte 3. Scène 4. *Ed. Penny pinx. Id. fecit*, 1783. tr. gr. in-fol. en t.

12. L'*Embrasement des Batteries flottantes espagnoles*, *T. Luny pinx. Id. fec.* 1782. gr. in-fol. en t.
13. *Pierre reniéant Jésus*. *M. Valentino pinx*. *Id. fecit*, 1789. gr. in-fol. en t. De la Galerie impériale de Pétersbourg.
14. *Hercule* enfant, déchirant les Serpens. *Jos. Reynolds pinx. Id. sc.* tr. gr. in-fol. Pièce capitale du Graveur.

JOSEPH MARCHI, dessinateur et graveur en manière noire, né à *Londres* vers 1748, et florissant dans la même ville en 1770,

1. La Princesse *Czartoryska*. *G. Marchi fecit*, 1777. gr. in-fol.
2. La Buste du Docteur *Goldsmith*. *Reynolds pinx. Id. fecit*, 1770. gr. in-fol.
3. Miss *Oliver*, *Id. pinx. Id. fec.* 1762. gr. in-fol.
4. Miss *Francis Cholmondeley*, portant un chien bolonois. *Id. pinx. Id. fec.* gr. in-fol.
5. Miss *Crew* et Miss *Bouverie*, en réflexion devant un tombeau avec la fameuse inscription : *Et in Arcadia ego*. *Reynolds pinx. Id. fecit* 1770. gr. in-fol. en t.

JAMES, ou JACQUES BRETHERTON, amateur, graveur à l'eau-forte et au lavis, né en Angleterre vers 1748, et florissant à *Londres* en 1770. Il s'étoit fait connoître dans le public par ses eaux-fortes d'après les dessins de *H. W. Bun-*

GAB. SCORODOOMOFF.

bury. Jacques avoit un fils, *Charles Bretherton*, qui montroit de grands talens pour le paysage et le portrait, mais qui mourut à la fleur de son âge en 1783.

1. *Snip François*. *Bunbury del. Bretherton fecit aqua forti*, 1773. in-4.
2. *Snip Anglois*. *Id. del. Id. fec.* in-4.
3. Un *Courier françois*. *Id. del. Id. fec.* 1774. in-4.
4. Deux *Figures orientales*, ou deux *Moines en marche*. *Id. del. Id. fecit*, 1774. petit in-fol.
5. Un *Homme qui a perdu son argent* dans les parris aux courses des chevaux. *Id. del. Id. fecit*, 1774. petit in-fol.
6. Deux *Hommes qui font danser un ours*. *Id. del. Id. fecit*, 1774, lavé au bistre. petit in-fol. en t.
7. *A tour to foreings part* (Jeune Anglois voyageant en France). gr. in-fol. en t.
8. *Susanne*. Avec un vers de *Gay*. *Id. del. Id. fecit*, 1781. Pièce en couleur et en rond, 11 pouces 6 lignes en diamètre.
9. *Blouzelinde*. Avec un vers de *Gay*. *Id. del. Id. fec.* 1781, de même. Pendant.
10. Une *Fille*, assise à la porte d'une chaumière, présente un verre de bierre à un dragon qui s'est arrêté. Pièce en rond in-fol.

GABRIEL SCORODOOMOFF, dessinateur et graveur en points, né en *Russie* vers 1748, et florissant à *Londres* en 1780.

GAB. SCORODOOMOFF.

Pièces de sa composition, en manière de crayon.

1. *Zaïre.* Pièce en ovale, in-4.
2. Dame *Circassienne.* Pendant.
3. Dame *Vénitienne.* Ovale, de même.
4. Dame *Tartare.* Ovale in-4.
5. Dame *Chaldéenne.* Pendant.
6. *Délie.* Ovale, petit in-4.
7. Les *Graces* dérobant à *Cupidon* endormi son carquois et ses flêches. *Angél. Kauffman pinx. Gab. Scorodoomoff fec.* 1777. en rond et en points rouges. in-fol.
8. *Cupidon* composant avec les *Graces. Id. pinx. Id. fec.* 1777. De même. Pendant.
9. La *Vengeance de Cupidon. Id. p. Id. fec.* 1779. De même. Pendant.
10. *Jeune Personne,* contemplant le portrait de son amant. *Id. p. Id. fec.* 1777. Ovale, p. in-fol.
11. *Abélard* et *Héloïse,* surpris par *Fulbert. Id. p. Id. fec.* 1778. en rond in-fol.
12. Les Adieux d'*Abélard* et d'*Heloïse. Id. p. Id. fec.* 1780. De même. Pendant.
13—18. Six pièces de *Vertus;* d'après *la même,* par *le même,* 1777. en rond in-fol. Savoir: 1) La *Force.* 2) La *Justice.* 3) La *Tempérance.* 4) La *Prudence.* 5) La *Patience.* 6) La *Persévérance,* ou *Pénélope.*
19—21. Trois sujets; d'après *la même,* par *le même,* 1776. en ovale, petit in-fol. Savoir: 1) *Héléne.* 2) *Artémise.* 3) *Cléopatre.*
22. *Achille* découvert par *Ulysse. Id. p. Id. fec.* 1782. gr. in-fol. en t.
23. *Offrande à l'Amour. Id. p. Id. fecit,* 1778. gr. in-fol. en rond.
24. *Triomphe de l'Amour. Id. pinx. Id. fecit,* 1778. Pendant.

Sam. Middiman. J. G.-Huck.

25. *Sacrifice à Cérès.* Id. pinx. Id. fec. 1778. gr. in-fol. en rond.
26. Les *Graces formant une danse.* Id. p. Id. fec. 1778. Pendant.
27. Lady *Augusta Campbell*, en profil. Id. p. Id. fec. 1776. in-fol.

Samuel Middiman, graveur à la pointe et au burin, ainsi qu'en manière noire, né en Angleterre vers 1748, et florissant à *Londres* en 1780.

1. Paysage sous le titre de *Morning* (le Matin). G. *Barret p.* in-fol. en t.
2. Le Moulin-à-vent. (*The Windmill.*) Th. *Gainsborough p. Sam. Middiman fec.* Mezzot, 1781. gr. in-fol.
3. *Ferdinand et Miranda*, scène de *Shakespeare*. G. *Barret p.*
4. *Orlando et Oliver.* Pendant.
5. Scène de *Shakespeare: As you like, it Act. 2. Sc. 2.* Superbe paysage. *Will. Hodges p.* tr. gr. in-fol. en t.
6. Scène de *Shakespeare: King Henri the fourth, first part*, Act. 2. Sc. 2. *Rob. Smirke et Jos. Farington p.* tr. gr. in-fol. en t.

Jean-Gerard Huck, peintre et graveur en manière noire, natif du pays d'*Hanovre* vers 1748. Il a fait un assez long séjour à *Londres*, où il a sans doute appris le genre de gravure qu'il pratique et où il a publié vers 1780 des pièces qui lui ont fait honneur. Cette considération me l'a fait ranger dans la classe des graveurs *Anglois*. Je ne connois d'autres particularités de cet artiste que celles que nous apprend l'auteur des Lettres intéressantes qui ont pour objet la Description du château de *Soeder*, belle maison de campagne située dans le pays de *Hildesheim* en *Basse-Saxe*, appartenant à M. le Baron *de Brabeck*, si connu par son zèle pour les arts et par les encouragemens qu'il accorde aux artistes. *Huck* fut occupé pendant quelque tems par le Baron *de Brabeck*, qui lui fit graver son portrait, un des plus beaux qu'*Antoine Graff* ait peints, et une des bonnes estampes que *Huck* ait faites. Dans ce portrait le Baron est représenté dans l'attitude d'un amateur qui considère un tableau avec l'attention d'un connoisseur.

Les estampes de *Huck*, publiées à *Londres*, sont les suivantes :

1. *Hope and Despair*. Deux grandes figures très-caractéristiques, dessinées et gravées en manière noire par *Huck*, 1785. gr. in-fol.
2. *Saberna*, or the effects of Falshood, Saxon Eclogue, by *Th. Park*. *Id. fecit*, 1786. in-fol.
3. *Ella*, or the Sweets of Constancy. See *Weylar's* Poems. Pendant.

4. The *Mouse Trap* (la Souricère). *Id. fec.* gr. in-fol. en t.

5. *Pastoral Conversation*. Pièce avec des animaux; d'après le Chevalier *de Fassin*. gr. in-fol. en t.

6. Monument érigé par le Parlement d'*Angleterre* à la gloire du Comte de *Chatam*, exécuté en marbre par *J. Bacon*, dessiné par *J. G. Huck* et gravé en manière noire par *V. Green*. tr. gr. in-fol.

I. THOMAS WATSON, graveur en manière noire et dans le genre pointillé, naquit à *Londres* en 1748, et mourut dans la même ville en 1781. Cet artiste ingénieux, dès sa plus tendre jeunesse, donna les plus grandes preuves de sa capacité, et quoiqu'il soit mort dans ses meilleures années, il a laissé une grande variété de beaux ouvrages, ayant gravé avec le même succès le portrait et l'histoire.

Je commencerai la liste des ouvrages de *Thomas* par la suite des

1--6. Six portraits historiés, connus sous la dénomination des *Beautés de Windsor*, représentées jusqu'aux genoux, gr. in-fol. d'après les tableaux de *P. Lely*, savoir: 1) Lady *Fanny Whitmore*. 1778. 2) *Henriette*, Comtesse *de Rochester*. 1779. 3) *Françoise*, Duchesse *de Richmond*. 4) *Elisabeth*, Comtesse *de Northumberland*. 5) *Amélie*, Comtesse *d'Ossory*. 6) *Barbe*, Duchesse *de Cleveland*.

TH. WATSON.

Portraits divers.

1. *Charles Stanhope*, Vicomte de *Mahon*. *Prudhomme* p. T. *Watson* sc. 1775. gr. in-fol.
2. Le Lieutenant-Colonel *Biddulph* au 3me. Régiment. *Ant. Poggi* p. gr. in-fol.
3. Lord *Apsley* et *son Frère*. *N. Dance* p. gr. in-fol. 1776.
4. *Françoise*, Comtesse de *Jersey*. *D. J. Gardner* p. p. in-fol.
5. Mistriss *Crew*, en deshabillé du matin à l'angloise. *Id. p.* Ovale in-fol. au bistre. 1780.
6. Mistriss *Wilbraham*, ajustée de même. Par *les mêmes*. Pendant.
7. Miss *Elisabeth-Anne Cooper* et *son Frère*, enfans de *Crey Cooper*, Esqr. *Id. p.* in-fol. 1775.
8. Lady *Rashout* et *sa Famille*, sans noms. *Id. p.* gr. in-fol. 1778.
9. Mistriss *Fordyce*, figure assise. *G. Willison* p. gr. in-fol. 1771.
10. Miss *Dempster Lunisdun*, figure assise. *Id. p.* Pendant. 1771.
11. Lady *Bampfylde*, figure entière. *J. Reynolds* p. in-fol. 1779.
12. Miss *Crew*, en *Ste. Geneviéve*, lisant au milieu d'un troupeau de moutons. *Id. p.* gr. in-fol. 1773.
13. *Elisabeth* Lady *Melbourne*, et Lady *Pemiston Lambert*. *Id. p.* tr. gr. in-fol. au bistre. 1775.
14. *Henri-Fréderic* Duc de *Cumberland*. *Id. p.* tr. gr. in-fol. 1774.
15. Lady *Broughton*. *Id. p.* tr. gr. in-fol. 1770.
16. *James Hay*, Comte *d'Errol*, figure en habit de cérémonie. *Id. p.* tr. gr. in-fol. Rare.
17. Miss *Kennedy*. *Id. p.* gr. in-fol. 1771.
18. *Thomas Newton*, Lord-Evêque *de Bristol* etc. *Id. p.* gr. in-fol.

19. *Warren Hastings*, Gouverneur-Général *de Bengale*. *Id. p.* gr. in-fol. 1777.
20. Mistriss *Sheridan*, en *Ste. Cécile*, touchant le clavecin. *Id. p.* Ovale, gr. in-fol. 1779.
21. *Georgiana*, Lady Vicomtesse *de Spencer*. *Id. p.* gr. in-fol. 1772.
22. Lady *Townshend* et ses *deux Soeurs*, faisant des offrandes à l'*Hymen*. *Reynolds p.* tr. gr. in-fol. en t. 1776. (Une des pièces capitales.)
23. *John Saubridge*, Citoyen et Alderman de la ville de *Londres*, figure en pied, représentée en *Brutus*. *Ben. West p.* tr. gr. in-fol. 1772.

Divers sujets d'après différens maîtres.

1. Le *Père de Rembrandt*. *Rembrandt p. Watson sc.* in-fol.
2. Buste d'un *Rabin*. *Rembrandt p.* in-fol.
3. *Philémon* et *Baucis*, donnant l'hospitalité à *Jupiter* et à *Mercure*. *Rembrandt p.* gr. in-fol. en t. 1772. (Une des pièces capitales.)
4. Une *Tempête*, avec des éclairs. *Henri Kobell p.* gr. in-fol. en t. 1770. (Voyez les deux Marines de *Kobell* à l'article de *Brookshaw*.)
5. La *Vierge* tenant l'enfant *Jésus*, auquel le petit *St. Jean* présente son agneau. *Corregio p.* gr. in-fol.
6. La *jolie Strasbourgeoise*. *Jos. Reynolds p.* in-fol. 1774.
7. *Una*, avec quatre vers de *Spenser*; c'est le portrait de Miss *Beauclerck*. *Id. p.* Ovale in-fol. Gravure pointillée en rouge. 1782.
8. La Mort de *Marc-Antoine*. *N. Dance p.* gr. in-fol. 1780.
9. Les Oies de Frère *Philippe*. *H. W. Bunbury p.* in-fol. en rond. 1782.

J. WATSON.

10. *Visite faite au Camp.* *Id. p.* *Watson et Dickinson sc.* 1779. in-fol. au bistre.
11. Les *Recrues se rendant au régiment.* *Id. p.* De même.
12. Le *Départ de la Fleur de Montreuil*; sujet du Voyage sentimental de *Sterne.* *Id. p.* gr. in-fol. 1781. pointillé.
13. *Héloïse.* Dr. *John Gardner p. Id. sc.* 1775. Petit in-fol.
14. *Abélard.* *Id. p.* Pendant.
15. *Marie.* V. le Voyage sentimental de *Sterne.* *Id. p.* in-fol. 1777.
16. *Circé.* *Id. p.* in-fol. 1778.
17. *Thaïs*, un flambeau à la main. *Fr. Wheatly p. T. Watson sc.* 1779. in-fol.
18. *Sigismunda*, le cœur de son amant dans une coupe. *Id. p.* Pendant.

II. JAMES ou JACQUES WATSON, graveur en manière noire, né à *Londres* vers 1750. et un des plus éminens artistes anglois dans le genre de gravure qu'il a choisi. Je crois *Jacques* frère puîné de *Thomas*, et il n'étoit inférieur à son aîné dans aucune partie de son art. Son œuvre est très-intéressant, sur-tout par ce nombre de grands portraits, dont il y en a près de 50. d'après *Reynolds* la plupart historiés et dans un costume pittoresque.

Portraits d'après Reynolds.

1. Mistriss *Abington*, en *Thalie*, figure entière. tr. gr. in-fol.
2. Sir *Jeffery Amherst*, Commandant en chef des Armées Britanniques en *Amérique.* gr. in-fol.

J. WATSON.

3. La Comtesse *de Carlisle*, gravée en 1770. gr. in-fol.
4. *Robert Drummond*, Archevêque *d'York*. gr. in-fol.
5. *Jeminia*, Comtesse *de Cornwallis*. 1771. in-fol.
6. *Barbara*, Comtesse *de Coventry*. gr. in-fol.
7. Sir *John Cust*, Baronet, Orateur de la Chambre des Communes. 1769. tr. gr. in-fol.
8. *John*, Marquis *de Granby*, figure en pied, à côté de lui son cheval. tr. gr. in-fol.
9. Mistriss *Hale*. *L'Allegro*, avec Miss *Chalmer* et des *Bacchantes*. tr. gr. in-fol.
10. *John Hely Hutchinson*, Secrétaire d'Etat pour l'Irlande. 1778. gr. in-fol.
11. Le Docteur *Samuel Johnson*. gr. in-fol.
12. La Duchesse *de Manchestre*, en *Diane*. tr. gr. in-fol.
13. *Caroline Russel*, Duchesse *de Marlborough*, avec son fils. gr. in-fol.
14. *James Payne*, Architecte, avec *James Payne* le jeune. gr. in-fol.
15. Lord et Lady *Pembroke*, avec leur fils, Lord *Herbert*. gr. in-fol.
16. Miss *Price*, figure de jeunesse, avec deux moutons. in-fol.
17. *George Bridges Rodney*, Contre-Admiral. 1762. in-fol.
18. *Catherine* Lady *Scarsdale*, avec son fils *John Curzen*. in-fol.
19. Lady *Isabelle Stanhope*, Comtesse *de Seston*. gr. in-fol.
20. *Françoise*, Marquise *de Tavistock*. 1767. gr. in-fol.
21. *Harri Woodward*, Comœdus Anglicanus celeberrimus. in-fol.
22. Jeune Dame anonyme, regardant tristement son oiseau mort. *Passer mortuus Catulus*. in-fol.
23. Lady *Sara Bunbury*, regardant par une fenêtre Lady *Susanne Sara-Louise Strangwais*, et *Charles-James Fox*, marchant vers la gauche. tr. gr. in-fol.

J. WATSON.

24. *Elisabeth*, Duchesse *de Buccleugh*, et Lady *Marie Scott*. 1775. tr. gr. in-fol. (Faisant pendant avec *Elisabeth Melbourne* et Lady *Pemiston*, gravée par *Thomas Watson*).
25. *Anne*, Duchesse *de Cumberland*. 1773. tr. gr. in fol. (Faisant pendant avec *Henri-Fréderic*, Duc *de Cumberland*, gravé par *Thomas Watson*).

Portraits d'après d'autres maîtres.

1. *Paul du Pont*, ou *Pontius*, graveur *d'Anvers*. *Ant. van Dyck pinx*. *J. Watson fec*. in-fol.
2. *Dame assise dans un fauteuil*. *Rubens pinx*. *Id. fec.* 1778. gr. in-fol.
3. *D. Richard Busby*, Maître d'école pendant cinquante-huit ans à l'institut de *Westminster*. *J. Riley pinx. Id. fec.* 1775. gr. in-fol.
4. *Caroline Matilde*, Reine de Danemarc. *Fr. Cotes pinx. Id. fec.* gr. in-fol.
5. *Lady Fortescue*. *Id. pinx*. *Id. fec*. in-fol.
6. Miss *Lascelles*, avec un beau levrier. *Id. pinx. Id. fec.* gr. in-fol. (Pièce très-distinguée).
7. Lady *Susanne O-Brian*. *Cotes pinx*. *Id. fec.* 1772. in-fol.
8. *Lucinda*, portrait d'une jeune personne assise et en chapeau. *P. Falconet pinx*. *J. Watson fec.* 1772. in-fol.
9. *John*, Duc *d'Argyle*. *T. Gainsborough pinx*. *Id. fec.* 1768. tr. gr. in-fol.
10. Sir *Richard Pearson*. *Ch. Grignion jun. pinx. Id. fec.* 1780. in-fol.
11. Miss *Jones*. *H. D. Hamilton pinx*. *Id. fec.* 1771. in-fol.
12. Miss *Smith*. *Id. pinx*. *Id. fec.* 1771. Pendant.
13. *Daniel Race*, premier Caissier de la Banque en Angleterre. *T. Hikey pinx*. *Id. fec.* 1773. gr. in-fol.

J. WATSON.

14. Miss *Elliot* en *Junon*. *T. Kettle pinx.* *Id. fec.* tr. gr. in-fol.
15. Les deux Miss *Carpenter*. *P. Lion pinx.* *Id. fec.* 1772. gr. in-fol.
16. *Henri*, Comte *de Bathurst*, Lord-Chevalier d'Angleterre. *D. Martin pinx.* *Id. fec.* 1780.
17. *Edouard Payne*, avec l'inscription : *In cause of Liberty and my Country*. *C. W. Pele pinx.* *J. Watson fec.* 1783. gr. in-fol.
18. *Dame à mi-corps*; la gorge nue, et sur ses épaules un fichu de mousseline. *Rob. Pine pinx.* *Id. fec.* in-fol.
19. Lady *Erskine*. *Allen Ramsay pinx.* *Id. fec.* in-fol.
20. *Charles*, Duc *de Richmond*. *G. Romney pinx.* *Id. fec.* 1778. in-fol.
21. La Duchesse *de Leinster*. *G. Romney pinx.* *Id. fec.* 1780. in-fol.
22. Miss et Master *Sturt*. *Cath. Read pinx.* *Id. fec.* 1771. gr. in-fol.
23. Miss *Trimmer*, tenant un chat dans ses bras. *Id. pinx.* *Id. fec.* gr. in-fol.
24. *George*, Prince *de Galles*, et Prince *Fréderic*. *Id. pinx.* *Id. fec.* gr. in-fol.

Divers sujets, d'après différens maîtres.

1. Une *Madonna*. *Joshua Reynolds pinx.* *Jam. Watson fec.* in-fol.
2. Des *Enfans dans la forét*. *Id. pinx.* *Id. fec.* 1772.
3. La *Dame Musicienne*. *Gab. Metzu pinx.* *Id. fec.* 1777. gr. in-fol.
4. La *Cuisinière hollandoise*. *Id. pinx.* *Id. fec.* in-fol.
5. Le *Correspondant femelle*. *Id. pinx.* *Id. fec.* 1771. gr. in-fol.
6. *Rubens* et sa Famille. *J. Jordaens pinx.* *Id. fec.* 1780. gr. in-fol.

IX. X

7. *Jeune Femme* lisant à la clarté d'une lampe. *G. Schalcken pinx.*

8. *L'Epagneul* à la chasse des *Canards*, dans un beau paysage. *G. Barret pinx. Id. fec.* gr. in-fol. en t.

9. *Portrait d'un chien*, appartenant au Lord *Bentinck*, dans un beau paysage. *Id. pinx. Id. fec.* gr. in-fol. en t.

10. Une *Tempête*, avec un vaisseau près d'être submergé. *Guillaume van de Velde pinx. Id. fec.* gr. in-fol. en t.

11. Une *Tempête*. *J. van der Hagen pinx. Id. fec.* Pièce faisant pendant avec la précédente.

III. CAROLINE WATSON, graveuse aux points et en couleur, née à *Londres* vers 1760, et travaillant avec succès dans sa ville natale. Je présume qu'elle est en liaison de parenté avec les deux artistes, dont il vient être question: on peut dire qu'elle fait honneur à sa famille et à son sexe par son goût de gravure.

1. *Benjamin West*, Peintre d'histoire du Roi. *G. Stuart pinx.* gravé en 1786. in-4.

2. *Guillaume Woollett*, Graveur du Roi. *Id. pinx.* in-4. 1785.

3. Mistriss *Drummond* avec ses enfans. *Sam. Schelley pinx.* en médaillon in-4.

4. *Viola*, sujet tiré d'une des nuits de *Shakespeare*. *Id. p.* Pendant.

5. Le Prince *Guillaume-Frédéric*, en pied, dans sa jeunesse. *J. Reynolds p. Car. Watson fec.* en couleur. gr. in fol.

6. La *Contemplation*, femme qui réfléchit. *Id. p.* De même.

7. *Garrick*, faisant l'Apothéose de *Shakespeare*. *R. E. Pine p.* tr. gr. in-fol. 1783.
8. *Mistriss Siddons*, (Fille de la Grece), dans le role d'*Euphrosine*. *Id. p.* tr. gr. in-fol. 1784.
9. *Ophélia*, personnage du *Hamlet* de *Shakespeare*. *Id. p.* in-fol. 1784.
10. *Miranda*, personnage de la *Tempête* de *Shakespeare*. *Id. p.* in-fol. 1783.
11. Le *jeune Garçon et le Chien*. *B. Murillos p.* Petit in-fol.
12. Le *jeune Garçon et le nid d'Oiseaux Id. p.* Pendant.

Nicolas Colibert, dessinateur et graveur à la manière pointillée, née en Angleterre vers 1748, et florissant à *Londres* en 1780.

1. *Yout*, avec deux vers anglois. *Colibert del. et sc.* 1782. in-4.
2. *Pity*, avec deux vers anglois. *Id. sc.* Pendant.
3. *Evelina*, avec son père, après lui avoir remis la lettre posthume de son père. *N. Colibert del. et sc.* 1786. En ovale petit in-fol.
4. *Evelina*, surprenant *Macartney* au moment qu'il chargeoit ses pistolets. *Id. sc.* Pendant.

Louis Sailliar, graveur au burin et aux points, né à *Paris* en 1748, et florissant à *Londres* en 1780.

1. *Guillaume* II. *de Nassau*, Stadthouder des Provinces unies; d'après *G. Hondhorst*, du Cabinet du Roi d'Angleterre à son Château de *Windsor*, gravé aux points en 1781. gr. in-fol.

J. MURPHY.

2. *Hélène Forman*, seconde femme de *Rubens*. *van Dyck pinx. Sailliar sc.* De même. gr. in-fol.
3. Le jeune Prince *Octave*, essayant de tirer une épée; d'après *West*. gr. in-fol. Dans le goût du crayon.
4. *George*, Prince *de Galles*; d'après *John Smart*, gravé aux points rouges en 1785. Ovale in-4.
5. La *Vierge* et l'*Enfant Jésus*; d'après *le Dominiquin*, gravé dans le goût du crayon. Petit in-fol.
6. Le *Passetems de Cupidon*; d'après *Angel. Kauffman*.

JOHN ou JEAN MURPHY, dessinateur et graveur en manière noire, né en Angleterre 1748, et florissant à *Londres* en 1780. Les estampes de cet artiste sont très-recherchées des connoisseurs.

1. Le Capitaine *George Farmer*, qui périt sur son vaisseau en 1779. *Charles Grignion jun. pinx.* in-fol.
2. *Arthur O'Leary*, Théologien. *J. Murphy del. G. Keating fec.* 1784. in-fol.
3. Une *Mère à son ménage*, avec trois enfans. *H. Singleton p.* 1797. gr. in-fol.
4. Le *Christ* réconforté au *Jardin des Olives*. *J. H. Ramberg p.* gr. in-fol. 1789.
5. Le *Christ ressuscité*. *Id. p.* gr. in-fol. 1789.
6. Les *Cyclopes* dans leur forge. *Luca Giordano p.* gr. in-fol.
7. L'Incrédulité de *Thomas*, parlant à *Jésus-Christ* au milieu de plusieurs autres disciples. *Michel-Angelo da Caravagio p.* gr. in-fol. en t. 1783.
8. *Pierre*, *Jacques* et *Jean*, conversant ensemble. *Id. p.* Pendant de la pièce précédente. 1783.
9. L'*Enfant du Titien* et sa *Nourrice*. *Titiano p.* gr. in-fol. 1778.

10. *Abraham* prêt à offrir son fils en sacrifice. *Rembrandt p.* gr. in-fol. 1781.
11. *Hiram*, Roi de *Tyr*, envoyant des présens au Roi Salomon. *Eckhout p.* gr. in-fol. en t.
12. Les *Frères de Joseph* apportant à *Jacob* la tunique sanglante de son fils. *Guercino p. Jos. Boydell del.* tr. gr. in-fol. en t. 1782.
13. *Joseph* expliquant le songe de *Pharaon. Id. p.* Pendant.
14. *Elisée* ressuscitant le fils de la Veuve. *J. Northcote p.* tr. gr. in-fol. en t.
15. *Jael* et *Sisera. Id. p.* gr. in-fol. en t.
16. Un beau *Tigre* dans un paysage. *Id. p.* gr. in-fol. en t.

ROBERT POLLARD, peintre, graveur à l'eau-forte et en aqua tinta, florissant à *Londres* en 1780. Cet artiste excelle dans divers genres, sur-tout dans les marines. Ses estampes sont très-recherchées, tant celles de sa composition, que celles d'après d'autres maîtres, et les sujets sont tous fort intéressans.

1. *Prophétie de la Famine*, avec 12 vers de *Churchill*. *R. Pollard sc.* 1780. in-fol. en carré.
2. *Edwin* et *Angelina*, sur un fond de paysage; sujet tiré du poëme de l'*Hermite de Goldsmith*, gravé en 1785. gr. in-fol. en t.
3. *L'Hermitage de Warkworth*, pièce qui fait pendant avec la précédente, les figures gravées par *Pollard* et le paysage par *Peltro* en 1787.
4. 5. Deux pièces très-intéressantes, savoir: *L'Aveugle de Bendwall-Green*, conduit par sa fille, et accompagné d'un Chevalier, sujets tirés d'une ancienne ballade

angloise, gravées à l'eau-forte par *Pollard* et à *l'aqua tinta en noir par Wills*. in-fol. en rond. 1787.

6. Le *Bain des Nymphes*. Fr. *Wheatly* p. R. *Pollard* et F. *Juckes* sc. 1785. in aqua tinta. gr. in-fol. en t.

7. Le Lieutenant *Moody*, délivrant un prisonnier fait par les *Américains*. 1785, en manière pointillée. gr. in-fol. en t.

8. Lady *Harriet Ackland*, allant trouver son mari, prisonnier des *Américains*. Même exécution. Pendant.

9. Détresse du vaisseau le *Centaure*, assailli d'une furieuse tempête, dans laquelle périrent la *Ville de Paris*, le *Glorieux* et d'autres vaisseaux. Peint par R. *Dodd*, gravé à l'eau-forte et à l'aqua tinta, imprimé en brun rougeâtre. gr. in-fol. en t.

10. Conservation du Capitaine *Inglefield* et d'onze hommes de l'équipage du *Centaure* qui se sauvent dans une chaloupe. Par *les mêmes* et de même exécution. Pendant.

11. Arrivée de l'Enseigne *Prentice* et de cinq autres *Anglois* dans une île où ils sont reçus avec humanité par les Sauvages, après avoir vu périr de froid les deux tiers de leurs compagnons; sujet peint par R. *Smirke*, gravé en aqua tinta par F. *Juckes* et à l'eau-forte par R. *Pollard*. gr. in-fol. en t.

12. Naufrage du *Grosvenor*, vaisseau des Indes orientales, sur les côtes d'*Afrique*, dont la plus grande partie se sauva à terre, mais périt de misère dans les déserts, à l'exception de neuf personnes qui gagnèrent le *Cap de bonne Espérance*. Par *les mêmes*, et exécuté de même. Pendant.

13. Vue de la grande assemblée des Lords et des Pairs dans la salle de *Westminstre* à *Londres* lors de l'interrogatoire de *Warren-Hasting*. E. *Dayes* p. R. *Pollard fec.* tr. gr. in-fol. en t.

14. Représentation de la grande Fête, célébrée en action de graces pour la *Convalescence du Roi* dans l'église de

Rob. Dodd.

St. *Paul* à *Londres*, le 23 Avril 1789. Par *les mêmes*, et de même grandeur. Les deux pièces avec une explication.

15. Le Roi *George* passant en revue ses troupes à *Black-Heath*; d'après un dessin de *W. Mason*, exécuté en brun par *R. Pollard.* 1787. gr. in-fol. en t.
16. Vue du quartier d'*Hannovre* à *Londres*; d'après un dessin d'*E. Dayes*, gravé en aqua tinta noire par *R. Pollard* et *F. Juckes*. 1787. gr. in-fol. en t.
17. Vue du quartier de *Bloomsbury* à *Londres*. Par *les mêmes*, et de même exécution. Pendant.
18. Vue de *Gibraltar*, avec la levée du siège, opérée par l'arrivée de *George Rodney* avec sa flotte, 1780. Peint par *Dom. Serres*, gravé par *R. Pollard.* gr. in-fol. en t.
19. Vue du vaisseau de guerre *the Mediator*, au moment qu'il fond sur cinq vaisseaux *françois* en 1782. Par *les mêmes.* gr. in-fol.

Robert Dodd, peintre et graveur à l'eau-forte et à l'aqua tinta, membre à l'Académie Royale de *Londres* en 1770. Il excelle à peindre des paysages et des marines, et a beaucoup travaillé en société avec *R. Pollard*, et d'autres maîtres anglois.

1—4. Représentations de la terrible *Tempête* survenue le 16 Sept. 1782. à la *Flotte de la Jamaïque*, et aux vaisseaux de guerre qui lui servoient de convoi; quatre feuilles, chacune avec son intitulé. *R. Dodd fecit*, 1783, in aqua tinta. gr. in-fol. en t.
5. La Frégatte françoise, l'*Amazone*, se rendant à la Frégatte angloise la *Sta. Margaretha*. 1784. Exécuté de même. gr. in-fol. en t.

6. Le Capitaine anglois *Salter*, abandonnant sa prise de l'*Amazone*, à l'approche de la Flotte *françoise*, commandée par M. de *Vaudreuil*. Exécuté de même. gr. in-fol. en t.

7. 8. Combat de la Frégatte angloise, la *Magicienne*, avec deux Frégattes *françoises*, en 1783. *Id. fec.* 1783. in-fol. en t. Deux feuilles.

9. *Travellers at home.* Les Voyageurs retournant à la maison; beau paysage d'après *Salv. Rosa.* tr. gr. in-fol. en t.

10. Part of the Crew of his Majesty's Ship *Guardian* endeavouring to escape in the Boats. gr. in-fol. en t.

11. The Mutineers turning Lieut. *Bligh* and part of the Officers and Crew adrist from his Majesty's Ship the *Bounty*. gr. in-fol. en t.

12. The *Spanish* Insult to the *Brittish* Fluy at *Nootka-Sound*. gr. in-fol. en t.

13. The Royal Dock Yard at *Plymouth*. gr. in-fol. en t.

14. The Royal Dock Yard at *Portsmouth*. gr. in-fol. en t.

JOSEPH COLLYER, dessinateur et graveur dans la manière pointillée, né à *Londres* vers 1748, et florissant dans la même ville en 1775.

1. Portrait du Prince *Robert*, dans un style nouveau.
2. —— de *Jean-Armand du Plessis-Richelieu*.
3. —— de *Jean-Baptiste Colbert*.
4. —— de *Jean Racine*.
5. —— de *Jean la Fontaine*.
6. —— de *Nicolas Boileau*.
7. —— d'*Alexande Pope*.
8. —— de Sir *François Dracke*.
9. —— de Sir *George Pocock*.
10. —— de Sir *Cloudeslegh Shorvel*.

11. Portrait de l'Admiral *Boscawen*.
12. — de Sir *Auguste Keppel*, Admiral de l'escadre bleue.
13. Les Capitaines *Forest*, *Juckling* et *Langdon*, à la tête de trois vaisseaux anglois, défend sept vaisseaux de guerre *François*.
14. Le Capitaine *Tyrrel*, montant le *Buckingham*, attaque et défait trois vaisseaux de guerre *François*.
15. Défaite de l'Escadre *Françoise* par le Capitaine *Elliot* sous le commandement du fameux Capitaine *Thurot*, vers les côtes d'*Irlande*.
16. La glorieuse défaite de la Flotte *Françoise*, commandée par M. *de Conflans* à la vue de *Belleisle*, par la Flotte *Britannique*, commandée par Lord *Hawke*.
17. The *Morning* of the *More-Castle* by the *Earl Albemarle* and Sir *Georg Pocock*.
18. Attaque faite par la Flotte *Britannique* de l'Admiral *Keppel* au Port *André*, en 1761.
19. Engagement entre *Richard Beauchamp*, Comte de *Warwick* et deux gros Vaisseaux *François*.
20. Engagement entre la grande Flotte *Britannique*, sous le commandement de l'Admiral *Keppel*, et la Flotte *Françoise*, commandée par M. *d'Orvilier*, le 27 Juillet 1778; dessiné par un Officier à bord de la *Victoire*, et gravé par *Collyer*.
21. Attaque de la fameuse Armada *Espagnole* vers les côtes de *Plymouth*; sujet pris des Tappisseries de la Maison des Lords.
22. Monument érigé par le Sénat de la Grande-Bretagne à la mémoire du Capitaine *Cornwal*, tué en combattant pour sa patrie le 3 Février 1743.
23. Vue de la défaite de l'Escadre *Françoise*, sous le commandement de M. *de la Clue*, par l'Escadre *Angloise*, commandée par l'Admiral *Boscaven*.

H. W. BUNBURY.

Divers sujets d'après différens maîtres.

1. *Dutch Pastime* (Divertissement de paysans flamands); d'après *David Teniers*. tr. gr. in-fol. en t!
2. *Exercice des Volontaires* de la ville et contrée de *Dublin*; d'après *Fr. Wheatly*, gravé en 1784. gr. in-fol. en t.
3. Sujet tiré de la Ballade des *Enfans dans le bois (the Children in the Wood)*; d'après *Th. Stothard*, 1786. en rond. Petit in-fol. Faisant pendant avec les *Childern in de Wood*; d'après *le même*, gravé par *Edm. Scott*).
4. *George*, Prince de *Galles*; d'après un dessin fait au crayon par *J. Russel*. gr. in-fol.
5. *Rowland Hill*, D. au Collège de St. Jean à *Cambridge*; d'après *le même*. in-fol.
6. D. *William Hunter*, Anatomiste; d'après *M. Chamberlin*. in-4.

HENRI-WILLIAM BUNBURY, amateur, dessinateur et graveur à l'eau-forte, né en Angleterre vers 1748, et florissant à *Londres* en 1780. *Bunbury* est regardé dans son pays comme un des heureux successeurs de *Hogarth*. Son œuvre est assez considérable et très-amusant. Il a traité avec un égal succès le sérieux et le comique, la belle nature et ses écarts en carricature. Les artistes qui ont gravé d'après ses dessins sont les suivans: *Bartolozzi, Dickinson, Baldrey, Bretherton, Jones, Knight, J. R. Smith, Tomkins, Th. Watson, Jac. Watson* etc. Aux articles de ces artistes on trouvera énoncées la plupart des pièces de *Bunbury*. Nous ne connoissons de sa main que ces seules estampes :

1. *Carricature d'un Petit-Maître*, avec cette inscription : « Que je suis enchanté de vous voir " ! *H. W. Bunbury, aqua forti.* in-fol.

2. *Jeu de Billard*, entouré de Joueurs et de Spectateurs. in-fol. en t.

3. La *Porte d'un Collège* d'où sortent à cheval plusieurs Ecclésiastiques allant à leurs fonctions. Pendant.

WILLIAM ELLIS, graveur à la pointe et au burin, né en Angleterre vers 1748, et florissant à *Londres* en 1774. Excellent paysagiste anglois, il a gravé plusieurs morceaux dans ce genre, conjointement avec le célèbre *Woollett*.

1. Scène tirée du *Vicaire de Wakefield*, roman anglois. *Th. Hearne pinx.* Les figures gravées par *Woollet*, et le paysage par *Ellis*. 1780.

2. Autre scène tirée du même Roman. Pièce peinte par *le même*, et gravée par *les mêmes* en 1780. Ces deux pièces in-fol. en t. font pendans.

3—6. Les *quatre Saisons* ; quatre pièces, chacune avec douze vers de *Thompson*, peintes par *Th. Hearne*, et gravées par *W. Ellis* 1784. in-fol. en t.

7. La *Solitude*, beau Paysage bouché ; d'après *Rich. Wilson*, gravée par *Ellis* et *Woollett* 1778. tr. gr. in-fol. en t.

8. Vue du Château de *Kilcairn*, en Ecosse. *P. Sandby del.* in-4. en t.

JAM. CALTWAL. EDME SCOTT.

9. Vue de *Loch-Leven*, en Ecosse. *P. Sandby del.* in-4. en t.
10. Vue de l'Abbaye de *Dunbrothy*, en Irlande. *Id. del.* in-4. en t.

JAMES CALTWAL, dessinateur et graveur à la pointe et au burin, né en Angleterre vers 1750, et florissant à *Londres* vers 1780.

1. L'Admiral *Keppel*, en profil; d'après un modèle. in-fol.
2. Sir *Roger Curtis*, vu jusqu'aux genoux; d'après *Wil. Hamilton.* gr. in-fol.
3. Mistriss *Siddons* et son fils, dans la tragédie d'*Isabelle*, figures en pied; d'après *le même*, gravée en 1783. tr. gr. in-fol. Pièce capitale.
4. L'Immortalité de *Garrick*, sujet peint par *G. Carter*, les figures gravées par *J. Caldwal*, le paysage par *S. Smith*, 1783. tr. gr. in-fol. en t. — Les figures de ce beau morceau sont les portraits des acteurs et des actrices qui ont figuré avec *Garrick* sur la Scène Angloise.
5. Représentation de la Fête champêtre, donnée par le Comte *de Derby* dans son jardin d'*Oaks* en Surrey, 1774; d'après *Rob. Adams*, gravée par *Caldwal* et *Grignon*, 1774, en deux feuilles. gr. in-fol. en t.
6. Vue du grand Camp de *Cox-Heath*. *W. Hamilton p. J. Caldwal sc. in aqua tinta*, 1778. gr. in-fol. en t.
7. The *Cotillon-Dance* (Contredanse françoise).
8. The *Englishman in Paris* (L'Anglois à Paris).

EDME SCOTT, graveur en points, né en Angleterre vers 1750, et florissant à *Londres* en

WIL. SEDGWICKE.

1780. Cet artiste porte le titre de Graveur du Duc d'*York*.

1. L'*Age de la félicité*, jeune fille en demi-figure, caressant un chien. *J. Russel p. Scott sc.* gr. in-4.
2. *Tom Jones*, ayant tiré *Molly Seaugrin* des mains du Commissaire. V. le Roman de *Tom Jones*. *G. Morland p.* 1791.
3. Aventure galante de *Tom Jones* à l'égard de *Sophie Vestern*. *Id. p.* Pendant. 1791.
4. *Lingo* et *Cowslip*, sujet tiré de la *Surprise agréable*. *H. Singleton p.* gr. in-fol. en rond.
5. 6. Deux sujets de la fameuse Ballade du *vieux Robin Gray*. *Th. Stothard p.* 2 pièces ovales, petit in-fol. en t. 1782.
7. *The Children in the Wood* (Les enfans dans le bois). *Id. p.* En rond in-fol. 1784.
8. *Stella*, avec deux vers anglois. *J. Danthorne p.* Ovale in-fol. 1785.
9. *Rosina*, avec une inscription angloise. *Id. p.* Pendant. 1785.

WILLIAM SEDGWICKE,

graveur en points, né en Angleterre vers 1750, et florissant à *Londres* en 1780.

1. L'*Affection fraternelle*, deux enfans dans un jardin jouant avec des fleurs. *Angél. Kauffman pinx. Sedgwickt sc.* 1786. Ovale in-fol.
2. Vue du village de *Waldheim*, avec la fille du Maître d'école et ses enfans. *W. Miller p.* Pièce en rond, in-fol. 1783.

3. *Charlotte* et *Werther* font une visite au Vicaire de S. *Id. p.* Pendant. 1783.
4. La *Vache* et les Biens de la Veuve *Costar* de *Châlons* en *Champagne*, saisis par défaut de payement de son bail, lui sont rendus par la générosité de M. *Pearmain*, Voyageur Anglois. *Ed. Penny p.* in-fol. 1784.
5. *Apparent Dissolution* (Mort apparente d'une femme). *Id. p.* in-fol. 1784.
6. *Returning Animation* (Retour à la vie d'une femme). *Id. p.* in-fol. 1784.

GEORGE KEATING, graveur en manière noire et en points, né en Angleterre vers 1750, et florissant à *Londres* en 1780.

1. Le *jeune Homme studieux*. *Jos. Reynolds p. G. Keating sc.* 1784, en noir. in-4. en t.
2. La *jeune Bohémienne*. Miss *Benwell p.* Ovale p. in-fol. en points bruns. 1784.
3. La *Nourrice*, avec les enfans à la campagne. *Morland p.* gr. in-fol. en t.
4. *Exercice militaire* représenté par des enfans. *Id. p.* gr. in-fol.
5. La Duchesse *de Devonshire*, ayant sur ses genoux Lady *Cavendish*, enfant. *J. Reynolds p.* gr. in-fol. en t.
6. *Ste. Cécile*, figure entière. *G. Romney p.* gr. in-fol.
7. *Camilla* se jettant dans les bras de son père. *W. Singleton p.* gr. in-fol. en t. en points bruns.
8. *Ecole de petites filles* que la Maîtresse fait épeler. *Pascalini p.* gr. in-fol. en t.
9. *Ecole de petits garçons*, que le Maître fait écrire. *Id. p.* Pendant, en points noirs.

THOMAS MALTON, dessinateur de vues et graveur en aqua tinta, né vers 1750, florissoit à *Londres* en 1782. Outre ses vues gravées dans sa manière de l'aqua tinta, il est auteur d'un grand ouvrage sur la Théorie et Pratique de la Perspective, portant pour titre: *A complete Treatise on Perspective in Theory and Practice: on the Principle of Dr. Brook Taylor. By Thomas Malton. Fol. Robson.* Ce grand ouvrage est divisé en quatre livres, et chaque livre en diverses sections. Le premier traite de l'Optique, de la lumière et des couleurs, de l'œil et de la manière que les objets s'y peignent. Le second de la Théorie de la Perspective. Le troisième de la Pratique de cette science. Le quatrième des ombres, où l'on traite principalement de la Peinture et de l'Architecture. Cet ouvrage se distingue par les dessins et les gravures; on y trouve la représentation de différens grands édifices publics de Londres et nombre de plans de fantaisie.

Parmi les suites publiées par *Malton*, nous citerons les deux suivantes:

1—8. *Vues de Londres* en 8 feuilles, datées de 1782-83, et marquées: *T. Malton del. et sc. in aqua tinta.*

gr. in-fol. en t. 1) The *Royal Exchange.* 2) The *Bank.* 3) The *Banqueting - House.* 4) The *Royal Academy.* 5) Old *Palace - Yard*, from *Margaret-Street.* 6) New *Palace - Yard.* 7) King Street *Guild-hall.* 8) The *Mansion - House.*

9—14. Vues de différens palais de *St. Pétersbourg*, avec les Places adjacentes et diverses figures, dessinées par *Jos. Hearn* et gravées in aqua tinta par *Th. Mallon*, 6 feuilles datées de 1789 et 1790. gr. in-fol. en t. 1) L'*Académie impériale des Beaux-Arts.* 2) L'*Académie impériale des Sciences.* 3) L'*Arsénal*, la Fonderie des Canons etc. 4) Vue sur le Canal de *Fontanka.* 5) *Gostinoy Dvor*, ou les Boutiques publiques, la Perspective de *Nevsky.* 6) Vue du *Palais de marbre* etc. dans la grande *Millionée.*

FRANCIS ou FRANÇOIS HAWARD, graveur en manière noire et en pointillée, né en Angleterre vers 1750, et florissant à *Londres* en 1780.

1. Master Bunbury. *Joshua Reynolds p. Francis Haward sc.* 1781, en manière noire. in-fol.
2. Mistriss *Siddons*, sous l'emblême de la Muse tragique. *Id. p.* in-fol. en brun foncé. 1787.
3. *The Infant Academy* (la *Peinture* figurée par un enfant. *Id. p.* in-fol. en t. en manière de crayon rouge. 1783.
4. *Charles*, Comte de *Cornwallis. D. J. Gardner p.* Ovale in-4. en points rouges. 1784.
5. Le Capitaine *William Cornwallis. Id. p.* Exécuté de même. Pendant.
6. *Junon. W. Hamilton p. F. Haward sc.* 1782, en points rouges. Ovale in-4.
7. *Hébé.* Par *les mêmes.* De même.

P. W. TOMKINS.

8. *Zéphire* et *Flore*. Par *les mêmes*. De même.
9. *Psyché* conduit par *Zéphire* au palais de *Cupidon*. Par *les mêmes*. De même.
10. La Muse *Uranie*. Par *les mêmes*. De même.
11. La Muse *Clio*. Par *les mêmes*. De même.
12. La Mort de *St. Julien* dans le Couvent de la *Trappe*. *And. Zucchi p.* gr. in-fol. en t. en points rouges. 1784.
13. *Assemblée des soeurs Non-Conformistes*. Id. p. De même. Pendant. 1784.

PIERRE-WILLIAM TOMKINS, graveur à la manière pointillée des Anglois, né en Angleterre vers 1750, et florissant à *Londres* en 1780. *Tomkins* est un des meilleurs graveurs de *Bartolozzi*, et il s'est singulièrement distingué dans le genre de gravure qu'il a adopté.

1. Les *Muses* couronnant le Buste de *Pope*. *Angél. Kauffman p. P. W. Tomkins sculps.* en rouge. Ovale in-4. en t. 1783.
2. *Pomone*. Id p. De même. in-4. 1783.
3. Le *Colin-Maillard*. Id. p. De même, en rond, 11 pouces 4 lignes de diamètre.
4. *Psammétique*, Roi d'*Egypte*, amoureux de la belle *Rhodope*. Id. p. in-fol. en t. de même. 1783.
5. La belle *Rhodope*, amoureuse d'*Esope*. Id. pinx. Pendant.
6. La *Belle-honnête*. Id. p. Ovale in-4. en t. de même. 1783.
7. *Cléopatre* et *Méléagre*, sujet tiré de *Plutarque*. Id. p. in-fol. en t. de même. 1783.

8. *Paul-Emile*, sujet tiré de *Plutarque*. *Id. p.* in-fol. en t. 1785.
9. *Rosine. Ch. Ansell p.* En points et en rond, 11 pouces 3 lignes.
10. La *Fête de Mai*, ou le Couronnement de la *Rosière d'Aberdeen. Bretherton p.* en rond in-fol. en t. au crayon rouge. 1782.
11. *Emploi de la Matinée. H. W. Bunbury p.* en points rouges et en rond de 13 pouces 6 lignes de diamètre. 1784.
12. *Jeune fille du Modenois. Id. p.* Ovale gr. in-4. en points. 1785.
13. *Jeune fille de la Forêt de Snoden.* Par *les mêmes.* De même.
14. La *première Leçon d'amour. S. Harding p.* Ovale petit in-fol. en points rouges.
15. La *seconde Leçon d'amour.* Par *les mêmes.* De même.
16. *Florizelle* et *Perdita* (*V. Shakespears Winters Tale*). *Id. p.* in-fol. au crayon rouge, et en rond. 1785.
17. *Miranda* voit pour la première fois *Ferdinand* (*V. Shakespears Tempest*). Par *les mêmes.* De même.
18. *Rosalinde* et *Célie* (V. *Shakespears as Yonlicke it*). *W. Lavranson p.* Ovale p. in-fol. au crayon rouge. 1783.
19. Sir *John Falstaff. J. Sanders p.* en rond, 11 pouces 4 lignes de diamètre. 1784.
20. *Jeune Villageoise* cueillant des noisettes. *W. R. Bigg p.* Ovale in-fol. 1787.
21. *Jeune Villageoise* écossant des poix. *Id. p.* Pendant. 1787.

R. READ. B. READING.

RICHARD READ, graveur en manière noire et au crayon, né en Angleterre vers 1750, florissant à *Londres* en 1780.

1. La *Dame hollandoise*, buste d'une jeune femme avec un voile. *Rembrandt p: Read sc.* 1776. petit in-fol.
2. L'*Amour ayant manqué son coup*. *W. Beachi p.* petit in-fol. en t. du crayon rouge. 1784.
3. *Jeune Villageoise. Josiah Boydell p.* petit in-fol. au crayon rouge. 1778.
4. L'*Enfant Moïse* exposé dans les eaux du *Nil*. *Le Sueur p.* De la Galerie de *Houghton*. in-fol. De même. 1779.
5. La Reine *Marie* d'Ecosse signe l'acte de sa résignation à la couronne en faveur de son fils. *W. Hamilton p.* gr. rond in-fol.

BENJAMIN READING, dessinateur et graveur dans la manière pointillée, né en Angleterre vers 1750, et florissant à *Londres* en 1780.

1. Mistriss *Corbyn*. *B. Reading sc.* 1784, en points rouges. Ovale in-4.
2. *Charlotte* au tombeau de *Werther*. Ovale in-4. aux points rouges. 1785.
3. *Lavinie* et sa Mère, avec quatre vers de *Thompson*. *W. Bigg p.* Ovale petit in-fol. aux points. 1784.

Sarah Reading, probablement soeur de *Benjamin*, a gravé pareillement en pointillé, les deux pièces suivantes d'après le dessin de son frère:

CH. KNIGHT.

1. *Oliva. Sarah Reading sc.* 1785. Ovale in-4.
2. *Sophia.* 1785. Pendant.

CHARLES KNIGHT, dessinateur et graveur à la manière pointillée, né en Angleterre vers 1750, et florissant à *Londres* en 1780.

1. *Charles-James Fox. C. Knight sc.* 1780, aux points. Ovale in-4.
2. Lord *Loughborough*, Chef de justice de la cour des plaidoyers communs. *J. Booth p.* Ovale in-4. aux points. 1781.
3. *Henri Laurent*, dernier Président du Congrès américain. *Id. p.* aux points. Pendant. 1781.
4. Le *Retour du Marché*, Villageoise qui compte son argent chemin faisant. *F. Wheatley p.* gr. in-fol. 1789. (Le Pendant de cette pièce est l'*Officier recruteur* faisant des propositions à une Villageoise, gravé par *R. Stanier*).
5. *Run Away Love* (l'Amour qui s'enfuit). *T. Stothard p.* gr. in-fol. en brun. 1792. (Le Pendant de cette estampe est: *Love return'd* [l'Amour qui revient]. *H. Singleton p. W. Bond sc.* 1792.)
6. *Cupidon* désarmé. *Miss Benwell p.* en ovale in-fol. aux points rouges. 1786.
7. *Cupidon* prend sa Revenge. *Id. p.* De même. 1786. Pendant.
8. *Fille de Montmélian. H. W. Bunbury del.* in-fol. aux points. 1784.
9. Les *Glaneuses* retournant au village. *Id. del.* Ovale gr. in-fol. en r. 1787.
10. *Albert, Charles* et *Werther. Th. J. Northcote p.* en points rougeâtres, 11 pouces 3 lignes de diamètre. 1784.

11. Dernière Entrevue de *Werther* et de *Charlotte*. *Id. p.* De même exécution. Pendant. 1784.
12. *Pyrame*. Avec quatre vers anglois. *J. Hoppiner p.* Ovale in-fol. en points. 1785. (Cette pièce fait pendant avec *Thisbé*, gravée d'après *le même* par *W. Nutter*).

JAMES ou JACQUES GILLRAY, dessinateur et graveur dans la manière pointillée, né à *Londres* vers 1750, et florissant dans la même ville en 1780.

1. Le *Train du village*, avec vingt vers. *J. Gillray del. et sc.* 1784, pointillé au bistre. Ovale gr. in-fol. en t.
2. Le *Village abandonné*, avec vingt-deux vers. De même exécution. Pendant.
3. Le *Nancy*, navire qui fit naufrage dans une tempête à *Sully* en 1784; avec une description en anglois. *J. Gillray design. et fec. in aqua tinta*, en brun. gr. in-fol. en t.
4. Le Duc *d'Athol*.
5. Master *Lambert*, fils de Mylord *Melbourne*, gravé à l'eau-forte par *Humphrey*, et exécuté en rouge par *Gillray*, 1787. Ovale petit in-fol.
6. *L'Enfant trouvé*. Peint par *Lavinie* Comtesse de *Spencer*, exécuté en points bruns, rehaussés de rouge, par *Gillray*. Ovale petit in-fol.

JOHN ou JEAN DEANE, dessinateur et graveur en manière noire, né en Angleterre vers 1750,

J. DEANE,

florissant à *Londres* en 1780. Il a gravé le portrait et l'histoire avec un égal succès.

Portraits.

1. Miss *Fitzpatrick*. J. Reynolds p. J. Deane sc. 1783. in fol.
2. Le Docteur *Thomas Leland*. Id. p. in-fol. 1777.
3. Le Fils du Chevalier *Watkins Wynne*, représenté en petit St. Jean. Id. p. petit in-fol. 1776.
4. Mistriss *Eliot*, figure entière. Th. Gainsborough p. tr. gr. in-fol. 1779.
5. Mr. *Williams*. W. Pether p. in-fol. 1777.
6. *Elisabeth*, Comtesse de *Derby*, assise dans un jardin. G. Romney p. gr. in-fol. 1780.
7. Miss *Anne Parr*. Id. p. in-fol. 1778.
8. Master *Payne*, enfant nud jouant avec un gros chien. Id. p. gr. in fol. 1780.
9. Miss *Hill*, en Bergère. J. Russel p. in-fol. 1777.
10. *Caroline de Lightfield*, à mi-corps, en chapeau. J. Hoppiner p. in-fol.

Sujets divers.

1. Le jeune *Mirjam* un genou en terre, chantant un hymne en s'accompagnant de sa lyre. J. Deane fec. 1780. gr. in-fol.
2. Les *quatre Evangelistes*, grandes figures jusqu'aux genoux. Rubens et Jordaens p. tr. gr. in-fol.
3. *St. Antoine de Padoue*, et l'enfant *Jésus*, posé sur un livre ouvert que le Saint tient dans ses mains. Murillo p.
4. *Cartouche*. J. Reynolds p. in-fol. 1777.
5. *Jeune Ecolier*. Id. p. in-fol. 1777.

6. *Jeune Vénitien. Id. p.* in-fol. 1778.
7. *Cupidon* en jeune garçon, portant un flambeau pour éclairer les passans. *Id. p.* gr. in-fol.

ARCHIBALD MACDUFF, amateur, dessinateur, graveur à l'eau-forte et à *l'aqua tinta*, né en Angleterre vers 1750, et florissant à *Londres* vers 1780. On le croit élève de *J. Bary*; du moins les estampes les plus distinguées de lui, sont d'après ce maître et exécutées dans la même manière.

1. *Ste. Famille*, où le petit St. *Jean* met le pied sur le berceau. *Raphael pinx. Macduff sc. Aqua forti et aqua tinta.* in-fol.
2. La *Tentation d'Adam*, avec six vers de *Milton. James Barry pinx.* 1776. De même exécution. tr. gr. in-fol.
3. *Job* reprouvé par ses amis. *Id. p.* 1777. De même exécution. tr. gr. in-fol.
4. La *Naissance de Vénus. Id. p.* 1776. De même exécution. gr. in-fol. en t.
5. Le Roi *Lear*, avec trois vers de *Shakespeare. Id. p.* 1776. De même exécution. gr. in-fol. en carré.

JOHN, ou JEAN JONES, graveur en manière noire, et dans le goût pointillé, né en Angleterre vers 1750, florissant à *Londres* en 1786. Il a gravé avec succès d'après *Reynolds* et d'autres maîtres anglois dans les deux manières.

J. HAYNES.

Portraits et sujets divers.

1. Le Chevalier *Abraham Hume. J. Reynolds pinx. J. Jones fecit.* 1783. in-fol.
2. *Charles-Jacques Fox. Id. p.* 1784.
3. Miss *Kemble. Id. p.* 1784. in-fol.
4. Lord *Hood*, Contre-Admiral. *Id. p.* 1783. gr. in-fol.
5. Mistriss *Edouard*, en négligé, lisant une lettre. *W. Lavranson pinx.* in-fol.
6. Mr. *Henderson. Gainsborough pinx.* 1783. in-fol.
7. Signora *Baccelli*, dansant. *Id. p.* 1784. gr. in-fol.
8. Mistriss *Davenport*, sans inscription. *G. Romney p.* 1784. in-fol.
9. Lord *Henri* et Lady *Charlotte Spencer*, dans leur jeunesse. *Jos. Reynolds pinx.* 1790. in-fol.
10. La Mort de *Sidney. G. Carter pinx.* 1782. gr. in-fol. en t. Pièce capitale.
11. Le *Pêcheur partant* pour la pêche. *Id. pinx.* 1782. gr. in-fol.
12. Le *Pêcheur revenant* de la pêche. *Id. pinx.* 1782. Pendant.
13. *Muscipula* (Jeune Fille avec une souris). *J. Reynolds pinx.* En points bruns. in-fol.
14. *Robinetta* (Jeune Fille avec un oiseau). *Id. p.* 1787. Exécutée de même. Pendant.
15. *Boutique de Barbier. H. W. Bunbury.* 1785. gr. in-fol. en t.

J. HAYNES, peintre et graveur à l'eau-forte, né en Angleterre vers 1750, et florissant à *Londres* en 1780. Les eaux-fortes de cet artiste sont en grande estime parmi les amateurs, sur-tout celles qu'il a gravées d'après 𝔍ean Mortimer, son maître.

1. *St. Paul* prêchant les *Bretons*. *J. Mortimer del. J. Haynes sc.* 1780. *in aqua forti.* gr. in-fol. en t.
2. Un *Livre d'eaux fortes;* d'après les dessins de *J. Mortimer*, gravés en 1780. 12 feuilles. in-fol.
3. *Bandits* en buste, dans le goût de *Salv. Rosa. Id. del. et sc.* En rond. in-fol.
4. *Pélerins*, en buste; de même exécution, et de même grandeur.

ROBERT BLYTH, dessinateur et graveur à l'eau-forte, né en Angleterre vers 1750. et mort à *Londres* en 1783. Cet artiste, dont le mérite est constaté, mourut à la fleur de son âge. Ses principales productions sont plusieurs eaux-fortes ingénieuses, faites d'après les beaux dessins à la plume et à l'encre de la Chine de *J. Mortimer*, dont les ouvrages sont dans la plus haute considération. *Blyth* a gravé dans l'esprit de son original: ses estampes sont pleines de forces et d'expression.

1—3. Suite d'Etudes dans le goût de *Salvator Rosa* et de *Lairesse. J. Mortimer inv. R. Blyth fec. aqua forti*, 1779. 3 feuilles in-4.
4—7. *Suite* du même genre, avec des inscriptions. *Id. inv.* 4 feuilles. Petit in-4. en t.
8. Buste d'un *Chef oriental. Id. inv. Id. fec. aqua forti*, 1779. Ovale in-fol.
9. Buste de *Vieillard* couronné de pampres. De *même*. Ovale in-4.
10. *Bandits* partant pour une expédition. *Id. inv.* 1780. gr. in-fol. en t.

11. *Bandits* revenant de leur expédition. *Id. inv.* 1780.
12. Le *Captif*, avec une inscription du *Voyage sentimental*. *Id. inv.* 1781. in-fol. en t.
13—16. La *Vie et la Mort d'un Soldat*. 4 feuilles. in-fol. en t. gravées en 1781. 1) *Courtoisie* des Soldats. 2) *Famille* des Soldats. 3) *Mort* des Soldats. 3) *Funérailles* des Soldats.
17. Les *Pêcheurs*. *Id. inv.* in-fol. en t.
18. *Nymphe*, avec une corbeille de fruits, assise au bord de la mer, et un vieux berger à côté d'elle. Petit in-fol. en t.
19. *Caïus Marius* en refléxion, assis sur les ruines de Carthage. *Id. inv.* in-fol.
20. *Nabuchodonosor* recouvrant sa raison. De *même*. Pendant.
21. *Homere* récitant ses vers aux Grecs. *Drawn by Mortimer* 1774. *Etch'd by Blyth* 1781. gr. in-fol.

C. H. HODGES, graveur en manière noire, né en Angleterre vers 1750, et florissant à *Londres* en 1788. Il est du nombre des bons graveurs anglois dans ce genre.

1. *Henri Hope*, d'Amsterdam; figure jusqu'aux genoux. *Reynolds pinx. Hodges fec.* 1788. gr. in-fol.
2. Mistresse *Williams Hope*, d'Amsterdam. *Id. pinx.* Pendant.
3. *John Lee*, Esqr. à mi-corps, assis. *Id. pinx.* 1788. gr. in-fol.
4. Lady *Dashwood* et son enfant. *Id. p.* 1785. in-fol.
5. Lady *Spencer*, sans inscription. *Id. p.* 1784. in-fol.
6. *Thomas Warton*. *Id. p.* gr. in-fol.
7. *William Walter*. *M. Brown pinx.* gr. in-fol.

J. BALDREY.

8. Mr. *Edwin*, dans le rôle de *Lingo*, de la Comédie de l'*agréable Surprise*. *J. Alefounder pinx.* in-fol.
9. Le *Chasseur amoureux*. *Wheatly pinx*. 1786. gr. in-fol.
10. Des *Enfans jouant la Tragédie*. *R. M. Paye pinx.* gr. in-fol. en t. 1785.
11. Le *Denier de César*. *B. Strozzi pinx.* in-fol. 1781.

JOHN ou JEAN BALDREY, dessinateur et graveur dans la manière pointillée à différentes teintes, né en Angleterre vers 1750, et florissant à *Londres* en 1780.

1. Lady *Elisabeth Lambart*. *J. Downman pinx. J. Baldrey fec.* 1783. Ovale p. in-fol.
2. Lord *Rawdan*. *Jo. Reynolds pinx.* Ovale p. in-fol. 1783.
3. *Cécile*, portrait de femme, à mi-corps. *J. Hoppiner pinx.* in-fol. 1782.
4. Le *Quacre rapace*. *Ed. Penny pinx.* in-fol. 1784.
5. Le *Médecin bénévole*. *Id. p.* Pendant. 1784.
6. 7. *Paysans* et *Paysannes* de la vallée de *Llangollen* dans le pays de Galles. 2 feuilles portant le même titre. *H. W. Bunbury del.* in-fol. en rond. 1787.
8. Le *Corporal Fear*, allant dans une chaise roulante. *Id. del.* in-fol. 1787.
9. *Cicely, the Rival of the Parsonn's Maid was the Gay*. *Id. del.* Paysage en rond, in-fol. 1787.
10. *Marian, the Parsonn's Maid et neatest of the Plain-Gay*. Paysage, faisant pendant.
11. Le *jeune Fleuriste*. *D. J. Gardiner pinx.* Ovale, petit in-fol. 1781.
12. L'*Affection*. *Id. pinx.* Ovale, petit in-fol. 1782.

(Faisant pendant avec la *Fidélité* du *même*, gravée par C. White).

13. *Diane* nue dans un beau paysage. *C. Maratti pinx.* Médaillon in-fol.
14. *Moïse* sauvé des eaux. *Salv. Rosa pinx.* 1785.

PHILIPPE DAWE, ou DARVES, dessinateur et graveur en manière noire, né en Angleterre vers 1750, et florissant à *Londres* en 1780.

1. Master *James Townsend*, en petit *St. Jean. Rich. Cosway pinx. P. Dawe fec.* 1774. in-fol. en rond.
2. *Renaud* et *Armide. Id. p.* gr. in-fol. en t. 1780.
3. *Femal Lucubration*. Etude nocturne. *J. Foldson pinx.* gr. in-fol. 1772.
4. Sir *Charles Hardy*, Admiral. *Th. Hudson pinx.* in-fol. 1779.
5. La *Vendeuse d'huîtres. G. H. Morland pinx.* gr. in-fol. 1759.
6. *Femme de chambre* savonnant du linge. *Id. p.* gr. in-fol. 1769.
7. *Jeune Fille endormie*, qu'un jeune garçon reveille en la chatouillant sous le nez avec du fil dans un rouleau de papier. *Id. p.* gr. in-fol. 1772. Bel effet de nuit.
8. Le *petit Mendiant espagnol. Id. p.* in-fol. 1779.
9. Le *Vendeur de mort aux rats*. De même.
10. La *Femme de Lettre*, avec quatre vers anglois. *Id. p.* in-fol.
11. *Ulysse*, conduit par *Calypso* dans la Forêt, coupe des arbres pour construire son vaisseau. *Ang. Kauffman pinx.* gr. in-fol. 1776.

WILLIAM, ou GUILLAUME WARD, peintre, dessinateur, graveur en manière noire et à la

GUIL. WARD.

manière pointillée des Anglois, né en Angleterre vers 1750, et florissant à *Londres* en 1780. *Ward* a appris le dessin et la gravure de *J. Rob. Smith,* maître qui a eu l'avantage de former plusieurs disciples qui lui font honneur aujourd'hui, dont *Ward* est un des plus distingués.

1. Le *Choix.* Dame en demi-figure, avec une lettre à la main. *W. Ward pinx. et sc.* En points bruns. Ovale, petit in-fol.
2. Les *Mariages des Samnites. Wheatly pinx.* Sujet tiré des Contes de *Marmontel.* En médaillon gr. in-fol.
3. Les *quatre Flacons. Id. p.* Ibid. Pendant.
4. Les *Joueurs. W. Pether pinx.* gr. in-fol.
5. *Pilate* se lavant les mains. *Ger. Honthorst pinx.* gr. in-fol. en t.
6. Le *premier Gage de l'Amour. G. Morland pinx.* in-fol. 1788.
7. *Visite de la Nourrice* dans la chambre des enfans. *Id. p.* gr. in-fol. en t. 1788.
8. *Enfans navigateurs. Id. p.* gr. in-fol. en t.
9. *Enfans jouant à Colin-Maillard. Id. p.* gr. in-fol. en t.
10. De *jeunes Garçons* tachant de dégager leur *Cerf-volant,* accroché au haut d'un arbre. *Id. p.* gr. in-fol. 1790.
11. Des *Enfans se jettent des boules de neige. R. M. Paye pinx.* gr. in-fol.
12. Mistriss *Benwell. J. Hoppiner pinx.* in-fol. 1785.
13. *Elisabeth*, Comtesse de *Mexborough. Id. p.* En rond, in-fol. 1784.
14. The *Widow's Tale.* Trois femmes dans une chambre dont une qui raconte. *J. R. Smith pinx.* in-fol. 1789.

15. *The Soliloquy*, jeune personne rêvant dans une solitude. *Ward inv.* 1787. in-fol.

16. *The Cyrian Votry*, jeune personne qui a l'amour en tête. *Ward inv.* 1787. in-fol.

JOHN ou JEAN OGBORNE, dessinateur et graveur dans la manière pointillée, né en Angleterre vers 1750, et florissant à *Londres* en 1780. Un des bons élèves de *Bartolozzi*.

1. La *Musique*. *Ogborne fec.* 1779. au crayon rouge. Petit in-fol.
2. L'*Histoire*. De même. Pendant. 1779.
3. La *Vénus de Tolerdown-Hill*. *S. Harding pinx.* En points rouges. Ovale, petit in-fol. 1783.
4. *Ophélie*, personnage de *Hamlet* de *Shakespeare*. *Th. Stothard pinx.* Aux points noirs et en rond. 11 pouces 4 lignes de diamètre. 1783.
5. *Cécile*, première entrevue avec Miss *Belfield*. *Id. pinx.* Aux points noirs. Ovale, p. in-fol. 1784.
6. *Charlotte* en visite chez le *Vicaire*. *Id. p.* V. l'*Infortuné de Werther*. En points rouges et en rond. 11 pouces 4 lignes de diamètre. 1785.
7. La *Marchande de Cupidons*; peinture d'*Herculanum*. *Fr. Bartolozzi del.* Au crayon rouge. Ovale, in-fol. en t.
8. *Abélard* propose l'hymen à *Héloïse*. *Ang. Kauffman pinx.* Au crayon rouge, et en rond. 10 pouces 11 lignes de diamètre. 1785.
9. Mistriss *Jordan* en jeune Fille de la campagne. *Romney pinx.* in-fol. 1788.
10. *Edgar* et *Cordelia*. V. le Roi *Lear* de *Shakespeare*, Act. III. *W. Hamilton pinx.* Ovale, gr. in-fol. en t. 1788.

11. Le Prince *Arthur* remettant *Welcome* à l'Archiduc d'*Autriche*. *Id. pinx.* gr. in-fol.

ROBERT MARCUARD, dessinateur et graveur dans la manière angloise pointillée, né en Angleterre vers 1750. Parmi les élèves nombreux de *Bartolozzi*, *Marcuard* est un des plus marqués. Il a gravé d'après ses compositions et d'après celles d'autres maîtres.

1. 2. Deux pièces, intitulées: *Surprise au bain*, et *Amusement de l'été*. *Marcuard fec.* Médaillon in-fol. en t.
3. Le Major *François Pierson*, tué dans un combat contre les François dans l'île de Jersey en 1781. *Marcuard fecit*, 1781. en points rouges. Ovale in-4.
4. La *Belle Studieuse*. *Id. fec.* 1782. De même. Ovale, gr. in-4.
5. *Lubin* et *Rosalie*. *Wil. Beachi pinx.* Au crayon rouge. in-fol. 1784.
6. *Edwin* et *Angelina*. *J. Flaxman pinx.* Au crayon rouge. in-fol. 1783.
7. La *jeune Fruitière italienne*. *Wil. Pether pinx.* Au crayon rouge. in-fol. 1782.
8. *Francis Bartolozzi*, de l'Académie royale des arts à Londres. *Reynolds pinx.* Aux points rouges. Ovale, in-fol. 1784.
9. Le *Philosophe contemplatif*, en buste. *Fr. Bartolozzi*. Ovale, in-fol. 1788.
10. *Hebé*. A mi-corps, tenant une coupe à la main. *Fr. Bartolozzi del.* Au crayon. Ovale, in-fol. 1778.
11. *Henri* et *Emma*. *Th. Stothard pinx.* En points rouges. En ovale, in-fol.

12. Vœu d'*Elfrida*. *Id. pinx.* En points rouges et en rond. 11 pouces 4 lignes de diamètre. 1783.

13. L'*Innocence*. *Ang. Kauffman pinx.* En rouge. Ovale, in-4. 1782.

14. L'*Amitié*. *Id. pinx.* Pendant.

15. Les *Enfans royaux*. *Id. p.* En rouge. Petit in-fol. 1782.

16. *Cupidon* et *Psyché*. *Id. p.* En rouge. Petit in-fol. en carré. 1784.

17. *Vénus* couronnée par *Cupidon*. *Id. p.* De même. Pendant.

18. *Diane* et ses *Nymphes*. *Id. p.* En rouge et en rond. 11 pouces de diamètre. 1785.

19. *Psyché* endormie sur un nuage et transportée par *Zephyre* au palais de *Cupidon*. *W. Hamilton pinx.* Ovale, petit in-fol. 1782.

CHARLES TOWNLEY, dessinateur et graveur en manière noire, né en Angleterre vers 1750, et florissant à *Londres* en 1780. Il a gravé d'après ses dessins et d'après plusieurs maîtres.

1. Le Comte *Alexis d'Orloff Tschsmensky*, Général en chef etc. *C. Townley fec.* 1783. in-fol.

2. *Leonardo da Vinci*, peint par *lui même*; d'après l'original de la collection de Médicis à Florence. gr. in fol.

3. *Annibal Carracci*, peint par *lui même*; d'après la même collection. gr. in-fol. 1777.

4. *Dominichino*, peint par *lui même*. Ibid. *C. Townley del. et sc.* 1778. gr. in-fol.

5. *Rubens*, peint par *lui même*. Ibid. *Id. del. et sc.* 1778. gr. in-fol.

6. *Rembrandt*, peint par *lui même*. Ibid. *Id. del. et sc.* 1777. gr. in-fol.

7. *Rembrandt*, peint par *lui même*, autrement traité; d'après l'original de la collection du Marquis *de Gerini* à Florence. *Id. del. et sc.* 1778. gr. in-fol.
8. Sir *Joshua Reynolds*, à mi-corps, peint par *lui même*. *C. Townley fec.* gr. in-fol. 1777.
9. Master *Lock*. *J. Hoppiner pinx.* in-fol. 1784.
10. *Percival Patt*. *J. Reynolds pinx.* gr. in-fol. 1784.
11. *Joseph Allen*. M. D. *G. Romney pinx.* in-fol. 1784.
12. Sir *Hyde Parker*, Vice-Admiral. *Id. pinx.* gr. in-fol. 1785.
13. Mistriss *Jenny Deering*, reposant dans un Jardin. *P. Lely pinx.* in-fol. 1787.
14. *Agrippine*, pleurant sur le tombeau de Germanicus. *R. Cosway pinx.* Pièce imprimée en brun. Ovale, in-4. 1782.
15. Deux *Tauréaux* au prises dans un beau paysage. *G. Stubbs pinx.* gr. in-fol. en t. 1788.

WILSON LOWRY, graveur à la pointe et au burin, né en Angleterre vers 1750, et florissant à *Londres* en 1780.

1. Vue du Palais de Mylord *Tylney*, proche de *Wanstead*, dans le Comté d'Essex. *G. Robertson pinx. W. Lowry sc.* 1781. gr. in-fol. en t.
2. Vue du Palais de l'Archevêque de *Canterbury* à *Lambeth* dans le Comté de Surry. *Id. pinx.* Pendant. 1781.
3. Vue de la Villa de Mylord *Mansfield* à *Kenwood*, dans le Comté de *Middlesex*. *Id. pinx.* Même grandeur. 1781.
4. Beau *Paysage montagneux*, où l'on voit sur le devant un Berger et des Bergères qui dansent. *Cl. le Lorrain pinx.* gr. in-fol. en t.
5. Beau *Paysage montagneux*, où l'on voit sur le devant

un Berger debout et une Bergère assise, jouant du haut-bois. *Id. pinx.* gr. in-fol. en t.

6. La *Solitude*, beau Paysage héroïque, où l'on voit sur le devant un Berger et une Bergère assis. *Gaspar Poussin pinx.* tr. gr. in-fol. 1786.

THOMAS MORRIS, graveur à la pointe et au burin, né en Angleterre vers 1750, et florissant à *Londres* en 1780. Cet artiste, qui a gravé différentes choses pour *Boydell*, tient son rang parmi les bons paysagistes anglois. On connoît de lui les pièces suivantes :

1. *Fox hunting* (Chasse du Renard), peint par *Gilpin* et *Barret*; le paysage gravé par *Morris* et les figures par *Bartolozzi*. gr. in-fol. en t.
2. *Hawking* (Chasse avec des Hérons), beau paysage, peint par *Gilpin* 1783. Pendant.
3. Le *Matin*, paysage où une femme trait une vache; d'après *Alb. Cuyp.* gr. in-fol. en t.
4. Le *Soir*, paysage orné de figures champêtres; d'après *le même.* Pendant.
5. *Paysage* orné de figures champêtres; d'après *G. Barret.* Petit in-fol. en t.
6. *Paysage* orné de même; d'après *G. Smith.* gr. in-fol. en t.
7. Vue de la *Tour de l'Aigle* à *Carnarvon*, dans la Province de Galles; d'après *P. Sandby.* Petit in-fol. en t.
8. Vue du Château de *Sterling*, en Ecosse; d'après *le même.* Pendant.
9. Vue du Château de *Trim*, dans le Comté de Meath, en Irlande; d'après *P. Sandby.* Petit in-fol. en t.
10. Vue de la *Maison du Maître de la venaison* dans le

Parc de *Greenwich* avec une partie de celle de la ville du même nom. *W. Robertson pinx.* gr. in-fol. en t. 1781.

11. Vue de l'Orient du Château de *Gregori Page Turner*, dans le Comté de Kent. *Id. p.* gr. in-fol. en t. 1781.

12. *Skiddaw*, beau paysage, où se voit une diligence à l'angloise; d'après *Loutherbourg*, gravé par *Th. Morris* et *W. Thomas.* tr. gr. in-fol. en t.

JAMES ou JACQUES FITTLER, graveur à la pointe et au burin, né en Angleterre vers 1750, et florissant à *Londres* en 1780. *Fittler*, artiste très laborieux, peut être associé aux plus habiles graveurs de paysages, tant en Angleterre qu'ailleurs.

1. Vue du *Pont de fer*: prise du côté de *Madeley*, sur la rivière de *Saverne. C. Robertson p. J. Fittler sc.* tr. gr. in-fol. en t.
2. Vue de *Lincoln Hill*, avec le *Pont de fer. Id. p.* Pendant.
3. Vue du Nord-Ouest du Château de *Windsor. Id. p.* gr. in-fol. en t. 1782.
4. Vue de Sud-Est du Château de *Windsor. Id. p.* Pendant. 1782.
5. Vue de la terrasse d'une partie du Château de *Windsor* et du Palais de la Reine. *C. Robertson p.* gr. in-fol. en t. 1785.
6. Vue de *Wanstead*, dans le Comté d'Essex, et de la belle maison du Comte *de Tylney. Id. p.* gr. in-fol. en t. 1781. (Cette Vue fait partie d'une suite

de six pièces, dont trois par *Lowry* et deux par *Morris*, spécifiées à leurs articles).

7. Représentation de la brave défense de la garnison de *Gibraltar*, contre les forces combinées de *France* et d'*Espagne*, dans la nuit du 13 au 14 Septembre 1782. *R. Paton p.* tr. gr. in-fol. en t. 1784.

8. Représentation de la brave défense de la Flotte Angloise contre les forces réunies de *France* et d'*Espagne*, le 14 Septembre 1782. *Id. p.* tr. gr. in-fol. en t. 1784.

9. Représentation de la victoire glorieuse remportée par la Flotte *Angloise*, sous la conduite de l'Admiral *Rodney*, sur la Flotte *Françoise*, sous le commandement de l'Admiral Comte *de Grasse*, le 12 Avril 1782. *R. Paton p.* tr. gr. in-fol. en t. 1784.

10. L'Arc de *Constantin*, beau Paysage, orné de bergeries. *Cl. Lorrain p.* gr. in-fol. en t. 1782.

11. L'Embarquement de *Ste. Ursule* avec ses compagnes, tableau de *Claude le Lorrain*; la plus riche et une des plus belles compositions de ce maître: la transparence des eaux, la magnificence des édifices, l'entente de la perspective aërienne, tout concourt à la perfection de ce chef-d'oeuvre de la peinture. tr. gr. in-fol. en t.

12. Détresse de *Tigranes* devant *Cyrus*, en trouvant son père, le Roi d'*Armenie*, sa mère, sa femme et ses enfans prisonniers du vainqueur. *Ben. West p.* tr. gr. in-fol. en t.

13. La *Cabane hollandoise*. *D. Teniers pinx.* gr. in-fol. en t.

14. La *Foire italienne*. *J. Miel p.* Pendant (Ces deux pièces sont de la Galerie de *Houghton*).

15. Le Château de *Carisbrook*, dans l'île de Wight. *P. Sandby del.* in-4. en t.

16. La Fonderie de *Woolwich*, dans le Comté de Kent. *Id. del.* in-4. en t.
17. Les Troupes campées au parc St. *James*. *Id. del.* in-4. en t.
18. Les Troupes campées dans le jardin du *Museum Brittanique*. *Id. del.* in-4. en t.
19. La nouvelle Eglise dans la Comté d'*Oxford*. *Id. del.* in-4. en t.
20. L'Abbaye de *Mayfield*, dans le Comté de Sussex. *Id. del.* in-4. en t.
21. Vue de la Ville de *Londonderry* en Irlande. *Id. del.* in-4. en t.

DANIEL LERPINIERE, graveur à la pointe et au burin, né en Angleterre vers 1750, et florissant à *Londres* en 1780. On le croit élève de *Vivarès*; au moins si cela est, l'élève fait honneur à son maître.

1—6. Six Vues de l'île de la *Jamaïque*, dessinées sur les lieux et peintes par *G. Robertson*, gravées par *Lerpiniere* et *Vivarès*. gr. in-fol. en t. 1) Vue d'une partie de la rivière de *Cobre*, près de la Ville *Espagnole*. 2) De la rivière de *Roaring*, près de *Savannah la Marr*. 3) Du Fort *Guillaume*, avec une partie de la rivière de *Roaring*. 4) Du Pont qui traverse la rivière de *Cabaritta*. 5) De la source de la rivière de *Roaring*. 6) Du Pont qui traverse la rivière de *Cobre*, près de la Ville *Espagnole*.
7. Beau Paysage, où se voit la *Fuite en Egypte*; d'après *Cl. le Lorrain*. gr. in-fol. en t.
8. Beau Paysage, où se voit *St. George*, combattant le Dragon; d'après *le même*. gr. in-fol. en t.

9. Beau Paysage, où se voient les *Israélites* adorant le veau d'or; d'après *le même*. tr. gr. in-fol. en t.
10. Belle Marine, la *Mer calme*; d'après *Jos. Vernet*. 1781. tr. gr. in-fol. en t.
11. Belle Marine, *grande Tempête* avec Naufrage; d'après *le même*, en 1782. Pendant.
12. Beau *Paysage d'Italie*, orné de ruines, au fond un château et une chûte d'eau; d'après *J. Taylor de Bath*. tr. gr. in-fol. en t.
13. Beau *Paysage d'Italie*, avec de l'architecture en partie ruinée, en partie conservée; d'après *le même*. Pendant.
14. Partie de Chasse, où, parmi les Chasseurs à cheval, on voit le Chevalier *Robert Walpole*, le Colonel *Charles Churchill* et *Thomas Turner*. *G. Wootton pinx*. gr. in-fol. en t.
15. Le *jeune Berger*, Paysage orné de bestiaux. *Al. Cuyp p*. gr. in-fol. en t.
16. Le *Matin*, Paysage orné de bestiaux. *Id. p*. gr. in fol. en t.
17. Le *Soir*, Paysage orné de bestiaux. *Adam Pynacker pinx*. gr. in-fol. en t.
18. Vue du Sud des Villes de *Londres* et de *Westminster*. *G. Robertson p*. Ovale gr. in-fol. en t. 1779.
19. Vue du Nord des Villes de *Londres* et de *Westminster*, avec une partie de *Highgate*. *Id. p*. Pendant. 1780.
20. Vue de la manoeuvre de la Flotte *Angloise*, sous la conduite de l'Admiral *Howe*, en présence des Escadres combinées de *France* et d'*Espagne*, pour effectuer le secours de *Gibraltar*, le 11 Octobre 1782. *R. Paton pinx*. tr. gr. in-fol. 1784.
21. Combat mémorable donné le 22 Septembre 1779, entre le Capitaine *Parson*, Commandant du Vaisseau *Anglois*, le *Serapis*, et *Paul Jones*, Commandant du Vaisseau *Américain*, le *Bon-Homme Richard*. *R. Pa-*

ton p. Lerpiniere et Fittler sc. 1780. gr. in-fol. en t.

22. Etat malheureux du *Quebec* et de la *Surveillante*, Vaisseaux de guerre *François*, qui prirent feu; à la mémoire de la mort glorieuse du Capitaine *Farmer* qui après avoir fait taire le feu de l'ennemi périt dans l'explosion de son vaisseau le 6 Octobre 1779. *Id. p. Id. sc.* 1780. Pendant.

23. Vue de la défaite d'une Flotte *Espagnole*, sous le Commandement de Don *Juan de Langara*, par une Escadre *Angloise*, commandée par *George Bridges Rodney*, au-de-là du Cap *St. Vincent*, le 16 Janvier 1780. *Id. p. Id. sc.* 1782. tr. gr. in-fol. en t.

24. Vue du combat entre l'Escadre *Angloise* sous la conduite du Vice-Admiral *Hyde Parker*, et la Flotte *Hollandoise*, sous le Commandement du Contre-Admiral *Zoutman*, sur le *Dogger-Bank*, le 5 Août 1781. *Id. p. Id. sc.* 1782. Pendant.

25. Vue de la Flotte *Angloise*, sous la conduite de l'Admiral *Rodney*, rompant la ligne *Françoise*, sous le commandement de l'Admiral Comte *de Grasse*, manoeuvre qui fut suivie d'une victoire décisive, le 12 Avril 1782. *G. Paton p. D. Lerpiniere et J. Fittler* 1783. tr. gr. in-fol. en t.

JOHN SANDERS ou SAUNDERS, dessinateur, graveur en manière noire et en *aqua tinta*, né en Angleterre vers 1750, et florissant à *Londres* en 1780.

1. *George-Auguste-Fréderic*, Prince *de Galles*, figure entière, tenant son chapeau à la main. *Walter Shropshire p.* tr. gr. in-fol.

R. M. PAYE. FR. CHESHAM.

2. *George-Auguste-Fréderic*, Prince de Galles. R. *Brompton p.* gr. in-fol. 1774.
3. *Fréderic*, Évêque d'Osnabrug. *Id. pinx.* gr. in-fol. 1774.
4. Le fameux Coursier anglois, nommé : *Firetaill*, tenu par un palfrenier. *R. Sayer et J. Benett p.* tr. gr. in-fol. en t.
5. Vue du Choeur de la Cathédrale de *Norwick*. gr. in-fol. en t. *in aqua tinta.* 1782.

R. M. PAYE, peintre et graveur en la manière pointillée, né en Angleterre vers 1750, et florissant à *Londres* en 1780.

1. *Puss in Durance*. Deux petites filles tiennent un chat en cage. gr. in-4. en t.
2. *No Dance no supper*. Un petit garçon et une petite fille font danser un chat avant de lui donner à manger. Pendant.

FRANÇOIS CHESHAM, dessinateur et graveur à la pointe et au burin, né en Angleterre vers 1750, et florissant à *Londres* en 1780.

1. *Moïse* frappant le rocher. *Francis Chesham del. et sc.* gr. in-fol. en t.
2. *Brittannia*, figure allégorique assise au bord de la mer. *J. B. Cipriani del.* in-fol.
3. Vue de la Porte de la vieille Abbaye de *Reading*, dans le Comté de Berks. *P. Sandby del.* in-4. en t.
4. Vue de *Carlisle*, en Cumberland. *Id. del.* in-4. en t.

5. Vue du Pont de *Joy*, près de Plimouth. *Id. del.* in-4. en t.
6. Vue des Troupes campées dans le *Hyde Parc*. *Id. del.* in-4. en t.
7. Vues des bains de *Bristol* en Somerset. *Id. fecit.* in-4. en t.
8. Vue du Château d'*Edimbourg*. *Id. del.* in-4. en t.
9. Vue de l'Eglise de *Lass*, en Ecosse. *Id. del.* in-4. en t.
10. Vue du Château de *Ross*, en Irlande. *Id. del.* in-4. en t.
11. Vue du Château de *Lea*, dans le Comté de la Reine, en Irlande. *Id. del.* in-4. en t.
12. Vue du Trajet de *Carrick*, près de Wexford. *Id. del.* in-fol.

CHARLES WEST, graveur à la pointe et au burin, ainsi qu'à la manière pointillée, né en Angleterre vers 1750, et florissant à *Londres* en 1780.

1. *Diane*, en demi-figure, caressant un chien. *Rosalba Carriera p.* in-4. De la Galerie de *Houghton*.
2. *L'Age d'argent*. *H. Walton p.* Ovale in-fol. en t. Gravure pointillée. 1782.
3. Dame *Chaldéenne*. gr. in-4.
4. Dame *Circassienne*. p. in-4.

WILLIAM ou GUILLAUME NUTTER, dessinateur et graveur à la manière pointillée, né en Angleterre vers 1756, et florissant à *Londres* en

1786. *Nutter* est un des bons élèves de J. *Raph. Smith*, et condisciple de *Ward*. Le goût qui règne dans ses ouvrages fait qu'ils sont très-recherchés.

1. Le *Moraliste*, Vieillard assis sous un arbre vis-à-vis de deux jeunes personnes auxquelles il adresse la parole en éparpillant une rose. *J. R. Smith pinx. G. W. Nutter fec.* 1787. gr. in-fol. brun foncé. (Pendant de la leçon du menage (*a Lecture of Cardding*), où se voit une femme sur le retour qui adresse la parole à une jeune personne. *Id. p. Bartolozzi fec.* 1789).
2. The *Ale-House Door*. Une jeune fille présente un pot de bierre à un jeune campagnard. *Singleton pinx.* gr. in-fol. en couleur. 1790.
3. The *Farm-Yard*. Une jeune fermière, assise dans une basse-cour, parlant à un jeune faneur. *Id. p.* gr. in-fol. en couleur. 1790.
4. Le *Tems*, demi-figure aîlée. *Sam. Shelley pinx.* Ovale in-8. 1788.
5. *Hélene* se présentant à *Télémaque* avec un voile. *J. Shelley p.* gr. in-4. en t. 1788.
6. *Jessic* et *Lorenzo* dans un jardin au clair de lune. *Id. p.* in-fol. en t. 1786.
7. *Rosiland*, *Célia* et *Orlando*, Pastorale. *Id. p.* Pendant. 1786.

ROBERT THEW, graveur en Angleterre, florissoit à *Londres* vers 1780. Cet artiste s'est singulièrement distingué dans la gravure pointillée et *in aqua tinta*. Il a gravé plusieurs sujets pour le *Shakespeare*, publiés par John Boydell.

1. *L'Innocence.* Petite fille dans un joli paysage. *Jos. Reynolds pinx.* Petit in-fol.
2. Vue orientale du Pont et du Carénage de *Kingston-upon-Hull. R. Thew* et *Fr. Juckes fec. in aqua tinta.* 1788. gr. in-fol. en t.
3. Vue occidentale du Carénage de *Kingston-upon-Hull.* Par *les mêmes*, et de même exécution. Pendant. Deux morceaux d'un bel effet.
4. Le Roi *Henri* IV. *d'Angleterre;* tableau peint par *Jos. Boydell*, et gravé en points par *Rob. Thew.* gr. in-fol.
5. Le Roi *Henri* VIII. dans *Shakespeare* en scène avec l'Abbé *de Leycester*, le Cardinal *de Wolsey*, *Northumberland* et suite. Peint par *R. Westall.* tr. gr. in-fol. en t. 1798.

FRANÇOIS JUCKES, graveur en Angleterre, et florissant à *Londres* vers 1780. *Juckes* a gravé dans le même goût que *Thew*, conjointement avec plusieurs autres artistes anglois.

1. Vue occidentale de la ville de *Highbury. R. Dodd pinx, R. Pollard* et *Fr. Juckes fec. in aqua tinta.* gr. in-fol.
2. Vue du moulin de *Baldock* à *Herts;* d'après un dessin de *Chapman*, gravée en brun, 1787. gr. in-fol. en t.
3. Approches des *Batteries flottantes* devant *Gibraltar*, le matin du 13 Sept. 1782. *John Clevely pinx. C. Tomkins* et *Fr. Juckes fec. in aqua tinta.* in-fol. en t.
4. Défaite des *Batteries flottantes* devant *Gibraltar*, la nuit du 13 Sept. 1782. Par *les mêmes*, de même exécution. Pendant.

P. Simon, le jeune.

5. Vue de la Cathédrale de *Norwick*. *C. Catton* pinx. *V. Green* et *Fr. Juckes* fec. in aqua tinta. 1779. gr. in-fol. en t.
6. Vue de la Cathédrale de *Salisbury*. *S. H. Grimm* del. Id. fec. Pendant.
7. Vue de la Ville et du Lac de *Tunis*. *C. Tulin* pinx. *V. Green* et *F. Juckes* fec. in aqua tinta. 1783. gr. in-fol. en t.
8. Vue du Bassin et de l'Arsenal du Port de *Farina*, dans le Royaume de *Tunis*. Par *les mêmes*, de même exécution. Pendant.
9—12. Suite de quatre Paysages, ornés de maisons rustiques. *C. Tomkins* et *F. Juckes* fec. in aqua tinta. 1784. Ovales in-fol. en t.

François *Basan* cite de cet artiste quatre grandes Marines du voyage de *Cook*, gravées en manière noire.

PIERRE SIMON LE JEUNE, dessinateur et graveur à la manière pointillée, né en Angleterre vers 1755, et florissant à *Londres* en 1785.

1. Le *Christ en Jardinier*, apparoissant à la *Madeleine*. *Phil. Lauri* pinx. *P. Simon* fec. 1782. Petit in-fol.
2. Les *trois Saints Enfans*. *W. Pether* pinx. gr. in-fol. 1783.
3. *Tom Jones*, sujet tiré de *Fielding*. Liv. XVIII. Ch. 12. *J. Downman* pinx. gr. in-fol. en t. 1784.
4. Le *Bucheron*, vieux homme à l'entrée d'une forêt, avec un chien. *T. Gainsborough* pinx. gr. in-fol.
5. Les *Nymphes endormies*. *J. Opie* pinx. gr. in-fol.
6. Un *Astrologue consulté*. *J. R. Smith* pinx. En rond, in-fol. 1787.

7. *A Lover's Anger.* Jeune Fille décoletée devant un jeune Seigneur nonchalamment assis à son bureau. *Wheatly pinx.* Ovale, in-fol. 1786.

JOSEPH GROZER, graveur en manière noire et dans le genre pointillé, né en Angleterre vers 1755.

1. St. *Jean-Baptiste:* « Je suis la voix qui crie dans le désert. » *Reynolds pinx. Grozer fec.* in-fol.
2. Une *Mère de Famille*, entourée de trois enfans, enseigne à lire à une petite fille. *H. Singleton pinx.* gr. in-fol. 1797.
3. Un *Père et* une *Mère de Famille*, prenant plaisir aux jeux de leurs enfans. *G. H. Morland pinx.* gr. in-fol. 1789.
4. Le *Soir*, ou la *Rechute*. *W. Ward del.* Petit in-fol.
5. L'*Age d'Innocence*. *Josuah Reynolds pinx.* in-fol.
6. *The Boxing Match betwen Humphrey and Mendoza* (la Lutte à coups de poings), grande composition. *Einsle del.* tr. gr. in-fol. en 1.

JAMES YOUNG, graveur en manière noire, né en Angleterre vers 1755, et florissant à *Londres* en 1786. On croit qu'il est un des disciples de *J. R. Smith.*

1. *Séduction.* Jeune personne assise dans une attitude nonchalante et lisant une lettre. Dans le fond se voit un homme et une femme. *Morland pinx. Young fec.* gr. in-fol.
2. *Creduloust Innocence.* Jeune personne assise ayant devant elle une Bohèmienne qui lui dit la bonne aven-

ture. Au fond se voit un jeune homme qui regarde par une jalousie. *Id. pinx.* gr. in-fol.

3. *The Setting Sun.* Une mère, entourée de ses enfans, montre le Soleil couchant à sa petite fille. *Id. pinx.* gr. in-fol. en t. 1791.

4. *Bohèmienne*, diseuse de bonne aventure, avec un jeune garçon et une petite fille. *W. Beachy pinx.* gr. in-fol. 1786.

5. *Edwin* et *Emma*. *J. Hoppiner pinx.* gr. in-fol. en t. 1786.

6. *Edwin* et *Emma*, autrement traité. *Id. p.* gr. in-fol. en t. 1786.

7. *Jean*, Lord-Evêque de *Peterborough*. *W. Pether pinx.* gr. in-fol. 1787.

8. La *Sensibilité*; une petite fille se blesse avec une épine. *R. M. Paye pinx.* in-fol.

9. La *Villageoise*; une jeune fille laisse tomber un panier d'œufs. *Id. pinx.* gr. in-fol.

10. La *Campagnarde*, jeune fille avec une corbeille, attaquée par un chien. *Id. pinx.* gr. in-fol.

11. *Retour de l'Enfant prodigue*. *B. West pinx.* gr. in-fol. en t. 1788.

12. Le jeune *Tobie* rend la vue à son père. *Id. pinx.* gr. in-fol. 1788.

THOMAS FIELDING, graveur en la manière pointillée, né en Angleterre vers 1760, et florissant à *Londres* en 1784. *Fielding* est un des bons élèves de *R. W. Ryland* et celui qui l'a le plus aidé dans ses travaux.

1. *Thésée*, accompagnée d'*Aethra* sa mère, trouve l'épée et les sandales de son père. *Ang. Kauffman pinx. Th. Fielding fec.* 1784. En rouge et en rond. in-fol.

2. La Mort de *Procris*. *Id. pinx. Id. fec.* 1784. Avec le nom de *Bartolozzi*. Pendant.

THOMAS PARK, graveur en manière noire, né en Angleterre vers 1760, et florissant à Londres en 1786.

1. Mistriss *Jordan*, sous le personnage de la *Musique comique*. *J. Hoppiner pinx. Th. Park fec.* 1786.
2. Mr. *Hollman* et Miss *Brunton* dans les rôles de *Romeo* et de *Juliet*. *M. Brown pinx.* tr. gr. in-fol.
3. *Rosalie* et *Lubin*. *W. Beechey pinx.* tr. gr. in-fol. en t.
4. *Lubin* et *Rosalie*. *Id. pinx.* Pendant.
5. Le Mariage de Ste. *Catherine*. *P. Bordoni pinx.* gr. in-fol.

JAMES PARKER, graveur en la manière pointillée, né en Angleterre vers 1760, et florissant à Londres en 1780.

1. *The Novel* (la Nouvelle), jeune femme assise devant sa table, parlant à une Vieille. *J. Northcote pinx. J. Parker fec.* En rond, in-fol.
2. *The Pulse* (le Pouls), avec un passage du Voyage sentimental de *Sterne*. *Id. pinx.* En rond in-fol. couleur de bistre.
3. La *Révolution* de 1688, grande composition. *Id. pinx.* tr. gr. in-fol. en t. (Pièce accompagnée d'une planche d'explication, et les têtes au trait).
4. *The Merry Wives of Windsor* (les joyeuses Commères de Windsor). *Harding pinx.* En rond. gr. in-fol. 1784.
5. *Fainasollis*, *Borbar* et *Fingal*. *J. Barralett pinx.* Au crayon rouge. gr. in-fol. en t. 1783.

C. G. Playter. Th. Cheesman.

C. G. PLAYTER, graveur dans la manière pointillée, né en Angleterre vers 1760, et florissant à *Londres* en 1780.

1. *Beatrice* et *Benedick*. *Sam. Shelley pinx. Playter fec.* 1786. Ovale. gr. in-fol. en t.
2. *Rosalie* et *Orlando*. *Id. pinx.* Ovale. gr. in-fol. en t. 1786.
3. Lady *Godiva*, prosternée devant le Fiscal, Lord *Lesfricke*. *W. Hamilton pinx.* gr. in-fol. 1792.
4. *Henri* VIII. reproche avec ménace au Lord-Chancelier sa condescendance pour la Reine *Catherine Parr* en prison à la Tour. *Id. pinx.* Pendant. 1792.

THOMAS CHEESMAN, graveur dans la manière pointillée, né en Angleterre vers 1760, et florissant à *Londres* en 1786. *Cheesman*, qu'il ne faut pas confondre avec *Chesham*, est un des bons élèves de *Bartolozzi*.

1. *Adélaïde* en Bergère, assise dans un paysage près de ses brebis. *F. Bartolozzi del. Th. Cheesman fec.* 1787. Pointillée en brun. Ovale, gr. in-fol.
2. Le Général *Washington*, figure en pied, dans le fond une bataille. *John Trumbull pinx.* Superbe portrait, gravé en points noirs. tr. gr. pièce.

SUPPLEMENT.

P. 197. *Th. Gainsborough*; ajoutez :

12 Paysages, à l'eau-forte, presqu'au simple trait gravés avec beaucoup d'esprit. in-fol. en t.

P. 289. après *R. Dunkarton*

GEORGE ROBERTSON, peintre de paysages de grand mérite, né en Angleterre vers 1745, et mort vers 1790. Il a gravé d'une pointe spirituelle quelques sujets de paysage, entre autres les études suivans :

Le Chêne. in-fol.
Le Chataigner. in-fol.
Le Frêne. in-fol.

P. 305. après *J. Strutt*

RICHARD, Lord BYRON, amateur, né vers 1748, et mort vers 1790. Il gravoit à l'eau-forte pour son amusement et étoit un des bons imitateurs de *Rembrandt*. Il a copié d'après ce maître :

Le Paysage aux trois arbres. in-fol. en tr.

P. 333. après *E. Scott*

Lady LOUISE GREVILLE, amatrice, née vers 1750. Pour son amusement elle gravoit à l'eau-forte quelques paysages dans un très-bon goût.

P. 334. après *W. Sedgwicke*

SAWREY GILPIN, peintre, né vers 1750 — et peut-être encore vivant. Il a gravé à l'eau-forte avec esprit et intelligence les pièces suivantes:

Quelques têtes pour le livre de son frère: La vie des Reformateurs.
Quelques feuilles boeufs, vaches etc.
Un petit livre avec des chevaux.

P. 334. après *G. Keating*

ROBERT BARRETT, Peintre des paysages et graveur à l'eau-forte, né vers 1750. Nous connoissons de sa main:

Un paysage, supérieurement bien gravé à l'eau-forte.

P. 337. après *Fr. Haward*

HEMAGE FINCH EARL OF AYLESFORD, amateur, né vers 1750. Il a gravé avec beaucoup d'esprit dans le goût de *Rembrandt* et de *Ruysdael*, et ses ouvrages consistant pour la plupart en paysages montent à 20 pièces et sont assez rares, n'étant jamais venus dans le commerce.

P. 362. après *G. Nutter*

EARL OF HARCOURT, amateur, né vers 1755. Il a gravé à l'eau-forte il y a vingt quatre années, étant alors Vicomte *Niconham*, quatre Vues des Ruines de son vieux Chateau Stanton-

Harcourt, dont il a fait présent à la Société des antiquaires. Il vit encore et s'amuse à peindre des paysages.

P. 363. après *R. Thew*

SAMUEL LYSONS, Directeur de la Société des antiquaires, amateur des arts et graveur à l'eauforte, né vers 1755. Dans sa superbe édition des antiquités romaines, de même que dans l'histoire de la Ville de Londres, ouvrage de son frère en 4 volumes, il y a plusieurs gravures de sa main, qui en effet ne decèlent pas un artiste de métier, mais un amateur ingénieux.

P. 368. après *Th. Cheesman*

Miss ELISABETH FANSHAW, amatrice, née vers 1775. Elle gravoit pour son amusement une vingtaine des pièces historiques et figures d'après ses propres inventions, avec goût et esprit.

Monogrammes des artistes Anglois
contenus dans le IX. Volume.

WB	William Baillie.	p. 244.
F. B.	Francis Barlow	73.
PvB.	Peter van Bleck	130.
TC.	Thomas Cockson	37.
F.F.	William Faithorne, le vieux	53.
WL.	William Lodge	75.
WR.	William Rogers	33.

ÉCOLE ANGLOISE.

Volume IX.

---

* *Adams*, Robert. 35.
* — — Robert. 201.
* *Aggas*, Ralph. 32.
* *Ardell*, James Mac. 139.
* *Austin*, William. 274.
* *Aylesford*, Hemage Finch Earl of. 370.

* *Baillie*, William. 242.
  Baldrey, John. 347.
  Bannerman, Alexander. 217.
  Bara ou *Barra*, John. 55.
  Barlow, Francis. 72.
  Barret, R. 370.
* *Bary*, James. 272.
* *Basire*, James. 284.
  Becket, Isaac. 84.
* *Benazech*, Pierre Paul. 286.
  — — — Charles. 287.
  Bettes, John. 33.

Bickham, George, le vieux. 99.
— — — George, le jeune. 100.
Blackmore, John. 276.
Bleck ou Bleeck, Pierre van. 130.
Blyth, Robert. 345.
Bowles, Thomas. 166.
Boydell, John. 208.
— — Josiah. 214.
Bretherton, James. 310.
Brookshaw, Richard. 272.
Browne, John. 174.
Bunbury, Henri William. 330.
Burford, Thomas. 136.
Burghers, Michael. 65.
Burke, Thomas. 293.
Byrne, William. 269.
Byron, Richard Lord. 369.

Caltwal, James. 332.
Canot, Pierre Charles. 153.
Carter, William. 61.
Cecill, Thomas. 44.
Chambars, Thomas. 188.
Chatelain, Jean Bapt. 137.
Cheesman, Thomas. 368.
Chesham, Francis. 360.
Clarke, William. 81.
— — John. 81.
Cockson, Thomas. 37.
Cole, Humphry. 32.

Colibert, Nicolas. 323.
Collet, Inigo ou John. 201.
Collyer, Joseph. 328.
Cook, Thomas. 234.
Cooper, Richard. 136.
— — Richard. 253.
Corbutt, Charles. 267.
Cross, Thomas. 57.
Cunyngham, Doctor William. 32.

Davis, Edward le. 68.
Dawe ou *Darves*, Philippe. 348.
Deane, John. 341.
Delaram, Francis. 39.
Dickinson, William. 289.
Dixon, John. 277.
Dodd, Robert. 327.
Dolle, William. 40.
Dudley, Thomas. 64.
Dunkarton, Robert. 288.
Dunstall, John. 60.

Earlom, Richard. 191.
Elder, William. 79.
Elliot, William. 173.
Ellis, William. 331.
Elstrake, Reginald ou Renold. 37.
Evelyn, John. 49.

Faber, John, le vieux. 82.
— — John, le jeune. 82.
Faithorne, William, le vieux. 51.
— — — William, le jeune. 56.
Fanshaw, Elisabeth. 371.
Fielding, Thomas. 366.
Finlaison, J. 224.
Fisher, Edward. 223.
Fittler, James. 355.
Fourdriniere, Pierre. 167.
Frye, Théodor ou Thomas. 186.

Gainsborough, Thomas. 197 et 369.
Gammon, James. 60.
Gaugain, Thomas. 306.
Gaywood, Robert. 63.
Geminius ou *Geminie*, Thomas. 27.
Gillray, James. 341.
Gilpin, Sawrey. 370.
Glover, G. 48.
Goldar, John. 204.
Goupy, Joseph. 203.
Green, John. 177.
— — Benjamin. 256.
— — Valentin. 257.
Greenwood, John. 205.
Greville, Lady Louisa. 369.
Gribelin, Simon. 95.
Grignion, Charles. 168.

Grozer, Joseph. 365.
Gucht, Michel van der. 92.
— — Jean van der. 93.

*H*all, Charles. 226.
— — John. 227.
Harcourt, Earl of. 370.
Haynes, J. 344.
Haward, Francis. 336.
Hertocks, A. 59.
Hoare, William. 233.
Hodges, C. H. 346.
Hogarth, William. 105.
Hogenberg, Remigius. 28.
— — — Francis. 29.
— — — Adam. 30.
— — — John. 31.
Hone, Nathanael. 285.
Houston, Richard. 198.
Huck, John Gerard. 313.
Humphrey, William. 306.

*J*ackson, Jean Bapt. 121.
Jehner, J. 278.
Johnson, James. 254.
Jones, John. 343.
Juckes, Francis. 363.

*K*eating, George. 334.
Kirkal, Edward. 124.

Knapton, George. 125.
Knight, Charles. 340.

Lambert, George. 160.
Lamborn, P. S. 177.
Lawrie, Robert. 275.
Lens, Bernard, le vieux. 90.
—— Bernard, le jeune. 91.
× Lerpiniere, Daniel. 357.
Liart, Matthew. 266.
Lightfoot, William. 65.
× Lodge, William. 74.
Loggan, David. 61.
× Lowry, Wilson. 353.
Lutterel, Henry. 80.
Lysons, Samuel. 371.

Macduff, Archibald. 343.
× Major, Thomas. 170.
Malton, Thomas. 335.
Marchi, Joseph. 310.
Marcuard, Robert. 351.
Marshal, William. 46.
Martin, David. 234.
× Mason, James. 157.
Middiman, Samuel. 313.
Morris, Thomas. 354.
Mortimer, John Hamilton. 241.
Mosley, Charles. 204.
× Murphy, John. 324.

Newton, James. 299.
Nixon. 135.
Norden, John. 35.
Nutter, William. 361.
Nutting, Joseph. 94.

Ogborne, John. 350.
Oliver, John. 45.
— — Pierre. 46.

Park, Thomas. 367.
Parker, James. 367.
Paton, Richard. 179.
Paye, R. M. 360.
Payne, John. 41.
Peacham, Henri. 40.
Peak, James. 268.
Pelham, Pierre. 105.
Pether, William. 220.
Phillips, Charles. 228.
Pine, John. 131.
Place, Francis. 76.
Playter, C. G. 368.
Pollard, Robert. 325.
Pond, Arthur. 127.
Purcell, Richard. 271.
Pye, John. 291.

Ravenet, Simon François. 136.
Read, Richard. 339.

Reading, Benjamin. 339.
Richardson, Jonathan. 96.
Roberts, James. 190.
Robertson, George. 369.
Rogers, William. 33.
Rooker, Edward. 164.
Ryder, Thomas. 305.
Ryland, William Wynne. 229.
Ryne, Jean van. 167.

Sailliar, Louis. 323.
Sandby, Paul. 300.
Sanders ou *Saunders*, John. 359.
Savage, J. 67.
Saxton, Christoph. 34.
Scorodoomoff, Gabriel. 311.
Scott, Edmond. 332.
Sedgwicke, William. 333.
Sharp, William. 295.
Shervin, William. 78.
— — — John Keyse. 296.
Simon, John. 97.
— — Pierre. 364.
Smith, John. 86.
— — Gabriel. 189.
— — *of Chichester*, George. 218.
— — — — — — John. 218.
— — John Raphael. 278.
Spilsbury, Inigo. 206.
Spooner, Charles. 178.

Strange, Robert. 179.
Streater, Robert. 58.
Strutt, Joseph. 304.
Stubbs, George. 255.
Sturt, John. 89.
Sulivan, Luc. 118.

Taylor, Isaac. 219.
— — — John. 220.
— — — Charles. 220.
Thaecker, Robert. 64.
Thew, Robert. 362.
Thornhill, Sir James. 98.
Tomkins, P. W. 337.
Toms, W. H. 169.
Townley, Charles. 352.

Vaugham, Robert. 50.
— — — William. 51.
Vertue, George. 100.
Vivarès, François. 160.

Walker, Anthony. 215.
— — — William. 216.
— — — James. 308.
Ward, William. 348.
Watson, Thomas. 315.
— — James. 318.
— — Carolina. 322.
West, Charles. 361.

White, Robert. 69.
— George. 70.
Williams, Robert ou Rogers. 151.
Wilson, Benjamin. 225.
Winstanley, Hamblet. 120.
Wood, John. 175.
Woollett, William. 235.
Worlidge, Thomas. 132.
Wright, Inigo. 285.

*Y*oung, James. 365.

Catalogue général des Graveurs

contenus dans le Manuel.

Aberli, Jean Louis. II. 150.
Adam, Jaques. II. 275.
Adams, Robert. IX. 35.
— — Robert. IX. 201.
Admiral ou *l'Admiral*, Jean. VI. 299.
Aggas, Ralph. IX. 32.
Aiguillies, de V. *Boyer*.
Aken, Jean van. VI. 91.
Akersloot, Guillaume. V. 371.
Akrel, Fréderic. II. 273.
Albert, Chérubin, Borghegiano. III. 217.
Aldegrever (Aldegrav), Henri I. 172.
Alexandre ou *Alessandri*, Innocent. IV. 243.
Algarde, Alexandre. III. 296.
Aliamet, François. VIII. 207.
— — — Jaques. VIII. 205.
Allegrini, François. IV. 177.
Allet, Jean-Charles. VII. 354.
Almeloveen, Jean. VI. 92.
Altdorfer, Albert. I. 148.
Amerige, Michel-Ange, dit *le Carravage*. III. 268.
Amicona, Charlotte. IV. 102.
Amiconi, Jaques. IV. 101.
Amling, Charles-Gustave d'. II. 21.
Amman ou *Ammon*, Jost. I. 204.
Amstel, Cornelis Ploos van. VI. 319.
André, de Saint, V. *Renard*.
Andreani, André, dit *Mantuano*. III. 207.

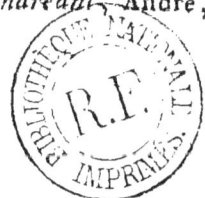

Andriot, ou *Handriot*, François. VII. 352.
Angeli, V. *del Moro*.
Anselin, Jean-Louis. VIII. 322.
Antoine, Marc, V. *Raymondi*.
— — —, Frère, V. *Lorenzini*.
Aquila, François-Faraonius. IV. 103.
— — Pierre. IV. 105.
Archiméde, V. *Genoels*.
Ardell, James Mac. IX. 139.
Armessin, Nicolas de l', père. VII. 310.
— — — — — —fils. VII. 311.
Asne, Michel l' ou *Lasne*. VII. 92.
Assen, Jean Walther van. V. 31.
Aubert, Michel. VIII. 94.
Aubin, Augustin de Saint. VIII. 174.
— — Charles de Saint. VIII. 178.
— — Gabriel Jaques de Saint. VIII. 179.
Aubry, Pierre. I. 248.
Audenaerde ou *Oudenaerde*, Robert van. VI. 279.
Audran, Benôit. VII. 247.
— — Charles. VII. 90.
— — Gerard. VII. 239.
— — Germain. VII. 238.
— — Jean. VII. 250.
— — Louis. VII. 255.
Aveline, Antoine. VII. 359.
— — François-Antoine. VIII. 137.
— — Pierre. VIII. 135.
Avesne, d', V. *Davis*.
Avibus, Gaspar ab, ou *Gaspar Patavinus*, ou *Padovano*. III. 180.
Avondt, Pierre van den. VI. 108.
Avril, Jean Jaques. VIII. 325.
Austin, William. IX. 274.
Aylesford, Hemage Finch Earl of. IX. 370.

Babylone, François. V. 66.
Bacheley, Jaques. VIII. 142.
Backhuysen, Ludolphe. I. 282.
Badalocchio, Sixte, de la famille de Rosa. III. 285.
Badiale, Alexandre. IV. 47.
Baillie, Guillaume Capitaine. IX. 242.
Baillu ou *Balliu*, Pierre. VI. 89.
— — V. *Baleau*.
Baldi, Antoine. IV. 120.
Baldini, Baccio. III. 37.
Baldrey, Jean. IX. 347.
Baldung, Jean. I. 141.
Baleau, *Baillu* ou *Balen*, Bernard van. VI. 144.
Balechou, Jean-Jaques. VIII. 149.
Balen, V. *Baleau*.
Balestra, Antoine. IV. 90.
Balliu, V. *Baillu*.
Baltens, V. *Custos*.
Balzer, Jean. II. 209.
Bank, Pierre van der. VII. 337.
Bannermann, Alexandre. IX. 217.
Baquoy, Jean. VIII. 333.
— — Maurice. VIII. 332.
— — Pierre Charles. VIII. 332.
Bar, Jean-Charles. VIII. 306.
Bara ou *Barra*, Jean. V. 239. IX. 36.
Baratti, Antoine. IV. 166.
Barbazza, Antoine Joseph. IV. 151.
Barbé, Jean-Baptiste. V. 315.
Barbiere, Dominique del ou de la. III. 148.
Barbieri, Jean-François, dit *le Guerchin*. III. 290.
Bargas, A. F. VI. 301.
Barlow, François. IX. 72.
Baroche, Frederic. III. 178.

IX.   B b

Baron, Bernard. VIII. 91.
— — Jean, dit *le Tolosano.* VII. 255.
Barra, V. *Bara.*
Barras, Sébastien. VII. 357.
Barratti, V. *Baratti.*
Barrett, R. IX. 370.
Barriere, Dominique. VII. 190.
— — — de la, V. *Barbiere.*
Bartoli, François. IV. 64.
— — Pierre Sante, dit *il Perugino.* IV. 59.
Bartolozzi, François. IV. 181.
Bartsch, Adam. II. 327.
Bary, Henri. VI. 155.
— — Jaques. IX. 272.
Bas, Jaques-Philppe le. VIII. 124.
Basan, Pierre-François. VIII. 189.
Basire, Jaques. IX. 284.
Bassano, César. III. 288.
Basseporte, Françoise-Madeleine. VIII. 98.
Battiste, V. *Monnoyer.*
Baudet, Etienne. VII. 100.
Bauduin, Antoine-François. VI. 218.
Bauer ou *Baur*, Jean-Guillaume. I. 249.
Bause, Jean-Fréderic. II. 210.
Bazin, Nicolas. VII. 227.
Beatrice ou *Beatrizet*, Nicolas. III. 120.
Beau, Pierre Adrien le. VIII. 283.
Beaumont, Pierre-François. VIII. 173.
Beauvais, Charles-Nicolas-Dauphin. VIII. 52.
— — — Nicolas-Dauphin. VIII. 51.
Beauvarlet, C. née *Riolat.* VIII. 239.
— — — Jaques Firmin. VIII. 236.
Beccafumi, Dominique, dit *Micarino.* III. 57.
Becket, Isaac. IX. 84.
Bega, Corneille. VI. 68.

Beham, Barthel. I. 158.
— — Jean Sebald. I. 161.
Beich, Joachim-François de Paula. II. 27.
Beket, V. *Becket.*
Belga, V. *Bosius.*
Beljambe, Pierre. VIII. 317.
Bella, Etienne de la. IV. 5.
Bellange, Jaques. VII. 137.
Bellotti, Bernard, dit *Canaletté.* IV. 155.
Bemmel, Pierre. II. 50.
Benazech, Charles. IX. 287.
— — — Pierre Paul. IX. 288.
Benoist ou *Benoît*, Guillaume-Philippe. VIII. 197.
Berain, Jean. VII. 286.
Berardi, Fabius. IV. 176.
Berger, Daniel. II. 247.
Berghem, Nicolas. VI. 138.
Bergmuller, Jean-George. II. 48.
Bernard, le petit, dit Salomon. VII. 52.
— — Samuel. VII. 162.
Bernigeroth, Jean-Martin. II. 58.
— — — Martin. II. 58.
Berrain, V. *Berain.*
Bertano, V. *J. B. Ghisi.*
Bertaud, Marie-Rosalie. VIII. 352.
Bertelli, Christophane. III. 176.
— — — Ferdinand. III. 176.
— — — Lucas. III. 177.
Bervic, Charles-Clement. VIII. 327.
Besozzi ou *Besuzius*, Ambroise. IV. 68.
Bettelini, Pierre. IV. 238.
Bettes, Jean. IX. 33.
Bevilacqua, V. *Salimbene.*
Bickham, George, le vieux. IX. 99.
— — — George, le jeune. IX. 100.

Bie, de Bye, Jaques. V. 302.
Billi ou *Billy*, Antoine et Nicolas. IV. 147.
Binck, Jaques. I. 178.
Biscaïno, Barthélemi. IV. 54.
Bisi, Frère Bonaventure. IV. 23.
Bisschop, Jean, dit *Episcopius*. VI. 244.
Blackmore, Jean. IX. 276.
Blanchard, Jaques. VII. 108.
Bleck ou *Bleeck*, Pierre van. VI. 310. IX. 130.
Blecker, J. G. V. 374.
Blesendorf, Constantin-Fréderic. II. 37.
— — — Samuel. II. 36.
Bloemaert, Abraham. V. 205.
— — — Corneille. V. 210.
— — — Fréderic. V. 208.
Bloemen, Jean-François ou Jules van, dit *Orizonte*. VI. 266.
Blond, Jaques-Christophe le. II. 32.
— — Michel le. I. 252.
Blondeau ou *Blondel*, Jaques. VIII. 303.
Blooteling, Abraham. VI. 158.
Blot, Maurice. VIII. 322.
Bloteling, V. *Blooteling*.
Blyth, Robert. IX. 345.
Bock, Christophe Guillaume. II. 318.
Boëce, V. *Boëtius*.
Boehm, V. *Beham*.
Boel, Corneille. V. 244.
— — Pierre. VI. 152.
— — Querin ou Coryn. VI. 132.
Boëtius ou *Boëce*, Chrétien-Fréderic. II. 87.
Boettger, Jean-Gottlieb. II. 357.
Boissière, Simon de la. VII. 287.
Boissieux, Jean-Jaques. VIII. 223.
Boivin, Renat. VII. 58.

Boizot, Marie-Louise-Adélaïde. VIII. 305.
Bok, V. *Bock*.
Bol, Ferdinand. VI. 59.
— Jean. V. 119.
Boldrini, V. *Vicentino*.
Bolognese, V. *Bonasone* et *Grimaldi*.
Bolognini, Jean-Baptiste. IV. 22.
Bolswert, Boëtius a. V. 265.
— — — Schelte a. V. 268.
Bonacina, Jean-Baptiste. IV. 38.
Bonasone ou *Bolognese*, Jules. III. 107.
Bonavera, Dominique-Marie. IV. 65.
Bonnart, Nicolas et Robert. VII. 328.
Bonnet, Louis. VIII. 251.
Borcht, Henri van der, le père. V. 311.
— — Henri van der, le fils. V. 312.
— — Pierre van der. V. 309.
Borekens, V. *Borrekens*.
Borel, Antoine. VIII. 279.
Borghegiano, V. *Albert*.
Borgiani, Horace. III. 280.
Borrekens ou *Borekens*, Matthieu. VI. 93.
Borzoni, Lucien. III. 292.
Bos, *Bosch* ou *Bus*, Corneille van den. V. 70.
— — — Jérôme. V. 69.
— V. *Dubos*.
Bosch, V. *Bos*.
Bosius, Jaques, surnommé *Belga*. V. 84.
Bosse, Abraham. VII. 144.
Bossi, Benigne. IV. 165.
Both, André. VI. 75.
— Jean. VI. 76.
Boticello, Sandro ou Alexandre, di *Filepepi*. III. 59.
Bottats, V. *Boutats*.
Bottschild, Samuel. II. 13.

Boucher, François. VIII. 112.
Bouis ou *Bouys*, André. VIII. 27.
Boulanger, Jean. VII. 154.
Boulongne, Bon. VII. 141.
— — — Louis. VII. 140.
— — — — de. VII. 143.
Bounieu, Nicolas. VIII. 284.
Bourdon, Sébastien. VII. 165.
Bourg, V. *Dubourg*.
Bourguignon, V. *Courtois*.
Bousink, V. *Busink*.
Bout, Pierre. VI. 300.
Boutats ou *Bottats*, Fréderic. VI. 192.
— — Gaspar. VI. 193.
— — Gérard. VI. 194.
— — Philibert. VI. 194.
Bouys, V. *Bouis*.
Bowles, Thomas. IX. 166.
Boydell, Jean. IX. 208.
— — Josiah. IX. 214.
Boyer, Jean-Baptiste, Marquis d'Aiguille. VII. 356.
Bradell, Jean-Baptiste. VIII. 296.
Brand, Fréderic-Auguste. II. 153.
— — Jean-Chrétien. II. 151.
Brebiette, Pierre. VII. 96.
Brecht, V. *Breen*.
Breembergh, Barthélémy. VI. 112.
Breen ou *Brecht*, Claude ou Gisbert van. V. 241.
Bresang, Jean. I. 143.
Bresse, Jean-Antoine de, dit *Brixensis*. III. 45.
— — Jean-Marie de, dit *Brixensis*. III. 44.
Bretherton, Jaques. IX. 310.
Breughel, Jean, dit *le Velours*. V. 74.
— — — Pierre, dit *le Vieux*. V. 72.
Bricci ou *Brizzio*, François. III. 278.

Bril, Paul. V. 179.
Brinckmann, Philippe-Jérôme. II. 94.
Brittanno, V. *Ghisi*.
Brixensis, V. *Bresse*.
Broeck, Barbe van den. V. 100.
— — Crispin van den. V. 98.
Brookhaw, Richard. IX. 272.
Brosamer, Jean. I. 182.
Brostoloni ou *Brustoloni*. Jean-Baptiste. IV. 164.
Browne, Jean. IX. 174.
Brouwer, Adrien. VI. 47.
Bruggen, Jean van der. VI. 251.
Brun, Charles le. VII. 177.
— — Gabriel le. VII. 179.
— — *Bruni*, *Brunetti*, Horace. IV. 52.
Bruni ou *Bruno*, François. IV. 82.
Brusco, V. *Poelenburg*.
Brustoloni, V. *Brostoloni*.
Bruyn ou *Brun*, Abraham de. V. 147.
— — Nicolas de. V. 149.
Bry, Jean Théodore de, le fils. I. 199.
— Théodore de, le père. I. 197.
Bullinger, Jean-Balthasar. II. 109.
Bunbury, Henri Guillaume. IX. 330.
Burford, Thomas. IX. 136.
Burghers, Michael. IX. 65.
Burgkmair, Jean. I. 138.
Burke, Thomas. IX. 293.
Bus, V. *Bos*.
Businck, Louis. VII. 66.
Buys, V. *Bouis*.
Buytenweg, Guillaume de. V. 362.
Bye, Marc de. VI. 80.
Byrne, Guillaume. IX. 269.
Byron, Richard Lord. IX. 369.

Cabel, V. *Kabel.*
Caldwall, Jaques. IX. 332.
Caliari, Paul, dit *Véronèse*. III. 185.
Callot, Jaques. VII. 73.
Caltwall, V. *Caldwall.*
Camassei, André. III. 304.
Camerata, Joseph. IV. 159.
Campagnola, Dominique. III. 54.
Campana, Pierre. IV. 167.
Campanella, Angelo. IV. 236.
Campiglia, Jean Dominique. IV. 123.
Campion, Charles, et *Campion de Tersan*, frères. VIII. 234.
Canale, Joseph. IV. 161.
Canaletto, V. *Bellotti.*
Canot, Pierre Charles. IX. 153.
Cantagallina, Remi. III. 287.
Cantarini, Simon, nommé *le Visarese*. III. 316.
Canuti, Dominique-Marie. IV. 44.
Capellan, Antoine. IV. 223.
Capitelli, Bernardin. IV. 34.
Caquet, Jean-Gabriel. VIII. 307.
Caraglio ou *Caralius*, Jean-Jaques, nommé *Jacobus Veronensis*. III. 154.
Caravage, V. *Amerigi.*
Cardi, Louis, dit *Cigoli* ou *Civoli*. III. 255.
Cardon, Antoine. VI. 325.
Carlevariis, Lucas, dit *Zenobio*. IV. 85.
Carlone, *Carloni*, Charles. IV. 117.
Carloni, Marc. IV. 242.
Carmona, Emanuel Salvador. IV. 226.
Carpi, Hugo da. III. 59.
Carpioni, Jules. IV. 18.
Carrache, Annibal. III. 250.
— — — Augustin. III. 241.

Carrache, François, di *Franceschini*. III. 254.
— — — Louis. III. 239.
Carravage, V. *Amerigi*.
Cars, Laurent. VIII. 105.
Carter, Guillaume. IX. 61.
Casali, André. IV. 152.
Casanova, François. IV. 202.
Castiglione, Jean Benoit. IV. 28.
Cathelin, Louis-Jaques. VIII. 253.
Cattini, Jean. IV. 201.
Cavalleriis, Jean-Baptiste de. III. 182.
Cavazza, Jean-Baptiste. IV. 43.
Caukerken, Corneille van. VI. 149.
Caylus, A. C. Philippe Comte de. VIII. 66.
Cecchi, Jean-Baptiste. IV. 234.
Cecill, Thomas. IX. 44.
Cervrugt, V. *Momper*.
Cesio, Charles. IV. 48.
Chalon, Christine. VI. 326.
Chambars, Thomas. IX. 188.
Chaperon, Nicolas. VII. 94.
Chapuis, Jean-Baptiste. VIII. 334.
Charpentier, Pierre François. VII. 214.
Chasteau ou *Chateau*, Guillaume. VII. 269.
— — — — — Nicolas. VII. 272.
Chatelain, Jean-Baptiste. IX. 137.
Chatillon, Louis de. VII. 302.
Chauveau, François. VII. 172.
Chedel, Quentin-Pierre. VIII. 117.
Cheesman, Thomas. IX. 368.
— — — V. *Chesham*.
Chenu, Pierre. VIII. 216.
Chereau, François. VIII. 31.
— — — Jaques. VIII. 33.
Cheron, Elisabeth-Sophie. VII. 333.

Cheron, Louis. VII. 334.
Chesham, François. IX. 360.
— — — V. *Cheesmann.*
Chevillet, Juste. II. 173.
Chodowiecki, Daniel. II. 163.
Choffard, Pierre-Philippe. VIII. 227.
Ciamberlan, Lucas. III. 289.
Cigoli, V. *Cardi.*
Cipriani, Jean-Baptiste. IV. 203.
Civoli, V. *Cardi.*
Clarke, Guillaume. IX. 81.
— — Jean. IX. 81.
Cleef, Henri van. V. 88.
Clémens, Jean-Fréderic. II. 321.
Clerc, Sebastien le. VII. 289.
Clerk, J. F. II. 362.
Cloek, Claas ou Nicolas. V. 240.
Clouet, *Clovet*, *Clouvet* ou *Clouwet*, Albert. V. 410.
— — — — — — Pierre. V. 408.
Cochin, Charles-Nicolas, père. VIII. 58.
— — Charles-Nicolas, fils. VIII. 60.
— — Nicolas. VII. 175.
Cock, Jérôme. V. 75.
Cockson, Thomas. IX. 37.
Coek ou *Koeck*, Pierre. V. 34.
Coelmanns, Jaques. VI. 292.
Cole, Humphry. IX. 32.
Colibert, Nicolas. VIII. 310. IX. 323.
Colignon, François. VII. 189.
Collaert, Adrien. V. 90.
— — — Jean. V. 92.
Collet, Inigo ou Jean. IX. 201.
Collin, Richard. VI. 169.

Collyer, Joseph. IX. 328.
Comte, Marguerite le. VIII. 169.
Congio, Camille. III. 306.
Coning, V. *Koninck*.
Conradus, Abraham. VI. 112.
Cooghen, V. *Koogen*.
Cook, Thomas. IX. 234.
Cooper, Richard. IX. 136.
— — Richard. IX. 253.
Coornhaert ou *Cuerenhert*, Dirk ou Théodore. V. 96.
Cootwyck ou *Kootwyck*, Jurien. VI. 315.
Coppa, Etienne. IV. 241.
Corbutt, Charles. IX. 267.
Coriolan, Barthélemi. III. 258.
— — — Christophe. III. 257.
— — — Jean-Baptiste. III. 260.
— — — Thérese Marie. III. 260.
Corneille, Jean-Baptiste, le cadet. VII. 124.
— — — Michel, père. VII. 120.
— — — Michel, l'ainé. VII. 121.
Cort, Corneille. V. 120.
Cossin, Louis. VII. 268.
Couché, Jean. VIII. 330.
Coulet, Anne-Philiberte. VIII. 258.
Courbes, Jean de. VII. 71.
Courtois, Guillaume. VII. 182.
— — — Jaques, dit *le Bourguignon*. VII. 180.
Cousinet, V. *Empereur*.
Couvay, Jean. VII. 195.
Coypel, Antoine. VII. 215.
— — Charles-Antoine. VII. 219.
— — Noël. VII. 214.
— — Noël-Nicolas. VII. 218.
Cozza, François. III. 307. IV. 13.

Cranach, Lucas. I. 133.
Cremonese, Joseph. III. 300.
Crepy ou *Crespy*, Jean et Louis. VII. 340.
Crespi, Joseph - Marie, surnommé *l'Espagnol*. IV. 85.
Crivellari, Barthélemy. IV. 163.
Cros, Pierre du. IV. 252.
Cross, Thomas. IX. 57.
Croix, Isaac Jaques. II. 288.
Cruger ou *Kruger*, Théodore. I. 217.
— — — — Théodore. I. 218.
Crusius, Charles Lebrecht. II. 178.
— — Gottlieb Lebrecht. II. 178.
Cruyl, Lewin. VI. 221.
Cruz, D. Juan. IV. 240.
Cuerenhert, V. *Coornhaert*.
Cumano. IV. 251.
Cunego, Aloys. IV. 173.
— — Dominique. IV. 168.
— — Joseph. IV. 174.
Cunyngham, Guillaume. IX. 32.
Curti, Bernard. III. 306.
— — François. III. 305.
Custos, Dominique, dit *Baltens*. I. 219.
Cuviller, François, père. VIII. 79.
— — — François, fils. VII. 79.

*D*agoty, V. *Gautier*.
Dalen, Corneille van. VI. 166.
Danckerts, Corneille. VI. 233.
— — — Dancker. VI. 235.
— — — Jean et Henri. VI. 237.
— — — Justus. VI. 238.
Danet, V. *Duvet*.

Danzel, Jérôme. VIII. 524.
Daret, Pierre. VII. 138.
Daris, Léo ou Louis, dit *Leo Daven* ou *Louis d'Avesne* III. 127.
Darves, V. *Dawe*.
Dassonville, Jaques. VIII. 170.
Daudet, Jean-Baptiste. VIII. 259.
Daven, V. *Daris*.
David, Charles. VII. 104.
— — François-Anne. VIII. 271.
— — Jérôme. VII. 105.
Davis, Edouard le. IX. 68.
— — V. *Daris*.
Daullé, Jean. VIII. 108.
Dawe ou *Darves*, Philippe. IX. 348.
Deane, Jean. IX. 341.
Debucourt, Philibert-Louis. VIII. 312.
Delaram, François. IX. 39.
Delatre, Jean-Marie. VIII. 209.
Delaunay, Nicolas. VIII. 260.
— — — Robert. VIII. 262.
— — — V. *Mangejus*.
Delff, Guillaume-Jaques, père. V. 292.
— — Jaques-Guillaume, fils. V. 295.
Delignon, Jean-Louis. VIII. 323.
Demarteau, Gilles, le vieux. VIII. 186.
— — — Gilles-Antoine, le jeune. VIII. 188.
Dennel, Louis. VIII. 271.
Denon, Dominique-Vivant. VIII. 268.
Dequevauviller, François. VIII. 287.
Dervet, Claude. VII. 147.
Descourtis, Charles-Melchior. VIII. 321.
Desplaces, Louis. VIII. 36.
Deyster, Louis. VI. 265.
Diamantini, Joseph. IV. 78.

Dickinson, Guillaume. IX. 289.
Dietrich ou *Dietrici*, Chretien - Guillaume - Ernest. II. 96.
Dietsch, Jean - Albert. II. 96.
— — Jean - Christophe. II. 95.
Ditmer ou *Ditmar*, Jean. V. 131.
Dixon, Jean. IX. 277.
Dodd, Robert. IX. 327.
Does, Antoine van der. VI. 66.
— — Jaques van der. VI. 67.
— — Simon van der. VI. 68.
Dolendo, Barthélemi. V. 203.
— — — Zacharie. V. 204.
Dolivar, Jean. VII. 318.
Dolle, Guillaume. IX. 41.
Domenico Fiorentino, V. *Barbiere*.
Dorigny, Louis. VII. 341.
— — — Michel. VII. 133.
— — — Nicolas. VII. 342.
Dossier, Michel. VIII. 43.
Drevet, Claude. VIII. 9.
— — Pierre, père. VIII. 5.
— — Pierre, fils. VIII. 5.
Dubos, Marie Jeanne - Renard. VIII. 97.
Duboury, Louis - Fabrice. VI. 302.
Duchange, Gaspar. VII. 360.
Duclos, Antoine - Jean. VIII. 277.
Ducq, Jean le. VI. 206.
Ducros, V. *Cros*.
Dudley, Thomas. IX. 64.
Duflos, Claude. VIII. 23.
Dughet, Gaspar, dit *le Poussin*. IV. 23.
— — Jean. IV. 25.
Dujardin, V. *Jardin*.
Dunkarton, Robert. IX. 288.

Dunker, Balthasar Antoine. II. 258.
Dunstall, Jean. IX. 60.
Duponchel, Charles-Eugène. VIII. 296.
Dupuis, Charles. VIII. 44.
— — Nicolas-Gabriel. VIII. 46.
Durer, Albert. I. 121.
Durmer, F. V. II. 358.
Durnisseau, Antoine. VIII. 321.
Dusart, Corneille. VI. 283.
Duvet ou *Danet*, Jean. VII. 51.
Dyck, Antoine van. V. 344.

Earlom, Richard. IX. 191.
Eckhout, Gerbrant van den. VI. 129.
Eckman ou *Ecman*, Edouard. VI. 72.
Edelinck, Gerard. VI. 176.
— — — Jean. VI. 184.
— — — Nicolas. VI. 185.
Eichler, Matthias Gottfried. II. 276.
Elder, Guillaume. IX. 79.
Elliot, Guillaume. IX. 173.
Ellis, Guillaume. IX. 331.
Elsheimer, Adam. I. 216.
Elstrake, Reginald ou Renold. IX. 37.
Emery, V. *Hemery*, *Lingée* et *Ponce*.
Empereur, Cathérine-Elisabeth l', née *Cousinet*. VIII. 200.
— — — Jean-Baptiste-Denis l'. VIII. 133.
— — — Jean-Denis l'. VIII. 132.
— — — Louis-Simon l'. VIII. 198.
Endlich, Philippe. VI. 306.
Enfant, Jean l'. VII. 163.
Epicier, Bernard l'. VIII. 82.
Episcopius, V. *Bisschop*.

Eredi, Benoit. IV. 235.
Ermels, Jean-François. I. 277.
Ernest, Charles Matthieu. II. 340.
Ertinger, François. II. 9.
Espagnol, V. *Crespi*.
Espagnolet, V. *Ribera*.
Evelyn, Jean. IX. 49.
Everdingen, Aldert van. VI. 121.
Evesque, Pierre-Charles l'. VIII. 202.
Exshau, C. VI. 318.
Eynhouedts, Rombaut. V. 406.

Faber, Jean, le vieux. IX. 82.
— — — Jean, le jeune. IX. 82.
Facius, George-Sigismond. II. 284.
— — Jean Gottlieb. II. 284.
Fage, Raymond de la. VII. 348.
Faithorne, Guillaume, le vieux. IX. 51.
— — — Guillaume, le jeune. IX. 56.
Falda, Jean-Baptiste. IV. 67.
Falck, V. *Falk*.
Faldoni, Jean-Antoine. IV. 119.
Falk, Jérémie. VI. 186.
Fanshaw, Elisabeth. IX. 371.
Fantetti, César. IV. 82.
Fantuzzi ou *Fontuzzi*, Antoine. III. 169.
Farjat, Benoit. VII. 327.
Farinato, Paul, nommé *degli Uberti*. III. 172.
Faucci, Charles. IV. 178.
Febre, le, ou *Lefebure*, Valentin. VI. 228.
Ferdinand, Louis et Pierre. VII. 226.
Ferg, François de Vaule. II. 51.
Ferroni, Jérôme. IV. 118.
Fessard, Etienne. VIII. 145.

Fialetti, Odoard ou Edouard. III. 272.
Ficquet, Etienne. VIII. 232.
Fidanza, Paul. IV. 208.
Fielding, Thomas. IX. 366.
Finiguerra, Maso ou Thomas. III. 29.
Finlaison, J. IX. 224.
Fisher, Edouard. IX. 223.
Fittler, Jaques. IX. 355.
Flamen, Albert. V. 365.
Flipart, Jean-Charles. VIII. 98.
— — Jean-Jaques. VIII. 99.
Floding, Pierre. II. 143.
Fokke, Simon. VI. 314.
Folkema, Jaques. V. 303.
Fontana, Dominique-Marie. III. 175.
— — — Jean-Baptiste. III. 174.
Fontebasso, François. IV. 116.
Fontuzzi, V. *Fantuzzi*.
Fossati ou *Fossato*, David-Antoine. IV. 139.
— — — — George. IV. 141.
Fosse, Jean-Baptiste-Joseph de la. VIII. 179.
Fouquières, Jaques. V. 290.
Fourdrinière, Pierre. IX. 167.
Fragonard ou *Frago*, Honoré. VIII. 239.
Franceschini, V. *Carrache*, François.
Francia, V. *Raymondi*.
Francisque, V. *Milet*.
Franck, Jean-Ulric. I. 253.
Franco, Jean-Baptiste, dit *Semolco*. III. 117.
François, Jean-Charles. VIII. 153.
Fratrel, Joseph. VIII. 210.
Freudenberger, Sigismond. II. 257.
Frey, Jaques. II. 42.
Frezza, Jean-Jérôme. IV. 75.
Friederich, Jean-Chrétien-Jaques. II. 269.

IX.   C c

Frisius ou *Frysius*, Simon. V. 296.
Frosne, Jean. VII. 230.
Fruytiers, Philippe. VI. 151.
Frye, Théodor ou Thomas. IX. 186.
Fyt, Jean. VI. 154.

Gabbiani, Antoine Dominique. IV. 77.
Gagnieres, V. *Ganieres*.
Gaillard, Robert. VIII. 180.
Gainsborough, Thomas. IX. 197. 369.
Galestruzzi, Jean-Baptiste. IV. 36.
Galimard, Claude. VIII. 209.
Galle, Corneille, le vieux. V. 115.
— — Corneille, le jeune. V. 117.
— — Philippe. V. 112.
— — Théodore. V. 113.
Galter, V. *Gaultier*.
Gammon, Jaques. IX. 60.
Gandolfi, Cajetan. IV. 164.
Ganieres ou *Gagnieres*, Jean. VII. 107.
Gantrel, Etienne. VII. 212.
Ganz, Jean Philippe. II. 255.
Garnier, Auguste. VII. 70.
— — Noël. VII. 55.
Gatti, Olivier. III. 297.
Gaucher, Charles. VIII. 267.
Gaugain, Thomas. IX. 306.
Gaultier ou *Galter*, Léonard. VII. 59.
Gautier Dagoty, Edouard. VIII. 229.
— — — — Jean-Fabien. VIII. 228.
Gaywood, Robert. IX. 63.
Geiger, André. II. 362.
Gelée, Claude, dit *le Lorrain*. VII. 110.
Geminiani ou *Giminiani*, Hiacynthe. IV. 21.

Geminius ou *Geminie*, Thomas. IX. 27.
Genoels, Abram, dit *Archimède*. VI, 215.
Gerard, V. *Guerard*.
Germain, Louis. VIII. 246.
Gessner, Salomon. II. 190.
Geyn, V. *Ghein*.
Geyser, Chrétien Gottlieb. II. 242.
— — Fréderic Auguste. II. 244.
Ghein, Guillaume de. V. 201.
— — Jaques de, le vieux. V. 197.
— — Jaques de, le jeune. V. 200.
Ghendt, Emanuel de. VIII. 307.
Ghezzi, Pierre Léon. IV. 100.
Ghisi, Adam, dit *Mantuano*. III. 140.
— — Diane, dite *Mantuana*. III. 142.
— — George, dit *Mantuano*. III. 136.
— — *Bertano* ou *Brittanno*, Jean-Baptiste, dit *le Mantuan*. III. 134.
Giampiccoli ou *Jampiccoli*, Julien. IV. 127.
Giffart, Pierre. VII. 330.
Gillberg, Jean. II. 274.
Gillot, Claude. VIII. 16.
Gillray, Jaques. IX. 341.
Gilpin, Sawrey. IX. 370.
Giminiani, V. *Geminiani*.
Giordano, V. *Jordan*.
Giovanini ou *Juvanius*, Jaques-Marie. IV. 95.
Glauler, Jean, dit *Polydor*. VI. 241.
Glockenton, Albert. I, 117.
Glover, G. IX. 48.
Gmelin, Guillaume-Fréderic. II. 254.
Godfroy, François. VIII. 302.
Goetz, Gottfried Bernard. II. 92.
— — Joseph-François de. II. 308.
Goldar, Jean. IX. 204.

Gole, Jean. VI. 268.
Golz ou *Goltzius*, Henri. V. 180.
— — — — Hubert. V. 85.
Gouar, Yves le. VIII. 276.
Goudt, Henri de. V. 317.
Goupy, Joseph. VIII. 208. IX. 203.
Goyen, Jean van. V. 336.
Goyrand, Claude. VII. 273.
Greeber, Pierre. V. 361.
Green, Benjamin. IX. 177.
— — Jean. IX. 256.
— — Valentin. IX. 257.
Greenwood, Jean. IX. 205.
Gregori ou *Gregorio*, Charles. IV. 148.
— — Ferdinand. IV. 150.
— — Fréderic. II. 342.
Grenée, Louis-Jean-François de la. VIII. 204.
Greville, Lady Louise. IX. 369.
Greuter, Jean-Fréderic. I. 213.
— — — Matthieu. I. 212.
Gribelin, Simon. IX. 95.
Grignon ou *Grignion*, Charles. VII. 316. IX. 168.
— — — — Jaques. VII. 315.
Grimaldi, Jean François. III. 308.
Groensvelt, Jean. VI. 271.
Grozer, Joseph. IX. 365.
Guarana, Jaques. IV. 146.
Gucht, Jean van der. IX. 92.
— — Michel van der. IX. 93.
Guerard ou *Gerard*, Marc. V. 97.
Guerchin, V. *Barbieri*.
Guidi, Raphael. III. 202.
Guillain, Simon. VII. 103.
Gunst, Pierre van. VI. 286.

Gunther, Chrétien Auguste. II. 342.
Guttenberg, Charles. II. 251.
— — — Henri. II. 253.
Guyot, Laurent. VIII. 328.

*H*abert, Nicolas. VII. 339.
Hackert, Charles. II. 261.
— — George. II. 199.
— — Jaques-Philippe. II. 197.
— — Jean. VI. 189.
Haelwegh, Albert. VI. 293.
Hagedorn, Chrétien-Louis de. II. 137.
Haid, Jean-Elie. II. 80.
— — Jean-Gottfried. II. 77.
— — Jean-Jaques. II. 78.
— — Jean-Laurent. II. 77.
Hainzelmann, Elie. II. 154.
— — — Jean. II. 172.
Halbou, Jean-Louis. VIII. 215.
Hall, Charles. IX. 226.
— — Jean. IX. 227.
Handriot, V. *Andriot*.
Harcourt, Charles de. IX. 370.
Harrewin, François. VI. 297.
Haussart ou *Haussard*, Jean. VIII. 88.
Haward, François. IX. 336.
Haye, Charles de la. VII. 317.
Haynes, T. IX. 344.
Heiſs, Elie-Christophe. II. 45.
Helman, Isidore-Stanislas. VIII. 278.
Hemery ou *Emery*, Antoine-François. VIII. 313.
— — — — V. *Lingée* et *Ponce*.
Hemskerk, V. *Veen*.
Henriet, Israel. VII. 129.

Henriquez, Blaise-Louis. VIII. 235.
Hermann d'Italie, V. *Swanefeldt*.
Hertocks, A. IX. 59.
Herz, Jean Daniel. II. 52.
Hesse, Charles. II. 307.
Heusch ou *de Heus*, Guillaume. VI. 211.
— — — — — Jaques. VI. 212.
Heyden, Jean van der. VI. 207.
Hire, Laurent de la. VII. 127.
Hirschvogel, Augustin. I. 184.
Hoare, Guillaume. IX. 233.
Hodges, C. H. IX. 346.
Hoell, V. *Prestel*.
Hogarth, Guillaume. IX. 105.
Hogenberg, Abraham. IX. 30.
— — — François. IX. 29.
— — — Jean. IX. 31.
— — — Remi. IX. 28.
Hoie ou *Hoy*, Nicolas van. VI. 169.
Holbein, Jean. I. 153.
Hollar, Wenceslas. I. 259.
Holstein, Corneille. V. 308.
— — — Pierre. V. 308.
Holzer, Jean. II. 91.
Holzhalb, Jean-Rudolphe. II. 177.
Hondius ou *Hondt*, Abraham. VI. 215.
— — — — — Guillaume. V. 250.
— — — — — Henri de, le vieux. V. 246.
— — — — — Henri de, le jeune. V. 247.
Hone, Nathanael. IX. 285.
Honthorst, Gérard. V. 327.
Hooghe, Romein de. VI. 208.
Hopfer, Daniel ou David. I. 190.
— — Jérôme. I. 193.
— — Lambert. I. 194.

Hortemels, Fréderic. VIII. 56.
— — — Marie-Madeleine. VIII. 57.
Houbracken, Arnold. VI. 272.
— — — Jaques. VI. 273.
Hove, Fréderic Henri van. VI. 191.
Houston, Richard. IX. 198.
Hoy, V. *Hoie*.
Huber, Joseph Ignace. VIII. 329.
Hubert, Fr. VIII. 265.
Hubner, Barthélemi. II. 207.
Huck, Jean Gérard. IX. 313.
Huel, Jean. VIII. 248.
Hugtenburg, Jean van. VI. 246.
Humphrey, Guillaume. IX. 306.
Hunufris ou *de Onofriis*, Crescentius. IV. 72.
Huquier, Gabriel. VIII. 77.
— — — Jaques-Gabriel. VIII. 74.
Huret, Grégoire. VII. 135.
Hutin, Charles. VIII. 147.

Jackson, Jean-Baptiste. IX. 121.
Jacob, Louis. VIII. 138.
Jacobé, Jean. II. 187.
Jacoboni, Jean-Baptiste. IV. 180.
Jakson, V. *Jackson*.
Jamnitzer, Christophe. I. 211.
Jampiccoli, V. *Giampiccoli*.
Janinet, François. VIII. 318.
Janota, Jean George. II. 266.
Jardin, Charles ou Karel. VI. 201.
Jardinier, Claude-Donat. VIII. 201.
Jeaurat, Edme. VIII. 13.
Jegher, Christophe. I. 236.
Jehner, J. IX. 278.

Ingouf, François-Robert. VIII. 295.
— — — Pierre-Charles. VIII. 292.
Jode, Arnold de. V. 139.
— — Gérard de. V. 152.
— — Pierre de, le vieux. V. 133.
— — Pierre de, le jeune. V. 135.
Johnson, Jaques. IX. 254.
Jones, Jean. IX. 343.
Jordaens, Jaques. V. 328.
Jordan, Luc, ou Luca Giordano, dit Fa Presto. IV. 53.
Joullain, François. VIII. 93.
Juckes, François. IX. 363.
Juvanius, V. Giovanini.

Kabel, Adrien van der. VI. 195.
Kager, Matthieu. I. 215.
Kartara, Mario. III. 205.
Kauffman, Marie-Angélique. II. 237.
Kauperz, Jean-Vite. II. 234.
Keating, George. IX. 334.
Kelertaler, Jean. I. 201.
Kessel, Théodore van. VI. 110.
Kilian, Barthélemi. I. 228.
— — Lucas. I. 222.
— — Philippe-André. I. 231.
— — Wolfgang. I. 225.
Kirkal, Edouard. IX. 124.
Klass, Frédéric-Chrétien. II. 293.
Klauber, Sebastien-Ignace. II. 313.
Klengel, Jean-Chrétien. II. 291.
Knapton, George. IX. 125.
Knight, Charles. IX. 340.
Kobel, Ferdinand. II. 227.

Kobel, Guillaume. II. 229.
— — Henri. II. 231.
Koeck, V. *Coeck.*
Koening, Antoine-Balthasar. II. 40.
Kohl, Clément. II. 298.
Koninck ou *Coning*, Corneille. VI. 143.
— — — Salomon. VI. 59.
Koogen ou *Cooghen*, Léonard van. VI. 71.
Kootwyck, V. *Cootwyck.*
Kraft, Jean-Louis. VII. 311.
Kraus, George-Melchior. II. 170.
— — Jean-Ulrich. II. 19.
Kronach, V. *Cranach.*
Krug ou *Kruger*, Lucas ou Louis. I. 144.
Kruger, André-Louis. II. 246.
— — V. *Cruger.*
Kunz, Charles. II. 361.
Kussel, Jeanne-Sibille. I. 280.
— — Mathieu. I. 278.
— — Melchior. I. 279.

*L*aan, A. van der. VI. 299.
Laar, V. *Laer* et *Wanderlaar.*
Lacroix, V. *Croix.*
Ladmiral, V. *Admiral.*
Laer ou *Laar*, Pierre de, dit *le Bamboche*. VI. 85.
Lafrery, Antoine. II. 153.
Lagrenée, V. *Grenée.*
Lairesse, Gérard. II. 10.
Lambert, George. IX. 160.
Lamborn, P. S. IX. 177.
Lamsvelt, Jean. VI. 257.
Lamsweerde, S. A. van. VI. 256.
Landerer, Ferdinand. II. 301.

Landry, Pierre. VII. 229.
Lanfranc, Jean. III. 283.
Langlois, Jean. VII. 336.
Larmessin, V. *Armessin.*
Lasne, V. *Asne.*
Lastmann, Nicolas, dit *Petri.* V. 301.
— — — Pierre. V. 306.
Latre, V. *Delatre.*
Laulne, Etienne de. VII. 53.
Launay, V. *Delaunay* et *Mangejus.*
Laurent, Pierre. VIII. 286.
Laurin, Henri-Frédéric. II. 320.
Lautensack, Henri. I. 185.
— — — — Jean Sebald. I. 186.
Lauwers, Conrad. VI. 131.
— — — Nicolas. VI. 129.
Lawrie, Robert. IX. 275.
Lebas, V. *Bas.*
Leeuw, Guillaume de. V. 353.
— — Jean de. VI. 278.
Lefebure, V. *Febre.*
Leisebetten, V. *Lisebetius.*
Lembke, Jean-Philippe. I. 287.
Lemire, V. *Mire.*
Lempereur, V. *Empereur.*
Lenfant, V. *Enfant.*
Lens, Bernard, le vieux. IX. 90.
— — Bernard, le jeune. IX. 91.
Leon, J. II. 362.
Leonardis, Jaques. IV. 142.
Leone, Guillaume de. IV. 84.
Leoni, Octave. III. 286.
Lepicier, V. *Epicier.*
Lerpiniere, Daniel. IX. 357.
Letellier, V. *Tellier.*

Leu, Thomas de. VII. 65.
Levasseur, V. *Vasseur*.
Levesque, V. *Evesque*.
Leybold, Jean Frédéric. II. 319.
Leyde, Lucas de. V. 37.
Leysebetten, V. *Lisebetius*.
Liart, Matthieu. IX. 266.
Lienard, Jean-Baptiste. VIII. 308.
Lightfoot, Guillaume. IX. 65.
Lingée, Charles-Louis. VIII. 316.
— — Thérèse-Eléonore, née *Hemery*. VIII. 314.
Lingelbach, Jean. I. 282.
Linsac, Claude-Dominique. VIII. 308.
Liotard, Jean-Etienne. II. 81.
— — Jean-Michel. II. 82.
Lips, Jean-Henri. II. 336.
Lisebetius ou *Leysebetten*, Pierre. VI. 74.
Littret, Claude-Antoine. VIII. 249.
Live, Ange-Laurent de la, de Jully. VIII. 197.
Livens, Jean. VI. 36.
Lochon, René. VII. 285.
Lodge, Guillaume. IX. 74.
Loggan, David. IX. 61.
Loir, Alexis. VII. 210.
— — Nicolas. VII. 208.
Loli, Laurent. III. 325.
Lombart, Pierre. VII. 148.
Lommelin, Adrien. VI. 196.
Londerseel, Asuerus. V. 176.
— — — Jean. V. 257.
Londonio, François. IV. 154.
Longeuil, Joseph de. VIII. 255.
Longhi, Alexandre. IV. 205.
Lorch, Melchior. I. 195.
Lorenzini, Antoine, dit *le Frère Antoine*. IV. 88.

Lorich, V. *Lorch.*
Lorme, Marguerite-Louise-Amélie, du Ronseray. VIII. 217.
Lorrain, V. *Gelée.*
— — — Louis-Joseph le. VIII. 133.
Lorraine, Jean-Baptiste de. VIII. 258.
Loutherbourg, Philippe-Jaques. II. 179.
Louys ou *Loys*, Jean. V. 356.
Lowry, Wilson. IX. 353.
Lubienietzki, Théodore. II. 26.
Lubin, Jaques. VII. 288.
Lucchesini, V. *Testa.*
Luciani, Antoine. IV. 128.
Lucien, Jean-Baptiste. VIII. 297.
Lucini, Antoine-François. IV. 13.
Lutma, Jean et Janus, père et fils. VI. 49.
Lutterel, Henri. IX. 80.
Lutti, Benoit. IV. 92.
Luycken, Gaspard. VI. 254.
— — — Jean. VI. 252.
Lysons, Samuel. IX. 371.

*M*aas ou *Maes*, Dirk ou Théodore. VI. 264.
Macduff, Archibald. IX. 343.
Macé ou *Macée*, Charles. VII. 256.
Machy, Pierre-Antoine de. VIII. 185.
Macret, Charles-François-Adrien. VIII. 320.
Maennl, Jaques. II. 66.
Maes, V. *Maas.*
Maggi ou *Magius*, Jean. III. 264.
Magliar, André. IV. 122.
Maillet, J. C. VIII. 514.
Major, Isaac. I. 334.
— — Thomas. IX. 170.

Maleuvre, Pierre. VIII. 262.
Mallery, Charles de. V. 177.
Malton, Thomas. IX. 335.
Mangejus, Marguerite-Thérèse, née *Delaunay*. VIII. 262.
Mansfeld, Jean-Ernest. II. 208.
Mantegna, André. III. 40.
Mantuano, V. *Andreani* et *Ghisi*.
Manuel, D. IV. 240.
Maratti, Charles. IV. 45.
Marcenay de Ghui, Antoine. VIII. 191.
Marchi, Joseph. IX. 310.
Marcolini, François. III. 133.
Marcuard, Robert. IX. 351.
Mariette, Jean. VII. 349.
— — — Pierre-Jean. VII. 350.
Marillier, Clément-Pierre. VIII. 281.
Mark, Quirin. II. 301.
Marlie, Rène-Elisabeth. VIII. 85.
Marot, Daniel. VIII. 103.
— — Jean. VIII. 102.
Marshall, Guillaume. IX. 46.
Martin, David. IX. 234.
Martini, Pierre-Antoine. IV. 219.
Mason, Jaques. IX. 157.
Masquelier, Louis-Joseph. VIII. 315.
Massard, Jean. VIII. 331.
Massé, Jean-Baptiste. VIII. 35.
Masson, Antoine. VII. 278.
— — Madeleine. VII. 284.
Matham, Adrien. V. 223.
— — — Jaques. V. 217.
— — — Théodore. V. 221.
Matsys, Met ou *Metensis*, Corneille. V. 68.
Matthieu, Jean. VIII. 306.

Mattioli, Louis. IV. 83.
Maucourt, Charles. VIII. 281.
Mauperche, Henri. VII. 126.
Maurer, Christophe. I. 209.
Mazzuoli, François, dit *Parmeggiano*. III. 145.
Mechau, Jaques. II. 270.
Mechel, Chrétien de. II. 202.
Mecheln, Israel van. I. 112.
Meer, Jean van der. VI. 185.
Meil, Jean Guillaume. II. 185.
Mélan, Claude. VII. 111.
Meldolla, V. *Schiavone*.
Melini, Charles-Dominique. IV. 233.
Mellan, V. *Melan*.
Meloni, François-Antoine. IV. 99.
Menageot, Robert. VIII. 501.
Menken, Jean-Henri. II. 353.
Mercati, Jean-Baptiste. III. 299.
Merian, Marie-Sibille. I. 242.
— — Matthieu. I. 237.
Merigi, V. *Amerigi*.
Met, V. *Matsys*.
Metelli, V. *Mitelli*.
Metensis, V. *Matsys*.
Mettenleiter, J. M. II. 354.
Meulen, ver, V. *Vermeulen*.
Meyer, Conrad. I. 272.
— — Felix. II. 24.
Meyeringh, Albert. VI. 239.
Meyssens ou *Mytens*, Corneille. VI. 79.
— — — — — Jean. VI. 78.
Michault, George. VIII. 316.
Michel, Jean-Baptiste. VIII. 298.
Middiman, Samuel. IX. 513.
Miel, Jean. V. 347.

Miger, Simon-Charles. VIII. 301.
Mignard, Nicolas. VII. 130.
— — — Pierre. VII. 132.
Milet ou *Mile*, Jean-François, dit *Francisque*. VI. 229.
Mire, Noël le. VIII. 188.
Mitelli ou *Metelli*, Augustin. III. 310.
— — — — — Joseph-Marie. III. 311.
Mocetto ou *Mocetus*, Jérôme. III. 47.
Modena, Nicoletto da, ou *Modène*, Nicolas de. III. 48.
Mogalli, Côme. IV. 93.
— — — Nicolas. IV. 94.
Moitte, F. A. VIII. 184.
— — Pierre-Etienne. VIII. 182.
Mola, Jean-Baptiste. IV. 42.
— — ou *le Mole*, Pierre-François. IV. 40.
Moles, Pascal-Pierre. IV. 228.
Molinari, V. *Mulinari*.
Molyn, Pierre de. V. 364.
Momper, José ou Jodocus, nommé *Cervrugt*. V. 299.
Monaco, Pierre. IV. 209.
Monnoyer, Jean-Baptiste, dit *Battiste*. VII. 273.
Montagna, Benoit. III. 49.
Montagnani, Pierre-Paul. IV. 254.
Montagnano, Paul. IV. 252.
Montagne, Matthieu. V. 369.
— — — Nicolas. V. 370.
Moojaert, Nicolas. V. 367.
— — — V. *Moyart*.
Moor, Charles de. VI. 266.
Morace, E. II. 349.
Moreau, Jean-Michel. VIII. 269.
— — — Louis. VIII. 143.
Moreelsen, Paul. V. 229.
Morghen, Jean-Elie. IV. 153.

Morghen, Philippe. IV. 153.
— — — Raphael. IV. 244.
Morin, Jean. VII. 151.
Moro, Jean-Bapt. d'Angeli del. III. 158.
— — Marc d'Angeli del. III. 160.
Morris, Thomas. IX. 354.
Mortimer, Jean-Hamilton. IX. 241.
Mosley, Charles. IX. 204.
Mosyn, V. *Mouzyn*.
Moucheron, Isaac. VI. 289.
Mouchy, Martin de. VIII. 291.
Mourer, V. *Maurer*.
Mouzyn ou *Mosyn*, Michel. VI. 220.
Moyart, Chrétien-Louis. V. 368.
— — V. *Moojaert*.
Moyreau, Jean. VIII. 159.
Mulinari ou *Molinari*, Etienne. IV. 230.
Muller, G. A. I. 69.
— — Hermann. V. 224.
— — Jean. V. 225.
— — Jean-Gotthard. II. 267.
— — Jean-Sébastien. II. 142.
Munickhuysen, Jean. VI. 165.
Murphy, Jean. IX. 324.
Musis, de, V. *Vénitien*.
Mytens, V. *Meyssens*.

*N**uiwinck*, Henri. VI. 114.
Nanteuil, Robert. VII. 230.
Nasini, Joseph-Nicolas. IV. 80.
Natalis, Michel. V. 320.
Nathe, Christophe. II. 302.
Natoire, Charles. VIII. 90.
Naugis, V. *Regnault*.

Necker, Louis-Gabriel. II. 341.
Née, Denis. VIII. 230.
Neefs, Jaques. VI. 216.
Neve, François van. VI. 171.
Newton, Jaques. IX. 299.
Nicolet, Benoit-Alphonse. II. 224.
Nieulant, Guillaume. V. 313.
Nilson, Jean-Isaï. II. 144.
Nixon. IX. 135.
Nollin ou *Nolin*, Jean-Baptiste. VII. 353.
Nolpe, Pierre. V. 395.
Non, Richard, Abbé de Saint. VIII. 218.
Nooms, Remi, dit *Zeemann*. VI. 83.
Norden, Jean. IX. 55.
Norsini, Hieronima, dite *Parasole*. III. 272.
— — — Isabelle, dite *Parasole*. III. 271.
— — — Léonard, dit *Parasole*. III. 271.
Nothnagel, Jean-André-Benjamin. II. 174.
Novelli. IV. 251.
Nutter, Guillaume. IX. 361.
Nutting, Joseph. IX. 94.

*O*eser, Adam-Frédéric. II. 131.
Ogborne, Jean. IX. 361.
Oliver, Jean. IX. 45.
— — Pierre. IX. 46.
Onofriis, V. *Hunufris*.
Orizonte, V. *Bloemen*.
Orley, Richard van. VI. 267.
Orsolini, Charles. IV. 155.
Ossenbeck, Jean ou Josse. VI. 174.
Ostade, Adrien van. I. 269.
Ottaviani, Jean. IV. 206.
Oudenaerde, V. *Audenaerde*.

Oudry, Jean-Baptiste. VIII. 48.
Overbeck, Bonaventure. VI. 288.
Ouvrier, Jean. VIII. 196.
Ozanne, Jeanne-Francisque. VIII. 194.
— — — Marie-Jeanne. VIII. 194.
— — — Nicolas et Pierre. VIII. 194.

P*aas*, V. *Passe*.
Padovano, V. *Avibus*, ab.
Pagi, Jean-Baptiste. III. 213.
Palme, Jaques, dit *le jeune*. III. 212.
Palmieri ou *Palmerius*, C. IV. 233.
Panderen, Egbert van. VI. 167.
Papavoine, Julie. VIII. 329.
Papillon, Jean. VII. 358.
— — — Jean-Baptiste-Michel. VII. 358.
Parasole, V. *Norsini*.
Parcellis ou *Percellis*, Jean. V. 337.
Paris, Jérôme. VIII. 285.
Pariset, D. P. VIII. 263.
Parizeau, Philippe. VIII. 264.
Park, Thomas. IX. 367.
Parker, Jaques. IX. 367.
Parma ou *Parmensis*, Baptiste da. III. 180.
Parmeggiano, V. *Mazzuoli*.
Parrocel, Charles. VII. 331.
— — — Etienne. VII. 332.
— — — Joseph. VII. 331.
Pascalini, Jean-Baptiste. III. 302.
Pasinelli, Laurent. IV. 51.
Pasquier, Jean-Jaques. VIII. 257.
Passari, V. *Passeri*.
Passarotti, Barthélemi. III. 204.
Passe ou *Paas*, Crispin de, le vieux. V. 101.

Passe ou *Paas*, Crispin de, le jeune. V. 106.
— — Guillaume de. V. 106.
— — Madeleine de. V. 109.
— — Simon de. V. 107.
Passeri ou *Passari*, Bernardin. III. 216.
Pastorini, B. IV. 237.
Patas, Jean-Baptiste. VIII. 283.
Patavinus, V. *Avibus*, ab.
Paton, Richard. IX. 179.
Patour, J. A. VIII. 256.
Pauelsen, Erich. II. 272.
Pautre, Jean le. VII. 169.
— — Pierre le. VII. 171.
Paye, R. M. IX. 360.
Payne, Jean. IX. 41.
Pazzi, Pierre-Antoine. IV. 196.
Peacham, Henri. IX. 40.
Peak, Jaques. IX. 268.
Peins, Grégoire. I. 168.
Peiroleri, Pierre. IV. 231.
Pelham, Pierre. IX. 105.
Pellegrino, Dominique, dit *Tibaldi*. III. 214.
Pelletier, Jean. VIII. 256.
Penni, Luc. III. 132.
Pentz, V. *Peins*.
Penzel, Jean. II. 315.
Perac, Etienne de. VII. 60.
Percellis, V. *Parcellis*.
Perelles, les. VII. 192.
Perignon, Nicolas. VIII. 231.
Perini, Joseph. IV. 236.
Perisin, *Perrisin* ou *Persinus*, Jaques. VII. 57.
Perrier, François. VII. 68.
Perrisin, V. *Perisin*.
Perroneau, Jean-Baptiste. VIII. 231.

Persinus, V. *Perisin*.
Perugin, V. *Scaramuccia*.
Perugino, V. *Bartoli*.
Peruzzi, Balthasar, dit *Senese*. III. 52.
Pesarese, V. *Cantarini*.
Pesne, Jean. VII. 197.
Pether, Guillaume. IX. 220.
Petit, Gilles Edme. VIII. 78.
Petit-Radel, Louis-François. VIII. 263.
Petri, V. *Lastmann*.
Pfeiffer, Charles-Hermann. II. 358.
Pfenninger, Henri. II. 279.
— — — Matthieu. II. 222.
Philippe, Pierre. II. 222.
Phillips, Charles. IX. 228.
Picart, Bernard. VII. 261.
— — Etienne. VII. 258.
Picault, Pierre. VIII. 28.
Picchianti, Jean-Dominique. IV. 98.
Piccini ou *Picini*, Jaques. IV. 35.
Piccioni, Matthieu. IV. 65.
Pichler, Jean. II. 360.
Picot, Victor-Marie. VIII. 280.
Picquenot, Michel. VIII. 295.
Pietri ou *Pitri*, Pierre da, IV. 87.
Pigné, Nicolas. VIII. 87.
Pilaja, Paul. IV. 146.
Pilsen, François. VI. 295.
Pinault. VIII. 334.
Pine, Jean. IX. 131.
Piranesi, François. IV. 136.
— — — Jean-Baptiste. IV. 134.
— — — Laura. IV. 137.
Pitau ou *Pithau*, Nicolas. VI. 198. VII. 265.
Pitri, V. *Pietri*.

Pitteri, Jean-Marc. IV. 130.
Pittoni, Jean-Baptiste. IV. 121.
Place, François. IX. 76.
Playter, C. G. IX. 368.
Ploos van Amstel, V. *Amstel.*
Po, Pierre del. III. 314.
Podesta, André. IV. 49.
Poelenburg, Corneille, surnommé *Brusco* ou *Satyro*. V. 319.
Poilly, François. VII. 200.
— — Jean-Baptiste le. VII. 206.
— — Nicolas. VII. 204.
Poisson, V. *Pompadour.*
Polanzani ou *Polansani*, François. IV. 127.
Pollajuolo, Antoine. III. 36.
Pollard, Robert. IX. 325.
Polydor, V. *Glauber.*
Pompadour, Jeanne-Antoinette Marquise de, née Poisson. VIII. 195.
Ponce, Marguerite, née *Hemery.* VIII. 314.
— — Nicolas. VIII. 292.
Ponchel, V. *Duponchel.*
Pond, Arthur. IX. 127.
Pontius ou *Pont*, Paul du. V. 281.
Pool, Matthieu. VI. 291.
Poost, V. *Post.*
Popels, Jean. VI. 192.
Porporati, N. N. IV. 225.
Porro, Jérôme. III. 168.
Porta, Joseph, dit *Salviati della Grafagnano.* III. 189.
Post ou *Poost*, François. VI. 142.
Potter, Paul. VI. 145.
Poulleau. VIII. 309.
Poussin, V. *Dughet.*

Pozzi, François. IV. 242.
Preisler, George Martin. II. 60.
— — Jean-George. II. 62.
— — Jean - Justin. II. 59.
— — Jean - Martin. II. 61.
— — Valentin Daniel. II. 64.
Prenner, Antoine - Joseph de. II. 67.
Prestel, Jean - Gottlieb (Théophile). II. 214.
— — Marie - Catherine, née *Hoell*. II. 220.
Prevost, Benoit Louis. VIII. 294.
Prince, Jean - Baptiste de. VIII. 241.
Procaccini, André. IV. 97.
— — — Camille. III. 215.
— — — Jules César. III. 216.
Prou, Jaques. VII. 189.
Pruneau, Noël. VIII. 319.
Punt, Jean. VI. 313.
Purcell, Richard. IX. 271.
Pye, Jean. IX. 271.

Q*uarry*, Regina, née *Schoenberger*. II. 348.
Quast, Pierre. V. 397.
Queboorn, Crispin van den. V. 399.
Quellinus, Erasme. VI. 43.
— — — Hubert. VI. 44.
Queverdo, François - Marie - Isidore. VIII. 270.
Quillart, Pierre - Antoine. VIII. 134.

R*acine*, Jean - Baptiste. VIII. 211.
Radel, V. *Petit*.
Rademacker, Abraham. VI. 296.
Radigues, Antoine. VIII. 171.
Ragot, François. VII. 318.

Ransonette, Nicolas. VIII. 320.
Raspe, Charles-Gottlob. II. 296.
Ravenet, Simon. VIII. 123.
— — — Simon-François. VIII. 120. IX. 136.
Ravenne, V. *Ravignano*.
Ravignano, Marc, dit *Marc de Ravenne*. III. 97.
Raymond, Jean. VIII. 89.
Raymondi, Marc-Antoine, dit *Francia*. III. 61.
Read, Richard. IX. 339.
Reading, Benjamin. IX. 339.
Reboul, Marie-Thérèse. VIII. 132.
Réclam, Fréderic. II. 189.
Regnault, Geneviève, née *Naugis*. VIII. 289.
— — — Nicolas François. VIII. 289.
Regnesson, Nicolas. VII. 211.
Rehberg, Fréderic. II. 517.
Reinhard, Charles. II. 334.
Rembrandt van Ryn, Paul. VI. 3.
Renard de St. André, Simon. VII. 158.
Reni, Guido, ou *le Guide*. III. 273.
Renou, Louise. VIII. 322.
Ribera, Joseph, dit *l'Espagnolet*. III. 294.
Ricci, Marc. IV. 108.
Richardson, Jonathan. IX. 96.
Ridinger, Jean-Elie. II. 54.
Riedel, Antoine-Henri. II. 184.
— — Jean-Antoine. II. 182.
Rieter, Henri. II. 286.
Rigaud, Jean. VIII. 96.
Riolet, V. *Beauvarlet*.
Rivalz, Antoine. VIII. 11.
— — Barthélemy. VIII. 12.
Robert, Hubert. VIII. 269.
— — Nicolas. VII. 134.
— — Paul-Ponce-Antoine *de Sery*. VIII. 29.

Robert, Prince Palatin du Rhin. I. 275.
Roberts, Jaques. IX. 190.
Robetto ou *Rubetta*, il. III. 50.
Robusti, Jaques, dit *le Tintoret*. III. 157.
Rockmann, V. *Rogmann*.
Rode, Chrétien Bernard. II. 154.
— — Jean-Henri. II. 161.
Rodermondt ou *Rottermondt*, M. V. 349.
Roettieres, François. VIII. 108.
Rogers, Guillaume. IX. 33.
Rogman ou *Rochman*, Roland. V. 338.
Romanet, Antoine. VIII. 304.
Ronseray, du, V. *Lorme, de*.
Rooker, Edouard. IX. 164.
Roos, Jean-Henri. I. 283.
— — Jean-Melchior. I. 286.
— — Joseph. II. 172.
— — Philippe, dit *Rosa de Tivoli*. I. 285.
Rosa, Salvador. IV. 26.
— — V. *Badalochio*.
Rosaspina, François. IV. 248.
Rosettti, Dominique. IV. 128.
Rosmaesler, Jean-Auguste. II. 294.
Rossi, André. IV. 181.
— — ou *de Rubeis*, Jérôme, dit *le Vieux*. IV. 69.
— — — — — — Jérôme, dit *le Jeune*. IV. 69.
Rossigliani, V. *Vicentino*.
Rota, Martin. III. 165.
Rotari, Pierre Comte de. IV. 137.
Roullet, Jean-Louis. VII. 324.
Rousseau, Jaques. VII. 224.
— — — Jean-François. VIII. 309.
Roussellet, Gilles. VII. 159.
Rubeis, de, V. *Rossi*.
Rubens, Pierre-Paul. V. 251.

Rubetta, V. *Robetto*.
Rugendas, George-Philippe. II. 28.
Ruysdael, Jaques. VI. 205.
Ryckman, Nicolas. VI. 148.
Ryder, Thomas. IX. 305.
Ryland, Guillaume Wynne. IX. 229.
Ryne, Jean van. IX. 167.
Rysbraek, Pierre. VI. 270.

Sacchi, Charles. VI. 53.
Sachtleeven ou *Zaftleeven*, Corneille. VI. 53.
Sadeler, Giles. V. 166.
— — Jean. V. 153.
— — Juste, Marc et Philippe. V. 176.
— — Raphael. V. 160.
Saenredam, Jean. V. 230.
Sailliar, Lewis. IX. 323.
Saint-Aubin, V. *Aubin*.
Saint-Non, V. *Non*.
Saiter, V. *Seuter*.
Salamanca, Antoine. III. 152.
Salimbene, Venture, dit *Bevilaqua*. III. 235.
Salomon, V. *Bernard*.
Salviati, V. *Porta*.
Saly, Jaques-François. VIII. 172.
Sandby, Paul. IX. 300.
Sanders ou *Saunders*, Jean. IX. 359.
Sandrart, Jaques de. I. 256.
— — — Jean-Jaques de. I. 257.
— — — Joachim de. I. 254.
— — — Marie Susanne de. I. 258.
Sanuto ou *Sanutus*, Jules. III. 201.
Sarrabat, Jean. VIII. 27.
Satyro, V. *Poelenburg*.

Savage, J. IX. 67.
Savart, Pierre. VIII. 310.
Savary ou *Savery*, Jean. V. 296.
Savry ou *Savery*, Salomon. VI. 261.
Saxton, Christophe. IX. 34.
Scacciati, André. IV. 229.
Scaramuccia, Louis ou Aloys, dit *le Perugin*. IV. 32.
Schauflein, V. *Scheuffelein*.
Scheindel, V. *Scheyndel*.
Scheitz, Matthieu. II. 20.
Schellenberg, Jean-Rodolphe. II. 225.
Schénau ou *Schœnau*, Jean Eléasar. II. 232.
Schenk, Pierre. VI. 249.
Scheuffelein, Jean. I. 145.
Scheyndel, George Henri. V. 362.
Schiaminosi, V. *Sciaminosi*.
Schiavone, André, surnommé *Meldolla*. III. 170.
Schiavonetti, Louis. IV. 238.
Schidone, Barthélemy. III. 256.
Schley, Jaques van der. VI. 316.
Schlicht, Abel. II. 316.
Schlotterbeck, Chrétien Jaques. II. 322.
Schmidt, George Fréderic. II. 113.
— — Jean Fréderic. II. 352.
— — V. *Smith*.
Schmitz, H. N. II. 330.
Schmutzer, André. II. 70.
— — — Jaques. II. 73.
— — — Jean Adam. II. 70.
— — — Joseph. II. 70.
Schneyders, V. *Sneyders*.
Schnorr, Vite-Jean. II. 351.
Schœn, Martin. I. 107.
Schœnau, V. *Schénau*.
Schœnfeld, Jean-Henri. I. 267.

Schoumann, Arthur. VI. 312.
— — — V. *Schumann.*
Schrœder, Charles. II. 355.
Schubert, Jean-David. II. 346.
Schule, George-Chrétien. II. 350.
Schulze, Jean-Godfroy. II. 277.
Schumann, Jean-George. II. 345.
— — — V. *Schoumann.*
Schuppen, Pierre van. VI. 222.
Schurmann, Anne-Marie. V. 412.
Schut, Corneille. V. 325.
Schutz, Charles. II. 281.
— — Chrétien George. II. 140.
Schwarz, Charles Benjamin. II. 324.
Schweickart, Jean-Adam. II. 145.
Sciaminosi, Raphael. III. 281.
Scorodoomoff, Gabriel. IX. 311.
Scotin, Gérard. VII. 319.
— — Louis Gérard. VII. 320.
Scott, Edmond. IX. 332.
Sedelmayr, Jérémie Jaques. II. 83.
Sedgwicke, Guillaume. IX. 333.
Selma, Ferdinand. IV. 241.
Semolco, V. *Franco.*
Sergeant, François. VIII. 328.
Sericus, V. *Soye.*
Servouters, Pierre. V. 236.
Sery, de, V. *Robert.*
Seuter ou *Saiter*, Jean-Godfroy. II. 139.
Sharp, Guillaume. IX. 295.
Sherwin, Guillaume. IX. 78.
— — — Jean Keyse. IX. 296.
Sichem, Christophe van. V. 192.
Siegen ou *Sichem*, Louis de. I. 275.
Silvestre, V. *Sylvestre.*

Simon, Jean. IX. 97.
— — Pierre. VII. 275.
— — Pierre. IX. 364.
Simonet, Jean-Baptiste. VIII. 275.
Simonneau, Charles. VII. 305.
— — — Louis. VII. 309.
— — — Philippe. VII. 308.
Sinzenich, Henri. II. 299.
Sirani, Elisabeth. III. 322.
— — Jean-André. III. 326.
Smith, Gabriel. IX. 189.
— — of Chichester, George. IX. 218.
— — Jean. IX. 86.
— — Jean. IX. 218.
— — Jean Raphael. IX. 278.
Snayers ou Sneyers, Henri. VI. 84.
Sneyders, François. V. 288.
Sole, Jean-Joseph dal. IV. 72.
Solis, Virgile. I. 188.
Somer, Jean van. VI. 255.
— — Paul van. VI. 254.
Sommerau, Louis. II. 283.
Sompel ou Sompelen, Pierre van. V. 351.
Sorello, Michel. IV. 145.
Sornique, Dominique. VIII. 185.
Soubeyran, Pierre. VIII. 143.
Soubleyras, Pierre. VIII. 81.
Soutmann, Pierre. V. 255.
Soye, de, ou Sericus ou Sytius, Philippe. V. 130.
Sperling, Jérôme. II. 52.
Spierre, François. VII. 321.
Spilman, Henri. VI. 319.
Spilsbury, Inigo. IX. 206.
Spooner, Charles. IX. 178.
Spruit, Pierre. VI. 317.

Stalbent, Adrien. V. 300.
Staren ou *Stern*, Dietric ou Théodore van. V. 65.
Steen, Francois van den. V. 400.
Steffanoni, Jaques-Antoine. III. 301.
— — — — Pierre. III. 301.
Stella, Antoine Boussonet. VII. 221.
— — Antoinette Boussonet. VII. 224.
— — Claudine Boussonet. VII. 222.
— — Jaques. VII. 98.
Stern, V. *Staaren*.
Stimmer, Tobie. I. 202.
— — — Jean-Christophe. I. 203.
Stock, André. VI. 94.
Stœlzel, Chrétien Fréderic. II. 290.
Stoop, Rodrigue. VI. 64.
— — Théodore ou Dirick. VI. 63.
Stoopendaal, B. VI. 190.
— — — Daniel. VI. 189.
Strada, Vespasien. III. 293.
Strange, Robert. IX. 179.
Streater, Robert. IX. 58.
Strutt, Joseph. IX. 304.
Stubbs, George. IX. 255.
Sturt, Jean. IX. 89.
Suavius, V. *Suterman*.
Subleyras, Pierre. VIII. 81.
Sueur, Eustache. VII. 171.
— — Nicolas le. VIII. 53.
Sulivan, Luc. IX. 118.
Surrugue, Louis. VIII. 70.
— — — Pierre Louis. VIII. 72.
Suterman ou *Suavius*, Lambert. V. 82.
Suyderhoef, Jonas. V. 357.
Swanebourg, Guillaume. V. 242.
Swanefeldt, Hermann, dit *Hermann d'Italie*. VI. 117.

Swidde, Guillaume. VI. 277.
Sylvestre, Israel. VII. 185.
Sytius, V. *Soye*.

Tanjé, Pierre. VI. 307.
Tardieu, Jaques-Nicolas. VIII. 21.
— — — Nicolas-Henry. VIII. 17.
— — — Pierre Alexandre. VIII. 23.
— — — Pierre François. VIII. 22.
Tassard, Pierre Joseph. VI. 325.
Tavernier, Melchior. VII. 62.
Taylor, Charles. IX. 220.
— — Jean. IX. 220.
— — Isaac. IX. 219.
Tellier ou *Letellier*, Charles-François. VIII. 312.
Tempesta, Antoine. III. 236.
Teniers, David le vieux. V. 303.
— — — David le jeune. V. 305.
Tersan, V. *Campion*.
Testa, Jean-César. IV. 18.
— — Pierre, dit *Lucchesini*. IV. 14.
Testana, Jean-Baptiste. IV. 70.
— — — Joseph. IV. 71.
Testelin, Louis. VII. 164.
Thaecker, Robert. IX. 64.
Thew, Robert. IX. 362.
Thiboust, Benoit. VII. 353.
Thiele, Alexandre. II. 56.
Thomas, Jean. VI. 72.
Thomassin, Henri Simon. VII. 300.
— — — — Philippe. VII. 63.
— — — — Simon. VII. 298.
Thornhill, Sir Jaques. IX. 98.
Thourneiser, Jean-Jaques. II. 7.

Thulden, Théodore van. VI. 46.
Tibaldi, V. *Pellegrino*.
Tiepolo, Jean-Baptiste. IV. 124.
— — — Jean-Dominique. IV. 125.
— — — Laurent. IV. 126.
Tillard, Jean-Baptiste. VIII. 266.
Tinti, Camille. IV. 210.
— — Laurent. IV. 57.
Tintoret, V. *Robusti*.
Tischbein, Jean-Henri, le vieux. II. 146.
— — — Jean-Henri, le jeune. II. 148.
Titien, V. *Vecelli*.
Tolosano, V. *Baron*.
Tomkins, P. W. IX. 337.
Toms, W. H. IV. 169.
Torbido, V. *Moro*.
Torelli, Etienne. IV. 143.
Torre, Flamin. IV. 39.
Tortebat, François. VII. 107.
Tournier, M. G. VII. 313.
Townley, Charles. IX. 352.
Traballesi, Julien. IV. 174.
Tremolliere, Pierre Charles. VIII. 112.
Trente, Antoine de. III. 149.
Troger, Paul. II. 53.
Troost, Corneille. VI. 305.
Trouvain, Antoine. VIII. 10.
Troyen, Jean van. VI. 73.

*U*berti, degli, V. *Farinato*.
Uden, Luc van. V. 333.
Umbach, Jonas. I. 280.
Unger, Jean-Frédéric-Gottlieb. II. 112.

Unger, Jean-George. II. 111.
Uytenbroeck ou *Wytenbroeck*, Moïse. V. 372.

*V*accari ou *Vaccaro*, François. IV. 58.
Vaccelini, V. *Vascellini*.
Vadder, Louis de. V. 195.
Vaillant, André. VI. 138.
— — — Bernard. VI. 137.
— — — Wallerant. VI. 133.
Valdor, Jean. V. 323.
Valée, V. *Vallée*.
Valesio, Jean-Louis. III. 261.
Valk, Gerard. VI. 163.
Vallée ou *Valée*, Simon. VIII. 85.
Vallet, Guillaume. VII. 276.
Vangelisti, Vincent. IV. 231.
Vanni ou *Vannius*, François. III. 262.
— — Jean-Baptiste. III. 298.
Varin, Charles Nicolas. VIII. 288.
Vascellini ou *Vaccelini*, Cajetan. IV. 222.
Vasseur, Jean-Charles le. VIII. 246.
Vaugham, Guillaume. IX. 51.
— — — Robert. IX. 50.
Veau, Jean le. VIII. 250.
Vecelli, Titien da Cadore, dit *le Titien*. III. 51.
Vecellio, César. III. 88.
Veen, Martin van, dit *de Hemskerk*. V. 63.
— — ou *Venius*, Gisbert van. V. 202.
Velde, Adrien van de. V. 343.
— — Jean van de. V. 340.
— — Isaï van de. V. 339.
Venenti, Jules César. III. 313.
Venitien, Augustin, dit *de Musis*. III.
Venius, V. *Veen*.

Venturini, Jean - François. IV. 37.
Verbeek ou *Verbeecq*, Philippe. V. 348.
Verhelst, Gilles. II. 235.
Verkolie, Jean. VI. 257.
— — — Nicolas. VI. 259.
Vermeulen, Corneille. VI. 231.
Vernet, Joseph. VIII. 140.
Veronensis, V. *Caraglio*.
Veronese, V. *Caliari*.
Verschuring, Henri. VI. 173.
Vertue, George. IX. 100.
Vianen, Jean van. VI. 277.
Vicentino, Baptiste. III. 134.
— — — Jean-Nicolas, autrement *Rossigliani*. III. 152.
— — — Nicolas, autrement *Boldrini*. III. 151.
Victoria ou *Vittoria*, Vincent. IV. 74.
Vicus, *Vico* ou *Vighi*, Aenée. III. 161.
Vidal, Gerold. VIII. 276.
Viehl, Pierre. VIII. 323.
Vien, Joseph - Marie. VIII. 131.
Vighi, V. *Vicus*.
Vignon, Claude. VII. 72.
Villamena, François. III. 265.
Vincentino, V. *Vicentino*.
Vinkeles, Reinier. VI. 328.
Vinne, Jean van der. VI. 300.
Vinsac, Claude - Dominique. VIII. 308.
Vispré. VIII. 232.
Visscher, Corneille. V. 376.
— — — Jean de. V. 386.
— — — Lambert. V. 392.
— — — Nicolas-Jean ou Claus. V. 394.
Vitalba, Jean. IV. 221.
Vittoria, V. *Victoria*.
Vitus, Dominique. III. 201.

Vivares, François. IX. 160.
Vivier, Jean de ou du. VIII. 49.
Vlieger, Simon. VI. 227.
Vliet, Jean-George van. VI. 54.
Voeiriot ou *Woeiriot*, Pierre. VII. 56.
Voerst, Robert de. V. 324.
Voet, Alevandre. VI. 87.
Vogel, Bernard. II. 46.
Voisard, Etienne Claude. VIII. 295.
Volpato, Jean. IV. 211.
Vorsterman, J. Lucas, le vieux. V. 258.
— — — J. Lucas, le jeune. V. 264.
Vouillemont, Sébastien. VII. 196.
Voyez, Nicolas-Joseph. VIII. 274.
Vuibert ou *Wibert*, Remy. VII. 130.

Waelde, Corneille. V. 332.
Wagner, Joseph. II. 89.
Walker, Antoine. IX. 215.
— — — Guillaume. IX. 216.
— — — Jaques. IX. 308.
Wanderlaar, Jean. VI. 301.
Ward, Guillaume. IX. 348.
Watelet, Claude Henri. VIII. 155.
Waterloo, Antoine. VI. 95.
Watson, Caroline. IX. 322.
— — — Jaques. IX. 318.
— — — Thomas. IX. 315.
Watteau, Antoine. VIII. 41.
Watterloo, V. *Waterloo*.
Waumans, Conrad. VI. 225.
Weirotter, François Edmond. II. 180.
Weisbrod, Charles. II. 312.
Weisse, Gotthelf-Guillaume. II. 297.

West, Charles. IX. 361.
Westerhout, Arnold van. VI. 284.
White, George. IX. 70.
— — Robert. IX. 69.
Wibert, V. *Vuibert*.
Wieringen, Corneille. V. 366.
Wierix ou *Wierx*, Antoine. V. 145.
— — — — — Jean. V. 140.
— — — — — Jérôme. V. 142.
*Wild*e, François de. VI. 298.
— — Marie de. VI. 298.
Wille, Jean-George. II. 124.
— — Pierre Alexandre. II. 130.
Williams, Robert ou Roger. IX. 131.
Wilson, Benjamin. IX. 225.
Winstanley, Hamblet. IX. 120.
Wit, Jaques de. VI. 304.
Witdoeck, *Witdouc* ou *Withouk*, Jean. V. 403.
Wocher, Marquard. II. 343.
Woeiriot, V. *Voeiriot*.
Wolfgang, André Matthieu. I. 299.
— — — — George André. I. 288.
— — — — Gustave André. I. 301.
— — — — Jean-George. I. 300.
Wolgemuth, Michel. I. 119.
Wood, Jean. IX. 175.
Woollet, Guillaume. IX. 235.
Worligde, Thomas. IX. 132.
Wortmann, Chrétien Albert. II. 41.
Wouvermans, Philippe. VI. 120.
Wrenck, François. II. 359.
Wright, Inigo. IX. 285.
Wyck, Thomas. VI. 262.
Wyngaerde, François van den. VI. 81.
Wytenbræk, V. *Uytenbræck*.

*Y*oung, Jaques. IX. 365.

*Z*aballi ou *Zabelli*, Antoine. V. 224.
Zaftleeven ou *Sachtleeven*, Corneille. VI. 53.
— — — Hermann. VI. 52.
Zagel, *Zasinger* ou *Zingg*, Martin. I. 115.
Zanetti, Antoine-Marie, le vieux. IV. 109.
— — Antoine-Marie, le jeune. IV. 111.
Zarlatti, Joseph. IV. 58.
Zasinger, V. *Zagel*.
Zéemann, V. *Nooms*.
Zegers, Hercule. VI. 146.
Zenobio, V. *Carlevariis*.
Zillotti, Dominique Bernard. IV. 197.
Zingg, Adrien. II. 193.
— — V. *Zagel*.
Zocchi, Joseph. IV. 198.
— — V. *Zucchi*.
Zuccarelli, François. IV. 132.
Zucchi ou *Zocchi*, André. IV. 111.
— — François. IV. 113.
— — Laurent. IV. 114.
— — V. *Zocchi*.
Zylvelt, Adam van. VI. 238.

A corriger
dans le Catalogue des Graveurs Anglois.
1. *Hogenberg*, Abraham.

dans le Catalogue général.
1. *Avesne*, d', V. *Daris*.
1. *Beauvarlet*, D. née *Riolet*.
1. *Dubourg*, Louis Fabrice.
1. *Glauber* etc.

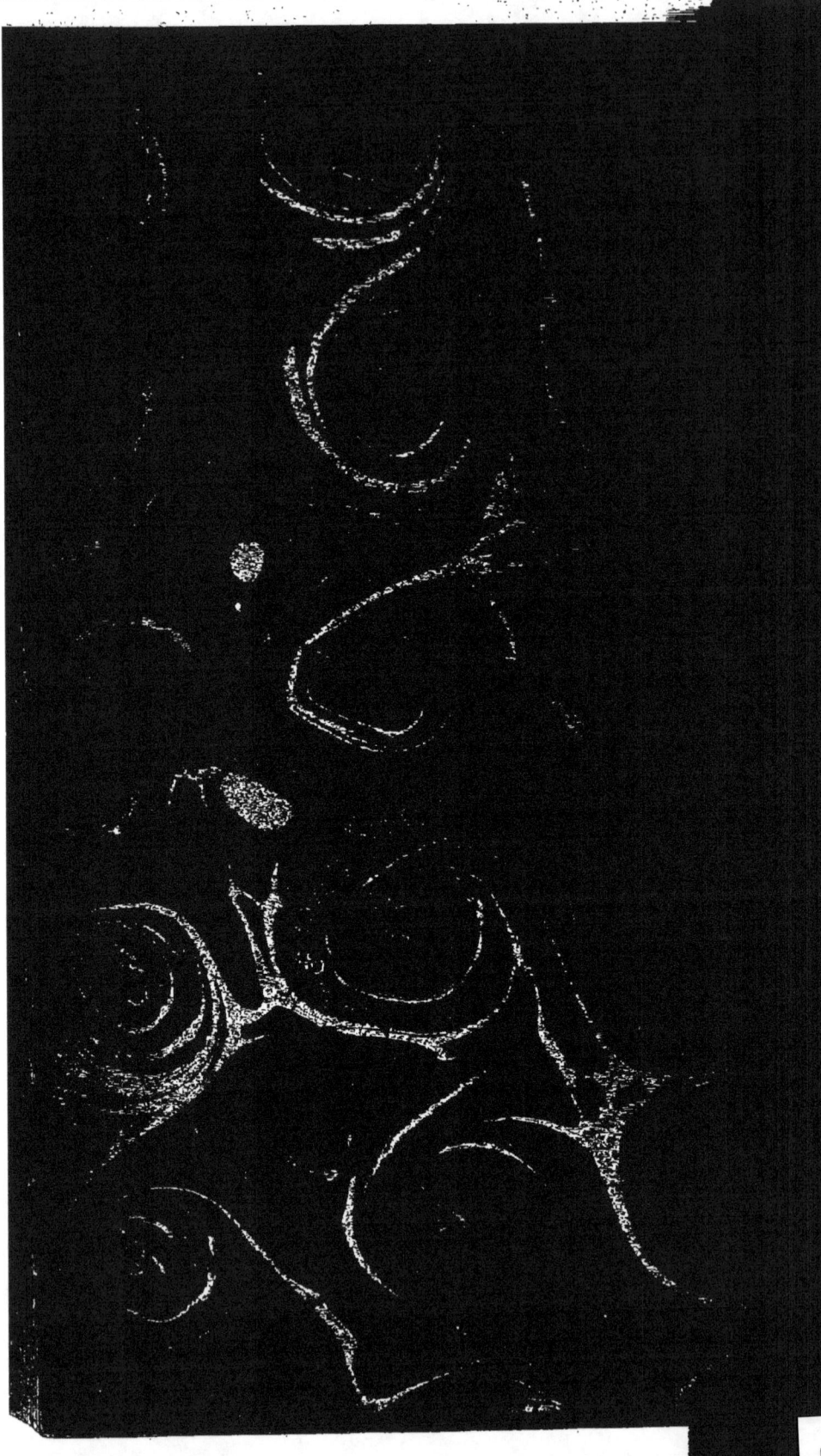

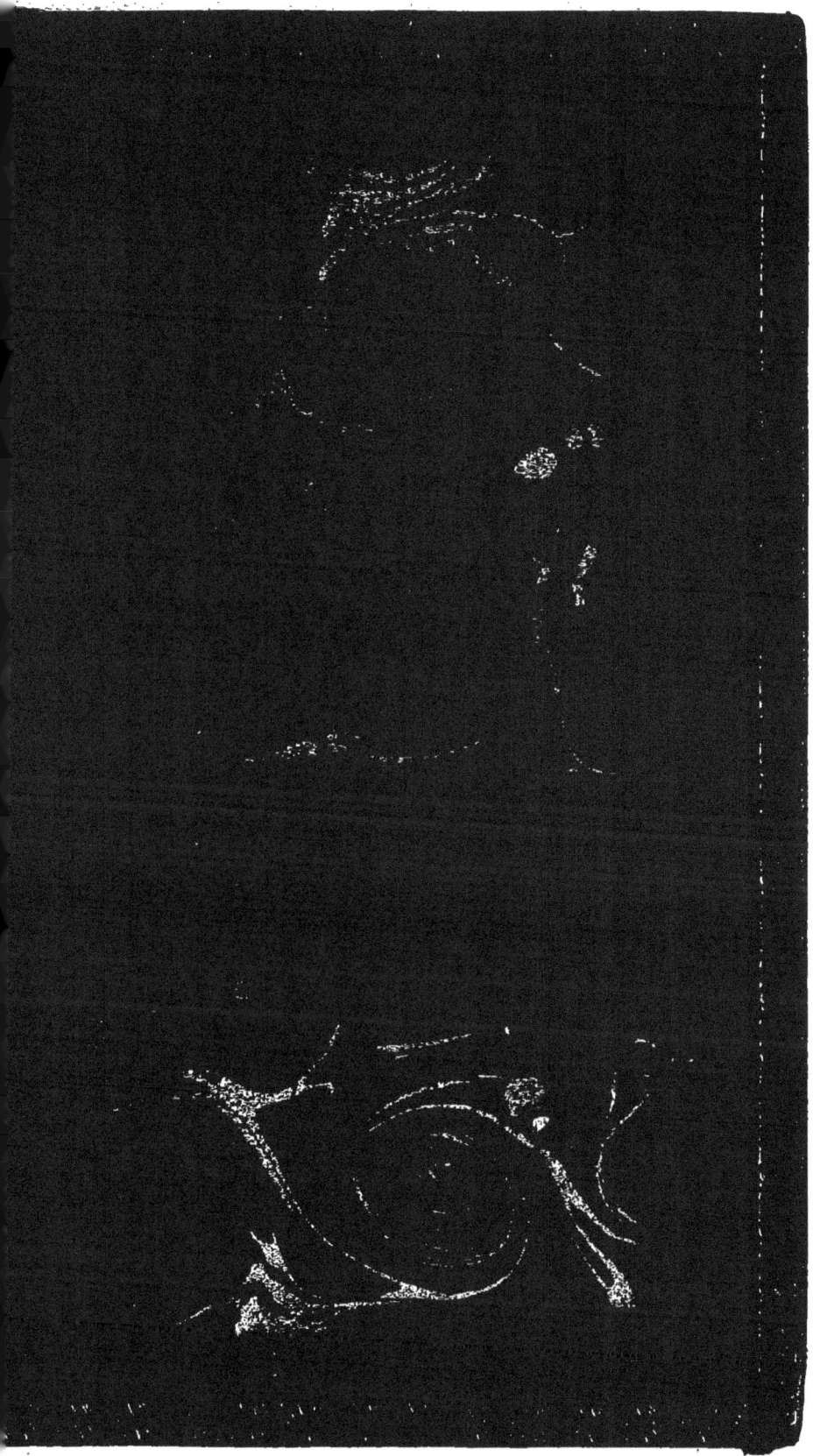

www.ingramcontent.com/pod-product-compliance
Lightning Source LLC
Chambersburg PA
CBHW050150230526
45470CB00001B/41